부수를 알면 한자가 보인다

부수를 알면 한자가 보인다

발행일 / 2012년 3월 1일

지은이 / 강영수
펴낸이 / 성무림
펴낸곳 / 도서출판 매일

등록 / 2001. 08. 16 제6-0567
주소 / 서울 강동구 성내동 133-1
전화 / 02) 2232-4008
팩스 / 02) 2232-4009

ISBN 89-90134-36-6 03640

*잘못된 책은 구입처에서 교환해 드립니다.

부수를 알면 한자가 보인다

강영수 편저

매일출판

머리말

　이 책에 실린 내용은 사회에 첫걸음을 내딛는 신입사원들의 소양 교육을 비롯하여, 대학 입시를 앞둔 학생, 또는 일반인들의 교양을 위해서 엮어 펴낸 것입니다. 물론 주요 포인트는 '한자교육(漢字敎育)'입니다.
　'어떻게 하면 쉽게 한자와 한문을 접할 수 있을까?'
　이런 의문에서 기본 자료를 설정하고, 지루한 한자 교육의 맹점을 탈피하는 새로운 방법으로 지금 여러분들이 보고 있는 책으로 만든 것입니다.
　그러므로 이 책에 실린 내용은 기존 한자 교육의 배열 방식(配列方式)이 아닌 단계별 학습법을 취한 것입니다. 본문에 실린 각 장의 1단계 한자를 한자의 부수와 함께 익히도록 한 다음에 2단계로 들어가는 학습 방법입니다.

　이 책이 만들어진 기본 패턴은 우리나라 한자 교육의 초기 단계에서 지금까지 행하여 온 교재를 접목시켜 만들어진 것입니다. 잠시 이 부분에 대해 살펴보겠습니다.
　한자·한문 교육의 초기 단계는 '천자문(千字文)'을 이용하였으며, 나중에 유합류(類合類)·자회류(字會類)가 만들어져 한자 교육을 위한 교재로 사용되었습니다.
　잘 알려진 것이 '유합'과 '훈몽자회(訓蒙字會)'입니다. 그러나 '유합'이나 '천자문'은 일상생활과 관계없는 고사성어 같은 추상적인 내용 위주로 짜여졌으므로 아동들의 학습서로는 부적당하다고 보았습니다. 그러므로 초보적인 단계에서 '신증유합(新增類合)'·'아학편(兒學編)'·'동몽선습(童蒙先習)'·'격몽요결(擊蒙要訣)' 등이 새로운 교재로 발전한 것입니다. 물론 고급 한문은 사서오경(四書五經)을 가르친 것으로 충당되었습니다.

 1945년 9월 29일, 〈한자폐지실행회 발기 취지서〉가 발표됐습니다. 그해 12월 8일, 조선교육심의회의 문자정책에 관한 결정 사항 속에서 한자 폐지에 관한 논의가 있었고, 뒤이어 1951년에 9월에는 〈상용일천한자표(常用一千漢字表)〉가 문교부에 의해 공표됐습니다. 본문의 1단계에 해당되는 부분입니다.
 이후 1957년 11월에는 〈임시제한한자일람표(臨時制限漢字一覽表)〉가 이어졌으며, 명칭은 〈상용한자(常用漢字)〉로 바뀌었습니다.
 1962년 4월 17일 〈한글전용 특별심의회규정〉이 나왔으며, 1968년 12월 24일에는 국무총리 훈령 제68호로 〈한글 전용에 관한 총리 훈령〉이 나왔습니다.
 1972년 8월 16일에 한문과교육과정심의위원회(漢文科敎育課程審議委員會)를 거쳐 중·고등학교 한문 교육용 제한 한자 1,800자가 공표되었습니다. 이 1,800자가 본서에서 1단계와 2단계로 구분되어 풀이되어 있습니다.

 이렇듯 한자 교육은 '무제한'으로부터 '제한'이란 것으로 달라지게 된 것입니다. 이때부터 한자 교육에 관해 상당한 의견 절충이 있었습니다. 얼마 전까지 운위되어 온 한글전용화는 '제한'이라는 선별 작업을 거치면서 1,800자니 2,200자니 하는 자수 계산이

나오게 된 것입니다.

오늘날 대학 입시에서 2급 이상의 한문 실력자에게는 선험적으로 입학이 허용되는 대학이 늘어나고, 기업체의 승급 심사에서 한문 급수는 '절대 필요'의 위치를 차지하게 된 것입니다.

여기에서 급수 시험에 관해 살펴보겠습니다.

▶ 漢字能力檢定用 級數別 漢字數

특급(特級) : 한자 수는 대략 6,000자. 장차 시행할 예정.

준특급(準特級) : 한자 수는 4,888자. 쓰기에 적용되는 한자는 중복되어 있으므로 조정중이나 대략 2,350자.

1급 : 한자 수는 3,500자. 상용한자 2,000자에 준상용한자 1,500자를 사용. 여기에는 성명과 인명·지명 350자가 포함. 쓰기에 적용되는 한자는 2,000자.

2급 : 한자 수는 2,350자. 상용한자 2,000자에 성명·지명용 350자를 포함. 쓰기 적용은 1,807자.

3급 : 한자 수는 1,807자. 교육부 선정 중고 한문용 한자 1,800자에 7자(筋, 汽, 液, 曜, 週, 卓, 砲)를 포함. 쓰기 적용은 1,000자.

3급Ⅱ : 한자 수는 1,300자. 기초한자 1,000자에 교육부선정 중·고등학교 한자 400자. 쓰기 적용은 750자.

4급 : 한자 수는 1,000자. 쓰기 적용은 500자.

4급Ⅱ : 한자 수는 750자. 쓰기 적용은 400자.

5급 : 한자 수는 기초 한자 500자. 쓰기 한자는 300자.

6급 : 한자 수는 300자. 쓰기 한자는 300자. 한글은 10문항.

6급Ⅱ : 기초 한자 300자. 쓰기 한자는 50자. 한글은 10문항.

7급 : 한자 수는 150자. 기초 한자 가운데 150자. 쓰기 한자는 없음.

8급 : 한자 수는 50자. 기초 한자 50자에 한글 20문항.

다음으로 출제 기준을 살펴보겠습니다.

다음의 표를 참조하시기 바랍니다.

▶ **出題基準表**

問題 類型	8급	7급	6급Ⅱ	6급	5급	4급Ⅱ	4급	3급Ⅱ	3급	2급	1급
讀音	25	30	30	30	30	30	30	45	45	45	50
訓音	23	30	30	23	23	22	22	27	27	27	32
漢字쓰기	0	0	10	20	20	20	20	30	30	30	40
長短音	2	2	2	3	5	5	5	5	5	5	10
反義(相對)語	0	3	3	4	4	3	3	10	10	10	10
完成型	0	3	3	4	5	5	5	10	10	10	15
部首	0	0	0	0	0	3	3	5	5	5	10
同義(類義)語	0	0	0	2	3	3	3	5	5	5	10
同音異義語	0	0	0	2	3	3	3	5	5	5	10
뜻풀이	0	2	2	2	3	3	3	5	5	5	10
略字	0	0	0	0	3	3	3	3	3	3	3
한글 쓰기	20	10-20	10-20	10-20	0	0	0	0	0	0	0
總問項數	70	80	90	100	100	100	100	150	150	150	200
試驗時間	50	50	50	50	50	50	50	60	60	60	90
合格點	49	56	63	70	70	70	70	105	105	105	160
漢字數	50	150	300	300	500	750	1,000	1,400	1,807	2,350	3,500
쓰기	없음	없음	50	150	300	400	500	750	1,000	1,807	2,000

▶ 8급은 50자에 한글 20문항(한자 쓰기는 없음) ▶ 7급은 150자에 한글 10문항(한자 쓰기는 없음) ▶ 6급Ⅱ는 한자 300자에 한글 10문항(한자 쓰기 50자) ▶ 6급은 한자 300자에 한글 10문항(한자 쓰기 150자) ▶ 5급은 500자(한자 쓰기 300자) ▶ 4급Ⅱ는 750자(쓰기는 400자) ▶ 4급은 1,000자(한자 쓰기는 500자) ▶ 3급Ⅱ는 1,400자(한자 쓰기는 750자) ▶ 3급은 1,807자(한자 쓰기는 1,000자) ▶ 2급은 2,350자(한자 쓰기는 1,807자) ▶ 1급은 3,500자(한자 쓰기는 2,000자)

한자어의 생성
-- 한자어(漢字語)에 대하여

　한자(漢字)는 중국어를 표기하는 시각적인 기호로 나타낸 글자입니다. 그러므로 글자는 당연히 소리를 단위로 하여 만든 후, 그것을 모아 뜻의 한 단위를 적을 수 있게 만들어 거기에 맞춰 소리대로 읽을 수 있습니다.
　소리를 단위로 하여 만들어진 글자를 표음문자(表音文字), 뜻을 단위로 하여 만들어진 글자를 표의문자(表意文字)라 합니다. 표음문자는 글자가 한 단위의 소리에 해당하는 것이므로 뜻을 나타내지는 못하지만, 표의문자는 한 글자가 한 단위의 뜻을 나타내고 그 뜻에 해당하는 것을 나타내므로 한자는 표의문자면서 표어문자(表語文字)라고도 불리는 게 그 이유입니다.
　한자에는 구구한 설이 있으나 장구한 역사로 보아 그들이 처음부터 지금과 같은 문자를 가졌던 것은 아닙니다. 다른 민족과 마찬가지로 노끈을 이용한 결승(結繩)이나 서계(書契)·회화(繪畵) 등으로 이어지는 유사 문자를 소유한 것으로 보여집니다.
　창힐(倉頡)이라는 이가 새의 발자국을 보고 만들었다는 문자 역시 초기 단계에 불과했지만, 은허시대 발견된 갑골문(甲骨文)에는 '人'자 하나만도 78종의 이체(異體)가 있는 것에 주목할 필요가 있습니다. 이당시의 문자는 조자방법(造字方法)에서 육서(六書)를 갖추고 있어서 문자로서 손색이 조금도 없다는 것입니다.

조자의 원리, 한자에서 가장 기본적이면서도 반드시 기억해 두어야할 이 원리를 이해해야 학습 효과를 높이는데 지장이 없다는 것을 이해해야 합니다. 조자 원리를 보겠습니다.

(1) 상형(象形) — 육서 중에서 가장 기본인 상형은 물형(物形)을 그리므로 회화적인 성격을 띠고 있다고 볼 수 있습니다. 송나라 때에 정초(鄭樵)라는 이가 분류한 자료에 따르면 중국의 문자 총수 2만 4235자 가운데 상형문자는 608자에 불과하다는 분석입니다. 상형으로 만들어진 글자의 대표적인 예를 들면, 日·月·山·木·人·馬·門 등을 들 수 있습니다.

(2) 지사(指事) — 상사(象事) 또는 처사(處事)라고도 합니다. 어떻게 불러도 그 뜻은 같습니다. 어원적으로 '일을 가리킨다'는 뜻은 추상적인 의미를 부여합니다. 이를테면 실물이 없다는 것입니다. 위에서 설명한 상형은 하나의 모습에서 나오는 것이지만 지사는 일정한 사상(事象)을 그려낸다는 점에서 차이가 있습니다. 예를 들면, 一·二·五·亅과 같은 글잡니다.

(3) 회의(會意) — 이미 이루어진 두세 글자의 뜻을 모아 다른 한뜻을 나타내는 방법입니다. 허신이 쓴 〈설문해자〉에서 '비류합의(比類合誼)'라고 한 것은 바로 이런 뜻입니다. 따라서 회의 문자에는 상형·지사·회의·형성의 어느 글자라도 좋습니다. 예를 들면 武는 戈와 止의 합이며 信은 人과 言의 합이라는 점 등입니다.

(4) 형성(形聲) — 한자를 구성하는 한쪽이 의미를 지시하고 그 나머지가 음성을 지시합니다. 이를 상성(象聲) 또는 해성(諧聲)이라 부릅니다. 예를 들면 江·河와 같은 것으로 왼쪽은 수부(水部)의 형부인데 여기에 음성을 나타내는 성부(聲部)가 있다는 것입니다. 江과 같은 자는 좌형우성(左形右聲)이며, 鳩나 鴨은 우형좌성(右形左聲)이며, 草와 藻는 상형하성(上形下聲)이며 婆와

娑 같은 자는 상성하형(上聲下形), 圖와 國은 외형내성(外形內聲)이며 問과 聞은 외성내형(外聲內形)입니다.

(5) 전주(轉注) — 머리글자 하나를 보고 여러 자를 같은 뜻으로 보는 것으로 이를테면 考·耊·耆 등은 老자 한수로써 같은 유의 뜻을 더불어 가진다고 보는 것입니다.

(6) 가차(假借) — 앞에서 설명한 전주와는 대조적이라 할만한 것으로 이미 만들어진 글자 중에서 뜻이 같거나 비슷한 것을 빌려 쓰는 것을 말합니다. 옛날 한인(漢人)들은 현의 우두머리를 '현령·현장'이라 부르면서도 마땅히 적을 게 없어 영(令)과 장(長)을 빌려 표기한 것이 그 일례입니다. 또 '조(蚤)' 자는 벼룩을 뜻하였는데 이르다(早)의 뜻으로 가차 되고, 혁(革)도 본래는 가죽을 나타냈는데 '고쳐 바꾸다'의 뜻으로 가차 된 것이 좋은 예입니다.

이상의 여섯 가지를 한자의 조자 원리로 보고 있습니다.

부수를 알면 한자가 보인다 · 차례

하나에서 시작하여 : 一 ·· 19
아름다운 날갯짓 : 羽 ·· 23
새는 날기를 잊지 않는다 : 鳥 ······································ 25
누운 나무엔 열매가 없다 木 ·· 27
바람 나그네 : 飛 ·· 40
앉아서 꿈꾸는 산 : 山 ·· 41
안식처의 향기 : 宀 ·· 43
회초리가 필요할 때 : 攵 ·· 51
작은 아기 : 子 ··· 56
까마귀도 아는 제사 : 示 ·· 59
입은 머리의 항문이다 : 口 ··· 63
네모진 틀 속에는 : 囗 ·· 73
가장 무서운 화살 : 矢 ·· 76
화살 끝은 삼각형이다 : 厶 ··· 78
바람에 흔들리는 풀잎 : 艸 ··· 80
풀은 밤에도 속삭인다 : 言 ··· 88
봉사를 가르치는 흙 : 土 ·· 99
하나로 끝나는 삶 : 生 ·· 105
밤에 날아온 비수 : 歹 ·· 106
수의에는 주머니가 없다 : 尸 ···································· 108
나무칼로 귀를 베어라 : 耳 ······································· 112
소리는 생명의 증거 : 音 ··· 115
흐르는 물이 다투겠는가 : 水 ···································· 116
구르는 돌엔 이끼가 없다 : 石 ··································· 134
병이란 아름다운 꿈이다 : 疒 ···································· 137

12 부수를 알면 한자가 보인다

개는 꼬리에 영혼이 있다 : 犬	139
바느질 자국이 없는 옷 : 衣	142
동방삭에 대한 기억 : 匸	143
여인은 촛불의 미학 : 女	144
마음의 거울을 닦고 : 心	150
등을 기대는 방석 : 几	164
다시 한 번 생각해보면 : 又	165
매월 초하룻날에 : 月	167
그대, 죽은 날로 기억되리 : 人	170
시간을 낚는 사람들 : 儿	187
예언자의 후예들 : 卜	190
비를 부르는 바람 : 風	191
비는 다정한 손님 : 雨	192
길흉화복의 수호신 : 魚	195
속은 비었으나 곧다 : 竹	196
비린내 나는 무리 : 士	201
초승달이 떠오르고 : 夕	203
두 팔을 벌려라 : 大	205
인생의 마디는 윷놀이 : 寸	209
자기 성품을 경계하라 : 自	212
목표점을 찾아서 : 至	213
다리는 신의 날개 : 足	214
수레바퀴 자국은 거칠다 : 車	216
해가 뜨고 질 때까지 : 日	219
집은 사람의 성곽이나 : 广	226
먼 길은 쉬엄쉬엄 : 辵	230
나도 그곳에 가고 싶다 : 邑	239
검은 닭도 흰 알을 낳는다 : 酉	242
금은 혀를 침묵시킨다 : 金	245
빵도 식칼로 자른다 : 刀	250

세계엔 두 개의 힘이 있다 : 力 ………………………………… 256
있는 힘을 다하여 : 十 …………………………………………… 260
인습의 패각을 깨뜨려라 : 貝 …………………………………… 263
시간의 문 : 門 …………………………………………………… 270
글은 사람이다 : 文 ……………………………………………… 273
마음에 점을 찍고 : 丶 …………………………………………… 274
삐친 것을 바로잡고 : 丿 ………………………………………… 275
손이 차면 마음이 따뜻하다 : 手 ………………………………… 277
껍질 없는 털이 있을까 : 毋 ……………………………………… 289
닫힌 불이 가장 강하다 : 火 ……………………………………… 290
아직 혀는 그대로 있는가 : 舌 …………………………………… 296
이가 자식보다 낫다 : 齒 ………………………………………… 297
동방삭이 인절미 먹듯이 : 食 …………………………………… 298
문이란 칼과 같다 : 戶 …………………………………………… 301
그림자를 위하여 : 亠 …………………………………………… 303
질끈 수건을 동여매고 : 巾 ……………………………………… 305
자축거리지 마세요 : 彳 ………………………………………… 308
새에게는 부리가 있다 : 乙 ……………………………………… 312
내 안에 있는 갈고리 : 亅 ………………………………………… 314
작은 일을 자랑하지 말라 : 小 …………………………………… 315
안으로 들어가 보면 : 入 ………………………………………… 316
둘로 나누어지다 : 八 …………………………………………… 317
숨은 쉬되 말하지 말라 : 曰 ……………………………………… 320
달면 삼킨다 : 甘 ………………………………………………… 322
익은 벼가 고개 숙인다 : 禾 ……………………………………… 323
위와 아래로 통하면 : 丨 ………………………………………… 327
둘은 하나 다음의 숫자 : 二 ……………………………………… 328
멀고 먼 변경의 경계 : 冂 ………………………………………… 330
무엇으로 덮을 것인가 : 冖 ……………………………………… 331
아주 섬세한 공예품 : 工 ………………………………………… 332

시대를 앞서 가는 생각 : 厶 ································· 334
무엇으로 쌀까 : 勹 ······································ 335
언덕 위엔 무엇이 있는가 : 厂 ···························· 336
잃어버린 방패를 찾아서 : 干 ····························· 338
활과 과녁이 서로 맞는다 : 弓 ····························· 340
겨울이 오는 것을 안다 : 冫 ······························· 343
병부엔 무엇이 있을까 : 卩 ································· 344
남자는 칼을 위해 있다 : 匕 ······························· 346
한줄기 불빛이 되어서 : 幺 ································· 347
창에 병아리 피를 떨구고 : 戈 ····························· 348
절름발이를 위하여 : 尢 ···································· 351
천천히 걸으세요 : 夂 ····································· 352
보폭을 길게 하며 걸어야 : 夊 ····························· 353
입을 크게 벌리고 : 欠 ···································· 354
입안으로 감이 떨어지다 : 凵 ······························ 356
물은 모양에 따라 변한다 : 巛 ····························· 357
어떻게 들 것인가 : 廾 ···································· 359
구슬 없는 용이 있을까 : 玉 ······························· 360
공자는 서른에 섰다 : 立 ·································· 363
황소걸음으로 걸어라 : 牛 ·································· 365
실타래를 풀어헤쳐라 : 糸 ·································· 367
주름잡힌 부드러운 살 : 肉 ································· 376
가는 실을 늘어뜨리고 : 玄 ································· 382
참외 대신 호박을 취하라 : 瓜 ····························· 383
눈은 마음의 창 : 目 ······································ 384
언덕 위엔 무엇이 있는가 : 阜 ····························· 387
누가 기와집에 옻칠하는가 : 瓦 ···························· 392
밭을 사려면 변두리를 보라 : 田 ··························· 393
쌀독에서 인심난다 : 米 ···································· 397
무엇을 쓸것인가 : 用 ····································· 399

그릇의 덮개를 열고 : 皿	400
낮은 벼슬아치 : 疋	402
여우도 쉴 구멍이 있다 : 穴	403
미운 벌레 모로 긴다 : 虫	404
새와 물고기를 잡는 그물 : 网	406
무엇을 담을 것인가 : 缶	408
붓을 손에 쥐고 : 聿	409
손발을 뻗어 잰 걸음으로 : 走	410
무엇을 보고 있는가 : 見	412
무엇 때문에 배반하는가 : 癶	414
구름의 모피를 입고 : 彡	415
방향을 나란히 하고 : 方	416
무엇을 자를 것인가 : 斤	418
무엇을 향해 쏠 것인가 : 弋	420
대나무 가지로 받치다 : 攴	421
자루가 달린 국자 : 斗	422
어디쯤에서 그칠 것인가 : 止	423
없는 것보다 있는 게 낫다 : 无	425
여덟모 창에 대하여 : 殳	426
무엇을 견주랴 : 比	428
나무 조각에 무엇을 새길까 : 爿	429
맞물린 두 개의 물건 : 牙	430
한 조각 슬픈 마음으로 : 片	431
돌도끼를 손에 든 남자 : 父	432
메뚜기 모양의 손톱 : 爪	433
털을 뽑아 신을 삼으랴 : 毛	434
숟가락을 든 각시님 : 氏	435
대기 중에 떠도는 기운 : 气	436
도토리는 속이 하얗다 : 白	437
가죽을 손가락으로 당겨라 : 皮	439

방패를 찌르는 창 : 矛 ·· 440
문자는 짐승의 발자국에서 : 内 ···································· 441
늑대에게 양을 맡기랴 : 羊 ·· 442
아래를 향하는 신하의 눈 : 臣 ···································· 444
노인은 두 번째 아이다 : 老 ······································ 445
부드러운 턱수염 : 而 ·· 446
자갈밭에 쟁기질하듯 : 耒 ·· 447
곡식을 찧으며 : 臼 ·· 448
꽁지 짧은 새 : 隹 ·· 449
뒤섞여 어지럽히다 : 舛 ··· 451
물이 가면 배가 온다 : 舟 ··· 452
인생의 목적은 행위이다 : 行 ··································· 453
64괘 중의 간괘 : 艮 ··· 455
호랑이는 가죽을 남긴다 : 虍 ···································· 456
무슨 빛깔로 남을까 : 色 ··· 457
고되고 괴로운 일 : 辛 ·· 458
소쿠리와 바구니 : 襾 ·· 460
뒤에 난 뿔이 우뚝하다 : 角 ····································· 461
흐린 물을 좋아하는 돼지 : 豕 ·································· 462
두 개의 구멍 : 谷 ·· 464
콩깍지 속에 든 알갱이 : 豆 ····································· 465
발이 없는 벌레 : 豸 ·· 466
빨갛게 타오르는 불길 : 赤 ······································· 467
스스로의 몸에 엄격하자 : 身 ···································· 468
바람에 날리는 머리덜 : 長 ······································· 469
우물의 맑은 물과 새싹 : 靑 ····································· 470
좌우로 나뉜 새의 날개 : 非 ····································· 471
얼굴을 에워싼 모습 : 面 ··· 472
가죽을 잡아 당겨라 : 革 ··· 473
고등 껍질이 내민 발 : 辰 ··· 474

나누고 분별하다 : 釆 ·················· 475
정리한 논밭이나 마을 : 里 ············ 476
머리는 목덜미 위에 있다 : 頁 ········ 477
꽃향기는 바람을 타고 : 香 ············ 481
뼈와 살에 대하여 : 骨 ···················· 482
머리털이 늘어지다 : 髟 ·················· 483
무기를 든 귀신 : 鬼 ······················ 484
녹비에 가로 왈자 : 鹿 ·················· 485
삼실로 옷을 만들고 : 麻 ················ 486
굴뚝 속의 검댕이 : 黑 ·················· 487
스스로 코를 가리키다 : 鼻 ············ 489
용은 신령함을 상징한다 : 龍 ········ 490
덥수룩한 머리 : 首 ······················ 491
달리는 말에 채찍질 : 馬 ·············· 492
태산이 높다 하되 : 高 ·················· 494
무엇을 다투는가 : 鬥 ·················· 495
세상은 염전처럼 살아야 : 鹵 ········ 496
보리는 오는 것을 뜻하고 : 麥 ········ 497
기름은 노랗게 타고 : 黃 ·············· 498
울리는 북소리 : 鼓 ······················ 499
세 개의 마름모꼴 물건 : 齊 ·········· 500
거북이 껍질로 점을 치고 : 龜 ········ 501

교체 한자 ·································· 502
제외 한자 ·································· 511

하나에서 시작하여

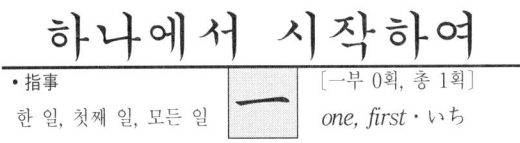

• 指事
한 일, 첫째 일, 모든 일

[一부 0획, 총 1획]
one, first · いち

하나(一)1)는 수의 시작이며 이치의 근원입니다. 어떤 일을 계획하고 그것을 실행에 옮겼을 때, 우리는 '시작이 반(半)'이라는 말을 씁니다. 그것은 일을 시작함으로써 벌써 반이나 진전됐다는 것이지만, 뜻을 세우고 실행에 옮기는 것이 결코 쉽지 않다는 의미도 있습니다.

이 하나(一)라는 단어는 시작이나 첫째라는 의미만 있는 것이 아닙니다. 하나(一)에는 '모든 것을 한곳으로 모아 묶는다'는, 마치 퍼즐 조각 같은 뜻이 무늬를 감추기도 합니다.

1단계 단어입니다.

• 넷째 천간 정, 소리 정 [一부 1획, 총 2획 · てい]
• 못 박은 모습을 본뜬 상형 글자.

丁年(정년) : 장정이 된 나이
丁憂(정우) : 부모의 상(喪)을 당함
丁銀(정은) : 품질이 낮은 은

• 일곱 칠, 문채 이름 칠 [一부 1획, 총 2획 · seven, しち]
• 세로줄을 가로줄로 자른 다음 아래의 끝을 자른 지사 글자.

---

1) 일(一)은 가로줄을 1로 표시함. '壹(일)'은 서류 등에서 수를 고치지 못하도록 '一' 대신에 쓰는 글자.

🔁. 七去之惡(칠거지악) : 옛날 내쫓은 구실을 삼았던 아내의 일곱 가지 나쁜 행실. 첫째, 부모에게 불효하는 것 둘째, 아들이 없는 것 셋째, 음란한 것 넷째, 질투하는 것 다섯째, 나쁜 병이 있는 것 여섯째, 말이 많은 것 일곱째, 도둑질을 하는 것

| 三 | • 석 삼, 자주 삼 〔一부 2획, 총 3획 · three, さん〕
• 세 개의 가로줄이 3을 나타내는 회의 글자. |

🔁. 三光(삼광) : 해와 달과 별. 또는 방(房)·미(尾)·심(心)의 세 별을 가리킴

　　　三省(삼성) : 여러 번 반성함

| 上 | • 위 상, 오를 상, 임금 상 〔一부 2획, 총 3획 · upper, じょう〕
• 깔개 위에 놓인 물건을 나타내는 지사 글자. |

🔁. 上聲(상성) : 사성(四聲)의 하나. 처음이 낮고 나중이 높은 소리

　　　上食(상식) : 음식을 받들어 올림. 또는 상가(喪家)에서 아침저녁으로 올리는 궤연의 음식

| 丈 | • 어른 장, 존칭 장, 길 장 〔一부 2획, 총 3획 · elder, じょう〕
• 손 모양과 十을 합하여 열 자를 나타내는 회의 글자. |

🔁. 丈六(장육) : 일장 육척의 길이. 또는 그 길이의 불상
　　　丈尺(장척) : 열 자 길이의 장대로 만든 자

| 下 | • 아래 하, 내릴 하 〔一부 2획, 총 3획 · lower part, か, げ〕
• 덮개 밑에 물건이 있음을 나타내는 지사 글자. |

🔁. 下劑(하제) : 설사를 하게 하는 약
　　　下筆成章(하필성장) : 붓을 쥐기만 하면 글을 이룸. 글재주가 뛰어남

| 不 | • 아니 부, 없을 불 〔一부 3획, 총 4획 · not, ふ, ぶ〕
• 볼록하게 부풀어 오른 꽃받침을 본뜬 지사 글자. |

🔁. 不斷(부단) : 끊이지 않고 계속됨. 과단성이 없음.

20 부수를 알면 한자가 보인다

不倒翁(부도옹) : 오뚝이

不可不(불가불) : 어쩔 수 없이

丑

• 소 축, 이름 추 〔一부 3획, 총 4획 · *cattle*, ちゆう〕
• 손가락을 구부려 물건을 집으려는 모양을 본뜬 지사 글자.

📖. 丑年(축년) : 태세의 지지가 축(丑)으로 시작되는 해

丑時(축시) : 자시 다음의 시각. 오전 1시부터 3시 사이

丙

• 남녘 병, 셋째 병, 불 병 〔一부 4획, 총 5획 · *south*, へい〕
• 책상이나 사람의 발, 또는 물고기의 꼬리를 본뜬 회의 글자.

📖. 丙夜(병야) : 하룻밤을 오경으로 나눈 것 중의 셋째. 하오 11시에서 이튿날 상오 1시 사이

丙座(병좌) : 묏자리나 집터 등의 병방(丙方)을 등진 좌향(坐向)

世

• 인간 세, 세대 세, 평생 세 〔一부 4획, 총 5획 · *world*, せい〕
• 세 개의 十을 쓰고 끄트머리를 연결한 지사 글자.

📖. 世道人心(세도인심) : 행하여지는 세상의 도의와 마음씨를 가리킴

世傳(세전) : 대대로 전함

世上)세상) : 인간이 살고 있는 온 누리

且

• 또 차, 우선 차, 만일 차 〔一부 4획, 총 5획 · しゃ, しょ〕
• 물건을 여러 겹으로 겹쳐놓은 모습을 본뜬 상형 글자

📖. 且驚且喜(차경차희) : 한편으로는 놀랍고 한편으로는 기뻐함

且戰且走(차전차주) : 한편으로는 싸우면서 한편으로는 달아남

다음 2단계 단업니다.

丘
- 언덕 구, 동산 구, 마을 구 〔一부 4획, 총 5획 · *hill*, ぎゅう〕
- 주위가 높고 한가운데가 들어간 분지를 본뜬 회의 글자.

📖. 丘陵(구릉) : 언덕과 같은 산
　　丘木(구목) : 무덤 주위에 둘러서 있는 나무
　　丘墓(구묘) : 무덤

아름다운 날갯짓

• 象形
깃 우, 새 우, 도울 우

羽 [羽부 0획, 총 6획]
wing · う

　끝없이 움직입니다. 두 날개를 계속적으로 움직거리며 날기 위한 예비 동작에 열심입니다. 이러한 날갯짓은 깃(羽)2)이 돋아나면서 더욱 습관처럼 반복됩니다. 그래야만 머지않아 날 수 있으니까요. 공부를 한다는 의미의 습(習) 자는 날개를 되풀이하여 움직인다는 반복 동작의 상형(象形)입니다.
　1단계 단어에는 '되풀이하여' 연습한다는 의미가 담겨 있습니다.

習
• 익힐 습, 습관 습 [羽부 5획, 총 11획 *practise* · しゅう]
• 새가 날개를 되풀이하여 움직이는 모습을 본뜬 형성 글자.

단어. 習得(습득) : 배워서 터득함
　　　習字(습자) : 글씨 쓰는 법을 배워 익힘
　　　習癖(습벽) : 버릇

翁
• 늙은이 옹, 아버지 옹 [羽부 4획, 총 10획 *old man* · おう]
• 벌레가 나는 모습을 본뜬 형성 글자.

단어. 翁嫗(옹구) : 늙은 남자와 늙은 여자
　　　翁主(옹주) : 서출 태생의 왕녀
　　　翁姑(옹고) : 시아버지와 시어머니

---

2) 새의 두 날개를 본뜬 모습.

다음 2단계 단업니다.

翼
- 날개 익, 도울 익, 다음날 익 〔羽부 11획, 총 17획 wing · よく〕
- 날개와 다른 한쪽의 날개. 곧 한 쌍의 날개를 본뜬 형성 글자.

  翼戴(익대) : 곁에서 도와줌
  翼室(익실) : 큰방에 딸린 작은방
  翼廊(익랑) : 문의 좌우에 잇대어 지은 작은 행랑

새는 날기를 잊지 않는다

• 象形　　　　　鳥　[鳥부 0획, 총 11획]
새 조, 땅이름 작, 섬 도　　　bird・ちょう

깃(羽)이 돋기 시작하면 새(鳥)3)는 끊임없이 날갯짓을 되풀이합니다. 결코 '날기를 잊지 않겠다'는 본능적인 강한 의지죠. 그렇습니다. 우리가 늘 염두에 둬야 할 것은 본능적인 의지입니다.

1단계 단어는 울거나 부르는 것(鳴)・닭(鷄)・학(鶴)입니다.

鳴　• 울 명, 부를 명 [鳥부 3획, 총 14획 chirp・めい]
　　• 口와 鳥의 합자. 새가 지저귐을 나타내는 회의 글자.

 鳴金(명금) : 징을 울림. 징 치는 것
　　鳴禽類(명금류) : 고운 소리로 우는 새들을 가리킴
　　鳴箭(명전) : 살대에 작은 구멍을 뚫어 바람을 받으면 소리가 나는 화살

鷄　• 닭 계 [鳥부 10획, 총 21획 chicken・けい]
　　• 奚와 鳥로 만들어진 글자. 奚가 울음을 나타내는 형성 글자.

 鷄口(계구) : 닭의 볏. 아주 작은 단체의 장(長)
　　鷄疫(계역) : 닭의 전염병
　　鷄肋(계륵) : 닭갈비. 먹을 것은 없어도 버리기는 아깝다는 뜻

---

3) 긴 꼬리를 늘어뜨린 '새'를 본뜬 글자.

- 학 학, 흰색 학 〔鳥부 10획, 총 21획 *crane* · かく〕
- 새의 몸이 하얗다는 것을 뜻하는 형성 글자.

用. 鶴髮(학발) : 흰머리
　　鶴禁(학금) : 왕세자가 거처하는 궁전
　　鶴壽(학수) : 학이 천년을 산다하여 사람의 장수를 뜻함
　　鶴膝(학슬) : 둘로 접을 수 있는 안경다리. 또는 한시의 평측법의 한 가지.

　2단계 한자를 보겠습니다. 봉새(鳳)·기러기(鴈)·큰기러기(鴻)·갈매기(鷗) 등입니다.

- 봉새 봉 〔鳥부 3획, 총 14획 *phoenix* · ほう〕
- 큰 새의 모습과 바람에 펄럭이는 돛을 합친 회의 · 형성 글자.

用. 鳳凰(봉황) : 성인이나 성군이 세상에 등장할 때에 나타난다는 상서로운 새. 암컷을 황(凰), 수컷을 봉(鳳)이라 함
　　鳳輦(봉련) : 군왕이 타는 수레
　　鳳雛(봉추) : 새끼 봉황.

- 큰기러기 홍 〔鳥부 6획, 총 17획 *wild goose* · こう〕
- 鳥와 江의 합자. 큰 물새라는 뜻을 함축한 형성 글자.

用. 鴻圖(홍도) : 넓은 영토나 큰 계획
　　鴻鵠之志(홍곡지지) : 큰 뜻

- 갈매기 구 〔鳥부 11획, 총 22획 *sea gull* · く, おう〕
- 鳥와 區의 합자. 갈매기 울음소리를 본뜬 형성 글자.

用. 鷗鷺(구로) : 갈매기와 해오라기
　　鷗汀(구정) : 갈매기가 있는 물가

누운 나무엔 열매가 없다

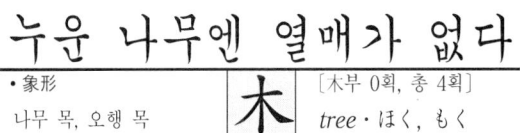

• 象形 [木부 0획, 총 4획]
나무 목, 오행 목 tree · ほく, もく

겉으로는 그럴 듯해도 쓸모없는 나무(木)는 많습니다.
1단계 한자들의 쓰임새를 살펴보겠습니다.

|末| • 끝 말, 지엽 말, 가루 말 [木부 1획, 총 5획 end · ぼつ, まつ]
    • 나뭇가지 끝을 여기다 라고 'ㅡ'로 나타낸 지사 글자.

. 末技(말기) : 하찮은 재주
   末世(말세) : 망해 가는 세상
   末梢(말초) : 나뭇가지의 끝

|未| • 아닐 미, 미래 미 [木부 1획, 총 5획 not · び, み]
    • 아직 자라지 않은 나무의 끝 부분을 본뜬 상형 글자.

. 未然(미연) : 아직 그렇게 되지 않음
   未洽(미흡) : 흡족하지 못함

|本| • 밑 본, 근본 본, 문서 본 [木부 1획, 총 5획 origin · ほん]
    • 나무의 굵은 곳에 'ㅡ'을 표시하여 밑동을 나타낸 지사 글자.

. 本能(본능) : 타고날 때부터의 성능
   本分(본분) : 자기에게 알맞은 분수. 마땅히 해낼 직분
   本鄕(본향) : 본 고향

|朱| • 붉을 주, 연지 주 [木부 2획, 총 6획 red · し, ゅ]
    • 나무 줄기에 횡목을 대어 나무를 자르는 모습을 본뜬 지사 글자.

㉠. 朱丹(주단) : 붉은 색
　　朱門(주문) : 붉은 칠을 한 문
　　朱印(주인) : 붉은 인주로 찍은 도장

材　• 재목 재, 원료 재, 재능 재 〔木부 3획, 총 7획 timber · ざい〕
　　• 자른 나무를 뜻하는 형성 글자.

㉠. 才幹(재간) : 솜씨
　　才器(재기) : 재능과 기량
　　材木(재목) : 집을 짓거나 건축을 하는데 소용되는 나무

村　• 마을 촌 〔木부 3획, 총 7획 village · そん〕
　　• 숲 그늘에 사람들이 살고 있는 모습을 본뜬 형성 글자.

㉠. 村婦(촌부) : 시골 아낙
　　村落(촌락) : 시골 부락
　　村長(촌장) : 시골 어른

果　• 실과 과, 해낼 과, 결과 과 〔木부 4획, 총 8획 fruit · か〕
　　• 나무 위에 둥근 열매가 있는 것을 본뜬 상형 글자.

㉠. 果實(과실) : 과일 나무에 열리는 나무
　　果然(과연) : 참으로 그러함
　　果敢(과감) : 결단성이 있고 용감함

東　• 동녘 동 〔木부 4획, 총 8획 east · とう〕
　　• 양쪽을 묶고 한가운데를 뚫고 나온 막대기를 본뜬 상형 글자.

㉠. 東史(동사) : 우리나라의 역사
　　東床(동상) : 사위
　　東漸(동점) : 점점 동쪽으로 옮겨 감

林　• 수풀 림, 많을 림 〔木부 4획, 총 8획 forest · りん〕
　　• 나무가 많이 늘어서 있는 숲을 본뜬 상형 글자.

㉠. 林立(임립) : 숲의 나무들처럼 죽 늘어섬
　　林野(임야) : 숲과 들

　　　　　　林木(임목) : 숲을 이룬 나무

杯 ・잔 배 〔木부 4획, 총 8획 cup・はい〕
　　・볼록하고 둥글게 부풀어 오른 술잔 모습을 본뜬 형성 글자.

　　[用]. 杯觴(배상) : 나무 술잔
　　　　杯中蛇影(배중사영) : 술잔 속에 비친 뱀 그림자라는 뜻. 의심이 많고 고민함을 뜻함

松 ・소나무 송 〔木부 4획, 총 8획 pine tree・しょう〕
　　・잎이 바늘처럼 가늘고 잎새로 공기가 통하는 모습의 상형 글자.

　　[用]. 松禁(송금) : 소나무를 베지 못하도록 함
　　　　松林(송림) : 소나무 숲
　　　　松竹(송죽) : 소나무와 대나무

枝 ・가지 지, 버틸 지, 육손이 기 〔木부 4획, 총 8획 branch・し〕
　　・줄기가 나뉘어진 가는 가지를 본뜬 형성 글자.

　　[用]. 枝指(기지) : 육손이
　　　　枝葉(지엽) : 가지와 잎.

柳 ・버들 류, 수레 이름 류 〔木부 5획, 총 9획 willow・りゅう〕
　　・갈라진 가지가 나부끼는 모양을 본뜬 형성 글자.

　　[用]. 柳器(유기) : 버드나무로 만든 그릇
　　　　柳車(유거) : 사람이 죽어 장사(葬事)를 지낼 때에 시체를 싣고 가던 수레

査 ・조사할 사, 사돈 사 〔木부 5획, 총 9획 seek out・さ〕
　　・통행을 방해하는 목책. 조사한다는 뜻으로 바뀐 형성 글자.

　　[用]. 査察(사찰) : 조사하여 살핌
　　　　査夫人(사부인) : 안사돈을 이르는 말
　　　　査丈(사장) : 사돈어른

柔 ・부드러울 유, 사랑할 유 〔木부 5획, 총 9획 soft・じゅう〕
　　・창 자루에 사용하는 탄력성 있는 나무를 본뜬 형성 글자.

예1. 柔順(유순) : 성질이 부드럽고 온순함
　　　柔軟(유연) : 부드럽고 연함

校
- 학교 교, 짐작할 교 〔木부 6획, 총 10획 *school* · こう〕
- X자 형태로 교차된 나무들을 본뜬 형성 글자.

예1. 校獵(교렵) : 짐승이 도망을 가지 못하도록 나무 울타리로 길을 막아놓음
　　　校庭(교정) : 학교 마당

根
- 뿌리 근, 생식기 근 〔木부 6획, 총 10획 *root* · こん〕
- 한곳에 계속적으로 머물러 뿌리 내린 모습을 본뜬 형성 글자.

예1. 根幹(근간) : 뿌리와 줄기. 근본을 뜻하는 말
　　　根性(근성) : 사람의 타고난 기상
　　　根絶(근절) : 뿌리째 없애 버림

案
- 책상 안, 생각할 안, 안 안 〔木부 6획, 총 10획 *table* · あん〕
- 팔꿈치를 올려놓고 누르는 모습을 나타낸 상형 글자.

예1. 案件(안건) : 조사하거나 논의할 사항
　　　案內(안내) : 인도하여 알려줌

栽
- 심을 재, 묘목 재 〔木부 5획, 총 10획 *plant* · さい〕
- 불필요한 가지나 잎을 베어버린다는 뜻의 형성 글자.

예1. 栽培(재배) : 심어서 가꿈
　　　栽植(재식) : 농작물 따위를 심음

植
- 심을 식, 초목의 총칭 식 〔木부 8획, 총 12획 *plant* · しょく〕
- 나무의 모종을 똑바로 세우는 것을 뜻하는 형성 글자.

예1. 植木(식목) : 나무를 심음
　　　植毛(식모) : 털이 없는 부분에 옮겨 심음

極
- 다할 극, 극 극 〔木부 9획, 총 13획 *utmost* · きょく, ごく〕
- 천장에서 바닥까지 떠받치고 있는 기둥을 본뜬 형성 글자.

예1. 極秘(극비) : 절대적인 비밀

30 부수를 알면 한자가 보인다

極盡(극진) : 힘이나 마음을 다함
極口(극구) : 충분한 말

業 • 업 업, 생계 업 〔木부 9획, 총 13획 business · ぎょう, ごう〕
• 종이나 북을 매달아 놓은 모습을 본뜬 상형 글자.

🔲. 業務(업무) : 직업으로 하는 일
業主(업주) : 사업의 경영주
業績(업적) : 일의 성과

楓 • 단풍나무 풍 〔木부 9획, 총 13획 maple tree · ふう〕
• 열매에 얄따란 날개가 달려 바람 부는 대로 날림. 형성 글자.

🔲. 楓林(풍림) : 단풍나무 숲
楓葉(풍엽) : 단풍나무 잎

樂 • 풍류 악, 즐길 락, 좋아할 요 〔木부 11획, 총 15획 · がく〕
• 나무 위에 고치를 매단 모습을 본뜬 상형 글자.

🔲. 樂觀(낙관) : 장차를 희망적으로 생각함
樂山樂水(요산요수) : 산과 물을 좋아함
樂想(악상) : 악곡에 대한 구상
樂工(악공) : 음악을 연주하는 사람

橋 • 다리 교 〔木부 12획, 총 16획 bridge · きょう〕
• 높이 걸려 휘어져 있는 다리의 모습을 본뜬 형성 글자.

🔲. 橋梁(교량) : 다리
橋頭堡(교두보) : 아군의 상륙을 돕기 위해 거점으로 마련해 놓은 진지, 또는 다리를 보호하려 조그맣게 쌓은 보루

樹 • 나무 수, 심을 수 〔木부 12획, 총 16획 tree · じゅう〕
• 받침대 위에 세운 나무. 꼼짝하지 않은 나무를 본뜬 형성 글자.

🔲. 樹林(수림) : 숲
樹木(수목) : 서 있는 나무. 또는 나무를 심음
樹立(수립) : 사업이나 공 등을 이룩하여 세우는 것

權 • 저울추 권, 달 권, 권세 권 〔木부 18획, 총 22획 · けん, ごん〕
• 저울의 추로써 균형을 나타내는 것을 본뜬 형성 글자.

용례. 權力(권력) : 남을 복종시키는 힘
權能(권능) : 권리를 주장하고 행사할 수 있는 권리
權威(권위) : 권세와 위력

2단계로 넘어가겠습니다. 1단계와는 달리 무거운 의미를 함축한 단어들이 많습니다.

朴 • 순박할 박, 후박나무 박 〔木부 2획, 총 6획 simple · ぼく〕
• 부러진 채로 손을 대지 않은 재목을 본뜬 형성 글자.

용례. 朴鈍(박둔) : 무기 등이 예리하지 못함
素朴(소박) : 꾸밈이 없음

李 • 오얏나무 리, 심부름꾼 리 〔木부 3획, 총 7획 bind · そく〕
• 과실이 많이 열리는 나무를 본뜬 회의 글자.

용례. 李花(이화) : 오얏꽃
李下不整冠(이하부정관) : 오얏나무 밑에서는 갓을 고쳐 쓰지 말라는 뜻

束 • 묶을 속, 약속할 속 〔木부 3획, 총 7획 bind · そく〕
• 장작을 모아 그 중앙을 끈으로 묶은 모습을 본뜬 회의 글자.

용례. 束縛(속박) : 자유를 빼앗음. 또는 몸을 얽어맴
束手無策(속수무책) : 어찌할 방도를 찾지 못하고 꼼짝을 못하는 것

析 • 가를 석, 나누어질 석 〔木부 4획, 총 8획 devide · び〕
• 나무를 도끼로 잘게 자르는 것을 본뜬 회의 글자.

용례. 析出(석출) : 용액에서 고체를 분리해 내거나 화합물을 분석하여 구성하고 있는 물질을 분석해 냄

析別(석별) : 완전히 쪼개짐
解析(해석) : 어떤 문제를 설명함

枕 • 베개 침　〔木부 4획, 총 8획 *pillow* · ちん〕
• 나무로 된 베개의 모습을 본뜬 회의 · 형성 글자.

용례. 枕頭(침두) : 머리맡. 베갯머리를 나타냄
枕木(침목) : 기차가 지나가는 철도의 선로 밑에 간 나무토막, 또는 큰 물건을 괴어놓는 나무토막

板 • 널빤지 판, 판목 판　〔木부 4획, 총 8획 *board* · はん, ばん〕
• 휘어서 팽팽하게 당긴 나무 판자를 본뜬 형성 글자.

용례. 板刻(판각) : 글씨나 그림 같은 것을 나무에 새기는 것
板橋(판교) : 널 다리
板書(판서) : 칠판에 글씨를 쓰는 것

架 • 시렁 가, 건너지를 가　〔木부 5획, 총 9획 *shelf* · か〕
• 지주 위에 가로대 얹는 것을 본뜬 형성 글자.

용례. 架空(가공) : 근거가 없음. 또는 공중을 가로지름
架設(가설) : 공중에 설치함
架橋(가교) : 다리를 놓음

枯 • 마를 고, 죽을 고　〔木부 5획, 총 9획 *wither* · こ〕
• 메말라서 단단해진 나무를 본뜬 형성 글자.

용례. 枯渴(고갈) : 물이 바짝 마름
枯淡(고담) : 욕심이 없고 담담함

某 • 아무 모, 어느 모　〔木부 5획, 총 9획 *certain person* · ぼう〕
• 입속에 매실을 머금은 모습을 본뜬 회의 글자

용례. 某某(모모) : 누구누구. 또는 아무개
某處(모처) : 어느 곳

柏 • 측백나무 백, 잣나무 백　〔木부 5획, 총 9획 *cypress* · はく〕
• 둥글고 작은 열매가 달리는 나무를 본뜬 회의 · 형성 글자.

[예]. 柏子(백자) : 잣
　　　柏葉酒(백엽주) : 측백나무나 편백나무의 잎을 추려 담가서 우려낸 술
　　　柏葉茶(백엽차) : 측백나무의 잎이나 편백나무 잎을 끓여 만든 차

染
- 물들일 염, 더럽힐 염, 바를 염　[木部 5획, 총 9획 *dye* · せん]
- 나무로 만든 그릇에 색깔 있는 물을 넣고 염색함. 회의 글자.

[예]. 染色(염색) : 천 등에 물을 들임
　　　染料(염료) : 염색 원료
　　　染病(염병) : 장티푸스

柱
- 기둥 주, 기러기발 주　[木部 5획, 총 9획 *pillar* · ちゅう]
- 한 곳에 서 있는 나무를 뜻하는 형성 글자.

[예]. 柱石(주석) : 기둥과 주춧돌
　　　柱礎(주초) : 주춧돌
　　　柱聯(주련) : 기둥이나 바람벽 등에 글을 쓰거나 새기어 드리우는 장식

格
- 바로잡을 격, 가지 각　[木部 6획, 총 10획 · かく, こう]
- 수레를 멈추게 하는 막대기를 본뜬 형성 글자.

[예]. 格式(격식) : 격에 어울리는 법식
　　　格物致知(격물치지) : 사물의 이치를 연구하여 그 지식이 온전해짐을 이름
　　　格子(격자) : 갓끈에 꿰는 구슬

桂
- 계수나무 계, 성 계　[木部 6획, 총 10획 *cinnamon tree* · けい]
- 향기가 좋은 나무를 나타내는 형성 글자.

[예]. 桂冠詩人(계관시인) : 영국 왕실에 머물며 경축 시 등을 만들어 읊으며 특별한 대우를 받는 명예 시인
　　　桂皮(계피) : 계수나무 껍질. 한약재로 씀

桂月(계월) : 달을 달리 부르는 이름

桃
- 복숭아나무 도 〔木부 6획, 총 10획 · とう〕
- 열매가 딱 둘로 쪼개지는 복숭아를 본뜬 형성 글자.

▣. 桃仁(도인) : 복숭아씨
桃源境(도원경) : 별천지
桃花(도화) : 복숭아꽃

桐
- 오동나무 동 〔木부 6획, 총 10획 · どう〕
- 속이 텅빈 나무. 오동나무를 본뜬 형성 글자.

▣. 桐梓(동재) : 오동나무와 가래나무. 곧 좋은 나무
桐油(동유) : 유동(油桐)의 씨에서 짜낸 기름

栗
- 밤나무 률 〔木부 6획, 총 10획 chestnut · りつ〕
- 여물어 터진 밤송이의 모양을 본뜬 회의 글자.

▣. 栗鼠(율서) : 다람쥐
栗殼(율각) : 밤 껍질
栗烈(율렬) : 추위가 몹시 매서움

桑
- 뽕나무 상 〔木부 6획, 총 10획 mulberry tree · そう〕
- 세 가닥의 가지에 달린 잎 모양을 본뜬 회의 글자.

▣. 桑田碧海(상전벽해) : 뽕나무밭이 변하여 바다가 됨. 곧 세상 일이 변화가 심함
桑飛(상비) : 뱁새의 다른 말

株
- 그루 주, 주식 주 〔木부 6획, 총 10획 stump · しゅ〕
- 나무 줄기를 벤 그루터기를 본뜬 형성 글자.

▣. 株金(주금) : 주식에 대한 출자 금액
株價(주가) : 주권의 가격
株主(주주) : 주권을 소유한 사람

核
- 씨 핵, 세포 핵, 뿌리 핵 〔木부 6획, 총 10획 kernel · かく〕
- 나무 열매의 뼈대에 해당하는 심을 본뜬 형성 글자.

35

[더] 核心的(핵심적) : 사물의 중심이 되는 부분
核分裂(핵분열) : 핵에너지가 폭발하기 위해 나뉘어 짐
核果(핵과) : 씨가 단단한 핵으로 싸여 있는 열매

械 • 형틀 계, 기구 계, 병장기 계 〔木부 7획, 총 11획 · かい〕
• 장치가 있는 도구를 본뜬 형성 글자.

[더] 械繫(계계) : 죄인에게 형구를 채워 감옥에 집어넣음
器械(기계) : 기기를 나타냄

梁 • 들보 량, 징검다리 량 〔木부 7획, 총 11획 beam · りょう〕
• 양쪽 강가에 지주를 세워 만든 나무다리를 본뜬 회의 글자.

[더] 梁上君子(양상군자) : 대들보 위에 올라가 있는 도둑놈을 가리킴

梨 • 배나무 리, 연극계 리 〔木부 7획, 총 11획 pear tree · り〕
• 사각사각 잘 씹히는 배를 본뜬 회의 글자.

[더] 梨園(이원) : 배나무 밭
梨花(이화) : 배꽃

梅 • 매화나무 매 〔木부 7획, 총 11획 plum tree · ばい〕
• 계속하여 아이를 낳는 어머니(每)에 木을 더한 형성 글자.

[더] 梅雨(매우) : 매실이 익을 무렵 내리는 여름 장마
梅畵(매화) : 매화 그림

梧 • 벽오동나무 오 〔木부 7획, 총 11획 · ご〕
• 막대기를 서로 맞물리게 받친 모양을 본뜬 회의 · 형성 글자.

[더] 梧桐(오동) : 벽오동나무
梧月(오월) : 음력 7월을 달리 부르는 말

條 • 가지 조, 조목 조 〔木부 7획, 총 11획 branch · じょう〕
• 가늘고 긴 나뭇가지를 본뜬 형성 글자.

[더] 條文(조문) : 하나하나 따진 조목을 적은 글
條析(조석) : 조리를 따져 구분하는 것

36 부수를 알면 한자가 보인다

條件(조건) : 정해 놓은 약속 사항

棄
- 버릴 기, 되돌릴 기 〔木부 8획, 총 12획 *abandon* · き〕
- 아이를 쓰레받기에 담아 버리는 것을 본뜬 회의 글자.

例. 棄權(기권) : 자신의 권리를 포기함
棄世(기세) : 세상을 떠남
棄兒(기아) : 아이를 버림

森
- 나무 빽빽할 삼, 무성한 삼 〔木부 8획, 총 12획 *forest* · しん〕
- 많은 나무가 뒤얽혀 있는 모습을 본뜬 회의 글자.

例. 森羅萬象(삼라만상) : 우주 안에 있는 모든 것
森列(삼렬) : 나무가 빽빽이 들어 차 있는 모습
森林(삼림) : 많은 나무가 있는 숲

楊
- 버드나무 양 〔木부 9획, 총 13획 *willow* · よう〕
- 길게 위로 뻗는 버드나무를 본뜬 회의·형성 글자.

例. 楊枝(양지) : 버들가지. 또는 이쑤시개
楊梅瘡(양매창) : 창병. 이른 바 매독

構
- 얽을 구, 맺을 구 〔木부 10획, 총 14획 *implicate* · こう〕
- 나무를 잘 짜 맞추어 균형을 맞춘다는 형성 글자.

例. 構內(구내) : 관공서나 기업체의 안
構圖(구도) : 일을 도모함

榮
- 영화 영, 명예 영, 성할 영 〔木부 10획, 총 14획 *glory* · えい〕
- 나무 주위를 에워싼 채 피어있는 꽃을 본뜬 형성 글자.

例. 榮枯盛衰(영고성쇠) : 크게 성하였다가 쇠하여짐이 서로 뒤바뀌는 일
榮轉(영전) : 예전보다 더 높은 자리에 오름
榮達(영달) : 지위가 높아지고 귀하게 됨

概
- 대개 개, 평미레 개 〔木부 11획, 총 15획 · かい〕
- 쌀이나 콩을 담은 후 고르는 나무 막대를 본뜬 형성 글자.

㉕. 概觀(개관) : 대충 살펴 봄
概要(개요) : 대체적인 요지

樓 • 다락 루, 기생집 루 〔木부 11획, 총 15획 garret・ろう〕
• 나무 기둥을 붙여 계속해 높이 쌓는 모습의 형성 글자.

㉕. 樓閣(누각) : 사방을 두루 바라볼 수 있도록 지은 집.
樓上(누상) : 누각 위

模 • 법 모, 본받을 모 〔木부 11획, 총 15획 form・も〕
• 점토를 씌워 손으로 토기를 만들어내는 틀을 뜻하는 형성 글자.

㉕. 模範(모범) : 본보기
模寫(모사) : 본을 떠 그대로 그림
模樣(모양) : 형상. 생김새

標 • 우듬지 표, 과녁 표, 표 표 〔木부 11획, 총 15획・ひょう〕
• 높이 내건 나무의 표지를 나타낸 형성 글자.

㉕. 標本(표본) : 일의 근본과 끝
標的(표적) : 목표가 되는 물건

機 • 베틀 기, 기미 기, 틀 기 〔木부 12획, 총 16획 loom・き〕
• 직기 사이에 끼운 아주 작은 막대기를 본뜬 형성 글자.

㉕. 機根(기근) : 중생의 마음속에 있는 부처의 가르침에 응하는 힘을 뜻함
機密(기밀) : 매우 중요하고 내밀한 일

橫 • 가로 횡, 방자할 횡 〔木부 12획, 총 16획 width・おう〕
• 옆으로 펼쳐진 틀을 조립하는 나무를 본뜬 형성 글자.

㉕. 橫斷(횡단) : 옆으로 끊음
橫領(횡령) : 멋대로 남의 재물을 차지함
橫書(횡서) : 옆으로 쓰는 글씨

檢 • 조사할 검, 봉할 검 〔木부 13획, 총 17획 seal・けん〕
• 많은 나무 표찰을 한군데 모아 조사하는 것을 본뜬 형성 글자.

㉠. 檢印(검인) : 검사하고 찍는 도장
　　檢索(검색) : 검사하려고 찾음
　　檢診(검진) : 검사하려고 진찰함

檀 ・박달나무 단, 베풀 단 〔木부 13획, 총 17획・だん〕
　　・굵고 묵직한 나무를 뜻하는 회의・형성 글자.

㉠. 檀君王儉(단군왕검) : 한국 민족의 시조
　　檀木(단목) : 박달나무

欄 ・난간 란, 울 란, 난 란 〔木부 17획, 총 21획 rail・らん〕
　　・문 입구를 가로막는 나무 막대기를 본뜬 형성 글자.

㉠. 欄干(난간) : 누각이나 층계 등의 가장 자리를 일정한 높낮이로 막은 물건
　　欄外(난외) : 난간의 바깥

바람 나그네

• 象形　　　　　飛　[飛부 0획, 총 9획]
날 비, 소문이 떠돌 비　　　fly・ひ

　깃이 자란 새는 자신의 이상을 펼치려고 구만리 먼 하늘을 날아갑니다. 온갖 사물을 발아래에 깔고, 이따금 겨운 몸짓으로 굽어보며 바람 나그네 되어 날아갑니다.
　1단계 단어인 비(飛)4)가 2단계의 번(飜)으로 변화합니다. 내용을 살펴보겠습니다.

飜　• 뒤칠 번, 날 번, 넘칠 번　[飛부 12획, 총 21획 turn・はん]
　　• 날개를 파드득거리며 나는 모양을 본뜬 회의・형성 글자.

　　用. 飜譯(번역) : 어떤 나라의 말을 다른 나라의 말로 바꾸어 옮기는 것
　　　　飜覆(번복) : 뒤집음. 이리저리 뒤집어 고침

---

4) 새가 좌우로 날개를 펼치고 나는 모습을 본뜬 글자.

앉아서 꿈꾸는 산

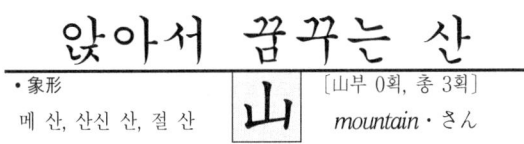

• 象形
메 산, 산신 산, 절 산

山　[山부 0획, 총 3획]
mountain · さん

1단계 단어는 산(山)5)·큰산(岳)·언덕(岸)·높음과 존중함(崇)·바위(巖) 등입니다. 산의 형상과 위용을 나타내는 단어들입니다.

岳
- 큰 산 악　[山부 5획, 총 8획 great mountain · がく]
- 바위가 단단한 산을 나타내는 지사 글자.

  岳母(악모) : 장모
  岳父(악부) : 장인
  岳陽(악양) : 태악산 남쪽 지방

岸
- 언덕 안, 층계 안, 옥 안　[山부 5획, 총 8획 hill, clift · がん]
- 절벽과 같이 깎아지른 듯한 물가를 뜻하는 형성 글자.

  海岸(해안) : 바닷가
  沿岸(연안) : 바다나 강·해안 가의 수역(水域)
  對岸(대안) : 강이나 호수의 건너편 기슭

崇
- 높을 숭, 존중할 숭　[山부 8획, 총 11획 high · すう]
- 산의 중심선이 세로로 통과하는 모습을 본뜬 형성 글자.

  崇雅黜浮(숭아출부) : 옳은 것은 숭상하고 허황된 것을 물리친다는 뜻
  崇慕(숭모) : 우러러 사모함

---

5) 봉우리가 셋인 산의 모습을 본뜬 글자.

崇尚(숭상) : 높이어 소중하게 여김

巖 • 바위 암, 가파를 암 〔山部 20획, 총 23획 rock · がん〕
• 단단한 바위를 나타내는 회의 · 형성 글자.

🔲 巖窟(암굴) : 바위굴
巖盤(암반) : 암석으로 된 지반
巖壁(암벽) : 깎아지를 듯 솟아있는 바위

비교적 연관되는 단어들이지요. 이번에는 2단계입니다. 산(山)의 모양에만 국한된 것이 아니라 의미를 포괄적으로 넓혀갑니다.

島 • 섬 도 〔山部 7획, 총 10획 island · とう〕
• 철새가 쉬었다 가는 바다 가운데의 작은 산을 본뜬 형성 글자.

🔲 島嶼地方(도서지방) : 섬 지방
島國根性(도국근성) : 섬나라 사람들의 옹졸한 성격

峯 • 봉우리 봉 〔山部 7획, 총 10획 peak · ほう〕
• ∧ 형상으로 솟아오른 산을 나타내는 형성 글자.

🔲 高峯(고봉) : 높은 봉우리
峯巒(봉만) : 높은 산. 많은 산. 또는 연 이은 산

崩 • 무너질 붕, 죽을 붕 〔山部 8획, 총 11획 collapse · ほう〕
• 산이 양쪽으로 무너져 내림을 나타내는 형성 글자.

🔲 崩御(붕어) : 군왕의 죽음은 산이 무너진 것과 같다는 데에서 나온 말
崩壞(붕괴) : 무너짐

嶺 • 재 령, 산봉우리 령 〔山部 14획, 총 17획 ridge · れい〕
• 사람의 목에 해당되는 산의 고개를 나타내는 형성 글자.

🔲 峻嶺(준령) : 험준한 고개
嶺東(영동) : 강원도 태백산맥의 동쪽

안식처의 향기

• 漢字 部數
집 면

宀 [宀부 0획, 총 3획]
house · べん

  사람들은 안식(安息)이라는 말을 씁니다. 듣기만 하여도 안온하고 편안해 지는 말이죠. 그러나 좀더 들어가면 안식이란 '죽음을 보호하여 줄 장소'임을 알게 됩니다.
  이 말은 죽음을 피할 장소라 할 수 있습니다. 오랜 옛날부터 우리 인간에게는 천적(天賊)이 있었습니다. 천지 대자연의 어느 것 한 가지라도 다루기가 만만한 것은 없었지만, 그 가운데 가장 두려운 것은 뱀(蛇)이었습니다. 그런 점에서 지붕(宀)6)이 있는 안식처가 필요했던 것입니다. 또 뱀의 천적은 돼지(豕)입니다.
  우리가 안식을 얻을 수 있는가 없는가의 문제는 집(家)이 있느냐 없느냐로 연결됩니다. 지붕(宀) 아래에 돼지(豕)가 있다는 확인이야말로 뱀을 막는 가장 큰 안식처였으니까요.
  1단계 단어입니다.

守   • 지킬 수, 벼슬이름 수 [宀부 3획, 총 6획 keep · しゅ]
  • 손으로 지붕 밑을 에워싸고 지킴을 본뜬 회의 글자.

. 守備(수비) : 적을 막고 지킴
    守錢奴(수전노) : 돈에 인색한 사람을 조롱하는 말
    守歲(수세) : 섣달 그믐날 밤에 밤샘을 하는 일

---

6) 사방이 지붕으로 덮인 집

安 ・편안할 안, 즐길 안 〔宀부 3획, 총 6획 peaceful・あん〕
・여자가 집안에 있으니 안정됨을 뜻하는 회의 글자.

用例. 安樂死(안락사) : 회복하지 못할 환자에게 그의 요구에 따라 편히 죽음에 이르게 함
　　　安息(안식) : 편안히 쉼

宇 ・집 우, 처마 우, 하늘 우 〔宀부 3획, 총 6획 house・う〕
・크고 둥근 지붕을 본뜬 형성 글자.

用例. 宇宙(우주) : 온 세계를 둘러싸고 있는 공간
　　　宇宙論(우주론) : 우주의 기원과 진화 등에 관하여 자연 철학적인 가설과 수리학적인 이론을 이르는 말

宅 ・집 택, 댁 댁 〔宀부 3획, 총 6획 house・たく〕
・조용히 사는 집을 본뜬 형성 글자.

用例. 宅地(택지) : 가옥의 대지
　　　宅內(댁내) : 남의 집안을 이르는 말
　　　宅兆(택조) : 묘지. 산소

完 ・완전할 완, 끝낼 완 〔宀부 4획, 총 7획 perfect・かん〕
・둥글게 담으로 삥 둘러싸인 집을 본뜬 형성 글자.

用例. 完了(완료) : 끝을 냄
　　　完備(완비) : 완전히 갖추어짐
　　　完璧(완벽) : 흠 잡을 곳이 없는 구슬

官 ・벼슬 관, 마을 관 〔宀부 5획, 총 8획 official rank・かん〕
・많은 사람이 모여 있는 곳이 담으로 둘러싸인 모습. 회의 글자.

用例. 官家(관가) : 왕실. 시골에서 그 고을의 원을 이르는 말
　　　官界(관계) : 관리들의 사회
　　　官公署(관공서) : 관청과 공청

定 ・정할 정, 평정할 정 〔宀부 5획, 총 8획 deside stop・てい〕
・한 집에 정착하여 움직이지 않음을 본뜬 형성 글자.

㉮. 定價(정가) : 정해진 값
　　定刻(정각) : 정해진 시각
　　定見(정견) : 굳혀진 견해. 일정한 의견

- 마루 종, 사당 종　〔宀부 5획, 총 8획 *floor root*・そう〕
- 조상에게 제사 지내는 본가의 건물을 본뜬 회의 글자.

㉮. 宗家(종가) : 맏이의 집안. 같은 문중
　　宗師(종사) : 존경받는 스승
　　宗主國(종주국) : 식민지나 예속국에 대하여 지배하는 나라를 뜻함

- 집 주, 하늘 주　〔宀부 5획, 총 8획 *house*・ちゅう〕
- 대지가 지붕처럼 하늘을 받치는 모습을 본뜬 형성 글자.

㉮. 宇宙食(우주식) : 우주를 여행할 때 먹는 특별한 음식
　　宇宙游泳(우주유영) : 우주 비행사가 우주선 밖에서 행동하는 일

- 손 객, 사람 객, 대상 객　〔宀부 6획, 총 9획 *guest*・きゃく〕
- 남의 집에 잠시 머무르는 사람을 본뜬 형성 글자.

㉮. 客鬼(객귀) : 객지에서 죽은 귀신
　　客談(객담) : 객쩍은 말
　　客死(객사) : 객지에서 죽음

- 집 실, 아내 실, 가족 실　〔宀부 6획, 총 9획 *house*・しつ〕
- 가장 깊숙한 곳의 막다른 집을 본뜬 형성 글자.

㉮. 室內(실내) : 방안
　　室人(실인) : 주인. 남편의 자매와 형제의 아내
　　室外(실외) : 방밖

家
- 집 가, 전문가 가　〔宀부 7획, 총 10획 *house, home*・か〕
- 중요한 가축에게 지붕을 씌운 모양을 본뜬 형성 글자.

㉮. 家系(가계) : 집안의 계통

家具(가구) : 집안의 일상 용구
家寶(가보) : 집안 대대로 내려오는 보물

容 • 얼굴 용, 꾸밀 용, 담을 용 〔宀부 7획, 총 10획 face · よう〕
• 집 가운데 움푹 패인 곳에 물이 들어가는 것을 본뜬 회의 글자.

容器(용기) : 물건을 담는 그릇
容貌(용모) : 얼굴 모습
容納(용납) : 다른 사람의 요청을 받아들임

害 • 해칠 해, 손해 해, 어찌 갈 〔宀부 7획, 총 10획 injure · がい〕
• 씌우개와 윤기 없는 머리를 합친 회의 글자.

害毒(해독) : 해와 독
害惡(해악) : 다른 사람을 해치는 악행
害蟲(해충) : 농작물 등에 해를 끼치는 곤충

密 • 빽빽할 밀, 숨길 밀 〔宀부 8획, 총 11획 thick, secret · みつ〕
• 너무 깊어 사람이 근접하지 못함을 본뜬 형성 글자.

密告(밀고) : 몰래 일러바침
密談(밀담) : 몰래 나누는 이야기
密林(밀림) : 나무가 빽빽이 들어서 있는 숲

宿 • 묵을 숙, 별자리 수 〔宀부 8획, 총 11획 · しゅく〕
• 좁은 장소에 사람이 웅크리고 있음을 본뜬 형성 글자.

宿德(숙덕) : 덕망 있는 노인
宿命(숙명) : 타고난 운명
宿所(숙소) : 묵고 있는 곳

寅 • 셋째지지 인, 동료 인, 공경할 인 〔宀부 8획, 총 11획 · いん〕
• 양손으로 화살이 휜 것을 곧게 펴는 모양을 본뜬 회의 글자.

寅時(인시) : 새벽 3시부터 5시 사이
寅念(인념) : 삼가 생각을 함
寅方(인방) : 동북동쪽

- 가멸 부, 복 부, 부할 부 〔宀부 9획, 총 12획 rich · ふ, ふう〕
- 술을 가득 채운 항아리를 본뜬 형성 글자.

　富國(부국) : 재물이 풍부한 나라
　富民(부민) : 부유한 백성
　富益富(부익부) : 부자일수록 더욱 부자가 됨

- 찰 한, 오싹할 한 〔宀부 9획, 총 12획 cold · かん〕
- 손으로 구멍을 막아 얼음의 차가움을 막는다는 형성 글자.

　寒氣(한기) : 오싹하여 몸이 떨리는 기운
　寒冷(한랭) : 춥고 차가움
　寒雨(한우) : 쓸쓸하게 내리는 비. 또는 찬비

- 열매 실, 결실 할 실 〔宀부 11획, 총 14획 fruit · じつ〕
- 알맹이가 가득 찬 것을 본뜬 회의 글자.

　實感(실감) : 실제로 체험하는 듯한 느낌
　實事求是(실사구시) : 사실을 기초로 진리와 실상을 탐구하는 일

- 살필 찰, 드러날 찰 〔宀부 11획, 총 14획 watch · さつ〕
- 집의 구석구석을 깨끗이 함을 본뜬 형성 글자.

　察色(찰색) : 혈색을 살펴서 병을 진찰함. 안색으로 상대의 기분을 알아차림
　察知(찰지) : 미루어서 알게 됨

2단계 단어입니다.

- 마땅할 의, 마땅히 의 〔宀부 5획, 총 8획 right · ぎ〕
- 지상에 집을 짓고 정착 한다는 뜻을 나타내는 회의 글자.

　宜當(의당) : 마땅히
　宜當事(의당사) : 의당한 일. 그대로 실행하라는 의미

宣 • 베풀 선, 임금이 말할 선 [宀부 6획, 총 9획 give・せん]
• 주위가 담으로 둘러싸인 궁전을 본뜬 형성 글자.

例. 宣誓(선서) : 맹세의 말을 함
宣揚(선양) : 널리 드날림
宣旨(선지) : 임금의 명령

宮 • 집 궁, 궁궐 궁 [宀부 7획, 총 10획 house, palace・きゅう]
• 건물이 안쪽까지 여러 개 있는 것을 본뜬 형성 글자.

例. 宮闕(궁궐) : 임금이 거처 하는 집
宮城(궁성) : 궁궐과 그 주위
宮中(궁중) : 대궐 안

宴 • 잔치 연, 즐길 연 [宀부 7획, 총 10획 banquet・えん]
• 집안에 자리를 잡고 편히 쉼을 나타내는 형성 글자.

例. 宴席(연석) : 연회를 베푼 자리
宴會(연회) : 여러 사람이 베푸는 자리

寄 • 부칠 기, 기댈 기 [宀부 8획, 총 11획 send・き]
• 집의 차양에 몸을 기대고 있는 모습을 본뜬 형성 글자.

例. 寄稿(기고) : 글이나 원고 등을 신문사나 잡지사에 보내어 실리는 것
寄附(기부) : 금품을 남에게 거저 줌
寄居(기거) : 임시로 거처함

寂 • 고요할 적, 편안할 적 [宀부 8획, 총 11획 quiet・せき]
• 집안 사람의 목소리가 가늘고 작음을 본뜬 형성 글자.

例. 寂寞(적막) : 고요하고 쓸쓸한 모습
寂寂(적적) : 고요하고 쓸쓸함

寡 • 적을 과, 약할 과 [宀부 11획, 총 14획 few・か]
• 지붕 아래 홀로 남겨진 아이를 나타낸 회의 글자.

⑴. 寡宅(과택) : 홀어미
　　寡頭(과두) : 적은 인원
　　寡慾(과욕) : 욕망이 적음

寧 • 편안할 녕, 차라리 녕　［宀부 11획, 총 14획 *peaceful*・ねい］
　　• 어떤 곳에 머물러 마음을 안정시키는 모습을 본뜬 형성 글자.

⑴. 寧日(영일) : 편안한 나날
　　康寧(강녕) : 편안함
　　寧親(영친) : 부모님을 안심시킴

寢 • 잠잘 침, 앓을 침　［宀부 11획, 총 14획 *sleep*・しん］
　　• 안방 깊숙이 들어와 잠자는 것을 본뜬 형성 글자.

⑴. 寢具(침구) : 이부자리나 베개
　　寢牀(침상) : 잠자리
　　寢食(침식) : 잠과 식사. 이른바 일상 생활

寬 • 너그러울 관, 느슨할 관　［宀부 12획, 총 15획 *generous*・かん］
　　• 큰 염소가 집안을 돌아다니는 모습을 본뜬 형성 글자.

⑴. 寬大(관대) : 너그럽고 도량이 큼
　　寬容(관용) : 너그럽게 받아들임
　　寬厚(관후) : 너그럽고 인자함

寫 • 베낄 사, 그릴 사　［宀부 12획, 총 15획 *copy, use*・しゃ］
　　• 장소를 옮기는 것을 나타내는 형성 글자.

⑴. 寫本(사본) : 책이나 문서를 베끼는 것
　　寫生(사생) : 자연이나 풍물을 있는 그대로 그림
　　寫實(사실) : 있는 그대로의 사실

審 • 살필 심, 자세할 심　［宀부 12획, 총 15획 *deliberate*・しん］
　　• 집안에 흩어진 쌀알을 조심스럽게 찾음을 본뜬 회의 글자.

⑴. 審問(심문) : 자세하게 따져 물음
　　審査(심사) : 자세히 조사함

審議(심의) : 심사하고 의논함

寶
- 보배 보, 돈 보 [宀부 17획, 총 20획 treasure · ほう]
- 구슬과 그릇과 돈을 지붕 밑에 넣은 것을 본뜬 형성 글자.

[甲]. 寶鑑(보감) : 훌륭한 거울. 모범이 될만한 책을 뜻함
寶國(보국) : 일본에서 조선을 일컫는 칭호
寶齡(보령) : 임금의 나이

회초리가 필요할 때

• 漢字 部數
칠 복

〔攴부 0획, 총 4획〕
ぼく

　하늘을 날기 위해 새가 깃 치는 연습을 게을리 하지 않듯, 아이도 성장하면서 회초리가 필요한 때를 맞이합니다. 지금은 과자 사달라는 아이에게 이(齒牙)가 상한다고 으름장을 놓으며 회초리를 치지만, 예전에는 효(孝)를 가르치기 위해 그랬던 것 같습니다.
　회초리에 대해 우리들이 모르는 어떤 방법이 있는지를 1단계에서 검색하겠습니다. 단어들을 잡거나 쉼(收)·치거나 바꿈(改)·놓거나 내침(放)·정사나 바름(政)·연고나 까닭(故)·본받음(效)·가르침(敎)·도움이나 구함(救)·패함(敗)·굳셈(敢)·흩어짐(散)·공경함(敬)·자주나 촘촘함(數)·원수나 상대방(敵)이 여기에 해당합니다.

- 거둘 수, 쉴 수, 잡을 수 〔攴부 2획, 총 6획 *obtain* · しゅう〕
- 흐트러진 것을 하나로 끌어 모아 거둔다는 뜻의 형성 문자.

　收金(수금) : 돈을 거두어들임
　收納(수납) : 받아 넣음
　收用(수용) : 모아서 씀

- 고칠 개, 바꾸어질 개 〔攴부 3획, 총 7획 *improve* · かい〕
- 힘을 들여 느슨한 것을 일으켜 세우는 형성 글자.

　改刊(개간) : 고쳐서 간행함
　改名(개명) : 이름을 고침

51

改善(개선) : 나쁜 것을 고침

放
- 놓을 방, 내칠 방 〔攴부 4획, 총 8획 release · ほう〕
- 단단히 조여진 것을 양쪽으로 풀어놓은 모습의 형성 글자.

[用]. 放歌(방가) : 큰 소리로 노래 부름
放尿(방뇨) : 오줌을 눔
放談(방담) : 생각나는 대로 거침없이 말함

政
- 정사 정, 바룰 정 〔攴부 4획, 총 8획 government · せい〕
- 체계를 바로 잡아 가다듬는 것을 나타내는 형성 글자.

[用]. 政綱(정강) : 정치의 강령
政客(정객) : 정계에서 활동하는 사람
政略(정략) : 정치상의 책략

故
- 연고 고, 예 고, 까닭 고 〔攴부 5획, 총 9획 · こ〕
- 오래 되고 굳어져 버린 일을 나타내는 형성 글자.

[用]. 故家(고가) : 오래된 집안
故居(고거) : 예전에 살던 곳
故事(고사) : 옛날에 있었던 일

效
- 본받을 효, 줄 효, 밝힐 효 〔攴부 6획, 총 10획 · こう〕
- 어느 한쪽이 남을 따름을 나타내는 형성 글자.

[用]. 效果(효과) : 보람이나 공적
效能(효능) : 보람
效率(효율) : 능률

敎
- 가르칠 교, 스승 교 〔攴부 7획, 총 11획 · きよう〕
- 어른과 어린이 사이에 행해지는 모양을 나타내는 형성 글자.

[用]. 敎科(교과) : 학교에서 가르치는 과목
敎本(교본) : 교과서
敎師(교사) : 가르치는 사람
敎習(교습) : 가르쳐 익히게 함

救 • 건질 구, 고칠 구, 도움 구 〔攴부 7획, 총 11획 · きゆう〕
• 힘껏 말려 위험에 빠짐을 막는다는 형성 글자.

用. 救國(구국) : 나라를 위기에서 구함
救急(구급) : 당장 위급함을 구함
救病(구병) : 병을 치료함

敗 • 패할 패, 〔攴부 7획, 총 11획 · はい〕
• 조개가 둘로 갈라져 못 쓰게 됨을 나타낸 형성 글자.

用. 敗家(패가) : 재물을 탕진함
敗訴(패소) : 재판에 짐
敗北(패배) : 싸움에 짐

敢 • 감히 감, 감당할 감, 굳셀 감 〔攴부 8획, 총 12획 · かん〕
• 억압을 당해 억지로 입을 다물고 있는 모습의 회의 글자.

用. 敢當(감당) : 과감히 떠맡음
敢言(감언) : 감히 말함

散 • 흩을 산, 따로따로 떨어질 산 〔攴부 8획, 총 12획 · さん〕
• 가지런히 풀어놓는다는 뜻의 형성 글자.

用. 散見(산견) : 여기 저기 눈에 띔
散官(산관) : 한직에 있는 벼슬아치

敬 • 공경 경, 삼갈 경 〔攴부 9획, 총 13획 recpect · けい〕
• 몹시 황공하여 몸을 긴장시키는 모습의 회의 글자.

用. 敬虔(경건) : 공경하는 마음으로 깊이 삼가고 조심함
敬老(경로) : 노인을 공경함
敬慕(경모) : 공경하고 흠모함

數 • 셀 수, 자주 삭, 촘촘할 촉 〔攴부 11획, 총 15획 count · すう〕
• 줄줄이 이어 셈을 하는 모습의 형성 글자.

用. 數多(수다) : 수효가 많음
數數(삭삭) : 자주. 바쁜 모양

數罟(촉고) : 코가 몹시 촘촘한 그물

|敵| • 원수 적, 상대 적 〔攴부 11획, 총 15획 enemy · てき〕
• 정면으로 얼굴을 마주 대하는 일을 본뜬 형성 글자.

用. 敵國(적국) : 원수의 나라
　　敵兵(적병) : 적의 병사

여기에서 특기할 점은 攴(복)이 攵과 같이 쓰인다는 점입니다. 흔히 등글월 문(攵)이라 하는 것은, 그 모습이 글월 문(文)과 비슷하며 등(글자의 오른쪽)에 붙는 방(旁)이라는 뜻입니다.

이번에는 2단계로 가 보겠습니다.

攻 • 칠 공, 다스릴 공 〔攴부 3획, 총 7획 attack · こう〕
• 위아래 구멍을 꿰뚫음을 나타내는 형성 글자.

用. 攻擊(공격) : 적을 침
　　攻苦(공고) : 애써 학문을 익힘. 고난과 싸움
　　火攻(화공) : 불을 이용하여 공격함

敏 • 재빠를 민, 힘쓸 민, 총명할 민 〔攴부 7획, 총 11획 · びん〕
• 느슨해지는 일이 없이 척척 일함을 본뜬 형성 글자.

用. 敏速(민속) : 재빠름
　　敏感(민감) : 사물에 대한 느낌이 몹시 예민함
　　敏捷(민첩) : 재빠름

敍 • 차례 서, 펼 서 〔攴부 7획, 총 11획 · じょ〕
• 조금씩 순서를 정하여 말한 것을 본뜬 형성 글자.

用. 敍論(서론) : 본론의 머리말
　　敍用(서용) : 죄로 인하여 물러난 사람을 다시 기용함

敦 • 도타울 돈, 힘 쓸 돈, 성낼 돈 〔攴부 8획, 총 12획 · とん〕
• 망치로 치는 모습을 뜻하는 형성 글자.

[熟]. 敦篤(돈독) : 인정이 두터움
　　敦諭(돈유) : 친절하게 타이름

整 • 가지런할 정 〔攴부 12획, 총 16획 *order* · せい〕
　　• 가지런히 모아 바로잡는다는 뜻의 형성 글자.

[熟]. 整頓(정돈) : 가지런히 함
　　整備(정비) : 정돈하여 갖춤

· 象形

아들 자, 사랑할 자 　son, love

　십이지(十二支)로 보면 쥐는 자(子)7)에 해당합니다. 또한 자는 '아들'을 뜻합니다. 그런데 이 자(子)엔 '사랑한다'는 뜻이 있습니다. 사랑하니까 '효'와 '예'를 가르치라는 겁니다.
　1단계 단어입니다. 부수인 자(子)를 비롯하여 글자 또는 양육함(字)·보존함(存)·효도(孝)·어리거나 끝을 나타냄(季)·손자(孫)·배움(學) 등입니다.

字 · 글자 자, 양육할 자 　[子부 3획, 총 6획 letter · じ]
　　· 지붕 밑에서 아이가 계속 태어남을 본뜬 형성 글자.

. 字句(자구) : 글자와 글귀
　　　字意(자의) : 문자의 뜻
　　　字形(자형) : 글자의 모양

存 · 있을 존, 보존할 존 　[子부 3획, 총 6획 exist · そん]
　　· 남겨진 아이를 소중히 돌보고 있는 모습을 본뜬 회의 글자.

. 存亡(존망) : 생존과 멸망
　　　存問(존문) : 찾아가 물음
　　　存廢(존폐) : 보존과 폐기

---

7) 子(자)는 작은 아기가 두 손을 움직이는 것을 본뜬 글자.

|孝| • 효도 효 [子부 4획, 총 7획 filial piety · こう]
• 나이든 부모에게 자식이 정성을 다하는 모습의 회의 글자.

단어. 孝道(효도) : 부모님을 잘 받드는 도리
孝心(효심) : 효도하는 마음
孝行(효행) : 부모를 잘 섬기는 행실

|季| • 끝 계, 어릴 계, 철 계 [子부 5획, 총 8획 end · き]
• 벼를 결실 하여 거두어들이는 시기를 뜻하는 형성 글자.

단어. 季刊(계간) : 석 달에 한 번씩 간행함
季冬(계동) : 겨울의 끝
季夏(계하) : 늦여름
季指(계지) : 새끼손가락. 또는 새끼발가락

|孫| • 손자 손, 달아날 손 [子부 7획, 총 10획 grandson · そん]
• 혈연 관계가 계속되는 작은아이를 뜻하는 회의 글자.

단어. 孫子(손자) : 아들의 자식
孫吳兵法(손오병법) : 손자와 오자의 병법

|學| • 배울 학, 학문 학 [子부 13획, 총 16획 learn · がく]
• 선생과 제자가 학문을 교환하는 집을 본뜬 형성 글자.

단어. 學究(학구) : 학문을 연구함
學德(학덕) : 학문과 덕행
學理(학리) : 학문상의 이론

2단계의 단어는 매우 큰 구멍(孔)·외로움(孤)·맏이(孟)·누구(孰) 등입니다.

|孔| • 구멍 공, 매우 공, 클 공 [子부 1획, 총 4획 hole · こう]
• 작은 구멍이 난 모양을 나타내는 회의 글자.

단어. 孔劇(공극) : 몹시 지독함

孔方兄(공방형) : 네모진 구멍이 있는 돈

孤
- 외로울 고 〔子부 5획, 총 8획 lonely · こ〕
- 단 하나 남은 오이 열매 같은 외톨이라는 뜻의 형성 글자.

用. 孤單(고단) : 의지할 곳 없이 홀로됨
孤飛(고비) : 무리를 떠나 혼자서 낢

孟
- 맏 맹, 맹랑할 맹 〔子부 5획, 총 8획 first born · もう〕
- 기세 좋게 자라는 첫째를 뜻하는 형성 글자.

用. 孟冬(맹동) : 음력 10월의 별칭
孟秋(맹추) : 음력 7월을 달리 부르는 말

孰
- 누구 숙 〔子부 8획, 총 11획 who · じゅく〕
- 무언가 선택을 구하는 의문사의 회의 글자.

用. 孰若(숙약) : 어느 쪽이 좋은가를 비교하여 묻는 말
孰能禦之(숙능어지) : 누가 감히 막겠는가. 감히 막을 사람이 없음을 뜻하는 말

까마귀도 아는 제사

• 指事　　　　　示　　[示부 0획, 총 5획]
보일 시, 알릴 시, 볼 시　　　　be seen・し, じ

　우리나라 속담에 '까마귀 모르는 제사'라는 말이 있습니다. '자손이 없는 제사'라는 뜻입니다. 다시 말해, 그 집안의 크고 작은 제례는 그 집을 맴도는 까마귀가 다 알고 있다는 뜻으로 풀이됩니다. 그러므로 '까마귀도 아는 제사'란 자자손손 집안이 화락하고 우애가 넘치는 가운데 행하여지는 제사라는 뜻입니다.
　1단계 단어는 귀신(神)·조상(祖)·축원(祝)·제사(祭)·복(福)·예법(禮)에 대한 것입니다.

神　• 귀신 신, 혼 신, 마음 신　[示부 5획, 총 10획 ghost・しん]
　　• 이상한 자연의 힘이 두려워 올리는 제사를 본뜬 형성 글자.

 神交(신교) : 정신적으로 사귀는 것
　　神佛(신불) : 신령과 부처

祖　• 할아비 조, 조상 조　[示부 5획, 총 10획　ancestor・そ]
　　• 몇대나 계속되는 조상을 모셔놓은 감실을 본뜬 형성 글자.

　　祖孫(조손) : 할아버지와 손자
　　祖行(조항) : 할아버지의 항렬
　　祖國(조국) : 조상 때부터 살아온 나라

祝　• 빌 축, 원할 축, 기쁠 축　[示부 5획, 총 10획 pray・しゅく]
　　• 제단에서 축문을 읽고 있는 신관의 모습을 본뜬 형성 글자.

㈎. 祝福(축복) : 신의 은총을 기원함
　　祝壽(축수) : 신의 은총을 기원함

祭 • 제사 제, 사귈 제, 제사 지낼 제　〔示부 6획, 총 11획・さい〕
　　• 제단이나 제물을 깨끗이하여 제사지냄을 본뜬 회의 글자.

㈎. 祭禮(제례) : 제사의 의식
　　祭文(제문) : 제사 때에 제물을 올리고 영전에서 읽는 조상(弔喪)을 하는 글
　　祭需(제수) : 제사 때의 음식

福 • 복 복, 복을 받을 복　〔示부 9획, 총 14획・さいわい〕
　　• 술병에 가득든 술처럼 신의 풍만한 은총을 뜻하는 형성 글자.

㈎. 福祉(복지) : 행복
　　福音(복음) : 복된 소식
　　福利(복리) : 행복과 이익

禮 • 예도 례, 예식 례, 예법 례　〔示부 13획, 총 18획・れい, らい〕
　　• 신에게 제물을 받치고 행하는 제례를 뜻하는 형성 글자.

㈎. 禮緞(예단) : 예물로 보내는 비단
　　禮物(예물) : 예식에 쓰는 물건
　　禮樂(예악) : 예절과 음악

2단계의 한자입니다.

祀 • 제사 사, 제사 지낼 사　〔示부 3획, 총 8획 sacrifical・し〕
　　• 경작에 사용하는 구부러진 가래를 본뜬 회의・형성 글자.

㈎. 祀孫(사손) : 조상의 제사를 받드는 자손
　　祀天(사손) : 하늘에 제사를 지냄

社 • 토지신 사, 단체 사　〔示부 3획, 총 8획・しゃ〕
　　• 토지의 신을 공경하여 제사 지낸다는 뜻의 형성 글자.

㉠. 社交(사교) : 사교 생활의 교제
社屋(사옥) : 회사에서 업무적으로 사용하는 건물
社稷(사직) : 토지 신

祈
- 빌 기, 구할 기, 고할 기 〔示部 4획, 총 9획 · き〕
- 목표하는 곳에 가게 해달라고 신에게 기도하는 모습의 형성 글자.

㉠. 祈求(기구) : 기도하여 구함
祈願(기원) : 원하는 바가 이루어지도록 원함
祈禱(기도) : 바라는 바가 이루어지기를 비는 것

秘
- 숨길 비, 구할 기, 고할 기 〔示部 5획, 총 10획 hide · ひ〕
- 신전의 문을 닫아 밖에서 보이지 않음을 본뜬 형성 글자

㉠. 秘訣(비결) : 다른 사람에게 알리지 않고 쓰는 방법
秘方(비방) : 비밀스러운 방법
秘傳(비전) : 비밀스럽게 전함

祥
- 상서로울 상, 좋을 상 〔示部 6획, 총 11획 lucky · しょう〕
- 신의 마음씨가 좋은 모양으로 나타남을 뜻하는 형성 글자.

㉠. 祥瑞(상서) : 아주 좋은 징조
祥兆(상조) : 상서로운 조짐
祥雲(상운) : 상서로운 구름

票
- 불똥 튈 표, 쪽지 표 〔示部 6획, 총 11획 · ひょう〕
- 펄럭이는 표찰 모습을 본뜬 형성 글자.

㉠. 票決(표결) : 투표로 결정함
票禽(표금) : 가벼우며 빨리 나는 새
票輕(표경) : 빠르고 가벼움

禁
- 금할 금, 꺼릴 금, 대궐 금 〔示部 8획, 총 13획 · とめる〕
- 신을 모신 곳의 주위에 숲을 만들어 출입을 막는 형성 글자.

㉠. 禁錮(금고) : 감옥에 갇히는 형벌
禁忌(금기) : 불실하여 꺼리고 금하는 일

禁酒(금주) : 술 먹는 것을 금함

祿
- 복 록, 녹을 줄 록 〔示부 8획, 총 13획 · ろく〕
- 신이나 조정에서 부여받는 음식물을 본뜬 형성 글자.

|用|. 祿米(녹미) : 녹봉으로 받은 쌀
　　祿俸(녹봉) : 봉급
　　祿爵(녹작) : 봉록과 작위

禍
- 재난 화, 화근이 될 화 〔示부 9획, 총 14획 · わぎわい〕
- 신의 재앙을 받아 함정에 빠짐을 나타내는 형성 글자.

|用|. 禍根(화근) : 재앙의 근원
　　禍福(화복) : 재앙과 복

禪
- 봉선 선, 고요할 선 〔示부 12획, 총 17획 · ゆずる〕
- 편편하게 흙으로 만든 제단 위에서 하늘을 가리는 형성 글자.

|用|. 禪道(선도) : 참선하는 도
　　禪房(선방) : 참선하는 방
　　禪位(선위) : 임금이 그 자리를 물려주는 것

입은 머리의 항문이다

• 象形
입 구, 구멍 구, 말할 구   口   [口부 0획, 총 3획]
                              mouth · こう

'작은 입' 구(口) 변의 1단계 기본 단어들입니다.

可
• 옳을 가, 가능 가, 정도 가 [口부 2획, 총 5획 right · か]
• 목을 구부려 가까스로 쉰듯한 목소리를 내는 모습의 형성 문자

   可決(가결) : 의안 등을 결정함
   可望(가망) : 이루어질 희망
   可否(가부) : 옳고 그름의 여부

古
• 예 고, 낡을 고, 예스러울 고 [口부 2획, 총 5획 old day · こ]
• 제사 지내는 조상의 두개골을 본뜬 회의 글자.

   古宮(고궁) : 옛 궁궐
   古今(고금) : 옛날과 지금
   古風(고풍) : 예스러움

句
• 글귀 구 [口부 2획, 총 5획 phrase · く]
• 낫표로 작게 에워싼 말을 뜻하는 형성 글자.

   句句節節(구구절절) : 모든 구절
   句讀(구두) : 글에 쉼표나 마침표를 찍는 일
   句號(구호) : 구두점의 하나

史
• 사기 사, 사관 사 [口부 2획, 총 5획 history · し]
• 기록하던 일을 맡은 사람을 가리키는 회의 글자.

🗒. 史家(사가) : 역사에 정통한 사람
史記(사기) : 역사적 사실을 기록한 책
史話(사화) : 역사에 관한 이야기

右
- 오른쪽 우, 숭상할 우 〔口부 2획, 총 5획 *the right* · ゆう, う〕
- 오른손으로 입을 감싸는 것을 뜻하는 형성 글자.

🗒. 右傾(우경) : 오른쪽으로 기울음
右武(우무) : 무를 숭상함
右側(우측) : 오른쪽

只
- 다만 지 〔口부 2획, 총 5획 *simply* · し〕
- 그것만은 다르다는 단서를 뜻하는 상형 글자.

🗒. 只今(지금) : 이제. 시방
但只(단지) : 다만

各
- 각각 각 〔口부 3획, 총 6획 *each* · かく〕
- 걸어가던 사람의 발이 돌부리에 걸린 모습의 형성 글자.

🗒. 各界(각계) : 사회의 여러 방면
各地(각지) : 각지방
各種(각종) : 각종. 여러 가지

吉
- 길할 길, 좋을 길 〔口부 3획, 총 6획 *lucky* · きす, きち〕
- 단지 속에 물건을 가득 넣고 뚜껑을 덮은 모습의 회의 글자.

🗒. 吉祥(길상) : 경사스러운 일이 있을 징조
吉日(길일) : 좋은 날
吉報(길보) : 좋은 소식

同
- 한가지 동, 모일 동, 같이할 동 〔口부 3획, 총 6획 *alike* · どう〕
- 두꺼운 판자에 뚫린 구멍의 지름이 같음을 뜻하는 회의 글자.

🗒. 同感(동감) : 같은 느낌
同甲(동갑) : 같은 나이
同居(동거) : 한 집에서 같이 삶

名
- 이름 명, 부를 명, 평판 명 〔口부 3획, 총 6획 *name* · めい〕
- 어두운 곳에 소리를 내어 자신의 존재를 알리는 회의 글자.

　名家(명가) : 명망이 높은 사람. 또는 그런 집안
　名目(명목) : 사물의 이름
　名勝(명승) : 경치가 아주 뛰어남

合
- 합할 합, 홉 합 〔口부 3획, 총 6획 *join* · ごう, がつ〕
- 구멍에 뚜껑을 덮어 맞춤을 나타낸 형성 글자.

　合計(합계) : 함께 더하여 계산함
　合致(합치) : 서로 일치함
　合掌(합장) : 두 손을 마주 합함. 그렇게 하고 절함

向
- 향할 향, 이전에 향 〔口부 3획, 총 6획 *face* · こう, きょう〕
- 벽에 뚫린 구멍으로 공기가 나가는 것을 본뜬 회의 글자.

　向上(향상) : 위로 오름
　向意(향의) : 쏠리는 마음
　向後(향후) : 이제부터

告
- 알릴 고, 청할 곡 〔口부 4획, 총 7획 *tell* · こく〕
- 쇠뿔에 가로 세로의 막대기를 대어 사람을 못 받게 한 형성 글자.

　告別(고별) : 작별을 고함
　告白(고백) : 있는 사실을 솔직하게 말함
　告知(고지) : 알림

君
- 임금 군, 아내 군 〔口부 4획, 총 7획 *sovereign* · くん〕
- 모든 이들에게 하늘의 뜻을 말하고 다스리는 모습의 회의 글자.

　君臣(군신) : 임금과 신하
　君子(군자) : 높은 덕을 지닌 사람
　君臨(군림) : 남을 누르고 세력을 떨침

否
- 아닐 부, 막힐 비 〔口부 4획, 총 7획 *not, deny* · ひ〕
- 무언가가 그렇지 않다는 뜻의 형성 글자.

㉾. 否認(부인) : 그렇다고 인정하지 아니함
否決(부결) : 의안을 가결시키지 않음
否票(부표) : 옳지 않음을 나타낸 표

吾 • 나 오, 우리 오 〔口부 4획, 총 7획 I, estranged · ご〕
• 口와 교차하다(五)의 형성 글자.

㉾. 吾等(오등) : 우리들
吾不關焉(오불관언) : 나는 그 일에 상관하지 않겠다는 뜻
吾兄(오형) : 내 형이라는 뜻. 벗에 대한 경칭

吟 • 읊을 음, 신음할 음 〔口부 4획, 총 7획 recite · ぎん〕
• 입을 다물고 우물우물 작은 소리를 내는 모습의 형성 글자.

㉾. 吟味(음미) : 시가 등을 읊조리며 그 정취를 맛봄
吟咏(음영) : 시가를 읊음
吟風弄月(음풍농월) : 맑은 바람을 쐬거나 달빛을 아우르며 시가를 읊음

吹 • 불 취, 부추길 취 〔口부 4획, 총 7획 blow · すい〕
• 몸을 굽히어 입김을 내보내는 모습의 회의 글자.

㉾. 吹毛求疵(취모구자) : 흉터를 찾으려고 털을 불어 해친다는 의미. 억지로 남의 단점을 들춰냄
吹笛(취적) : 피리를 붊
吹呼(취호) : 숨을 내쉼

命 • 목숨 명, 명할 명 〔口부 5획, 총 8획 life · めい, みょう〕
• 신이나 군왕이 백성들에게 뜻을 알린다는 형성 글자.

㉾. 命巾(명건) : 신이나 부처에게 소원하는 것을 빌며 자신의 생년월일을 적어 걸쳐놓은 무명수건
命脈(명맥) : 목숨이나 생명
命名(명명) : 사물의 이름을 지음

- 맛 미, 마음에 느끼는 멋 미 〔口부 5획, 총 8획 taste・み〕
- 분명하지 않은 미세한 감각을 맛본다는 뜻의 형성 글자.

　味覺(미각) : 맛을 아는 감각
　味盲(미맹) : 맛을 잘 못 느끼는 사람. 미각이 고장이 난 사람을 뜻함

- 부를 호, 숨을 내쉴 호 〔口부 5획, 총 8획 call・こ〕
- 상대방을 부르는 모습을 나타낸 형성 글자.

　呼價(호가) : 값을 부름
　呼應(호응) : 부르면 답을 함
　呼吸(호흡) : 숨을 쉼
　呼出(호출) : 불러냄

- 고를 화, 답할 화 〔口부 5획, 총 8획 even・わ〕
- 온화한 말씨를 나타낸 형성 글자.

　和氣(화기) : 평온한 기분
　和色(화색) : 온화한 안색
　和合(화합) : 화목하게 합함

哀
- 슬플 애, 불쌍히 여길 애 〔口부 6획, 총 9획 sorrow・あい〕
- 슬픔을 가슴 속에 감추고 한숨을 내쉬는 것을 본뜬 형성 글자.

　哀乞(애걸) : 슬피 울며 하소연함
　哀慶(애경) : 슬픈 일과 경사스러운 일
　哀愁(애수) : 가슴을 저미는 슬픈 시름

哉
- 어조사 재, 비로소 재 〔口부 6획, 총 9획・さい〕
- 문장의 단락을 나타내는 형성 글자.

　哉生明(재생명) : 음력 초사흘. 달이 처음 빛을 발할 때
　哉生魄(재생백) : 음력 16일. 달 주위에 그늘이 지는 때

品
- 물건 품, 가지 품, 등급 품 〔口부 6획, 총 9획 goods・ひん〕
- 네모난 여러 개의 물건을 늘어놓은 모습의 시사 글자.

用. 品格(품격) : 물건의 좋고 나쁨의 정도
　　品名(품명) : 품종의 명칭
　　品行(품행) : 몸가짐

問
・물을 문, 사람을 찾을 문 〔口부 8획, 총 11획 ask · もん〕
・숨겨있는 일을 캐물어 알아낸다는 뜻의 형성 글자.

用. 問答(문답) : 묻고 답하기
　　問喪(문상) : 초상집에 인사차 들름
　　問責(문책) : 일의 잘못을 따져 책망함

商
・헤아릴 상, 장사 상 〔口부 8획, 총 11획 consider · しょう〕
・물건을 팔기 위해 돌아다니는 모습을 본뜬 형성 글자.

用. 商街(상가) : 장사 거리
　　商事(상사) : 상업에 관한 일
　　商品(상품) : 팔고 사는 물건

唯
・오직 유, 대답할 유 〔口부 8획, 총 11획 · ゆい, い〕
・佳와 口가 합해진 형성 글자.

用. 唯物(유물) : 물질만이 존재한다고 보는 일
　　唯唯(유유) : 승낙할 때의 공손한 모습
　　唯一(유일) : 오직 하나뿐

唱
・부를 창, 노래 창 〔口부 8획, 총 11획 song · しょう〕
・밝고 분명함을 나타낸 형성 글자.

用. 唱歌(창가) : 노래를 부름
　　唱劇(창극) : 판소리나 그의 형식을 빌어 만든 가극

單
・홑 단, 오랑캐 임금 선 〔口부 9획, 총 12획 · たん〕
・납작한 부채를 본뜬 회의 글자.

用. 單價(단가) : 일정한 단위의 금액
　　單文(단문) : 간단한 문장
　　單色(단색) : 간단한 색

喪
- 복 입을 상, 잃을 상 〔口부 9획, 총 12획 · そう〕
- 각자가 떨어진 채 어디로 가는 것을 뜻하는 형성 글자.

  [用]. 喪家(상가) : 초상집
  喪服(상복) : 상제가 입는 예복
  喪心(상심) : 본래의 평정심을 잃음

善
- 착할 선, 좋게 여길 선 〔口부 9획, 총 12획 · ぜん〕
- 맛있고 훌륭한 것을 나타내는 회의 글자.

  [用]. 善價(선가) : 좋은 가격
  善導(선도) : 올바른 길로 이끌음
  善用(선용) : 알맞게 잘 씀

喜
- 기쁠 희, 즐거울 희 〔口부 9획, 총 12획 delightful · き〕
- 맛있는 음식을 받고 기뻐하는 모습의 형성 글자.

  [用]. 喜樂(희락) : 기쁨과 즐거움
  喜色(희색) : 기뻐하는 빛
  喜悅(희열) : 기뻐함

嚴
- 엄할 엄, 경계할 엄 〔口부 17획, 총 20획 · げん〕
- 잔소리를 심하게 하여 단속함을 뜻하는 형성 글자.

  [用]. 嚴格(엄격) : 언행이 산만하지 않고 바름
  嚴斷(엄단) : 가차없이 처단함
  嚴選(엄선) : 엄정하게 뽑음

2단계 단어입니다.

叫
- 부르짖을 규, 울 규 〔口부 2획, 총 5획 cry · きょう〕
- 목을 비틀어 짜내듯 하여 부르는 것을 나타내는 형성 글자.

  [用]. 叫呼(규호) : 높고 날카로운 목소리로 부름
  叫喚(규환) : 높고 날카로운 목소리로 부르짖음

司
- 맡을 사, 엿볼 사 〔口부 2획, 총 5획 *manage control*・し〕
- 좁은 부분만을 취급하는 관리를 뜻하는 형성 글자.

[단어]. 司令(사령) : 군대나 함대를 지휘・감독하는 일
司察(사찰) : 일의 형편을 살피어 불법을 문초하는 일
司會(사회) : 모임의 진행을 맡아보는 사람

召
- 부를 소, 대추 조 〔口부 2획, 총 5획 *call*・しょう〕
- 상대를 입으로 부를 때 모습을 본뜬 형성 글자.

[단어]. 召命(소명) : 어떤 일을 처리하도록 특별한 부름을 받음
召集(소집) : 불러 모음
召還(소환) : 돌아오도록 부름

吏
- 벼슬아치 리, 구실아치 리 〔口부 3획, 총 6획 *official*・り〕
- 일을 잘 정리하는 관리를 뜻하는 회의 글자.

[단어]. 吏屬(이속) : 관아에 딸린 구실아치
吏卒(이졸) : 하급 관리

吸
- 숨을 들이쉴 흡, 끌 흡 〔口부 4획, 총 7획 *inhale*・きゅう〕
- 공기를 가득히 빨아들이는 모습의 상형 글자.

[단어]. 吸收(흡수) : 빨아들임
吸煙(흡연) : 담배를 피움
吸入(흡입) : 빨아들임

周
- 두루 주, 둘레 주 〔口부 5획, 총 8획 *all around*・しゅう〕
- 울타리 둘레를 나타내는 형성 글자.

[단어]. 周忌(주기) : 세상을 떠난 후 돌아오는 기일
周密(주밀) : 일을 도모함에 있어 빈틈 없음
周知(주지) : 여러 사람에게 두루 알림

咸
- 다 함, 같을 함 〔口부 6획, 총 9획 *all*・かん〕
- 날붙이로 입을 봉함을 뜻하는 회의 글자.

[예]. 咸氏(함씨) : 남을 높여 그의 조카를 일컬음
咸集(함집) : 다들 모임
咸興差使(함흥차사) : 한 번 간 사람이 돌아오지 않음

哭 • 울 곡, 곡 곡 〔口부 7획, 총 10획 wail・こく〕
• 큰소리로 우는 것을 나타내는 회의 글자.

[예]. 哭聲(곡성) : 크게 우는소리
哭班(곡반) : 국상이 났을 때 호곡 하는 문무백관들의 반열을 가리킴

唐 • 당나라 당, 황당할 당 〔口부 7획, 총 10획 〕
• 크게 입을 벌려 억지스럽게 말하는 것을 뜻하는 형성 글자.

[예]. 唐机(당궤) : 중국풍의 책상
唐突(당돌) : 갑작스럽게. 돌연히
唐筆(당필) : 중국에서 만든 붓

員 • 수효 원, 동구라미 원 〔口부 7획, 총 10획 number・いん〕
• 세발솥이 합쳐진 모습의 회의 글자.

[예]. 員石(원석) : 둥근 돌
員數(원수) : 사람의 수효
員外(원외) : 정한 인원 이외

啓 • 열 계, 여쭐 계, 아뢸 계 〔口부 8획, 총 11획 open・けい〕
• 문을 열듯이 입을 열고 말하는 것을 본뜬 형성 글자.

[예]. 啓導(계도) : 깨우쳐 알도록 이끌어 줌
啓示(계시) : 열어 보임
啓明(계명) : 새벽

嗚 • 탄식소리 오, 새 소리 오 〔口부 10획, 총 13획 sigh・おお〕
• 깍깍대는 까마귀 울음을 나타낸 형성 글자.

[예]. 嗚咽(오열) : 흐느껴 욺
嗚呼(오호) : 슬플 때에 탄식하는 소리

嗚嗚(오오) : 노래 부르는 소리

嘗 • 맛볼 상, 일찍 상, 시험할 상 〔口부 11획, 총 14획 · しょう〕
• 음식을 혀 위에 올려놓고 맛을 보는 모습의 회의 · 형성 글자.

[예]. 嘗味(상미) : 맛을 봄
嘗試之說(상시지설) : 시험 삼아 하는 말

器 • 그릇 기, 도구 기 〔口부 13획, 총 16획 · き〕
• 여러 가지 그릇을 강조하기 위한 회의 글자.

[예]. 器量(기량) : 재능
器物(기물) : 그릇이나 세간 따위를 말함

噫 • 탄식할 희, 트림할 애 〔口부 13획, 총 16획 · い, あい〕
• 가슴이 메어 터져 나오는 탄성을 뜻하는 회의 · 형성 글자.

[예]. 噫噫(희희) : 원망 하는 소리
噫嗚(희오) : 슬퍼 탄식하는 소리

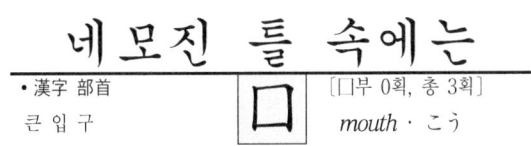

• 漢字 部首　　　　　[口부 0획, 총 3획]
큰 입 구　　　　　　mouth · こう

'큰 입 구' 부는 네모진 틀로서 '울타리'를 가리킵니다. 1단계에서는 네 번(四)·말미암다(因)·돌리다(回)·곤궁하다(困)·굳다(固)·나라(國)·동구라미(圓)·동산(園)·그림(圖) 등입니다.

　　　　• 넉 사, 네 번 사　[口부 2획, 총 5획 four · し]
　　　　• 여러 개를 뿔뿔히 나누는 것을 뜻하는 지사 글자.

 四角(사각) : 네모. 네 개의 뿔
　　　四季(사계) : 봄 · 여름 · 가을 · 겨울
　　　四苦(사고) : 사람이 반드시 겪어야 하는 네 가지 고통, 즉 태어나고, 늙고, 병들고, 죽는 것 등

　　　　• 인할 인, 말미암을 인　[口부 3획, 총 6획 depend on · いん]
　　　　• 한 가지 일이 다음에 일어날 일의 원인이 된다는 상형 글자.

 因果(인과) : 원인과 결과
　　　因習(인습) : 오래된 풍습
　　　因人成事(인인성사) : 다른 사람 힘으로 일을 성사시킴

　　　　• 돌 회, 돌릴 회, 어길 회,　[口부 3획, 총 6획 turn · かい, え]
　　　　• 이중으로 된 빙빙 도는 문을 본뜬 상형 글자.

 回甲(회갑) : 나이 61세를 이르는 말
　　　回顧錄(회고록) : 지나온 일을 돌이켜 보며 기록으로 남

겨 놓은 것
回文(회문) : 회답하는 글

困
- 곤할 곤, 곤궁할 곤 〔口부 4획, 총 7획 *distress*・こん〕
- 나무를 울타리 안에 심은 모습을 본뜬 회의 글자.

困境(곤경) : 곤란한 처지
困窮(곤궁) : 아주 가난함
困乏(곤핍) : 가난하고 고달픈 모습

固
- 굳을 고, 굳힐 고, 단단할 고 〔口부 5획, 총 8획 *hard*・こ〕
- 주위를 빈틈없이 에워싸 움직일 수 없게 만드는 형성 글자.

固陋(고루) : 완고하고 견식이 없음
固所願(고소원) : 진정으로 바라는 바
固執(고집) : 굳게 지니고 지킴

國
- 나라 국 〔口부 8획, 총 11획 *country*・こ〕
- 위 아래로 구분한 영토를 창으로 지킨다는 테두리의 형성 글자.

國難(국난) : 나라의 위난
國文(국문) : 그 나라 고유의 문자
國費(국비) : 나라에서 비용을 댐

圓
- 둥글 원, 동그라미 원 〔口부 10획, 총 13획 *round*・えん〕
- 둥글게 둘러싼 것을 나타내는 형성 글자.

圓覺(원각) : 부처님의 원만한 깨달음
圓光(원광) : 부처의 머리 위에 나타나는 원형의 빛. 해나 달의 둥근 빛을 가리키기도 함
圓卓(원탁) : 원형의 탁자

園
- 동산 원, 밭 원, 원소 원 〔口부 10획, 총 13획 *garden*・えん〕
- 둥글게 둘러싸인 정원을 나타내는 형성 글자.

園丁(원정) : 정원을 손질하는 일꾼
園陵(원릉) : 군왕이나 왕후의 묘

園藝(원예) : 화훼를 비롯하여 과일이나 나무 등을 가꿈

- 그림 도, 꾀할 도 〔口부 11획, 총 14획 draw · と, ず〕
- 영토나 구획 등을 종이 틀 안에 그려 넣은 지도의 회의 글자.

圖謀(도모) : 일을 꾀함
圖生(도생) : 살기를 꾀함
圖說(도설) : 그림을 그려 설명함

2단계 단어 역시 울타리(담장) 안에 들어 있는 사람이나 물건을 나타내는 것이 대부분 입니다. 죄인(囚)·둘레(圍)·모임(團) 등이 그것입니다.

囚
- 가둘 수, 죄인 수 〔口부 2획, 총 5획 imprison · しゅう〕
- 사람을 울타리 속에 가두는 것을 나타내는 회의 글자.

囚虜(수로) : 갇힌 포로
囚人(수인) : 감옥에 갇히게 된 사람
囚衣(수의) : 죄수복

圍
- 둘레 위, 에워쌀 위 〔口부 9획, 총 12획 circumference · い〕
- 주위를 빙 둘러 에워싸는 모습의 형성 글자.

圍攻(위공) : 주위를 빙 둘러싼 후에 공격함
圍碁歌(위기가) : 바둑에 관한 시가. 옛 시인·묵객들이 바둑을 두고 노래한 시

團
- 둥글 단, 모일 단 〔口부 11획, 총 14획 round · だん〕
- 둥글게 둘러싸는 것을 나타내는 형성 글자.

團結(단결) : 모여서 한 덩어리를 이룸
團扇(단선) : 둥근 부채
團長(단장) : 어떤 무리를 이룬 단체의 책임자

가장 무서운 화살

• 象形　　　　矢　[矢부 0획, 총 5획]
화살 시, 맹세할 시　　　　し

　여러분 가운데 활과 화살(矢)을 직접 본 분이 있으십니까? 많지는 않으리라 봅니다. 예전에야 그것을 도구나 병기로서, 자신의 몸을 지키는 방어 수단으로 사용하거나 또는 의식주를 해결하기 위해 이용했으니까 얼마든지 볼 수 있었지만 지금은 다르죠.
　사람의 입(口)에서 나가는 화살(知), 이를테면 상대방을 헐뜯는 일·사기·교만 방자한 행위 등의 '지식'이라는 화살은 무엇보다도 가장 무서운 것이라 생각됩니다.
　1단계에서는 어조사 의(矣)·슬기(知)·모자람(短)의 어원과 뜻을 살펴보겠습니다.

 • 어조사 의　[矢부 2획, 총 7획 · い]
• 사람이 뒤를 향해 멈춘 형태의 상형 글자.

 • 알 지, 슬기 지　[矢부 3획, 총 8획 know · ち]
• 화살처럼 날아가 알아맞힌다는 뜻의 형성 글자.

　　　知覺(지각) : 깨달아 아는 것
　　　知己(지기) : 자기를 알아주는 사람. 절친한 친구를 말할 때에 쓰는 말
　　　知新(지신) : 새로운 것을 앎

短 • 짧을 단, 모자랄 단 〔矢부 7획, 총 12획 short · たん〕
・ 첫수가 작은 물건을 합친 형태의 형성 글자.

　例. 短歌(단가) : 짧은 노래
　　　短髮(단발) : 짧은 머리
　　　短時日(단시일) : 짧은 시일
　　　短調(단조) : 짧은 곡조

이번엔 2단계입니다.

矯 • 바로잡을 교, 힘 쓸 교 〔矢부 12획, 총 17획 straighten · わい〕
・ 화살을 비틀어 상자에 넣는 것을 나타내는 형성 글자.

　例. 矯正(교정) : 바로잡음
　　　矯角殺牛(교각살우) : 뿔을 바로 잡으려다 오히려 소를
죽인다는 뜻. 작은 손해를 피하려다 큰 손해를 입음
　　　矯矯(교교) : 힘이 센 모양

화살 끝은 삼각형이다

• 象形
몸 기, 다스릴 기   [己부 0획, 총 3획]
                    body, self · き

    몸(己)8)에 상처를 입히는 대개의 날붙이는 그 끝이 뾰족하기 마련입니다. 특히 먼 거리를 날아와 노리던 사물에 상처를 입히는 화살 끝은 뾰족합니다. 삼각형이죠. 머리가 삼각형인 동물 가운데 여러분은 두려운 게 뭡니까? 대표적인 게 뱀입니다. 화살 끝은 독사의 머리를 닮았다는 데에 섬뜩함이 옵니다.
    1단계에서는 뱀(巳)·그침(己) 등의 단어에 대해 풀이를 합니다.

 • 뱀 사, 여섯 번째 지지 사 [己부 0획, 총 3획 snake · し]
• 웅크리고 있는 태아 모양을 본뜬 상형 글자.

   巳年(사년) : 태세(太歲)의 지지가 사(巳)인 해. 뱀해.
   巳時佛供(사시불공) : 오전 9시부터 11시 사이에 올리는 불공을 뜻함

 • 그칠 이, 이미 이, 매우 이 [己부 0획, 총 3획 stop · い]
• 고대인이 쓰던 구부러진 가래 농기구를 본뜬 상형 글자.

   已甚(이심) : 아주 심함
   已往(이왕) : 그전
   已往之事(이왕지사) : 이미 지나간 일

---

8) 구부러져 있는 것이 몸을 쳐들고 뻗으려고 하는 모양을 본뜬 글자. 상대방을 불렀을 때, '네'라고 답을 하며 일어서는 데서 '자신'을 나타내는 말로 쓰임.

2단계는 항(巷)자입니다.

巷
- 거리 항, 마을 항 〔己부 6획, 총 9획 street · こう〕
- 사람 사는 마을의 공공 통로를 본뜬 형성 글자.

例. 巷間(항간) : 일반 사람들 사이. 민초들 사이
　　巷談(항담) : 그저 그런 얘기
　　巷說(항설) : 길거리에 떠도는 소문

바람에 흔들리는 풀잎

• 漢字 部數
풀 초

艸 [艸부 0획, 총 6획]
grass · そう

풀(艹··艹)에 대해 시인은 노래합니다. '인생은 그날의 풀과 같으며 그 영화가 들의 꽃과 같다' 이것은 인생의 덧없음, 허무함 등을 말한 것입니다.

제1단계입니다.

花
- 꽃 화, 꽃다울 화, 흐러질 화 [艸부 4획, 총 8획 flower · か]
- 꽃 봉우리가 피고 지는 것처럼 변해 가는 꽃 모양의 형성 글자.

예]. 花粉(화분) : 꽃가루
　　花園(화원) : 화초를 심어놓은 동산
　　花草(화초) : 꽃과 풀

苦
- 쓸 고, 괴로워할 고 [艸부 5획, 총 9획 · く]
- 입이 굳어지는 쓴 맛이 나는 풀을 본뜬 형성 글자.

예]. 苦樂(고락) : 즐거움과 괴로움
　　苦悶(고민) : 괴로워하고 속을 썩힘
　　苦盡甘來(고진감래) : 고생 끝에 즐거움이 찾아옴

茂
- 우거질 무, 왕성할 무 [艸부 5획, 총 9획 grow thick · も]
- 나무 잎이 뒤덮여 있는 모습을 나타내는 형성 글자.

예]. 茂盛(무성) : 초목이 아주 잘 자라나 잎이 무성한 것을 나타냄

茂勳(무훈) : 훌륭한 무공

- 같을 약, 땅이름 야 [艸부 5획, 총 9획 · じゃく]
- 부드러운 머리털을 빗고 있는 여인의 모습을 본뜬 회의 글자.

㊀. 若干(약간) : 얼마 되지 아니함

般若(반야) : 모든 사물의 본질을 이해하고 불법의 참다운 이치를 깨닫는 지혜

- 꽃부리 영, 뛰어날 영, 싹 영 [艸부 5획, 총 9획 · えい]
- 꽃잎으로 둘러싸여 가운데가 움푹 들어간 꽃 모습의 형성 글자.

㊀. 英才(영재) : 뛰어난 재능

英傑(영걸) : 뛰어난 재능

英佛(영불) : 영국과 프랑스

草
- 풀 초, 거칠 초, 시작할 초 [艸부 6획, 총 10획 grass · そう]
- 가치가 없고 쓸모가 없는 잡초를 본뜬 형성 글자.

㊀. 草稿(초고) : 초벌 원고

草木(초목) : 풀과 나무

莫
- 없을 막, 저물 모 [艸부 7획, 총 11획 not · ばく]
- 초원의 풀숲에 해가 가리운 모습을 뜻하는 회의 글자.

㊀. 莫强(막강) : 매우 강함

莫大(막대) : 더할 수 없이 큼

莊
- 엄숙할 장, 씩씩할 장 [艸부 7획, 총 11획 serious · そう]
- 풀이 높게 우거짐을 뜻하는 형성 글자.

㊀. 莊嚴(장엄) : 장엄하고 엄숙함

莊重(장중) : 장엄하고 정중함

菜
- 나물 채, 반찬 채 [艸부 8획, 총 12획 vegetable · さい]
- 손으로 꺾어낸 풀의 모습을 본뜬 형성 글자.

㊀. 菜單(채단) : 차림표

菜蔬(채소) : 푸성귀

茱麻(채마) : 심어서 가꾸는 채소. 남새

華
- 빛날 화, 아름다울 화 〔艸부 8획, 총 12획 brilliant · か〕
- 한가운데가 움푹 들어간 국화꽃 모양을 본뜬 형성 글자.

用. 華甲(화갑) : 61세
華僑(화교) : 중국을 떠나 다른 나라에서 사는 중국인
華麗(화려) : 빛나고 아름다움

落
- 떨어질 락, 마을 락 〔艸부 9획, 총 13획 fall · らく〕
- 초목의 잎이 소리 없이 떨어지는 것을 본뜬 형성 글자.

用. 落島(낙도) : 육지에서 멀리 떨어진 섬
落馬(낙마) : 말에서 떨어짐
落命(낙명) : 목숨을 잃음

萬
- 일만 만, 갖가지 만 〔艸부 9획, 총 13획 ten thousand · まん〕
- 무서운 독을 지닌 전갈을 뜻하는 형성 글자.

用. 萬感(만감) : 오만 가지 느낌
萬古(만고) : 아주 오랜 옛날
萬年雪(만년설) : 아주 높은 산봉우리의 저온 지대에 쌓여 있는 눈. 해마다 내려 녹지 않은 얼음 덩어리를 이룬 적설층

葉
- 잎 엽, 땅이름 섭 〔艸부 9획, 총 13획 leaf · よう〕
- 얇은 잎에 풀을 붙여 나뭇잎을 나타낸 형성 글자.

用. 葉書(엽서) : 우편엽서
葉錢(엽전) : 놋쇠로 만든 옛날 돈
葉茶(엽차) : 차 잎을 달인 물

著
- 드러날 저, 붙일 착 〔艸부 9획, 총 13획 · ちょ, ちゃく〕
- 기록해 두는 것을 뜻하는 형성 글자.

用. 著名(저명) : 이름이 남
著書(저서) : 저술한 책
著作(저작) : 책을 씀

藥
- 약 약, 독 약 〔艹부 15획, 총 19획 *drug* · やく〕
- 병의 원인을 없애는 약초를 뜻하는 형성 글자.

例. 藥果(약과) : 무척 쉬운 일을 나타냄
　　藥房(약방) : 약을 파는 가게
　　藥房文(약방문) : 약을 처방한 글

藝
- 재주 예, 심을 예 〔艹부 15획, 총 19획 *skill* · ばい〕
- 풀을 손에 잡고 땅에 심는 것을 뜻하는 형성 글자.

例. 藝妓(예기) : 기생
　　藝能(예능) : 예술과 기능
　　藝道(예도) : 기예의 도

2단계로 넘어가겠습니다. 1단계와는 달리 단어 선별이 가볍지 않습니다. 꽃이나 풀의 외형적인 형태에서 점차 채소들을 저장한다거나 물건의 가림·천거 또는 종류에 대해 다루고 있습니다.

芳
- 꽃다울 방, 향기 방 〔艹부 4획, 총 8획 *fragrant* · ほう〕
- 초목의 좋은 향기가 주위에 퍼지는 것을 나타낸 형성 글자.

例. 芳年(방년) : 꽃다운 나이. 여자의 한창 나이
　　芳樹(방수) : 꽃이 피는 나무
　　芳草(방초) : 향기로운 풀

芽
- 싹 아, 처음 아 〔艹부 4획, 총 8획 *sprout* · が〕
- 서로 맞물린 채 꼬여서 얽힌 모습의 풀을 본뜬 형성 글자.

例. 發芽(발아) : 싹이 남
　　萌芽(맹아) : 싹이 틈

苟
- 구차할 구, 진실로 구, 혹은 구 〔艹부 5획, 총 9획 · こう〕
- 풀로 묶어 둥글게 함을 나타내는 것을 본뜬 회의 · 형성 글자.

例. 苟且(구차) : 일시적으로 미봉하는 것. 가난하고 구차함

을 나타냄

荷且偸安(구차투안) : 눈앞의 이익을 안일하게 추구함

苗
- 모 묘, 싹 묘, 후손 묘 [艸부 5획, 총 9획・びょう]
- 밭 가운데 풀이 돋은 것을 뜻하는 회의 글자.

例. 苗木(묘목) : 나무 모종
苗板(묘판) : 못자리
苗圃(묘포) : 묘목을 기르는 밭

茶
- 차 다, 차 차 [艸부 6획, 총 10획 tea・さ, ちゃ]
- 마음의 긴장을 푸는 음료에 쓰이는 풀을 뜻하는 형성 글자.

例. 茶道(다도) : 차를 마시는 예법
綠茶(녹차) : 어린 차 잎을 정제하여 만든 차
茶菓(다과) : 차와 과일

茫
- 아득할 망 [艸부 6획, 총 10획 remote・ぼう]
- 아무 것도 보이지 않는다는 뜻의 회의・형성 글자.

例. 茫茫大海(망망대해) : 끝없이 펼쳐진 바다
茫然(망연) : 아무 생각 없이 멍해져 있는 모양

荒
- 거칠 황, 황무지 황 [艸부 6획, 총 10획 rough・こう]
- 아무 것도 없는 것을 나타내는 형성 글자.

例. 荒年(황년) : 흉년
荒蕪地(황무지) : 개발하지 않은 거친 땅

荷
- 연 하, 멜 하 [艸부 7획, 총 11획・か]
- 연꽃과 풀을 합한 형성 글자.

例. 荷役(하역) : 짐을 싣고 내림
荷重(하중) : 짐의 무게

菊
- 국화 국, 대국 국 [艸부 8획, 총 12획・きく]
- 꽃잎이 둥글게 모여 있는 국화를 뜻하는 형성 글자.

例. 菊月(국월) : 음력 9월의 다른 칭호

菊判(국판) : 양지(洋紙)를 열여섯 등분한 넓이

菌
- 버섯 균, 균 균 [艸부 8획, 총 12획 mushroom・きん]
- 꽉 닫힌 창고 속에서 생긴 풀. 곰팡이를 뜻하는 형성 글자.

病菌(병균) : 병의 원인이 되는 균
滅菌(멸균) : 균을 죽임

蓋
- 덮을 개, 어찌 아니할 합 [艸부 10획, 총 14획 cover・かい]
- 멍석이나 초가지붕을 덮는 것을 뜻하는 회의・형성 글자.

蓋石(개석) : 석실의 돌 뚜껑
蓋瓦(개와) : 기와
蓋然性(개연성) : 그러하리라고 생각되는 성질

蒙
- 입을 몽, 덮개 몽 [艸부 10획, 총 14획・もう]
- 돼지 위에 덮개 씌움을 뜻하는 회의・형성 글자.

蒙昧(몽매) : 사리에 어둡고 어리석음
蒙養(몽양) : 아이들을 교육함
蒙耳(몽이) : 귀를 막음

蒼
- 푸를 창, 우거질 창 [艸부 10획, 총 14획 blue・そう]
- 곳간에 거두어들인 목초의 빛깔을 뜻하는 회의・형성 글자.

蒼空(창공) : 푸른 하늘
蒼白(창백) : 푸른 기가 돌만큼 해쓱함
蒼蒼(창창) : 초목이 우거진 모양

蓄
- 쌓을 축, 기를 축 [艸부 10획, 총 14획・ちく]
- 창고 속에 저장해 둔 채소를 뜻하는 형성 글자.

蓄力(축력) : 힘을 길러 쌓음
蓄怨(축원) : 마음에 원한을 간직함
蓄積(축적) : 많이 모아 쌓음

蓮
- 연밥 련, 연 연 [艸부 11획, 총 15획 lotus・れん]
- 포기가 이어져 자라는 것을 뜻하는 회의・형성 글자.

㊿. 蓮根(연근) : 연뿌리
　　蓮肉(연육) : 연밥의 살
　　蓮池(연지) : 연못

蔬　• 나물 소, 거칠 소　［艸부 11획, 총 15획 *vegetable* · そ］
　　• 틈새가 벌어지는 것과 艹가 합해진 회의 · 형성 글자.

㊿. 蔬飯(소반) : 보잘 것 없는 밥
　　蔬菜(소채) : 푸성귀

蔽　• 가릴 폐, 가림 폐　［艸부 12획, 총 16획 *conceal* · へい］
　　• 풀이 옆으로 퍼져 물건을 가린다는 뜻의 형성 글자.

㊿. 蔽塞(폐색) : 다른 사람의 눈을 가림
　　蔽一言(폐일언) : 한마디로 말함

薄　• 엷을 박, 적을 박　［艸부 13획, 총 17획 *thin* · はく］
　　• 초목이 착 달라붙어 나 있는 모습을 본뜬 형성 글자.

㊿. 薄德(박덕) : 덕이 적음
　　薄利(박리) : 적은 이익

薦　• 천거할 천, 올릴 천　［艸부 13획, 총 17획 *recommend* · せん］
　　• 사슴과 비슷한 동물이 뜯어먹는 풀을 본뜬 형성 글자.

㊿. 薦擧(천거) : 사람을 추천함
　　自薦(자천) : 스스로 추천함
　　薦新(천신) : 새로운 곡식을 신에게 처음 올리는 일

藍　• 쪽 람, 누더기 람　［艸부 14획, 총 18획 *indigo* · らん］
　　• 염료에 쓰이는 쪽을 나타내는 형성 글자.

㊿. 藍縷(남루) : 누더기
　　藍實(남실) : 쪽의 열매

藏　• 감출 장, 곳집 장　［艸부 14획, 총 18획 *conceal* · ぞう］
　　• 말린 풀을 넣어두는 곳간을 뜻하는 형성 글자.

㊿. 藏去(장거) : 서화 따위를 간직해 둠

藏府(장부) : 창고
藏中(장중) : 곳간 속

蘇
- 차조기 소, 깨어날 소 〔艸부 16획, 총 20획・そ〕
- 잎과 잎 사이의 틈새가 있는 식물을 뜻하는 회의・형성 글자.

[용]. 蘇復(소복) : 오랜 병상에서 일어나 원기가 회복됨
蘇生(소생) : 다시 살아남

蘭
- 난초 란 〔艸부 17획, 총 21획・らん〕
- 나쁜 기운을 막는 향초의 하나를 본뜬 형성 글자.

[용]. 蘭交(난교) : 친구 사이의 교분
蘭秀菊芳(난수국방) : 난과 국화의 향기

풀은 밤에도 속삭인다

• 形聲
말씀 언, 말할 언

言 [言부 0획, 총 7획]
talk · げん

풀이 누워 있는 평원이나 숲은 결코 잠들지 않고 깨어 있습니다. 말(言)9)과 관계있는 1단계 단어입니다.

計
• 셀 계, 총계 계, 꾀할 계 [言부 2획, 총 9획 calculate · けい]
• 많은 것을 하나로 모아 연결하여 생각함을 본뜬 회의 글자.

計巧(계교) : 여러 모로 생각한 꾀
計算(계산) : 수량을 헤아림
計數(계수) : 수를 헤아림

記
• 적을 기, 외울 기, 문서 기 [言부 3획, 총 10획 record · き]
• 어떤 일의 단서를 떠올리기 위해 적어둔 것을 뜻하는 형성 글자.

記錄(기록) : 사실을 적어둠
記名(기명) : 이름을 적음
記入(기입) : 적어 넣음

訓
• 가르칠 훈, 뜻 훈 [言부 3획, 총 10획 instruct · くん]
• 어려운 문제를 쉬운 말로 관통하여 푼다는 뜻의 형성 글자.

訓戒(훈계) : 타일러 경계함
訓民(훈민) : 백성을 가르침

---

9) 날카로운 칼과 口가 합쳐진 형태. 칼로 까칠까칠하게 만들 듯이 하나하나 확실하게 발음 되는 말의 의미를 나타냄.

訓示(훈시) : 가르쳐 타이름

訪
- 찾을 방, 물을 방 〔言部 4획, 총 11획 · ほう〕
- 좌우로 다니면서 말로 찾아다니는 것을 나타내는 형성 글자.

訪問(방문) : 찾아봄
訪議(방의) : 어떤 일의 방도를 물음

設
- 베풀 설, 설령 설 〔言部 4획, 총 11획 display · せつ〕
- 끌을 사용하여 대강의 형태를 만드는 것을 나타내는 회의 글자.

設令(설령) : 그렇다 치더라도
設問(설문) : 문제를 내어 물음
設置(설치) : 설치를 두는 것

許
- 허락할 허, 얼마 허 〔言部 4획, 총 11획 permit · きょ〕
- 위아래로 움직여도 좋을 만큼 눈감아준다는 뜻의 형성 글자.

許久(허구) : 매우 오래 됨
許多(허다) : 썩 많음
許心(허심) : 마음을 허락함

詩
- 시 시 〔言部 6획, 총 13획 poetry · し〕
- 마음에 담은 것을 말로 나타냄을 뜻하는 형성 글자.

詩歌(시가) : 시와 노래
詩伯(시백) : 뛰어난 시인
詩題(시제) : 시의 제목

試
- 시험할 시, 시험 시 〔言部 6획, 총 13획 examine · し〕
- 사람이나 물건을 사용하여 일을 시킨다는 뜻의 형성 글자.

試圖(시도) : 시험 삼아 일을 도모함
試合(시합) : 재주를 겨뤄 봄
試驗(시험) : 심신이 시험적으로 곤란을 당하게 됨

話
- 말할 화, 이야기 화 〔言部 6획, 총 13획 talk · わ〕
- 여유를 가시고 기세 좋게 밀하는 것을 뜻하는 형성 글자.

89

㉕. 話頭(화두) : 이야기 첫머리
　　話法(화법) : 말하는 방법
　　話題(화제) : 얘깃거리

說 ・말씀 설, 기쁠 열, 달랠 세 〔言부 7획, 총 14획 word・せつ〕
　　・마음속의 응어리를 말로 풀어 알게 한다는 뜻의 형성 글자.

㉕. 說得(설득) : 알아듣도록 깨우쳐 말을 함
　　說明(설명) : 풀어서 밝힘
　　說樂(열락) : 기쁘고 즐거움
　　說客(세객) : 말을 잘 하는 사람

誠 ・정성 성 〔言부 7획, 총 14획 sincerity・せい〕
　　・모자람이 없는 말이나 행동을 나타내는 형성 글자.

㉕. 誠金(성금) : 정성으로 내는 돈
　　誠心(성심) : 참된 마음
　　誠實(성실) : 성의가 있고 진실함

語 ・말씀 어, 말할 어 〔言부 7획, 총 14획・ご〕
　　・서로 말을 주고받는다는 뜻의 형성 글자.

㉕. 語勢(어세) : 말의 가락
　　語源(어원) : 말이 성립된 근원
　　語弊(어폐) : 말의 결점

誤 ・그릇할 오 〔言부 7획, 총 14획 be mistaken・ご〕
　　・고개를 갸웃대며 구부러진 모습을 나타낸 형성 글자.

㉕. 誤記(오기) : 잘못 씀
　　誤謬(오류) : 그릇됨
　　誤算(오산) : 잘못 계산함
　　誤字(오자) : 잘못된 글자

認 ・알 인, 허가할 인 〔言부 7획, 총 14획 recognize・にん〕
　　・사람의 마음이나 말을 지워지지 않도록 새겨둔다는 형성 글자.

㉣. 認可(인가) : 인정하여 허가함
認容(인용) : 인정하여 허락함
認知(인지) : 인식하여 앎

課
• 매길 과, 과정 과, 고시 과 〔言부 8획, 총 15획 impose · か〕
• 일을 분담하여 결과가 어떻게 되는가를 본다는 뜻의 형성 글자.

㉣. 課稅(과세) : 세금을 매김
課業(과업) : 일을 부과함
課題(과제) : 부과된 제목이나 문제

談
• 말씀 담, 말할 담 〔言부 8획, 총 15획 speak · だん〕
• 혀를 열심히 움직여 말하는 것을 나타내는 형성 글자.

㉣. 談論(담론) : 얘기를 함
談笑(담소) : 웃으며 얘기함
談話(담화) : 이야기. 또는 이야기하는 것

論
• 의논할 론, 정할 론 〔言부 8획, 총 15획 consult · ろん〕
• 말을 줄거리를 세워 조리 있게 하는 것을 본뜬 형성 글자.

㉣. 論議(논의) : 논설의 근거
論壇(논단) : 토론을 하는 장소
論爭(논쟁) : 서로의 의견을 굽히지 않고 다툼

誰
• 누구 수, 옛날 수 〔言부 8획, 총 15획 who · すい〕
• 누구라는 뜻의 의문사로 쓰이는 형성 글자.

㉣. 誰昔(수석) : 옛날
誰曰不可(수왈불가) : 누가 불가하다 하겠는가
誰何(수하) : 아무개

調
• 고를 조, 뽑을 조, 음률 조 〔言부 8획, 총 15획 even · ちょう〕
• 말이나 행동을 고루 전체에 미치게 한다는 뜻의 형성 글자.

㉣. 調貢(조공) : 공물을 바침
調理(조리) : 조화 있게 다스림

調節(조절) : 사물을 알맞게 고르는 것

請
- 청할 청, 맡을 청 〔言부 8획, 총 15획 request · せい〕
- 새까만 눈으로 정면을 응시한다는 뜻의 형성 글자.

用. 請暇(청가) : 휴가를 청함
請願(청원) : 청하여 바람
請求(청구) : 청하여 구함

諸
- 모든 제, 모든 저 〔言부 9획, 총 16획 every · しょ〕
- 장작을 모아 불을 지핀다는 의미의 형성 글자.

用. 諸國(제국) : 여러 나라
諸君(제군) : 여러분
諸般(제반) : 여러 가지

講
- 강론할 강, 의논할 강 〔言부 10획, 총 17획 preach · こう〕
- 상대방이 자신과 평형을 맞추는 모습을 나타내는 형성 글자.

用. 講究(강구) : 조사하여 규명함
講師(강의) : 강의하는 사람

謝
- 사례할 사, 사과할 사 〔言부 10획, 총 17획 thank · しゃ〕
- 말로 긴장된 마음을 느슨하게 만든다는 형성 글자.

用. 謝過(사과) : 잘못된 일에 대해 용서를 구하는 것
謝禮(사례) : 고마움을 나타내는 답례나 금품
謝罪(사죄) : 행하여진 일에 대해 용서를 비는 것

識
- 알 식, 적을 지 〔言부 12획, 총 19획 recognize · しき〕
- 어떤 사물에 표지나 이름을 붙여 알게 한다는 형성 글자.

用. 識者(식자) : 지식이 있는 사람
識字(식자) : 글씨를 앎
識見(식견) : 사물에 대한 분별력이 있는 사람

證
- 증거 증, 증서 증 〔言부 12획, 총 19획 evidence · しょう〕
- 어떤 사실을 말해 뒷받침이 되게 함을 뜻하는 형성 글자.

㈎. 證明(증명) : 증거를 들어 밝히는 것
　　證書(증서) : 증거가 될만한 문서
　　證言(증언) : 말로 증명함

警
* 경계할 경, 깨우칠 경 〔言부 13획, 총 20획 warn · けい〕
* 말로써 주의하여 경계시킨다는 뜻의 형성 글자.

㈎. 警覺(경각) : 경계하여 깨닫게 하는 것
　　警告(경고) : 경계하여 알림

議
* 의논할 의, 토론할 의 〔言부 13획, 총 20획 discuss · ぎ〕
* 매끄럽고 예의 바르게 말한다는 뜻의 형성 글자.

㈎. 議論(의론) : 일을 의논함
　　議案(의안) : 토의할 안건
　　議題(의제) : 논의할 문제

讀
* 읽을 독, 구두점 두 〔言부 15획, 총 22획 read · どく〕
* 단락을 지으며 읽는다는 뜻의 형성 글자.

㈎. 讀經(독경) : 불경을 소리 내어 읽음
　　讀書(독서) : 책을 읽음
　　讀破(독파) : 단숨에 끝까지 읽음

變
* 변할 변, 고칠 변 〔言부 16획, 총 23획 change · へん〕
* 이것저것 뒤엉켜 이상한 상태가 됨을 뜻하는 형성 글자.

㈎. 變更(변경) : 다르게 고침
　　變故(변고) : 사고
　　變德(변덕) : 이랬다저랬다 함

讓
* 사양할 양 〔言부 17획, 총 24획 kand over · じょう〕
* 다른 사람 사이에 끼어 드는 것을 뜻하는 형성 글자.

㈎. 讓渡(양도) : 권리 등을 다른 사람에게 넘겨 줌
　　讓步(양보) : 주장을 굽혀 다른 사람의 의견을 따름

2단계 단어입니다.

訂
- 바로잡을 정 〔言부 2획, 총 9획 straighten · てい〕
- 정하다는 뜻으로 쓰이는 형성 글자.

  訂正(정정) : 바로 잡음
  訂定(정정) : 결정함

討
- 칠 토, 탐구할 토 〔言부 3획, 총 10획 attack · とう〕
- 구석구석까지 긁어모아 말로 추구함을 뜻함의 회의 글자.

  討伐(토벌) : 무력으로 쳐 없애는 것
  討賊(토적) : 도적을 침
  討罪(토죄) : 지은 죄를 나무람

訟
- 송사할 송 〔言부 4획, 총 11획 · しょう〕
- 솔직하게 말하거나 통한다는 의미의 형성 글자.

  訟辭(송사) : 소송하는 것
  爭訟(쟁송) : 소송을 하여 다툼

詐
- 속일 사 〔言부 5획, 총 12획 deceive · さ〕
- 거짓말을 고의로 하는 것을 뜻하는 형성 글자.

  詐欺(사기) : 속임
  詐術(사술) : 남을 속이는 꾀
  詐取(사취) : 거짓으로 남의 재물을 취하는 것

詞
- 말 사, 글 사 〔言부 5획, 총 12획 language · し〕
- 차례를 만드는 아주 작은 단위를 뜻하는 형성 글자.

  詞林(사림) : 시문을 모아 엮은 책. 또는 문인들의 사회
  詞兄(사형) : 문인들끼리 상대를 높이어 부르는 말

訴
- 하소연할 소, 송사할 소 〔言부 5획, 총 12획 · そ〕
- 일을 형편에 맡기지 않고 말로써 거역하여 막는다는 형성 글자.

  訴願(소원) : 자신의 억울함을 관에 호소하는 것

訴狀(소장) : 소송할 내용을 기록한 문서
訴追(소추) : 검사가 어떤 사건에 대해 소송을 제기함

詠
- 읊을 영, 시가를 지을 영 〔言부 5획, 총 12획 recite · えい〕
- 소리를 길게 끌며 읊는 모습의 형성 글자.

用. 詠嘆(영탄) : 소리를 길게 끌며 탄식함
詠歌(영가) : 시가를 읊음

評
- 평할 평, 의논할 평 〔言부 5획, 총 12획 evaluate · ひょう〕
- 평등하게 말을 주고받는 것을 나타내는 형성 글자.

用. 評價(평가) : 가치나 수준
評決(평결) : 평한 후 결정함
評傳(평전) : 평론을 붙인 전기

誇
- 자랑할 과 〔言부 6획, 총 13획 pride · か〕
- 멀리 돌아가며 말하는 것을 나타내는 형성 글자.

用. 誇大(과대) : 작은 것을 크게 떠벌림
誇示(과시) : 뽐냄
誇張(과장) : 허풍으로 불려 떠벌림

詳
- 자세할 상 〔言부 6획, 총 13획 detail · しょう〕
- 구석구석까지 말하는 것을 뜻하는 형성 글자.

用. 詳報(상보) : 상세하게 알림
詳細(상세) : 상세하고 세밀함

該
- 그 해, 갖출 해 〔言부 6획, 총 13획 that · がい〕
- 돼지의 몸에 있는 뼈대를 본뜬 형성 글자.

用. 該當(해당) : 무엇에 관계되는 바로 그것
該博(해박) : 사물을 두루 아는 것

誦
- 욀 송 〔言부 7획, 총 14획 recite · しょう〕
- 막대기를 판자에 관통시키는 것을 본뜬 회의 · 형성 글자.

用. 誦當(송경) : 불교의 경전을 욈. 또는 성인이 남긴 경서

를 읽는 것
　　　誦讀(송독) : 암송함

誘
- 꾈 유 〔言부 7획, 총 14획 tempt · ゆう〕
- 그럴듯한 말로 상대를 꾀어내는 모양의 형성 글자.

　　誘拐(유괴) : 꾀어냄
　　誘導(유도) : 달래어서 이끎
　　誘惑(유혹) : 나쁜 길로 꾐

誌
- 기록할 지, 잡지 지 〔言부 7획, 총 14획 record · し〕
- 긴요한 말을 마음에 담거나 기록해 두는 것을 본뜬 형성 글자.

　　誌面(지면) : 잡지에 글이나 그림 등을 실리는 것
　　誌上(지상) : 글이 실린 잡지 등의 지면
　　誌石(지석) : 죽은 자의 신상 명세를 적어 무덤 안에 넣어 둔 돌

諒
- 믿을 량, 진실 량, 양찰할 량 〔言부 8획, 총 15획 · りょう〕
- 상대의 마음을 헤아림을 나타내는 형성 글자.

　　諒知(양지) : 살펴 앎
　　諒察(양찰) : 여러 사정을 자세히 살펴 아는 것

諾
- 대답할 낙, 허락할 낙 〔言부 9획, 총 16획 respond · だく〕
- 말로써 상대의 청에 허락함을 뜻하는 형성 글자.

　　諾諾(낙낙) : 자기의 의견을 내세우지 않고 상대의 말에 고분고분 하는 것
　　受諾(수락) : 받아들임

謀
- 꾀할 모, 모략 모 〔言부 9획, 총 16획 that · がい〕
- 돼지의 몸에 있는 뼈대를 본뜬 형성 글자.

　　謀略(모략) : 계책을 꾸밈
　　謀反(모반) : 배반을 꾀함
　　謀陷(모함) : 지략을 써서 상대를 함정에 빠뜨림

謁
- 뵐 알 〔言부 9획, 총 16획 have an, audience · えつ〕
- 윗사람을 가로막고 말하는 것을 본뜬 형성 글자.

　용례. 謁見(알현) : 귀인이나 군왕을 찾아 뵙는 일
　　　 謁聖及第(알성급제) : 알성과에 급제함

謂
- 이를 위, 생각할 위 〔言부 9획, 총 16획 speak of · い〕
- 무언가를 둘러싸고 있는 모습을 나타내는 회의 · 형성 글자.

　용례. 所謂(소위) : 그래서. 그런 까닭으로
　　　 可謂(가위) : 이른바

謙
- 겸손할 겸, 공손할 겸 〔言부 10획, 총 17획 · けん〕
- 뒤로 물러나 사양하는 모습의 형성 글자.

　용례. 謙辭(겸사) : 겸손한 말
　　　 謙讓(겸양) : 겸손하여 양보함
　　　 謙虛(겸허) : 겸손하게 마음을 비어둠

謠
- 노래 요, 소문 요 〔言부 10획, 총 17획 sing · よう〕
- 가늘고 길게 읊는 모습을 본뜬 형성 글자.

　용례. 童謠(동요) : 어린이들이 즐겨 부르는 노래
　　　 謠言(요언) : 유행가

謹
- 삼갈 근 〔言부 11획, 총 18획 cautious · きん〕
- 말을 삼가고 조신한 행동을 나타내는 형성 글자.

　용례. 謹愼(근신) : 말이나 행동을 삼감
　　　 謹呈(근정) : 책이나 물건을 삼가 드린다는 뜻

譜
- 족보 보, 악보 보 〔言부 13획, 총 20획 genealogy · ふ〕
- 언어를 평평한 대에 일정하게 적은 모습을 본뜬 형성 글자.

　용례. 年譜(연보) : 해마다 일어난 일들을 적어놓은 책
　　　 族譜(족보) : 집안 혈통의 내력을 적어놓은 책

譯
- 통변할 역, 뜻 역 〔言부 13획, 총 10획 interpret · や〕
- 말을 하나씩 나열하여 연결함을 뜻하는 형성 글자.

[예]. 譯經(역경) : 불경을 번역함
　　譯解(역해) : 번역 하여 풀이함

譽
- 기릴 예, 영예 예 〔言부 14획, 총 21획 praise · よ〕
- 모두가 손을 들고 말로 칭찬하는 것을 나타낸 형성 글자.

[예]. 榮譽(영예) : 자랑스러움
　　功譽(공예) : 영광스럽게 공을 세움

護
- 보호할 호, 지킬 호 〔言부 14획, 총 21획 protect · ご〕
- 다른 사람에게 당하지 않게 지키는 것을 본뜬 형성 글자.

[예]. 護國(호국) : 나라를 다른 나라의 침략으로부터 지킴
　　護送(호송) : 죄인 등을 압송하는 것

讚
- 기릴 찬 〔言부 19획, 총 26획 praise · さん〕
- 말을 맞추어 옆에서 칭찬하는 것을 뜻하는 형성 글자.

[예]. 讚頌歌(찬송가) : 찬송하는 노래
　　讚佛歌(찬불가) : 부처의 공덕을 기림

봉사를 가르치는 흙

土 [土부 0획, 총 3획]

• 會意
흙 토, 땅 토, 나라 토

soil, root · と, ど

흙(土)10)은 생명의 소중함을 묵묵히 가르칩니다.
1단계를 보겠습니다. 있음(在)·땅(地)·고름(均)·앉을 자리(坐)·땅(坤)·성(城)·굳음(堅)·터(基)·집(堂)·처리함(執)·갚음(報)·장소(場)·먹(墨)·증가(增) 등입니다.

在
• 있을 재 〔土부 3획, 총 6획 exist · ざい〕
• 흙으로 강물을 막아 그곳에 머무르게 한다는 형성 글자.

用. 在家(재가) : 집에 그대로 머물음
　　在京(재경) : 서울에 머물음
　　在職(재직) : 몸담고 있는 곳. 예를 들면 직장

地
• 땅 지, 국토 지, 바탕 지 〔土부 3획, 총 6획 earth · ち, じ〕
• 몸을 평평하게 편 전갈과 土를 붙인 형성 글자.

用. 地價(지가) : 땅값. 땅의 시세
　　地域(지역) : 땅의 구역

均
• 고를 균, 양을 고를 균 〔土부 4획, 총 7획 even · きん〕
• 흙을 골라 전체에 고루 미치게 함을 뜻하는 형성 글자.

---

10) 土는 흙을 쌓아올린 모양을 본뜬 글자. 옛날 사람들은 흙이야말로 모든 것을 만들어 내는 중대한 원료로 생각했다. 그러므로 흙을 쌓아 단을 만들어 신령하게 모셨다.

예. 均等(균등) : 차별 없이 평균함
　　均分(균분) : 고루 나눔
　　均一(균일) : 같음

坐 ・ 앉을 좌, 자리 좌 〔土부 4획, 총 7획 sit・ざ〕
　 ・ 사람이 지상에 눌러앉은 것을 나타내는 회의 글자.

예. 坐骨(좌골) : 골반을 이루는 뼈
　　坐視(좌시) : 앉아서 봄
　　坐談(좌담) : 앉아서 얘기하는 것

坤 ・ 곤괘 곤, 황후 곤, 땅 곤 〔土부 5획, 총 8획 earth・こん〕
　 ・ 위로 뻗지 않고 땅밑으로 들어가는 것을 뜻하는 형성 글자.

예. 坤位(곤위) : 왕후의 지위
　　坤殿(곤전) : 왕후
　　坤卦(곤괘) : 팔괘의 하나

城 ・ 성 성 〔土부 7획, 총 10획 castle・じょう〕
　 ・ 주민을 모아 주위에 흙을 쌓아올리는 모습의 형성 글자.

예. 城門(성문) : 성의 문
　　城址(성지) : 성터
　　城郭(성곽) : 성 둘레

堅 ・ 굳을 견, 굳어질 견 〔土부 8획, 총 11획 hard・けん〕
　 ・ 딱딱하게 굳어 있는 흙을 나타내는 모습의 형성 글자.

예. 堅固(견고) : 굳고 단단함
　　堅果(견과) : 껍질이 단단한 나무
　　堅持(견지) : 자신의 주장 등을 굳게 지킴

基 ・ 터 기, 비롯할 기 〔土부 8획, 총 11획 base・き〕
　 ・ 네모진 토대를 뜻하는 형성 글자.

예. 基金(기금) : 어떤 일을 충당하기 위하여 마련해놓은 돈
　　基本(기본) : 사물의 가장 밑바탕이 되는 부분

基地(기지) : 터전

堂
- 집 당, 당당할 당 〔土부 8획, 총 11획 hall・どう〕
- 높은 곳에 세운 집을 나타내는 형성 글자.

  用. 堂上(당상) : 대청 위
  堂堂(당당) : 용기 있는 모양
  堂號(당호) : 별호. 당우(堂宇)의 호

執
- 잡을 집, 처리할 집 〔土부 8획, 총 11획 catch・しゅう, しつ〕
- 수갑을 차고 무릎을 꿇은 사람의 모습을 본뜬 형성 글자.

  用. 執權(집권) : 정권을 잡음
  執筆(집필) : 글을 씀
  執行(집행) : 실제로 행함

報
- 갚을 보, 알릴 보 〔土부 9획, 총 12획 repay・ほう〕
- 죄인을 수갑 채워 무릎 꿇게 한 후 보복한다는 형성 글자.

  用. 報告(보고) : 알림
  報答(보답) : 대답
  報償(보상) : 보복함. 또는 손해를 배상함

場
- 마당 장, 때 장 〔土부 9획, 총 12획 ground・じょう〕
- 흙을 높이 쌓아 올린 곳의 형성 글자.

  用. 場內(장내) : 장소 안
  場面(장면) : 정경. 연극이나 영화 등의 한 정경을 뜻함
  場外(장외) : 어떠한 장소의 바깥

墨
- 먹 묵, 검을 묵 〔土부 12획, 총 15획 ink-stick・ぼく〕
- 흙과 같이 덩이리가 진 검뎅이를 뜻하는 형성 글자.

  用. 墨客(묵객) : 시인이나 화가·서예가들을 총칭하는 말
  墨畵(묵화) : 묵으로 그린 그림

增
- 불어날 증, 더할 증 〔土부 12획, 총 15획 increase・ぞう〕
- 흙이 겹겹으로 쌓여있는 모습을 나타낸 형성 글자.

101

㉣. 增加(증가) : 많아짐
　　增補(증보) : 보충하고 더함
　　增産(증산) : 생산을 늘림

2단계 단어입니다.

埋
・물을 매, 묻힐 매 〔土부 7획, 총 10획 bury・まい〕
・土와 里가 합쳐진 회의 글자.

㉣. 埋沒(매몰) : 파묻음. 파묻힘
　　埋伏(매복) : 숨어 기다림. 잠복함
　　埋葬(매장) : 주검을 묻음

培
・북돋을 배, 손질할 배 〔土부 8획, 총 11획 hill up・ばい〕
・흙을 한 군데로 모아 뿌리를 덮어준다는 뜻의 형성 글자.

㉣. 培養(배양) : 생물의 발육・증진을 위해 북돋아 줌
　　培土(배토) : 흙을 줌

域
・지경 역, 경계 역 〔土부 8획, 총 11획 boundary・いき〕
・구역진 땅을 나타내는 형성 글자.

㉣. 域內(역내) : 일정한 장소의 안
　　域外(역외) : 일정한 장소의 밖

堤
・방죽 제, 제방 제 〔土부 9획, 총 12획 dike・てい〕
・강을 따라 길게 쌓아올려진 방죽이라는 뜻의 형성 글자.

㉣. 防波堤(방파제) : 파도를 막기 위해 쌓아놓은 제방
　　堤防(제방) : 방죽

塊
・흙덩이 괴 〔土부 10획, 총 13획 clod・かい〕
・둥근 흙덩이를 뜻하는 형성 글자.

㉣. 塊狀(괴상) : 덩이 모양
　　塊莖(괴경) : 덩이줄기

塊石(괴석) : 돌덩이

塞
- 변방 새, 막을 색 〔土부 10획, 총 13획 frontier・さい〕
- 빈틈이 없도록 기와나 흙을 붙인 것을 뜻하는 회의・형성 글자.

[用]. 塞外(새외) : 성채의 바깥
　　塞源(색원) : 뿌리를 뽑음

塔
- 탑 탑, 절 탑 〔土부 10획, 총 13획 pagoda tower・とう〕
- 높다란 탑의 형상을 나타낸 형성 글자.

[用]. 塔頭(탑두) : 탑 머리. 또는 탑 언저리
　　石塔(석탑) : 돌로 만든 탑

境
- 지경 경, 형편 경 〔土부 11획, 총 14획 boundry・けい〕
- 사람이 한 소절의 노래를 부르고 단락짓는다는 형성 글자.

[用]. 境界(경계) : 지경
　　境外(경외) : 경계의 밖
　　境遇(경우) : 처지

墓
- 무덤 묘, 묘지 묘 〔土부 11획, 총 14획 grave・ぼ〕
- 죽은 사람을 보이지 않게 흙을 덮는 것을 나타낸 형성 글자.

[用]. 墓碣(묘갈) : 묘 앞에 세우는 위쪽이 둥그스름한 형태의 묘비를 뜻함
　　墓域(묘역) : 묘소로 정한 구역

墳
- 무덤 분 〔土부 12획, 총 15획 grave・ふん〕
- 싹이 돋은 볼록한 성토를 뜻하는 형성 글자.

[用]. 古墳(고분) : 옛 무덤
　　墳墓(분묘) : 무덤

墮
- 떨어질 타, 깨뜨릴 타 〔土부 12획, 총 15획 fall・つい〕
- 쌓아올린 흙이 무너져 내리는 것을 뜻하는 형성 글자.

[用]. 墮落(타락) : 생활을 망침. 떨어짐
　　墮怠(타태) : 게으름을 몹시 피움

壇　•단 단, 곳 단 〔土부 13획, 총 16획 platform · だん〕
　　•곳간 밑에 있는 토대를 높게 쌓아올려 평평하게 한 형성 글자.

　[用]. 壁報(벽보) : 벽에 쓰거나 붙여 널리 알리는 것
　　　壁書(벽서) : 벽에 써 붙인 글
　　　壁紙(벽지) : 벽에 그린 그림

壓　•누를 압 〔土부 14획, 총 17획 press · あつ〕
　　•흙을 가득 채운 후 위에서 누르는 모습을 본뜬 형성 글자.

　[用]. 壓卷(압권) : 여럿 가운데 으뜸이 감
　　　壓力(압력) : 누르는 힘
　　　壓死(압사) : 눌러 죽임

壞　•무너질 괴, 무너뜨릴 괴 〔土부 16획, 총 19획 ruin · かい〕
　　•흙벽에 둥근 구멍을 뚫는다는 뜻의 형성 글자.

　[用]. 壞滅(괴멸) : 무너짐
　　　破壞(파괴) : 부서짐

壤　•흙 양, 땅 양, 토지 양 〔土부 17획, 총 20획 soil · じょう〕
　　•몇번이고 뒤섞이어 부드럽게 흙을 만든다는 형성 글자.

　[用]. 土壤(토양) : 땅
　　　壤土(양토) : 농작물 재배에 알맞은 흙

하나로 끝나는 삶

• 象形
날 생, 살 생, 싱싱할 생

生 [生부 0획, 총 4획]
born · せい, しょう

하나로 시작된 것은 결코 하나로 끝나지 않는 것이 자연의 이치(理致)입니다. 하나에서 시작된 좋은 씨앗은 좋은 결과를 보여주며 숫자적으로 늘어납니다. 또한 나쁜 씨앗은 좋지 않은 결과를 나타내며 그 역시 수효를 늘려갑니다. 그러므로 개인의 성공이라든가 실패에 대한 책임은 당연히 당사자 스스로가 지는 것이 삶(生)11)의 원칙입니다.

생부(生部)에 있어서는 모든 단계가 산(産) 자 뿐입니다. 본문으로 들어갑니다.

産
• 낳을 산, 재산 산, 출신 산 [生부 6획, 총 11획 bear · さん]
• 어머니 몸의 일부가 갈라져 태아가 태어나는 모습의 형성 글자.

 産氣(산기) : 아이를 낳을 기미. 만물을 낳은 기운
産室(산실) : 아이를 낳는 방
産地(산지) : 아이를 낳는 곳
産痛(산통) : 아이를 낳을 때의 고통

---

11) 초목의 새싹과 土를 합친 것. 초목의 새싹이 나오는 모습을 본뜬 모습.

밤에 날아 온 비수

• 漢字 部首
부서진 뼈 알, 나쁠 태   歹   〔歹부 0획, 총 4획〕
がつ, たい

   죽음(死)12)이라는 글자는 하나(一)라는 의미가 전해주는 메시지가 강합니다. 생(生)의 마지막 획이며 죽음이 시작되는 획, 하나가 결코 하나일 수 없다는 뉘앙스는 많은 것을 생각하게 합니다.
   1단계 단어는 죽음(死)입니다.

  死 • 죽을 사, 죽음 사, 목숨 사 〔歹부 2획, 총 6획 *kill* · し〕
     • 사람이 죽어 뼈가 되는 것을 나타내는 회의 글자.

     1. 死境(사경) : 아주 위험한 곳. 그런 장소
        死力(사력) : 온 힘을 다함
        死滅(사멸) : 죽어 없어짐

   2단계 단어는 재앙(殃)·위태로움(殆·죽임과 뛰어남(殊)·따라 죽음(殉)·잔인함(殘) 등입니다.

  殃 • 재앙 앙, 해를 끼칠 앙 〔歹부 5획, 총 9획 *misfortune* · おう〕
     • 사람을 억압하고 죽게 하는 것을 뜻하는 회의 · 형성 글자.

     1. 殃咎(앙구) : 재앙
        殃禍(앙화) : 재난

---

12) 歹(歺)은 부서진 뼈 이외에 나쁘다라는 의미도 있다.

殆
- 위태할 태, 거의 태 〔歹부 5획, 총 9획 danger · たい〕
- 움직이면 위험에 빠지는 상태를 뜻하는 회의 · 형성 글자.

用. 危殆(위태) : 위험에 처함
　　殆半(태반) : 거의 절반

殊
- 죽일 수, 다를 수, 뛰어날 수 〔歹부 6획, 총 10획 kill · しゅ〕
- 사람을 두 동강내어 죽이는 특별한 형벌을 뜻하는 형성 글자.

用. 殊常(수상) : 보통과 다름
　　殊異(수이) : 특별히 다름

殉
- 따라 죽을 순 〔歹부 6획, 총 10획 · じゅん〕
- 신하가 주군을 위해 따라 죽음을 뜻하는 형성 글자.

用. 殉敎(순교) : 자신이 믿는 종교를 위하여 목숨을 바침
　　殉死(순사) : 죽은 이를 따라 죽음

殘
- 해칠 잔, 잔인할 잔 〔歹부 8획, 총 12획 injure · きん〕
- 잘라내어 작아진 뼈를 뜻하는 형성 글자.

用. 殘務(잔무) : 남아 있는 업무
　　殘雪(잔설) : 남아 있는 눈

수의에는 주머니가 없다

• 漢字 部首
주검 시

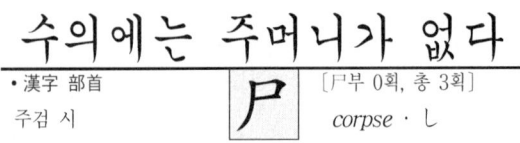
[尸부 0획, 총 3획]
corpse · し

1단계에서는 자(尺)·꼬리(尾)·머물음(居)·집(屋)·펼침(展)입니다. 주검(尸)이 변이지만 뜻을 헤아리는 데엔 몸을 구부리거나 엉덩이·덮거나 드리워진 옷감 등을 나타내는 경우가 많습니다.

尺
• 자 척, 법 척, 편지 척 〔尸부 1획, 총 4획 measure · しゃく〕
• 사람이 손으로 길이를 재는 모습을 본뜬 지사 글자.

 尺牘(척독) : 편지. 옛날에 짧은 것은 간(簡)이라 하였으며 긴 것을 독(牘)이라 함
  尺數(척수) : 자로 잰 수치
  尺土(척토) : 아주 보잘것없는 땅

尾
• 꼬리 미, 별이름 미 〔尸부 4획, 총 7획 tail · び〕
• 엉덩이에 난 털을 뜻하는 회의 글자.

예. 尾骨(미골) : 꽁지 뼈
  尾蔘(미삼) : 인삼 뿌리
  尾行(미행) : 몰래 뒤를 따라감

居
• 있을 거, 어조사 기 〔尸부 5획, 총 8획 be, live · きょ〕
• 단단한 대에 엉덩이를 얹고 있음을 뜻하는 형성 글자.

예. 居間(거간) : 흥정을 하는 사람. 중개인
  居半(거반) : 절반 이상

居山(거산) : 산 속에서 삶

居住(거주) : 머물러 삶

屋
- 집 옥, 지붕 옥 〔尸부 6획, 총 9획 *house, roof* · おく〕
- 위에서 덮어 씌우는 지붕을 뜻하는 회의 글자.

屋上(옥상) : 지붕 위

屋內(옥내) : 집안

屋舍(옥사) : 건물

屋外(옥외) : 집밖

展
- 펼 전, 늘일 전 〔尸부 7획, 총 10획 *spread* · てん〕
- 엉덩이 아래 물건을 깔아 평평하게 만든 모습의 회의 글자.

展開(전개) : 펴서 벌림

展覽(전람) : 펴서 봄

展翅(전시) : 표본을 만들기 위하여 곤충의 머리나 촉각 등등 따위를 폄

展示(전시) : 여러 가지 물건을 벌려놓고 보는 것

다음은 2단계에 해당하는 단어 풀입니다. 몸을 굽힘(局)·군셈(屈)·병풍(屛)·번거로움(屢)·밟음(履)·층이나 계급(層)·무리(屬) 등입니다.

局
- 판 국, 방 국, 몸을 굽힐 국 〔尸부 4획, 총 7획 *part* · きょく〕
- 입에 자를 대어 함부로 말을 못하게 하는 모습의 회의 글자.

局量(국량) : 도량이나 재간

局地(국지) : 한정된 구역

局面(국면) : 바둑이나 장기 등에서 형세가 변하여 가는 정세, 또는 일의 되어 가는 정세

屈
- 굽을 굴, 군셀 굴 〔尸부 5획, 총 8획 *stooped* · くつ〕
- 엉덩이를 쑥 내밀 때 들어간 모습을 본뜬 형성 글자

109

[예]. 屈强(굴강) : 의지가 강함
　　　屈曲(굴곡) : 이리저리 굽고 꺾임
　　　屈從(굴종) : 자신의 뜻을 굽혀 남에게 복종함
　　　屈指(굴지) : 손가락을 곱아서 헤아림. 또는 손가락을 꼽아서 셀만큼 뛰어남

屏　• 병풍 병, 물리칠 병 〔尸부 6획, 총 9획 *screen*・へい〕
　　　• 빽빽이 세워놓고 출입을 막는다는 뜻의 회의·형성 글자.

[예]. 屏去(병거) : 물러남
　　　屏居(병거) : 세상의 번거로움을 떠나 숨어 사는 것
　　　屏氣(병기) : 숨을 죽임
　　　屏黜(병출) : 쫓아냄

屢　• 여러 루, 번거로울 루 〔尸부 11획, 총 14획 *several, often*・る〕
　　　• 잇달아 일어나는 모습을 뜻하는 회의·형성 글자.

[예]. 屢空(누공) : 언제나 가난함
　　　屢年(누년) : 여러 해
　　　屢世(누세) : 여러 세대
　　　屢代(누대) : 여러 대

履　• 밟을 리, 행위 리, 신 리 〔尸부 12획, 총 15획 *tread*・り〕
　　　• 사람이 배를 타고 또 발로 밟으며 걷는 모습의 회의 글자.

[예]. 履歷(이력) : 지금까지의 학업이나 경력
　　　履修(이수) : 어떤 계통이나 순서를 밟아 감
　　　履霜曲(이상곡) : 작자 연대 미상의 고려 가요. 음녀의 음탕한 노래라 하여 조선 성종 때에 남녀상열지사라 하였음
　　　履行(이행) : 실제로 행하는 것

層　• 층 층, 겹칠 층, 계급 층 〔尸부 12획, 총 15획 *stroy*・そう〕
　　　• 지붕이 여러 단 겹쳐 있는 모습의 형성 글자.

[예]. 層階(층계) : 층 사이를 오르내리는 계단
　　　層層(층층) : 여러 겹친 모양

層層臺(층층대) : 층층으로 만든 대
層巖(층암) : 층을 이룬 바위

屬
- 붙을 촉, 무리 속 〔尸부 18획, 총 21획 belong to・しょく〕
- 꼬리가 착 달라붙어 떨어지지 않음을 나타낸 형성 글자.

[예]. 屬文(속문) : 글을 지음
屬領(속령) : 어떤 나라에 딸린 영토
屬島(속도) : 그 나라에 딸린 섬
屬性(속성) : 어떤 사물이 갖고 있는 특성이나 본성

나무칼로 귀를 베어라

•象形　　　　耳　[耳부 0획, 총 6획]
귀 이, 들을 이　　　　ear · じ

옳지 않으면 나무칼로라도 귀를 잘라야 합니다. 1단계입니다.

- 성스러울 성, 성인 성　[耳부 7획, 총 13획 saint · せい]
- 귀가 밝아 신의 마음을 바로 안다는 뜻의 형성 글자.

　聖君(성군) : 거룩한 임금
　聖歌(성가) : 찬송가
　聖恩(성은) : 임금의 은혜
　聖師(성사) : 천도교에서 제3세 교주 손병희를 높이어 부르는 말

- 들을 문, 들릴 문 [耳부 8획, 총 14획 hear · ぶん]
- 상대방은 보이지 않고 목소리만 들림을 뜻하는 형성 글자.

　聞道(문도) : 도리를 들어서 앎
　聞望(문망) : 명예와 선망
　聞一知十(문일지십) : 하나를 들으면 열을 앎

- 소리 성, 명예 성　[耳부 11획, 총 17획 voice · せい]
- 귀에 울려 퍼지는 소리나 음성을 뜻하는 형성 글자.

　聲價(성가) : 명성과 평가
　聲帶(성대) : 목청
　聲優(성우) : 목소리로 연기하는 배우

聽
- 들을 청, 허락할 청 〔耳부 16획, 총 22획 hear · ちょう〕
- 귀를 똑바로 세워 알아듣는 것을 뜻하는 형성 글자.

예. 聽講(청강) : 강의를 들음
　　聽力(청력) : 소리를 듣는 능력
　　聽從(청종) : 듣고 따름

2단계 단어입니다.

耶
- 어조사 야, 아버지를 부르는 말 야 〔耳부 3획, 총 9획 · や〕
- 阝(邑)과 牙를 합친 형성 글자.

예. 耶蘇(야소) : 라틴어로 예수를 음역
　　耶孃(야양) : 어버이

聘
- 부를 빙, 장가들 빙, 찾을 빙 〔耳부 7획, 총 13획 · へい〕
- 물건을 내밀어 상대의 의향을 묻는 회의 · 형성 글자.

예. 聘母(빙모) : 장모
　　聘父(빙부) : 장인
　　聘召(빙소) : 예로써 극진히 다함

聯
- 잇닿을 련, 나란히 할 련 〔耳부 11획, 총 17획 · れん〕
- 적의 귀를 잘라 끈으로 연결한 것을 나타내는 회의 글자.

예. 聯句(연구) : 한시에서 짝을 이룬 구
　　聯立(연립) : 잇대어 섬
　　聯關(연관) : 관련을 뜻함

聰
- 귀 밝을 총, 총명할 총 〔耳부 11획, 총 17획 · そう〕
- 귀가 잘 들리는 것을 뜻하는 형성 글자.

예. 聰明(총명) : 귀가 잘 들리고 눈이 잘 보임. 지혜롭고 영리함을 나타내는 말
　　聰敏(총민) : 총녕하고 민첩함

113

職 • 벼슬 직, 일 직, 맡을 직 [耳부 12획, 총 18획 · しょく]
• 귀로 듣고 잘 분별함을 뜻하는 형성 글자.

　　[用]. 職分(직분) : 직무상의 본분
　　　　職位(직위) : 직책상의 직위
　　　　職場(직장) : 일정한 장소에서 직책을 가지고 일을 하는 곳을 가리킴

소리는 생명의 증거

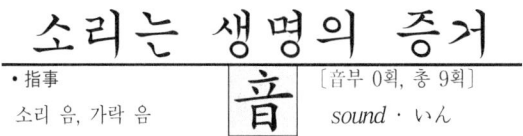

• 指事
소리 음, 가락 음
[音부 0획, 총 9획]
sound · いん

소리라는 것은 반드시 귀로 들을 수 있는 것만은 아닙니다. 여름의 무더움이나 가을의 싸늘함, 또 겨울의 차가움은 한결같이 피부가 느끼는 계절의 소리, 바로 생명의 소리입니다.

1단계 단어는 본문 부수인 음(音) 하나뿐입니다. 그러므로 2단계로 바로 넘어왔습니다. 2단계 역시 운(韻)과 향(響), 단 두 자 뿐입니다.

韻
- 운 운, 울림 운, 풍치 운 [音부 10획, 총 19획 rhyme · うん]
- 둥글둥글하고 매끈한 소리를 나타내는 형성 글자.

예. 韻字(운자) : 시구를 짓기 위해 던지는 글자
韻士(운사) : 풍류를 좋아하는 사람. 풍류객

響
- 울림 향, 소식 향 [音부 13획, 총 22획 echo · きょう]
- 공기를 타고 흐르는 소리를 뜻하는 형성 글자.

예. 響箭(향전) · 우는 화살
響應(향응) : 다른 사람의 주장에 따라 행동하는 사람

흐르는 물이 다투겠는가

• 象形
물 수, 고를 수

水 [水부 0획, 총 4획]
water · すい

 오행으로 보면 물(水)13)은 북방에 위치하며 또 항상 낮은 곳으로 흐르며 스며드는 기질이 있습니다.
 또 물은 높은 곳에서 흘러 바다로 가는 기질이 있습니다. 가끔은 풍운조화를 일으켜 하늘에 오르기도 하고 때때로 전답을 적시어 농부의 마음을 기쁘게도 합니다. 비록 형태는 없지만 물은 각양각색의 소리도 나타냅니다. 이른바 자연과의 융화, 단결이죠. 이러한 맥락에서 1단계에 등장하는 단어들을 살펴봅니다.

• 얼음 빙, 얼 빙 [水부 1획, 총 5획 ice · ひょう]
• 물이 얼어서 둘로 갈라지는 것을 뜻하는 회의 글자.

[단]. 氷菓(빙과) : 얼음과자
   氷肌玉骨(빙기옥골) : 매화를 달리 부르는 말. 아름다운 미인의 피부를 가리킴

• 길 영, 길게 할 영 [水부 1획, 총 5획 long · えい]
• 강의 흐름이 가늘고 길게 이어진 모습을 본뜬 상형 글자.

[단]. 永久(영구) : 길고 오램

---

 13) 한자 부수의 하나. 변으로 쓰일 때에는 삼수 변이라 하여 'ㅣ'이 쓰인다. 그러나 때로는 '泰' 자처럼 아래쪽에 쓰이는 경우가 있으므로 '水'를 아래물수 변이라 한다.

永生(영생) : 오래 삶
永遠(영원) : 세월이 끝없이 하는

求 • 구할 구, 빌 구 〔水部 2획, 총 7획 wish for・きゅう〕
• 몸에 두른 모피가 떨어지지 않도록 단단히 죈 모습의 상형 글자.

- 求乞(구걸) : 남에게 곡식이나 물건을 얻기 위해 청을 것. 또는 그 일
  求愛(구애) : 사랑을 구함
  求職(구직) : 직업을 구함

江 • 강 강, 물 이름 강 〔水部 3획, 총 6획 river・こう〕
• 육지를 관통하여 흐르는 큰 강을 나타내는 형성 글자.

- 江口(강구) : 강어귀
  江城(강성) : 강 가에 있는 성. 또는 도시
  江村(강촌) : 강가의 마을

汝 • 너 여 〔水部 3획, 총 6획 you・じょ〕
• 氵와 女를 합친 형성 글자.

- 汝等(여등) : 너희
  汝曹(여조) : 너희들

決 • 틀 결, 정할 결, 끊을 결 〔水部 4획, 총 7획 break・けつ〕
• 제방이 홍수에 의하여 匸자 모양으로 된 모습의 형성 글자.

- 決斷(결단) : 단호히 결정함
  決算(결산) : 계산을 마감함
  決意(결의) : 뜻을 정함

法 • 법 법, 본받을 법, 법을 지킬 법 〔水部 5획, 총 8획 law・ほう〕
• 사슴과 해태를 닮은 짐승을 연못에 가둔 테두리의 형성 글자.

- 法令(법령) : 법률과 명령
  法益(법익) : 법률상 보호받을 수 있는 이익
  法治主義(법치주의) : 법률에 의하여 나라를 다스림

117

油 • 기름 유 〔水부 5획, 총 8획 oil · ゆ, ゆう〕
• 물과 같은 액체가 가는 주둥이에서 흘러나오는 모습의 형성 글자.

油然(유연) : 구름이 피어오르는 모양
油印物(유인물) : 인쇄물
油田(유전) : 석유가 나는 곳

泣 • 울 읍, 눈물 읍 〔水부 5획, 총 8획 weep · きゅう〕
• 가쁜 숨을 몰아쉬며 흐느껴 우는 모습을 본뜬 형성 글자.

泣諫(읍간) : 울면서 간함
泣訴(읍소) : 눈물을 흘리며 간절히 하소연함

注 • 물댈 주, 적을 주 〔水부 5획, 총 8획 pour into · ちゅう〕
• 물을 위에서 기둥처럼 붓는 모습의 형성 글자.

注目(주목) : 주의하여 봄
注書(주서) : 책에 해석을 함
注意(주의) : 경계함

泉 • 샘 천, 돈 천 〔水부 5획, 총 9획 spring · せん〕
• 물이 솟아나는 모양을 본뜬 상형 글자.

泉路(천로) : 저승으로 가는 길
泉布(천포) : 화폐

治 • 다스릴 치, 평정할 치 〔水부 5획, 총 8획 rule · ち〕
• 강의 물을 조절하여 홍수를 막는 것을 나타내는 형성 글자.

治國(치국) : 나라를 다스림
治亂(치란) : 난을 다스림
治人(치인) : 남을 다스림. 교화함을 뜻함

泰 • 클 태, 편안할 태, 넉넉할 태 〔水부 5획, 총 10획 · たい〕
• 양손으로 듬뿍 물을 받아 흘려보내는 모습을 뜻하는 형성 글자.

泰斗(태두) : 태산북두의 준말. 어떤 분야에서 뛰어난 사람

泰然(태연) : 흔들리지 않고 굳건함
泰平(태평) : 세상이 평화스러움

波 · 물결 파, 눈빛 파, 영향이 미칠 파 〔水부 5획, 총 8획 · は〕
· 수면을 비스듬히 덮어 오는 물결을 뜻하는 회의 · 형성 글자.

波高(파고) : 물결의 높이
波動(파동) : 물결의 움직임
波心(파심) : 물결의 중심

河 · 강 이름 하, 내 하, 〔水부 5획, 총 8획 · か〕
· 물굽이가 기역자 형으로 꺾어지는 황하를 본뜬 형성 글자.

河畔(하반) : 물가
河床(하상) : 하천의 밑바닥
河川(하천) : 강과 내

洞 · 골 동, 빌 동, 동네 동, 통할 통 〔水부 6획, 총 9획 · どう〕
· 물이 빠져 나오듯 기세 좋게 흐르는 것을 본뜬 형성 글자.

洞窟(동굴) : 깊고 넓은 큰 굴
洞穴(동혈) : 동굴
洞察(통찰) : 훤히 꿰뚫어 봄

洗 · 씻을 세, 깨끗할 선 〔水부 6획, 총 9획 · せん, せい〕
· 발가락 사이로 물이 흐르듯 틈새의 더러움을 씻음. 형성 글자.

洗面(세면) : 얼굴을 씻음
洗眼(세안) : 눈을 씻음
洗腆(선전) : 온힘을 다해 접대함

洋 · 바다 양, 넘칠 양, 큰 파도 앙 〔水부 6획, 총 9획 seu · よう〕
· 아주 넓게 펼쳐진 바다를 뜻하는 형성 글자.

洋弓(양궁) : 서양식 활
洋服(양복) : 서양식 의복의 총칭
洋洋(양양) : 넓고 광대한 보양

活 • 살 활, 물이 괄괄 흐를 괄 〔水部 6획, 총 9획 live · かつ〕
• 물이 바위 사이를 뚫고 돌아 흐르는 모습을 본뜬 형성 글자.

단어. 活路(활로) : 살아날 길이나 방법
　　活力(활력) : 생활하는 활동력
　　活活(괄괄) : 물이 힘차게 흐르는 모양

浪 • 물결 랑, 물결이 일 랑 〔水部 7획, 총 10획 wave · ろう〕
• 맑은 물을 뜻하는 형성 글자.

단어. 浪漫(낭만) : 현실적이 아니고 공상적
　　浪人(낭인) : 떠돌이. 또는 실업자
　　浪費(낭비) : 재물을 함부로 씀

流 • 흐를 류, 품위 류 〔水部 7획, 총 10획 stream, flow · りゅう〕
• 물이 흘러가는 것을 본뜬 회의 글자.

단어. 流浪(유랑) : 떠돌아다님
　　流說(유설) : 근거 없는 말
　　流布(유포) : 세상에 널리 퍼짐

浮 • 뜰 부, 불안정할 부 〔水部 7획, 총 10획 float · ふ〕
• 엎드려 헤엄칠 때 물을 싸안는 모습을 본뜬 형성 글자.

단어. 浮輕(부경) : 말이나 행동이 경박함
　　浮說(부설) : 근거 없는 소문
　　浮浪(부랑) : 일정한 거처 없이 떠돌아다니는 사람

消 • 사라질 소, 삭일 소 〔水部 7획, 총 10획 extinguish · しょう〕
• 몸이 가늘어 지는 것을 뜻하는 형성 글자.

단어. 消滅(소멸) : 모두 사라져 없어져 버림
　　消失(소실) : 사라져 버림
　　消日(소일) : 날을 보냄

浴 • 목욕할 욕, 미역 욕 〔水部 7획, 총 10획 bathe · よく〕
• 움푹 패인 곳에 물이 스며듦을 뜻하는 형성 글자.

120 부수를 알면 한자가 보인다

㊀. 浴室(욕실) : 목욕을 하는 시설이 되어 있는 방
浴湯(욕탕) : 목욕탕의 준말
日光浴(일광욕) : 햇볕을 쐬는 목욕

|海| • 바다 해, 클 해 〔水부 7획, 총 10획 sea·かい〕
• 어두운 색을 한 바다를 가리키는 형성 글자.

㊀. 海難(해난) : 항해 중에 만나는 재난
海路(해로) : 바닷길
海物(해물) : 바다에서 나는 것

|涼| • 서늘할 량, 엷을 량 〔水부 8획, 총 11획 cool·りょう〕
• 물이 차가운 것을 나타내는 형성 글자.

㊀. 涼德(양덕) : 엷은 인덕
涼風(양풍) : 서늘한 바람

|深| • 깊을 심, 깊게 할 심 〔水부 8획, 총 11획 deep·しん〕
• 물이 불어 깊숙이 있는 것을 뜻하는 형성 글자.

㊀. 深思熟考(심사숙고) : 깊이 생각함
深夜(심야) : 한밤중

|淑| • 착할 숙, 맑을 숙 〔水부 8획, 총 11획 good natured·しゅく〕
• 아담하고 조심스러우며 물처럼 맑은 모습을 뜻하는 형성 글자.

㊀. 淑女(숙녀) : 선량하고 부덕 있는 여인
淑德(숙덕) : 얌전한 덕행

|淨| • 깨끗할 정, 맑을 정 〔水부 8획, 총 11획 clean·じょう〕
• 氵와 爭을 합한 자. 깨끗한 물을 뜻하는 형성 글자.

㊀. 淨潔(징결) : 깨끗함
淨寫(정사) : 깨끗하게 베낌
淸淨(청정) : 맑고 깨끗함

|淺| • 얕을 천 〔水부 8획, 총 11획 shallow·せん〕
• 물이 아주 작은 깃을 나다내는 형성 글지.

[예]. 淺紅(천홍) : 엷은 분홍
淺薄(천박) : 생각하는 것이나 지식 정도가 깊지 못함
淺識(천식) : 천박한 식견. 천박한 생각

清 • 맑을 청, 깨끗이 할 청 〔水부 8획, 총 11획 clear · せい, しん〕
    • 맑은 물을 뜻하는 형성 글자.

[예]. 清歌(청가) : 맑고 청아한 목소리로 노래함
清潔(청결) : 맑고 깨끗함
清水(청수) : 맑고 깨끗한 물

混 • 섞을 혼, 흐릴 혼, 합칠 혼 〔水부 8획, 총 11획 mix · こん〕
    • 여러 가지 사물이 모여 뒤섞이는 것을 나타내는 형성 글자.

[예]. 混亂(혼란) : 뒤섞이어 어지러움
混食(혼식) : 여러 가지 음식을 섞어 먹음
混雜(혼잡) : 뒤섞이어 난잡함

渴 • 목마를 갈, 갈증 갈 〔水부 9획, 총 12획 · かつ〕
    • 물의 흐림이 메말라 없어져 버림을 뜻하는 형성 글자.

[예]. 渴求(갈구) : 애써 구함
渴症(갈증) : 목이 말라 물을 마시고 싶은 충동을 느낌
渴筆(갈필) : 먹이 덜 묻은 붓으로 그림을 그리거나 글씨를 쓰는 것

減 • 덜 감, 빼기 감 〔水부 9획, 총 12획 subtract · げん〕
    • 물이 나오는 것을 막아 물의 양을 줄이는 것을 나타낸 형성 글자.

[예]. 減少(감소) : 줄어서 적어짐
減壽(감수) : 목숨이 줄어듦
減刑(감형) : 형이 줄어듦

湖 • 호수 호 〔水부 9획, 총 12획 lake · こ〕
    • 물이 불어 대지를 덮은 것을 본뜸. 형성 글자.

[예]. 湖畔(호반) : 호숫가

湖沼(호소) : 호수와 늪
湖水(호수) : 큰못을 뜻함

|溪| • 시내 계, 산골짜기 계 〔水부 10획, 총 13획 stream · けい〕
• 가늘고 기다랗게 흐르는 강을 나타낸 형성 글자.

用. 溪谷(계곡) : 물이 흐르는 골짜기
深溪(심계) : 깊은 계곡
溪流(계류) : 산골짜기에서 흐르는 시냇물

|溫| • 따뜻할 온, 온화할 온 〔水부 10획, 총 13획 warm · おん〕
• 물속에 온기가 있어 따뜻함을 나타내는 형성 글자.

用. 溫故知新(온고지신) : 옛것을 익혀 새로운 안다는 뜻
溫文(온문) : 마음이 너그럽고 태도가 온화함
溫泉(온천) : 더운물이 솟는 샘

|滿| • 찰 만, 만주 만 〔水부 11획, 총 14획 · まん〕
• 그릇 속에 물을 가득 채운 모양을 본뜬 형성 글자.

用. 滿開(만개) : 꽃이 활짝 핌
滿面(만면) : 얼굴 가득히
滿醉(만취) : 술에 취함

|漁| • 고기 잡을 어, 어부 어 〔水부 11획, 총 14획 · ぎょ, りょう〕
• 물고기를 잡는다는 뜻의 회의 · 형성 글자.

用. 漁夫(어부) : 고기잡이
漁船(어선) : 고기잡이 배
漁港(어항) : 고기잡이배가 드나드는 항구

|演| • 흐를 연, 펼 연, 통할 연 〔水부 11획, 총 14획 · えん〕
• 물이 길게 뻗어내리는 모습을 본뜬 형성 글자.

用. 演習(연습) : 되풀이하여 익힘
演說(연설) : 여러 사람의 청중 앞에서 자기의 의견이나 주장을 말하는 것

漢 • 한수 한, 은하수 한 〔水部 11획, 총 14획 · かん〕
• 물이 없는 메마른 강, 즉 은하수를 뜻하는 형성 글자.

[単]. 漢方(한방) : 중국에서 들어온 의술
　　　漢詩(한시) : 한자로 지은 시
　　　漢字(한자) : 중국 고유의 글자

潔 • 깨끗할 결, 깨끗이 할 결 〔水部 12획, 총 15획 · けつ〕
• 더러움을 물로 씻어낸다는 뜻의 형성 글자.

[単]. 潔白(결백) : 마음이 깨끗함
　　　潔癖症(결벽증) : 유난스럽게 깨끗함을 좋아하는 성질

2단계 단어입니다.

汎 • 뜰 범, 널리 범, 넓을 범 〔水部 3획, 총 6획 float · はん〕
• 널따란 수면이 쫙 퍼지는 것을 본뜬 형성 글자.

[単]. 汎愛(범애) : 어떤 격식이나 차별을 두지 않고 널리 사랑하는 것
　　　泛舟(범주) : 배를 띄움
　　　汎論(범론) : 사물의 전반적인 개론

汚 • 더러울 오, 씻을 오 〔水部 3획, 총 6획 dirty · お〕
• 웅덩이의 물이 더러워진 것을 나타내는 형성 글자.

[単]. 汚吏(오리) : 썩은 관리
　　　汚名(오명) : 더럽혀진 이름
　　　汚點(오점) : 흠이나 때
　　　汚染(오염) : 더러움에 물이 듦

池 • 못 지, 해자(垓字) 지 〔水部 3획, 총 6획 pond · ち〕
• 옆으로 길게 벌리어 뻗은 연못을 뜻하는 형성 글자.

[単]. 池魚之殃(지어지앙) : 연못에 사는 물고기의 수난. 아무

런 잘못이 없는 데 공연히 해를 입음
　　池塘(지당) : 못의 둑

汗
- 땀 한, 현 이름 한 〔水部 3획, 총 6획 sweat · かん〕
- 몸에서 흐르는 땀을 나타내는 형성 글자.

　🔲. 汗衫(한삼) : 땀받이 옷
　　汗牛充棟(한우충동) : 소가 끄는 수레에 실으면 소가 땀을 흘릴 정도이고, 쌓으면 대들보에 닿을 정도의 양

沐
- 머리감을 목 〔水部 4획, 총 7획 wash one's hair · ぼく〕
- 물을 머리에서부터 뒤집어쓰는 것을 뜻하는 회의·형성 글자.

　🔲. 沐浴(목욕) : 머리를 감고 몸을 씻음
　　沐浴湯(목욕탕) : 목욕하는 곳

沒
- 빠질 몰, 다할 몰 〔水部 4획, 총 7획 sink · ぼつ〕
- 소용돌이 치는 물 속에 몸을 잠기게 한다는 형성 글자.

　🔲. 沒落(몰락) : 망함
　　沒收(몰수) : 관청에서 재산을 강제로 빼앗아 들임

沙
- 모래 사, 사막 사, 물가 사 〔水部 4획, 총 7획 · さ, しゃ〕
- 물에 씻기어 조각이 난 작은 모래라는 뜻의 형성 글자.

　🔲. 沙器(사기) : 사기 그릇
　　沙鉢(사발) : 사기로 만든 밥그릇
　　沙場(사장) : 모래톱

沈
- 잠길 침, 성 심 〔水部 4획, 총 7획 sink · ちん〕
- 무게를 더하여 가라앉히는 것을 뜻하는 형성 글자.

　🔲. 沈降(침강) : 물밑으로 가라앉힘
　　沈淪(침륜) : 깊이 잠김
　　沈思(침사) : 곰곰이 생각을 함

泥
- 진흙 니, 약할 니 〔水部 5획, 총 8획 clay · でい〕
- 불 기운을 머금어 끈적거리는 진흙을 본뜬 형성 글자.

㉰. 泥工(이공) : 흙을 바르는 사람. 미장이
　　泥金(이금) : 금가루를 아교에 녹인 것. 일반적으로 서화에 사용됨

泊　• 배댈 박, 잔물결 박 〔水部 5획, 총 8획 · はく〕
　　• 배가 수면이 얕은 곳에 정박하는 것을 본뜬 형성 글자.

㉰. 宿泊(숙박) : 머물러 쉼
　　碇泊(정박) : 배가 항구에 머물음

沿　• 따를 연, 내 이름 연 〔水部 5획, 총 8획 follow · えん〕
　　• 물이 낮은 홈을 따라 흘러내림을 본뜬 형성 글자.

㉰. 沿道(연도) : 길의 좌우
　　沿海(연해) : 육지가 가까운 수심이 낮은 바다
　　沿革(연혁) : 변천해 온 내력

泳　• 헤엄칠 영 〔水部 5획, 총 8획 · えい〕
　　• 오랫동안 계속적으로 물위에 떠 있음을 본뜬 형성 글자.

㉰. 遊泳(유영) : 헤엄 치고 돌아다님
　　水泳(수영) : 헤엄

況　• 하물며 황, 모양 황 〔水部 5획, 총 8획 · ぎょう〕
　　• 수량이 예전보다 많아 보이는 상태를 나타내는 형성 글자.

㉰. 實況(실황) : 실제의 상황
　　況且(황차) : 하물며

洛　• 낙수 락, 땅 이름 락 〔水部 6획, 총 9획 · らく〕
　　• 氵와 各을 합친 형성 글자.

㉰. 洛水(낙수) : 강 이름
　　洛陽(낙양) : 땅 이름

洲　• 섬 주, 대륙 주, 물가 주 〔水部 6획, 총 9획 · しゅう〕
　　• 물로 둘러싸인 모래톱을 나타내는 회의 · 형성 글자.

㉰. 亞洲(아주) : 아시아 주

三角洲(삼각주) : 모래톱이 삼각을 이룬 곳

派
- 물갈래 파, 갈라질 파 〔水부 6획, 총 9획 branch off · は〕
- 물줄기가 갈라져 흐르는 모습을 본뜬 형성 글자.

㉠. 派遣(파견) : 일을 할 수 있는 사람에게 임무를 주어 멀리 보내는 것
　　派爭(파쟁) : 파벌을 지어 싸움

洪
- 큰물 홍, 클 홍 〔水부 6획, 총 9획 · こう〕
- 共과 氵를 합쳐 크다는 뜻을 나타낸 형성 글자.

㉠. 洪福(홍복) : 큰 복
　　洪水(홍수) : 큰 물
　　洪量(홍량) : 마음이 아주 넓음

涉
- 건널 섭, 겪을 섭 〔水부 7획, 총 10획 cross · しょう〕
- 건너편 기슭을 향하여 강을 건너는 모습을 본뜬 회의 글자.

㉠. 渡涉(도섭) : 일을 보기 위해 건넘
　　涉獵(섭렵) : 여러 가지 것을 널리 찾음

浸
- 담글 침, 배어들 침 〔水부 7획, 총 10획 · しん〕
- 물이 구석구석까지 스며드는 것을 나타낸 형성 글자.

㉠. 浸水(침수) : 홍수로 인하여 논이나 밭 등이 물에 잠김
　　浸透(침투) : 물과 같은 것이 스며 듦
　　浸蝕(침식) : 물과 같은 것이 자주 범람하여 단단한 돌 같은 것이 삭거나 깎인 상태

浦
- 개 포 〔水부 7획, 총 10획 seacoast · ほ〕
- 육지에 닿을 듯 말듯한 물가를 뜻하는 형성 글자.

㉠. 浦口(포구) : 갯가
　　浦村(포촌) : 갯가의 마을

浩
- 넓을 호, 풍부할 호 〔水부 7획, 총 10획 wide · こう〕
- 큰 물을 뜻하는 형성 글자.

㉤. 浩浩湯湯(호호탕탕) : 넓고 큰 모양
　　浩漾(호양) : 물이 넓고 큰 모양

淡
・묽을 담, 싱거울 담 〔水部 8획, 총 11획 incipid・たん〕
・맛 없는 농축액을 나타내는 형성 글자.

㉤. 淡淡(담담) : 욕심이 없고 깨끗함
　　淡水(담수) : 염분이 없는 깨끗한 물

淚
・눈물 루, 눈물 질 루 〔水部 8획, 총 11획 tear・るい〕
・눈에서 뒤틀리듯 나오는 눈물을 본뜬 형성 글자.

㉤. 落淚(낙루) : 눈물이 방울방울 떨어짐
　　淚痕(누흔) : 눈물 흔적
　　血淚(혈루) : 피눈물

涯
・물가 애, 끝 애 〔水部 8획, 총 11획 shore・がい〕
・물가를 나타내는 형성 글자.

㉤. 生涯(생애) : 일평생
　　水涯(수애) : 물가

淫
・음란할 음, 지나칠 음 〔水部 8획, 총 11획 obscene・いん〕
・임신한 여인을 건드려 사련에 빠졌음을 뜻하는 회의・형성 글자.

㉤. 淫慾(음욕) : 음란한 욕심
　　淫行(음행) : 음란한 행위
　　淫婦(음부) : 음탕한 여인

添
・더할 첨, 맛 더할 첨 〔水部 8획, 총 11획 add・てん〕
・어떤 사물의 표면에 물을 더함을 나타내는 형성 글자.

㉤. 添加(첨가) : 덧붙임
　　添削(첨삭) : 말이나 글을 덧붙이거나 삭제함
　　添附(첨부) : 덧붙임

渡
・건널 도, 나루터 도 〔水部 9획, 총 12획 cross・と〕
・강을 한 걸음 두 걸음 건너는 모습을 본뜬 형성 글자.

예1. 渡日(도일) : 일본으로 감
　　渡船(도선) : 나룻배
　　渡航(도항) : 바다를 건넘

測
- 잴 측, 알 측 〔水부 9획, 총 12획 *measure* · そく〕
- 물의 깊이를 재는 모습을 본뜬 형성 글자.

예1. 測量(측량) : 다른 사람의 마음을 헤아림
　　測雨器(측우기) : 강우량을 측정하는 기구
　　測定(측정) : 헤아려 정함

湯
- 끓일 탕, 목욕할 탕 〔水부 9획, 총 12획 *boil* · とう〕
- 더운물에서 모락모락 김이 나는 모습을 본뜬 형성 글자.

예1. 冷湯(냉탕) : 찬물이 있는 곳
　　藥湯器(약탕기) : 한약재와 물을 넣고 끓이는 기구
　　湯藥(탕약) : 끓여 먹는 약

港
- 항구 항, 뱃길 항 〔水부 9획, 총 12획 *port* · こう〕
- 마을길에 물을 더하여 항구를 뜻하게 된 형성 글자.

예1. 港口(항구) : 배가 드나드는 곳
　　港都(항도) : 항구 도시
　　港灣(항만) : 항구와 만(灣)

滅
- 멸망할 멸, 끌 멸, 잠길 멸 〔水부 10획, 총 13획 · めつ〕
- 물을 끼얹어 불 끄는 것을 나타낸 형성 글자.

예1. 滅種(멸종) : 종자가 모두 없어짐
　　滅亡(멸망) : 망하여 없어짐
　　不滅(불멸) : 영원히 없어지지 않음

源
- 근원 원 〔水부 10획, 총 13획 · げん〕
- 동그란 구멍에서 물이 흘러나오는 것을 나타내는 형성 글자.

예1. 源流(원류) : 물이 흐르는 근원
　　源泉(원전) : 사물의 근원. 물이 흐르는 근원

準 • 수준기 준, 콧마루 준 〔水부 10획, 총 13획・じゅん、せつ〕
・평평한 수면으로 사물의 기울음을 측정하는 모습의 형성 글자.

例. 準據(준거) : 표준으로 삼음
   準備(준비) : 필요한 것을 미리 마련함
   準用(준용) : 표준으로 삼아 적용함

滄 • 찰 창, 물빛 창, 바다 창 〔水부 10획, 총 13획・そう〕
・깊은 바다의 맑은 물 빛깔이 차다는 것을 본뜬 형성 글자.

例. 滄浪(창랑) : 새파란 물결
   滄波(창파) : 바다의 푸른 물결
   滄海(창해) : 푸른 바다

漏 • 샐 루, 구멍 루, 물시계 루 〔水부 11획, 총 14획・ろく〕
・지붕에서 비가 새는 모습을 본뜬 형성 글자.

例. 漏刻(누각) : 물시계
   漏電(누전) : 전기가 새어 흐름
   漏落(누락) : 빠짐

漠 • 사막 막, 쓸쓸할 막 〔水부 11획, 총 14획・ばく〕
・숨어서 보이지 않는다는 뜻의 형성 글자.

例. 漠漠(막막) : 너무 멀어 아무 것도 보이지 않음
   沙漠(사막) : 모래 분지
   漠然(막연) : 너무 오래 되어 아득함

漫 • 질펀할 만, 멋대로 만 〔水부 11획, 총 14획・まん〕
・물이 불어나 줄줄 흐르는 모습을 나타낸 형성 글자.

例. 漫漫(만만) : 물이 넓고 끝없이 흐르는 모양
   漫筆(만필) : 붓 가는 대로 자유분방하게 쓰는 글
   漫畵(만화) : 붓 가는 대로 그리는 그림

滴 • 물방울 적, 방울져 떨어질 적 〔水부 11획, 총 14획・しょう〕
・물방울이 한 방울씩 뚝뚝 떨어지는 것을 본뜬 형성 글자.

㉣. 滴水(적수) : 물방울
　　滴瀝(적력) : 물방울이 뚝뚝 떨어짐
　　餘滴(여적) : 남은 물방울

漸 • 점점 점, 적실 점 〔水部 11획, 총 14획 · ぜん〕
　　• 깊숙히 베인 자국에 물이 스며드는 것을 나타낸 형성 글자.
㉣. 漸移(점이) : 서서히 옮아감
　　漸次(점차) : 점점
　　漸入佳境(점입가경) : 점점 흥미를 느낌

漆 • 옻 칠, 옻칠할 칠 〔水部 11획, 총 14획 · しつ〕
　　• 풀줄기에서 물방울이 떨어지는 모습을 본뜬 형성 글자.
㉣. 漆夜(칠야) : 아주 캄캄한 밤
　　漆板(칠판) : 분필을 이용하여 글씨를 쓰는 판

漂 • 떠돌 표, 빨래할 표 〔水部 11획, 총 14획 · ひょう〕
　　• 물의 표면에 가볍게 떠오르는 것을 나타낸 형성 글자.
㉣. 漂流(표류) : 마냥 물에 떠내려감
　　漂母(표모) : 빨래하는 여자
　　漂風(표풍) : 바람결에 떠서 흘러감
　　漂迫(표박) : 물에 떠돌아다님

潭 • 깊을 담, 소 담, 물가 담 〔水部 12획, 총 15획 · たん〕
　　• 물이 깊이 괴어 있는 늪을 뜻하는 회의 · 형성 글자.
㉣. 潭府(담부) : 깊은 못
　　潭水(담수) : 깊은 못의 물
　　潭淵(담연) : 깊은 못

潤 • 젖을 윤, 윤택할 윤, 불릴 윤 〔水部 12획, 총 15획 · じゅん〕
　　• 왕이 문 안으로 들어가 쉬고 있는 모습을 본뜬 형성 글자.
㉣. 潤色(윤색) : 이미 다된 물건에 광택을 냄
　　潤文(윤문) : 글을 다늠고 손질하는 것

潤筆(윤필) : 붓끝을 먹물에 적심

潛
- 잠길 잠, 몰래 잠 〔水部 12획, 총 15획・せん〕
- 물 속에 들어가 잠수하는 것을 뜻하는 형성 글자.

용례. 潛伏(잠복) : 드러나지 않게 숨어 있음
潛水(잠수) : 물 속으로 들어감
潛行(잠행) : 은밀히 돌아다님

潮
- 조수 조, 흘러들 조 〔水部 12획, 총 15획 tide・ちょう〕
- 태양이 떠오름에 따라 조수가 차 오르는 것을 뜻함. 형성 글자.

용례. 潮流(조류) : 조수의 흐름
滿潮(만조) : 바닷물이 차 오름
干潮(간조) : 바닷물이 빠져나감

激
- 부딪쳐 흐를 격, 빠를 격 〔水部 13획, 총 16획・げき〕
- 물보라를 일으키며 물이 사방으로 흩어짐을 본뜬 형성 글자.

용례. 激突(격돌) : 심하게 부딪침
激烈(격렬) : 매우 맹렬함

濃
- 짙을 농, 두터울 농 〔水部 13획, 총 16획 deep・のう〕
- 물기로 인하여 끈적이는 모습을 나타낸 형성 글자.

용례. 濃霧(농무) : 짙은 안개
濃湯(농탕) : 짙게 끓인 국물
濃厚(농후) : 빛깔이 몹시 짙음

濁
- 흐릴 탁, 더러워질 탁 〔水部 13획, 총 16획 cloudy・だく〕
- 진흙이 들러붙은 탓에 물이 흐려짐을 나타낸 형성 글자.

용례. 濁音(탁음) : 흐린소리
濁酒(탁주) : 막걸리
濁世(탁세) : 어지러운 세상

澤
- 못 택, 윤택할 택 〔水部 13획, 총 16획 pond・たく〕
- 물과 초지가 잇달아 이어지는 늪을 뜻하는 형성 글자.

[더]. 澤畔(택반) : 늪 가
澤雨(택우) : 절실할 때 내리는 은혜로운 비

濫
- 퍼질 람, 어지럽힐 람 〔水部 14획, 총 17획 spread·らん〕
- 어떤 테두리를 넘어 물이 넘쳐 나오는 것을 나타내는 형성 글자.

[더]. 濫用(남용) : 함부로 마구 씀
濫作(남작) : 함부로 시문 등을 지음

濕
- 축축할 습, 우로 습 〔水部 14획, 총 17획·しゅう〕
- 젖은 실의 축축한 모습을 본뜬 형성 글자.

[더]. 濕氣(습기) : 축축한 기운
濕疹(습진) : 피부에 물집이 생기는 병

濟
- 건널 제, 많고 성할 제 〔水部 14획, 총 17획 cross·せい〕
- 강의 수량을 고르게 함을 나타낸 형성 글자.

[더]. 濟度(제도) : 물을 건넘
濟衆(제중) : 세상 사람을 구함

濯
- 씻을 탁, 클 탁 〔水部 14획, 총 17획 wash·たく〕
- 물에 담근 것을 끌어 올려 헹구는 모습의 형성 글자.

[더]. 洗濯(세탁) : 옷가지 등속을 빠는 것
濯足(탁족) : 다리를 씻음

구르는 돌엔 이끼가 없다

•象形　　　　　　　[石부 0획, 총 5획]
돌 석, 비석 석, 운석 석　**石**　stone · せき

변하지 않는 것, 물이 흐르면서 만나는 것엔 돌(石)14)이 있습니다. 구르는 돌에 이끼가 없는 것처럼 단어를 읽는 것으로 그치지 말고 먼저 익힌 다음 풀이로 들어가면 오래 기억될 것입니다. 1단계의 단어입니다.

破　• 깨뜨릴 파, 다할 파　[石부 5획, 총 10획 break · は]
　　　• 얇은 돌 판을 억지로 잡아당겨 쪼는 것을 뜻하는 형성 글자.

　用. 破鏡(파경) : 깨어진 거울. 부부 사이가 금이 간 상태
　　　破産(파산) : 재산이 거덜남
　　　破婚(파혼) : 약혼을 파기함

硏　• 갈 연, 벼루 연　[石부 6획, 총 11획 whet · けん]
　　　• 울퉁불퉁한 돌을 갈아 매끈하게 다듬은 모습의 형성 글자.

　用. 硏究(연구) : 사물을 자세히 조사하여 진리를 밝히는 일
　　　硏磨(연마) : 갈고 닦음
　　　硏子磨(연자마) : 연자방아

硯　• 벼루 연　[石부 7획, 총 12획 · けん]
　　　• 石과 見을 합한 형성 글자.

　用. 硯滴(연적) : 벼룻물을 담는 조그만 용기

---
14) 벼랑 아래에 단단한 돌이 구르는 모습을 본뜬 글자.

硯池(연지) : 벼루의 한쪽 가. 우묵한 곳

2단계 단어들에 대해 풀이를 합니다. 이들 단어 역시 공통점은 단단하고 굳은돌이라는 것과 이 가운데엔 푸른 옥돌과 주춧돌이 있다는 점입니다.

硬
- 굳을 경, 강할 경 [石부 7획, 총 12획 hard · こう]
- 돌처럼 딱딱하게 긴장되어 있는 모습을 나타낸 형성 글자.

田. 硬度(경도) : 물체의 단단함 정도
硬直(경직) : 굳어 뻣뻣하게 됨. 또는 그런 상태
硬化(경화) : 단단하게 굳어짐

碑
- 비석 비, 돌기둥 비 [石부 8획, 총 13획 tomb stone · ひ]
- 얇고 편편한 돌판을 나타내는 형성 글자.

田. 碑石(비석) : 돌로 만든 비
碑閣(비각) : 비를 보호하기 위하여 세운 집
碑文(비문) : 비석에 새겨 넣은 글

碧
- 푸를 벽, 푸른 옥돌 벽 [石부 9획, 총 14획 blue · へき]
- 푸른빛이 도는 모습을 뜻하는 회의 · 형성 글자.

田. 碧空(벽공) : 푸른 하늘
碧眼(벽안) : 푸른 눈
碧海(벽해) : 푸른 바다
碧溪水(벽계수) : 맑고 푸른 시냇물

確
- 굳을 확, 강할 확, 확실할 확 [石부 10획, 총 15획 hard · かく]
- 단단한 돌을 나타내는 형성 글자.

田. 確答(확답) : 확실한 대답
確實(확실) : 틀림없음
確認(확인) : 확실하게 인정힘

磨 • 갈 마, 숫돌에 갈 마 〔石부 11획, 총 16획 whet・ま〕
• 돌을 문지르는 것을 뜻하는 형성 글자.

활용. 磨滅(마멸) : 닳아 없어짐
　　　磨石(마석) : 맷돌
　　　磨崖(마애) : 석벽에 글자나 그림을 새김

礎 • 주춧돌 초 〔石부 13획, 총 18획・そ〕
• 뿔뿔이 떨어져 있는 돌에 기둥 세우는 것을 본뜬 형성 글자.

활용. 礎石(초석) : 주춧돌
　　　基礎(기초) : 사물이 이루어지는 바탕
　　　礎盤(초반) : 주춧돌

병이란 아름다운 꿈이다

• 漢字 部首　　　　　　　　［疒부 0획, 총 5획］
병들어 기댈 녁　　　　　　だく, そう

　'병은 육체의 장애일 뿐 정신의 장애는 아니다'라는 말이 있습니다. 병(病)은 아름다운 꿈이며, 환각이고, 살아 있는 자의 즐거움 이라는 말도 있습니다.
　1단계 단어는 병을 나타내는 병(病) 자뿐입니다.

病　　• 병 병, 괴로워할 병　［疒부 5획, 총 10획 illness · びょう］
　　　• 병으로 인하여 몸이 자유스럽게 움직이지 못한다는 형성 글자.
　例. 病苦(병고) : 병으로 인한 고통
　　　病床(병상) : 병든 환자가 누워있는 침상

2단계에서는 병에 관한 모든 것들이 있습니다.

症　　• 증세 증　［疒부 5획, 총 10획 · しょう］
　　　• 겉으로 드러난 병의 상태를 뜻하는 형성 글자.
　例. 症狀(증상) : 병을 앓는 모양
　　　痛症(통증) : 아픈 증세
　　　症候(증후) : 증상

疾　　• 병 질, 앓을 질, 고통 질　［疒부 5획, 총 10획 ailment · しつ］
　　　• 병이 화살처럼 빨리 진행되어 감을 나타낸 형성 글자.

[용례]. 疾苦(질고) : 고통스러워함
　　　疾視(질시) : 밉게 봄
　　　疾風(질풍) : 빠른 바람

疲　• 피곤할 피, 지칠 피　[疒부 5획, 총 10획　*tired*・ひ]
　　• 병으로 인하여 몸이 녹초가 됨을 뜻하는 형성 글자.

[용례]. 疲困(피곤) : 몸과 정신이 지쳐서 고달픔
　　　疲勞(피로) : 피곤함이 몰려듦
　　　疲弊(피폐) : 지치고 쇠약함
　　　疲癃(피륭) : 기력이 쇠하여 생기는 노인의 병

痛　• 아플 통, 괴롭힐 통　[疒부 7획, 총 12획　*painful*・つう]
　　• 몸이 관통할 듯이 통증이 몰아치는 것을 뜻하는 형성 글자.

[용례]. 痛感(통감) : 마음에 사무친 느낌
　　　痛症(통증) : 아픈 증세

개는 꼬리에 영혼이 있다

•象形　　　　　　犬　　[犬부 0획, 총 4획]
개 견, 하찮은 것 비유 견　　dog · けん

　　1단계 단어는 개 견(犬)15)과 오히려 유(猶) 자입니다. 이 단어들을 자세히 들어다 보면 재미있다는 것을 느낍니다. 유(猶) 자는 술병에서 술 냄새가 가늘게 흘러나오는 모양인데 거기에 개(犭) 자가 합쳐진 모양입니다.

猶　•오히려 유, 같을 유 [犬부 9획, 총 12획 · ゆう]
　　•몸을 길게 늘어뜨리고 있는 개 모습을 본뜬 형성 글자.

　　　猶與(유여) : 의심하고 망설임. 주저하여 일을 결하지 못함
　　　　猶爲不足(유위부족) : 오히려 부족함. 싫증이 나지 않는다는 것을 뜻함

　　2단계 단어들을 보겠습니다.
　　대체로 개의 형상이나 행동을 표현한 것으로 볼 수 있습니다.

犯　•범할 범, 죄 범, 범인 범 [犬부 2획, 총 5획 commir · はん]
　　•개가 울타리를 부수고 나오는 것을 본뜬 형성 글자.

　　　犯法(범법) : 법을 범함

---

15) 개의 모습을 본뜬 글자. 한자 부수의 하나로 견(犭)으로 쓴다.

犯人(범인) : 죄를 범한 사람
犯則(범칙) : 규칙을 범함
犯行時間(범행시간) : 범죄를 저지를 시간

狗 • 개 구, 역(易)의 간(艮) 구 〔犬부 5획, 총 8획 dog · く〕
• 작게 구부러진 개의 모습을 나타내는 회의 · 형성 글자.

例. 狗盜(구도) : 작은 도둑. 좀도둑
狗肉(구육) : 개고기
狗尾續貂(구미속초) : 담비 꼬리로 꾸민 관 뒤로 개꼬리를 한 관이 뒤따름. 관작을 남발함을 비유

猛 • 사나울 맹, 맹렬할 맹 〔犬부 8획, 총 11획 fierce · もう〕
• 잡아매 두어도 밖으로 뒤쳐 나가는 개를 본뜬 형성 글자.

例. 猛犬(맹견) : 사나운 개
猛獸(맹수) : 사나운 짐승

獄 • 옥 옥, 소송할 옥, 판결 옥 〔犬부 10획, 총 14획 prison · ごく〕
• 두 마리의 개가 싸우듯 논쟁을 벌인다는 회의 글자.

例. 獄中書信(옥중서신) : 감옥에서 쓴 편지
獄卒(옥졸) : 감옥에서 죄수를 감시하는 사람

獨 • 홀로 독, 홀몸 독 〔犬부 13획, 총 16획 lonery · どく〕
• 한 곳에 들러붙어 있는 뽕잎의 큰누에나 개를 본뜬 형성 글자.

例. 獨立(독립) : 혼자 섬
獨房(독방) : 혼자 거처하는 방

獲 • 얻을 획, 계집종 획 〔犬부 14획, 총 17획 get · かく〕
• 짐승을 이용하여 동물을 잡는 것을 나타내는 형성 글자.

例. 獲得(획득) : 잡아들임
獲利(획리) : 이익을 취함

獸 • 짐승 수, 포 수 〔犬부 15획, 총 19획 animal · じゅう〕
• 우리에 넣은 동물이 나중엔 짐승을 나타내게 된 형성 글자.

_{용례}. 獸心(수심) : 짐승의 마음
　　　獸醫(수의) : 가축의 병을 고치는 의사
　　　獸肉(수육) : 짐승의 고기

獻　• 바칠 헌, 현인 헌 〔犬부 16획, 총 20획・けん〕
　　• 동물의 고기를 그릇에 담아 바치는 것을 나타내는 형성 글자.

_{용례}. 獻物(헌물) : 물건을 바침
　　　獻金(헌금) : 돈을 바침
　　　獻詩(헌시) : 시를 지어 바침

바느질 자국이 없는 옷

• 會意
옷 의, 쌀 의, 입을 의

衣 〔衣부 0획, 총 6획〕
clothing · い

하늘에 사는 선녀의 옷에는 바느질 자국이 없다고 합니다.
옷(衣=衤)과 연관짓는 1단계 단어는 겉을 나타내는 것(表), 물건을 잘라 무엇을 짓는다는 것(製)이 해당됩니다.

表 • 겉 표, 나타낼 표 〔衣부 3획, 총 8획 *outside* · ひょう〕
• 모피를 입고 겉은 천으로 겉옷을 입은 모습의 형성 글자.

1. 表裏(표리) : 겉과 속
   表面(표면) : 겉으로 드러난 쪽
   表紙(표지) : 책뚜껑

製 • 지을 제, 만들 제 〔衣부 8획, 총 14획 *make* · せい〕
• 옷감을 잘라 옷을 만드는 것을 뜻하는 형성 글자.

1. 製糖(제당) : 설탕을 만듦
   製本(제본) : 인쇄물을 책으로 만듦
   製品(제품) : 물품을 만듦

동방삭에 대한 기억

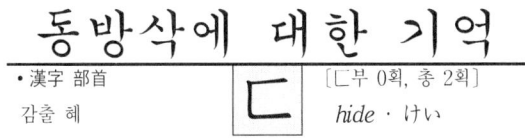

• 漢字 部首
감출 혜   ㄷ   [ㄷ부 0획, 총 2획]
          hide · けい

하늘에 올라가 3천년에 단 하나 열리는 복숭아를 훔쳐 먹고 수명을 삼십(十) 년에서 획(丿) 하나를 그어 삼천(千) 년으로 만들어 삶을 만끽했다는 게 우리들이 알고 있는 그에 관한 전설입니다.

1단계 단어는 한 쌍을 이루거나 상대에 대한 적수를 나타내는 필(匹)입니다.

匹 • 필 필, 짝 필, 상대 필 [ㄷ부 0획, 총 2획 roll, mate · ひつ]
　 • 두 개의 물건이 한 쌍을 이룬 회의 글자.

[用]. 匹馬(필마) : 한 필의 말
　　 匹敵(필적) : 어깨를 견줌
　　 匹夫(필부) : 평범한 사내

2단계도 어떤 지경이나 따로따로를 뜻하는 구(區)자 뿐입니다.

區 • 갈피 구, 따로따로 구 [ㄷ부 9획, 총 11획 district · く]
　 • 여러 개로 작게 구분 짓는 것을 나타낸 회의 글자.

[用]. 區間(구간) : 일정한 지역
　　 區區(구구) : 제각기 다름

여인은 촛불의 미학

• 象形　　　　　　　　　　[女부 0획, 총 3획]
계집 녀, 처녀 녀　　　女　　woman · じょ, にょ

〈플루타크 영웅전〉에 '촛불이 꺼지면 모든 여인(女)16)은 아름답다'고 했습니다.

동양의 풍속에는 촛불을 빌려와 신랑 신부가 맞이하는 첫날밤을 '촛불을 밝힌다'는 뜻의 화촉동방(華燭東房)이라 했습니다.

한밤이기 때문에 붉을 밝힌다는 의미도 있지만 보다 중요한 의미는 초를 태워 새로운 광명을 얻어온다는 것입니다. 두 남녀가 영원한 사랑을 얻기 위해 스스로의 몸을 태우듯 예절을 지키라는 뜻이기도 합니다.

1단계 단어입니다.

 • 같을 여, 조사 여　[女부 3획, 총 6획 same · じょ]
　　　　　• 여자처럼 부드럽게 말하는 것을 뜻하는 회의 글자.

　　如反掌(여반장) : 손바닥 뒤집듯 쉬움
　　如實(여실) : 있는 그대로
　　如何(여하) : 어떻게

 • 좋을 호, 아름다울 호　[女부 3획, 총 6획 good, like · こう]
　　　　　• 여자가 아이를 소중히 안고 있는 모습의 회의 글자.

　　好感(호감) : 좋은 느낌

---

16) 손을 맞잡은 채 무릎을 꿇고 있는 여인의 모습을 본뜬 글자.

144 부수를 알면 한자가 보인다

好機(호기) : 좋은 기회
好意(호의) : 친절한 느낌
好景(호경) : 경치

妙 • 젊을 묘, 묘할 묘 〔女부 4획, 총 7획 *strange*・みょう〕
• 여자의 미묘한 아름다움을 뜻하는 형성 글자.

▣ 妙計(묘계) : 묘한 꾀
妙技(묘기) : 교묘한 기술
妙手(묘수) : 교묘한 수법

妨 • 방해할 방, 거리낄 방 〔女부 4획, 총 7획 *obstruct*・ぼう〕
• 양손을 펼쳐 여자가 가려는 것을 막는 모습의 형성 글자.

▣ 無妨(무방) : 방해될 것이 없음
妨害(방해) : 헤살을 놓아 해롭게 함

妹 • 누이 매, 소녀 매 〔女부 5획, 총 8획 *younger sister*・まい〕
• 여자 형제 가운데 다 자라지 않은 막내를 나타낸 형성 글자.

▣ 妹夫(매부) : 누이의 남편
妹弟(매제) : 손아래 누이의 남편
妹兄(매형) : 누나의 남편

姓 • 성 성, 씨족 성 〔女부 5획, 총 8획 *family name*・せい〕
• 딸이 어머니로부터 물려 받은 이름을 뜻하는 형성 글자.

▣ 姓名(성명) : 성과 이름
姓氏(성씨) : 남의 성을 일컫는 말
改姓(개성) : 성을 고침

始 • 처음 시, 시작할 시 〔女부 5획, 총 8획 *beginning*・し〕
• 여자에게 갖난 아이가 생기기 시작했다는 형성 글자.

▣ 始終(시종) : 시작과 끝
始發(시발) : 처음으로 시작함
始動(시동) : 처음으로 움직임

|姉| • 손위누이 자 〔女부 5획, 총 8획 elder, sister · し〕
• 여자 형제 가운데 연상인 사람을 뜻하는 형성 글자.

[用]. 姉妹(자매) : 여자 형제
　　 姉兄(자형) : 손위 누이의 남편

|妻| • 아내 처, 시집보낼 처 〔女부 5획, 총 8획 wife · さい〕
• 남편과 어깨를 나란히 하는 아내를 나타낸 형성 글자.

[用]. 妻男(처남) : 아내의 남자 형제
　　 妻山(처산) : 아내의 무덤이 있는 산
　　 妻家宅(처가댁) : 아내의 본가

|威| • 위엄 위, 두려워할 위 〔女부 6획, 총 9획 dignity · い〕
• 여자를 무기로 위협하는 모습을 나타내는 형성 글자.

[用]. 威力(위력) : 다른 사람을 위압하는 세력
　　 威嚴(위엄) : 위세 있고 엄숙함
　　 威風(위풍) : 왕성한 기세

|娘| • 아가씨 낭 〔女부 7획, 총 10획 young lady · じょう〕
• 나긋나긋한 젊은 여자를 뜻하는 형성 글자.

[用]. 娘子(낭자) : 처녀. 궁녀. 처녀. 어머니. 여자를 일반적으로 부르는 말
　　 娘子軍(낭자군) : 여자들, 특히 처녀로서 조직된 군대.

|婦| • 며느리 부, 아내 부 〔女부 8획, 총 11획 woman · ふ〕
• 비를 들고 집안 일을 하는 여자의 모습을 본뜬 회의 글자.

[用]. 婦女(부녀) : 부인과 여자. 부녀자라고도 함
　　 婦德(부덕) : 여자로서의 덕행
　　 婦道(부도) : 여자가 지켜야할 도리

|婚| • 혼인할 혼 〔女부 8획, 총 11획 marry · こん〕
• 옛날에는 날이 어두워져야 결혼식을 올린 모습의 형성 글자.

[用]. 婚期(혼기) : 혼인하기에 적당한 나이

婚配(혼배) : 혼인하여 부부가 되는 것
婚書(혼서) : 혼인 계약서

2단계의 단어풀이로 들어가겠습니다.

奴
- 종 노, 남을 천시할 노 〔女부 2획, 총 5획 servant · ど, ぬ〕
- 손으로 일을 하는 여자 노예를 뜻하는 회의 글자.

田. 奴婢(노비) : 사내종과 계집 종
奴僕(노복) : 사내종
守錢奴(수전노) : 돈이 전부라고 아는 사람. 지독한 구두쇠를 지칭

妄
- 망령될 망, 허망할 망 〔女부 3획, 총 6획 be in dotage · もう〕
- 여자에게 마음을 빼앗겨 자신을 잃은 모습을 뜻하는 회의 글자.

田. 妄動(망동) : 함부로 행동함
妄發(망발) : 함부로 말을 함
妄言(망언) : 사리에 맞지 않은 말

妃
- 왕비 비 〔女부 3획, 총 6획 princess · ひ〕
- 남자와 혼인을 한 아내라는 뜻의 형성 글자.

田. 王妃(왕비) : 왕의 부인
妃嬪(비빈) : 비와 빈

妥
- 평온할 타, 편안히 앉을 타 〔女부 4획, 총 7획 serene · だ〕
- 화가 잔뜩 난 여인을 달래는 모습의 회의 글자.

田. 妥結(타결) : 서로기 좋도록 일을 마무리 지음
妥當(타당) : 적절함
妥協(타협) : 의견을 절충함

姑
- 시어미 고, 잠시 고 〔女부 5획, 총 8획 mother in law · こ〕
- 나이 먹은 늙은 여자를 가리키는 회의 · 형성 글자.

147

㉠. 姑母(고모) : 아버지의 누이
　　姑息(고식) : 잠시 피함
　　姑息之計(고식지계) : 얕은 꾀

委 ・맡길 위, 웅용할 위 〔女부 5획, 총 8획 entrust, peaceful・い〕
　　・여자나 벼이삭처럼 남들이 하는 대로 맡기는 모습의 형성 글자.

㉠. 委棄(위기) : 버려둠
　　委付(위부) : 맡김
　　委委(위위) : 늘씬하고 예쁜 모습

妾 ・첩 첩, 여자의 겸칭 첩 〔女부 5획, 총 8획 concubine・しょう〕
　　・남자의 시종을 드는 여자 노예를 뜻하는 회의 글자.

㉠. 臣妾(신첩) : 여인이 스스로를 낮추어 말함
　　妾室(첩실) : 남의 첩을 비교적 점잖게 이르는 말
　　愛妾(애첩) : 총애하는 첩실

姦 ・간사할 간, 간음할 간 〔女부 6획, 총 9획 crafty・かん〕
　　・여자 셋이 음란한 행위를 하는 것을 뜻하는 회의 글자.

㉠. 姦夫(간부) : 간통한 사내
　　姦通(간통) : 배우자 외의 다른 사내와 정을 나누는 것
　　姦智(간지) : 간교한 지혜

姿 ・맵시 자 〔女부 6획, 총 9획 figure・し〕
　　・여자가 가볍게 얼굴이며 몸맵시를 손질함을 뜻하는 형성 글자.

㉠. 姿態(자태) : 몸가짐과 맵시
　　姿質(자질) : 자세

姪 ・조카 질 〔女부 6획, 총 9획 nephew, niece・てつ, ちつ〕
　　・혈연의 말단에 해당하는 이를 뜻하는 회의・형성 글자.

㉠. 姪女(질녀) : 조카딸
　　姪婦(질부) : 조카며느리
　　姪行(질항) : 조카뻘

娛 • 즐길 오 〔女부 7획, 총 10획 enjoy · ご〕
• 여자와 같이 떠들고 즐기는 것을 뜻하는 형성 글자.

　田. 娛樂(오락) : 놀이를 즐김
　　　娛樂物(오락물) : 오락에 이용되는 물건

婢 • 여종 비, 첩 비 〔女부 8획, 총 11획 maid servant · ひ〕
• 신분이 낮은 여자 하인을 가리키는 회의 · 형성 글자.

　田. 婢僕(비복) : 여자와 남종
　　　婢夫(비부) : 여종의 남편
　　　婢妾(비첩) : 하녀와 첩실

媒 • 중매 매 〔女부 9획, 총 12획 matchmaking · ばい〕
• 모르는 남녀를 소개하여 서로 친하게 하는 뜻의 형성 글자.

　田. 媒子(매자) : 중매인
　　　媒婆(매파) : 중매하는 여자
　　　媒介體(매개체) : 중개 역할을 해 주는 물건

마음의 거울을 닦고

• 象形
마음 심, 염통 심

心　[心부 0획, 총 4획]
heart · しん

마음은 거울에 비유할 수 있습니다. 자신의 진정한 모습을 보기 위해서 날마다 닦아야 한다는 말입니다. 1단계는 '마음(心)17)'이 갖는 여러 형태의 모습들을 엿볼 수 있습니다.

- 반드시 필, 오로지 필 [心부 1획, 총 5획 necessarily · ひつ]
- 양쪽에서 바짝 졸라 움직일 수 없게 한다는 뜻의 형성 글자.

必死(필사) : 죽을 각오로 일함
必勝(필승) : 반드시 이김
必要(필요) : 꼭 소용이 됨

- 바쁠 망, 조급할 망 [心부 3획, 총 6획 busy · ぼう]
- 뭐가 어찌 되는 지 모를 정도로 바쁜 모습의 형성 글자.

忙月(망월) : 농사일에 아주 바쁜 달
忙中閑(망중한) : 아주 바쁜 중에도 한가한 여유

- 잊을 망, 건망증 망 [心부 3획, 총 7획 forget · ぼう]
- 마음 속에서 지워짐을 뜻하는 형성 글자.

忘却(망각) : 잊음
健忘症(건망증) : 잊기를 잘 하는 병

---

17) 몸 안 구석구석에 피가 스며들도록 하는 심장의 모습을 본뜬 것. 한자의 부수로 쓸 때 변에는 ↑, 발에는 ↟이 사용된다.

忘我(망아) : 날로 잊음

忍
- 참을 인, 질길 인 〔心부 3획, 총 7획 *bear* · じん, にん〕
- 강하게 겨린 칼날같은 마음을 뜻하는 형성 글자.

[用]. 忍苦(인고) : 고통을 참음
　　 不忍(불인) : 참지 않음
　　 忍耐(인내) : 참고 견딤
　　 忍從(인종) : 참고 따름

志
- 뜻 지, 의를 지킬 지 〔心부 3획, 총 7획 *intention* · し〕
- 마음이 목표를 향해 나아가는 모습의 형성 글자.

[用]. 志略(지략) : 뜻
　　 志願(지원) : 바라고 원함
　　 志向(지향) : 뜻이 향하는 대로

念
- 생각 념, 외울 념 〔心부 4획, 총 8획 *thinking* · ねん〕
- 마음 속에 생각을 품고 입으로 중얼거림을 뜻하는 형성 글자.

[用]. 念力(염력) : 온 힘을 모아 수행하려는 마음
　　 念佛(염불) : 부처를 마음속으로 생각하며 부름
　　 念日(염일) : 20일

忠
- 충성 충, 정성을 다할 충 〔心부 4획, 총 8획 *loyalty* · ちゅう〕
- 속이 가득차 모자람이 없는 마음을 나타낸 형성 글자.

[用]. 忠良(충량) : 충성스럽고 선량함
　　 忠臣(충신) : 충성스러운 신하
　　 忠言(충언) : 충직한 말

快
- 쾌할 쾌, 빠를 쾌 〔心부 4획, 총 7획 *delightful*　かい〕
- 마음속의 응어리를 풀어버린 상쾌한 마음의 형성 글자.

[用]. 快感(쾌감) : 상쾌한 느낌
　　 快刀(쾌도) : 잘 드는 칼
　　 快樂(쾌락) : 유쾌하고 즐거움

- 급할 급, 갑자기 급 〔心부 5획, 총 9획 urgent · きゅう〕
- 도망가는 사람을 뒤에서 붙잡는 모양의 형성 글자.

例. 急速(급속) : 갑자기
　　急告(급고) : 급하게 알림
　　急流(급류) : 물살이 센 흐름

- 성낼 노, 화 노, 세찰 노 〔心부 5획, 총 9획 grow angry · ど〕
- 마음이 격하게 차올라 화를 내는 모습의 형성 글자.

例. 怒濤(노도) : 노한 파도
　　怒髮(노발) : 몹시 화가 나서 머리카락이 곤두섬
　　怒聲(노성) : 화가 난 목소리

- 생각할 사, 생각 사 〔心부 5획, 총 9획 think · し〕
- 머리나 마음으로 생각한다는 의미의 형성 글자.

例. 思考(사고) : 생각하고 이것저것 궁리함
　　思想(사상) : 생각함
　　思春期(사춘기) : 이성에 눈뜰 시기

- 성품 성, 성질 성, 성 성 〔心부 5획, 총 8획 nature · せい〕
- 본래부터 타고난 마음을 뜻하는 형성 글자.

例. 性格(성격) : 각 사람이 가진 성질
　　性急(성급) : 성질이 급함
　　性能(성능) : 성질과 능력

- 원망할 원, 원수 원 〔心부 5획, 총 9획 resent, enemy · えん〕
- 마음이 꼬인 상태를 뜻하는 회의 · 형성 글자.

例. 怨仇(원구) : 원수
　　怨望(원망) : 남을 못마땅하게 여김
　　怨恨(원한) : 원통한 생각

- 은혜 은, 인정 은 〔心부 6획, 총 10획 favors · おん〕
- 마음으로 고마워하는 느낌을 나타내는 형성 글자.

恩功(은공) : 은혜와 공
　　恩師(은사) : 스승
　　恩情(은정) : 인자스러운 마음

恨
- 한할 한, 한 한 〔心부 6획, 총 9획 *deploring* · こん〕
- 마음 속에 원한을 품은 모습의 형성 글자.

　　恨死(한사) : 한을 품고 죽음
　　痛恨(통한) : 고통스러운 마음 속 생각
　　悔恨(회한) : 후회함

恒
- 항상 항, 뻗칠 긍 〔心부 6획, 총 9획 *always* · こう〕
- 항상 적당하여 마음이 느슨하거나 변하지 않은 모습의 형성 글자.

　　恒久(항구) : 변함없이 오램
　　恒常(항상) : 언제나
　　恒心(항심) : 늘 지니고 있는 마음

悅
- 기쁠 열, 따를 열 〔心부 7획, 총 10획 · えつ〕
- 마음 속의 응어리가 풀리는 모습의 형성 글자.

　　喜悅(희열) : 기쁨
　　悅樂(열락) : 기뻐하고 즐거워 함
　　悅服(열복) : 기쁜 마음으로 복종하고 따름

悟
- 깨달을 오, 깨우칠 오 〔心부 7획, 총 10획 *sees* · ご〕
- 마음이 흐트러지지 않고 어떤 점에 일치감을 나타낸 형성 글자.

　　大悟(대오) : 크게 깨달음
　　悟道(오도) : 도를 깨우침
　　覺悟(각오) : 생각을 정리하여 다짐함

患
- 근심 환, 앓을 환 〔心부 7획, 총 11획 *anxiety* · かん〕
- 상대방의 마음을 꿰뚫고 마음에 걸림을 나타내는 형성 글자.

　　患亂(환란) : 재난
　　患部(환부) : 아픈 부위

患憂(환우) : 근심

悲 • 슬플 비, 자비 비 〔心부 8획, 총 12획 sad · ひ〕
• 마음이 둘로 갈라지는 것 같음을 나타내는 형성 글자.

용례. 悲歌(비가) : 슬픈 노래
悲感(비감) : 슬픈 감정
悲報(비보) : 슬픈 소식

惜 • 아낄 석, 가엾히 여길 석 〔心부 8획, 총 11획 spare · せき〕
• 마음속에 오래 남아 생각이 더해짐을 나타낸 형성 글자.

용례. 惜別(석별) : 이별을 몹시 아쉬워 함
惜敗(석패) : 아깝게 짐

惡 • 악할 악, 미워할 오 〔心부 8획, 총 12획 wicked · あく〕
• 남에게 억눌려 화가 나 있는 모습을 본뜬 형성 글자.

용례. 惡感(악감) : 악한 감정. 또는 나쁜 느낌
惡鬼(악귀) : 악한 귀신
惡德(악덕) : 악한 덕

情 • 뜻 정, 본성 정 〔心부 8획, 총 11획 intention · じょう〕
• 마음 작용의 원인이 되는 기초 성분을 뜻하는 형성 글자.

용례. 情談(정담) : 다정한 이야기
情勢(정세) : 일이 되어 가는 형편
情恨(정한) : 가슴속의 원한

惠 • 은혜 혜 착할 혜 〔心부 8획, 총 12획 favor · けい〕
• 상대의 부드러운 마음을 뜻하는 회의 글자.

용례. 惠聲(혜성) : 인자하다는 소문
惠示(혜시) : 친절하게 일러둠
惠政(혜정) : 인자한 정치

感 • 느낄 감, 고맙게 여길 감 〔心부 9획, 총 13획 feel · かん〕
• 마음이 강한 느낌을 나타내는 형성 글자.

㉹. 感覺(감각) : 느끼어 깨달음
　　感動(감동) : 깊이 마음이 움직임
　　感知(감지) : 느끼어 앎

想
- 생각 상 〔心부 9획, 총 13획 thinking · そう〕
- 어떤 것에 대해 마음으로 생각함을 뜻하는 형성 글자.

㉹. 想起(상기) : 지난 일을 생각해냄
　　想思(상사) : 생각함
　　想像(상상) : 미루어 생각함

愁
- 시름 수, 슬퍼할 수 〔心부 9획, 총 13획 grieve · しゅう〕
- 마음이 바짝 긴장함을 뜻하는 형성 글자.

㉹. 愁心(수심) : 근심스러운 마음
　　愁色(수색) : 시름겨운 안색
　　愁聲(수성) : 슬픈 소리
　　愁眉(수미) : 근심스러운 눈썹. 이것은 근심이 가득한 얼굴을 뜻함

愛
- 사랑 애, 사모할 애 〔心부 9획, 총 13획 love · あい〕
- 마음이 애달파 생각대로 발이 나아가지 않는다는 뜻의 형성 글자.

㉹. 愛犬(애견) : 개를 사랑함
　　愛讀(애독) : 즐겨 읽음
　　愛酒(애주) : 술을 사랑함

意
- 뜻 의, 감탄사 희 〔心부 9획, 총 13획 mean · い〕
- 입밖에 내지 않고 마음 속으로 생각함을 뜻하는 형성 글자.

㉹. 意見(의견) : 마음 속에 느낀 생각
　　意味(의미) : 사물의 뜻
　　意志(의지) : 마음

慈
- 사랑 자, 어머니 자 〔心부 9획, 총 13획 mercy · じ〕
- 어린아이를 양육하는 이미니를 뜻하는 형성 글자.

[예]. 慈堂(자당) : 남의 어머니에 대한 경칭
慈善(자선) : 불쌍히 여겨 도와줌
慈主(자주) : 어머님. 편지에 쓰는 말

|慕| • 그리워할 모, 높일 모 〔心부 11획, 총 15획 miss · ぼ〕
• 곁에 없는 것을 무리하게 바라는 마음의 형성 글자.

[예]. 慕化(모화) : 덕을 그리워 함
慕華(모화) : 중국의 문물이나 사상을 숭상함
戀慕(연모) : 그리워 함

|憂| • 근심 우, 병 우, 앓을 우 〔心부 11획, 총 15획 anxiety · ゆう〕
• 마음이 괴로워 발이 마음대로 나아가지 않음의 형성 글자.

[예]. 憂國(우국) : 나라를 걱정함
憂慮(우려) : 염려함
憂患(우환) : 근심함

|憶| • 생각할 억, 우울해질 억 〔心부 13획, 총 16획 recall · おく〕
• 마음이 메일 정도로 이 일 저 일을 생각한다는 뜻의 형성 글자.

[예]. 追憶(추억) : 지난 일을 생각함
記憶(기억) : 생각함
回憶(회억) : 지난 일을 생각함

|應| • 응할 응, 화답할 응 〔心부 13획, 총 17획 reply · おう〕
• 마음으로 확실하게 받아냄을 뜻하는 형성 글자.

[예]. 應急(응급) : 급한 일에 응함
感應(감응) : 느낌
應當(응당) : 해당함
應募(응모) : 어떤 모집에 응함

2단계에서는 이러한 마음의 형태, 마음이 움직이는 데에 따라 변화해 가는 단어의 뜻풀이를 살펴보십시오.

忌
- 꺼릴 기, 질투할 기 〔心部 3획, 총 7획 shun・き〕
- 무언가를 보고 깜짝 놀라 피하려는 모습의 형성 글자.

用. 忌日(기일) : 어버이가 죽은 날
　　忌故(기고) : 제사를 지내는 일
　　忌祭祀(기제사) : 죽은 날에 지내는 제사

忽
- 문득 홀, 다할 홀 〔心部 4획, 총 8획・こつ〕
- 마음이 그대로 지나쳐 버린다는 뜻의 회의・형성 글자.

用. 忽待(홀대) : 소홀히 하는 대접
　　忽然(홀연) : 문득. 갑자기

怪
- 기이할 괴, 도깨비 괴 〔心部 5획, 총 8획 strange・かい〕
- 둥근 머리를 쑥 내민 느낌을 본뜬 형성 글자.

用. 怪奇(괴기) : 괴상하고 기이함
　　怪物(괴물) : 괴이한 물건
　　怪狀(괴상) : 괴이한 모양

怠
- 게으를 태, 그만 둘 태 〔心部 5획, 총 9획 lasy・たい〕
- 사람이 긴장을 풀고 마음이 해이해 짐을 뜻하는 형성 글자.

用. 怠慢(태만) : 일을 게을리 함
　　懈怠(해태) : 게으름
　　怠學(태학) : 학문을 게을리 함

恐
- 두려울 공, 아마 공 〔心部 6획, 총 10획 afraid・きょう〕
- 마음 속이 관통하여 구멍이 뚫린 듯한 모습의 형성 글자.

用. 恐怖(공포) : 두렵고 무서워함
　　恐喝(공갈) : 무섭게 어우르고 위협함
　　恐妻家(공처가) : 아내를 두려워함

恭
- 공손할 공, 공경할 공 〔心部 6획, 총 10획 respectful・きょう〕
- 윗사람에게 물건을 바칠 때의 황송한 기분을 뜻하는 형성 글자.

用. 恭儉(공검) : 공손하고 검소함

恭敬(공경) : 삼가서 예를 차림
恭待(공대) : 상대를 높이어 대접함

恕
- 용서할 서, 어질 서 〔心부 6획, 총 10획 *pardon* · じょ〕
- 상대방과 자신을 동등하게 본다는 뜻의 회의 · 형성 글자.

用. 容恕(용서) : 허물을 이해하고 헤아려 줌
恕思(서사) : 생각해 주는 마음. 배려한 마음

息
- 숨쉴 식, 번식할 식 〔心부 6획, 총 10획 *breathes* · そく〕
- 심장의 움직임에 따라 숨 쉬는 모습을 나타낸 회의 · 형성 글자.

用. 息影(식영) : 그림자를 쉬게 함. 모든 활동을 멈춤
子息(자식) : 자녀

恣
- 방자할 자 〔心부 6획, 총 10획 *arrogant* · し〕
- 방자하기 이를데 없는 마음을 뜻하는 회의 · 형성 글자.

用. 恣意(자의) : 멋대로 함. 또는 그런 의도
恣行(자행) : 제 멋대로 하는 행동

恥
- 부끄러워할 치, 욕 치 〔心부 6획, 총 10획 *shame* · ち〕
- 마음이 슬그머니 위축되는 모습을 뜻하는 형성 글자.

用. 恥部(치부) : 부끄러운 부분
恥辱(치욕) : 부끄러움과 욕됨

悠
- 멀 유, 한가로울 유 〔心부 7획, 총 11획 *far* · ゆう〕
- 사물이 유연하게 길게 이어져 있는 모습을 나타낸 형성 글자.

用. 悠久(유구) : 아득하고 오램
悠長(유장) : 길고 오래 감
悠悠(유유) : 움직임이 느린 모양

惟
- 생각할 유, 오직 유 〔心부 8획, 총 11획 *think* · い〕
- 한 가지 일을 골똘히 생각하는 모습의 형성 글자.

用. 思惟(사유) : 생각함
惟獨(유독) : 홀로

悽
- 슬퍼할 처 〔心부 8획, 총 11획 sad · せい〕
- 마음과 아내를 합친 형성 글자.

　悽然(처연) : 슬퍼하는 모습
　悽慘(처참) : 아주 참혹함

惑
- 미혹할 혹 〔心부 8획, 총 12획 confusion · わく〕
- 마음이 좁은 테두리에 갇혀 어찌할 방도를 모르는 형성 글자.

　惑世誣民(혹세무민) : 세상을 어지럽게 함
　惑星(혹성) : 태양을 중심으로하여 둘레를 도는 별

惱
- 괴로워할 뇌, 괴로움 뇌 〔心부 9획, 총 12획 · のう〕
- 머리를 어지럽게 하는 것을 나타내는 형성 글자.

　惱神(뇌신) : 머리를 어지럽게 함
　惱苦(뇌고) : 몸과 마음이 몹시 괴로움
　惱殺的(뇌쇄적) : 미모가 몹시 뛰어나 상대의 마음을 쏙 빼앗는 것

愚
- 어리석을 우, 바보 우 〔心부 9획, 총 13획 foolish · ぐ〕
- 바보스럽고 어리석음을 나타내는 형성 글자.

　愚見(우견) : 자신의 생각을 겸손하게 나타내는 말. 어리석은 견해라는 뜻
　愚問(우문) : 어리석은 질문

愈
- 나을 유, 즐거울 유 〔心부 9획, 총 12획 preferable · ゆ〕
- 기분이 후련해지고 마음이 좋아짐을 나타내는 회의 글자.

　愈愈(유유) : 자꾸 더해 가는 모습
　愈出愈怪(유출유괴) : 갈수록 일이 괴이해져 감

愧
- 부끄러워할 괴, 창피줄 괴 〔心부 10획, 총 13획 shame · き〕
- 부끄럽고 창피스러운 상태를 나타내는 회의 · 형성 글자.

　愧死(괴사) : 부끄러움
　愧色(괴색) : 부끄러워하는 얼굴빛

愼 • 삼갈 신, 훈계할 신 〔心부 10획, 총 13획 careful · しん〕
• 마음이 한구석 빠짐없이 모두 미침을 나타낸 형성 글자.

愼重(신중) : 경솔하지 않음
愼攝(신섭) : 조심하여 몸조리를 함
愼色(신색) : 여색을 삼가함

態 • 모양 태 〔心부 10획, 총 14획 attitude · たい〕
• 마음의 상태를 가리키는 형성 글자.

態度(태도) : 몸가짐
樣態(양태) : 모양
態勢(태세) : 태도와 자세를 뜻함

慨 • 분개할 개, 슬퍼할 개 〔心부 9획, 총 11획 district · く〕
• 마음속이 꽉 차서 가슴이 메어짐을 뜻하는 회의 글자.

慨嘆(개탄) : 의분이 복받쳐 오름
慨然(개연) : 뜻을 떨쳐 일어나는 모양. 또는 슬픔을 이기지 못하고 탄식하는 모양

慣 • 버릇 관, 익숙할 관 〔心부 11획, 총 14획 accustomed · かん〕
• 친숙하고 익숙함을 나타냄 형성 글자.

慣用(관용) : 관습적으로 익음
慣行(관행) : 늘 행함
慣習(관습) : 일반적으로 인정된 질서. 또는 규칙

慢 • 게으를 만 〔心부 11획, 총 14획 lazy · まん〕
• 흐리멍텅하고 전신이 해이해 짐을 나타낸 형성 글자.

慢性病(만성병) : 급하지 않고 천천히 진행되는 병
慢遊(만유) : 한가롭게 이곳저곳 놀러 다님
怠慢(태만) : 일을 게을리 함

慾 • 욕심 욕 〔心부 11획, 총 1획 greed · よく〕
• 마음이 빈듯하고 아쉬워 채우고 싶음을 뜻하는 회의 · 형성 글자.

[田]. 慾念(욕념) : 욕심이 가득한 생각
　　　慾望(욕망) : 어떤 일을 하고 싶거나 소유하고 싶은 생각이 간절함

慰
- 위로할 위, 성낼 위 〔心부 11획, 총 15획 *comfort*·い〕
- 화가 차오른 마음을 억누르는 것을 나타낸 형성 글자.

[田]. 慰勞(위로) : 육체적이나 정신적인 피로를 풀도록 따뜻하게 대해줌
　　　慰問便紙(위문편지) : 군에 갔거나 불의의 재앙을 만난 이들에게 희망적인 마음의 인사를 편지로써 위로함

慘
- 참혹할 참, 애처로울 참 〔心부 11획, 총 14획 *misery*·さん〕
- 마음에 사무치는 괴로움을 나타낸 형성 글자.

[田]. 慘劇(참극) : 참혹하게 벌어진 일
　　　慘憺(참담) : 서글프고 괴로운 모양
　　　慘變(참변) : 참혹한 변괴

慚
- 부끄러울 참, 수치 참 〔心부 11획, 총 14획 *shame*·ざん〕
- 마음에 상처가 난 것 같은 느낌이라는 뜻의 회의·형성 글자.

[田]. 無慚(무참) : 형편없이 일그러진 모습
　　　慚愧(참괴) : 부끄러워 견디기 어려움

慧
- 슬기로울 혜, 깨달을 혜 〔心부 11획, 총 15획 *sagasious*·けい〕
- 마음이 세심하고 섬세함을 나타내는 뜻의 형성 글자.

[田]. 慧劍(혜검) : 지혜의 검
　　　慧力(혜력) : 번뇌를 제거하는 일
　　　慧門(혜문) : 지혜에 들어가는 문

憩
- 쉴 게 〔心부 12획, 총 16획 *rest*·けい〕
- 가슴이 두근거림을 진정시키고 숨을 편히 쉰다는 뜻의 회의 글자.

[田]. 休憩室(휴게실) : 휴식을 취하는 곳
　　　休憩(휴게) : 한숨을 돌림

憐
- 불쌍히 여길 련 〔心부 12획, 총 15획 pity · ねん〕
- 마음이 무엇에 이끌려 생각이 끝없음을 뜻하는 회의 · 형성 글자.

용례. 可憐(가련) : 불쌍함
　　　憐憫(연민) : 가엾고 불쌍히 여김
　　　同病相憐(동병상련) : 같은 병을 앓는 처지에서 서로 동정하는 것

憫
- 근심할 민, 불쌍히 여길 민 〔心부 12획, 총 15획 · びん〕
- 마음에 담아둔 것까지 생각함을 뜻하는 회의 · 형성 글자.

용례. 憫忙(민망) : 답답하고 딱하게 여김
　　　憐憫(연민) : 불쌍히 생각함

憤
- 성낼 분, 번민할 분 〔心부 12획, 총 15획 indignant · ふん〕
- 감정이 솟구쳐 벌컥 화를 내는 것을 뜻하는 형성 글자.

용례. 憤慨(분개) : 무척 분하게 여김
　　　憤激(분격) : 분하여 감정이 복받혀 오름
　　　憤死(분사) : 분기가 차올라 죽음

憎
- 미워할 증 〔心부 12획, 총 15획 hate · ぞう〕
- 마음에 사소한 것이 쌓여 싫어짐이 나타난다는 뜻의 형성 글자.

용례. 憎惡(증오) : 미워함
　　　愛憎(애증) : 사랑하고 미워함

憲
- 법 헌, 상관 헌 〔心부 12획, 총 16획 law, constitution · けん〕
- 마음대로 행동하는 것을 억제하는 틀을 나타낸 형성 글자.

용례. 憲法(헌법) : 나라의 법률
　　　憲度(헌도) : 법칙
　　　憲臣(헌신) : 법을 취급하는 신하

懇
- 정성 간, 간절할 간 〔心부 13획, 총 17획 sincerity · こん〕
- 마음 속에 뿌리를 내린 것처럼 정성스러움을 뜻하는 형성 글자.

용례. 懇切(간절) : 절실함

懇求(간구) : 간절히 구함. 또는 절실함
懇請(간청) : 간절히 청을 함

懲 • 혼날 징, 징계 징 〔心부 15획, 총 19획 punish · ちょう〕
• 나쁜 마음가짐을 탓하는 의미의 형성 글자.

[用]. 懲罰(징벌) : 징계하고 벌함
懲惡(징악) : 나쁜 일을 징계함
懲役(징역) : 죄지은 자를 가둠

懸 • 매달 현, 걸 현, 멀 현 〔心부 16획, 총 20획 hang · けん〕
• 어느쪽으로도 정해지지 않고 동떨어짐을 나타내는 형성 글자.

[用]. 懸隔(현격) : 동떨어짐
懸燈(현등) : 등불을 높이 걺
懸賞(현상) : 상금을 내걸어 모음

懷 • 품을 회, 마음 회 〔心부 16획, 총 19획 cherish · かい〕
• 마음에 담아 소중하게 간직함을 뜻하는 형성 글자.

[用]. 懷古談(회고담) : 옛일을 돌이켜 말을 함
懷疑(회의) : 의심을 품음
懷胎(회태) : 임신함

懼 • 두려워할 구 〔心부 18획, 총 21획 fear · く〕
• 눈을 두리번 거리며 주저함을 나타내는 회의 글자.

[用]. 疑懼心(의구심) : 의아스럽게 생각함
懼然(구연) : 두려워하는 모양

戀 • 생각할 련, 그리움 련 〔心부 19획, 총 23획 think, love · ねん〕
• 마음이 산란하여 분간할 수 없음을 뜻하는 형성 글자.

[用]. 戀慕(연모) : 사랑하고 그리워함
戀人(연인) : 서로 그리워하고 사랑하는 상대
戀文(연문) : 연애편지

등을 기대는 방석

• 漢字 部首
안석 궤, 책상 궤

几 [几부 0획, 총 2획]
back rest · き

'안석'은 방석의 일종입니다. 사람이 앉아 등을 기대는 데에 사용하는 방석이죠. 요즘은 그런 의자들을 많이 볼 수 있습니다만 예전에 방석을 벽에 대고 세운 다음 기댄 것 같습니다. '안석궤부'에 있어서는 1단계와 2단계를 통틀어 대강 또는 무릇이라는 의미의 범(凡) 자 뿐입니다.

凡
• 무릇 범, 대강 범 [几부 1획, 총 3획 in general · はん]
• 커다란 판자나 천을 본떠 덮음을 나타내는 상형 글자.

凡例(범례) : 일러두기
凡夫(범부) : 평범한 사람
凡事(범사) : 모든 일

다시 한 번 생각해보면

• 象形
거듭 우, 또 우

又 〔又부 0획, 총 2획〕
again · ゆう

진정한 벗은 어떤 것인가 다시 한 번 생각해보자. 1단계입니다.

及
- 미칠 급, 미치게 할 급 〔又부 2획, 총 4획 *reach* · きゅう〕
- 도망치는 사람의 등에 손이 닿은 모습의 회의 글자.

　及其也(급기야) : 필경
　及落(급락) : 급제와 낙제
　言及(언급) : 말을 해둠

反
- 돌이킬 반, 뒤칠 번 〔又부 2획, 총 4획 *return* · はん〕
- 천 같은 것을 손으로 밀어 본래대로 돌아오게 한다는 형성 글자.

　反感(반감) : 다른 사람의 의견에 반대함
　反目(반목) : 서로 눈을 흘기고 봄
　反掌(반장) : 손바닥을 뒤집음
　反畓(번답) : 밭을 논으로 만듦

友
- 벗 우, 우애 우 〔又부 2획, 총 4획 *friend* · ゆう〕
- 감싸듯이 두 손을 구부린 모습의 형성 글자.

　友愛(우애) : 친구간의 애정
　友人(우인) : 친구. 벗
　友好(우호) : 친구 사이에 우애가 있음

受
- 받을 수, 당할 수 〔又부 6획, 총 8획 receive · じゅう〕
- 손에서 손으로 받는 모양을 나타내는 형성 글자.

例. 受難(수난) : 어려움을 당함
受納(수납) : 받아들임
受賞(수상) : 상을 받음

叔
- 아재비 숙 〔又부 6획, 총 8획 uncle · しゅく〕
- 콩의 가는 덩굴이 작다는 뜻의 형성 글자.

例. 叔父(숙부) : 아버지의 아우
叔姪(숙질) : 아저씨와 조카
叔行(숙항) : 아저씨 항렬

取
- 취할 취, 장가들 취 〔又부 6획, 총 8획 take · しゅ〕
- 중국에서 싸움에 이긴 표시로 귀를 자른데서 유래한 형성 글자.

例. 取得(취득) : 손에 넣음
取妻(취처) : 아내를 맞음
取捨選擇(취사선택) : 쓸 것은 취하고 못 쓸 것은 버림

2단계에는 배반한다는 뜻의 반(叛) 자입니다. 뜻풀이를 살펴보겠습니다.

叛
- 배반할 반 〔又부 7획, 총 9획 go against · はん〕
- 한 패거리가 둘로 갈라지는 것을 뜻하는 회의 · 형성 글자.

例. 叛軍(반군) : 반란군
叛奴(반노) : 상전을 배반한 종
叛心(반심) : 배반하는 마음

매월 초하룻날에

• 象形
달 월, 세월 월

〔月부 0획, 총 4획〕
moon · げつ

매월 초하룻날 평을 하는 것을 '월단평(月旦評)'이라 합니다.
1단계에는 달(月)·존재한다(有)·옷을 입음(服)·친구(朋)·우러러봄(望)·만남의 기대(期)·아침(朝) 등입니다.

有
- 있을 유, 또 유, 어조사 유 〔月부 2획, 총 6획 exist · ゆう〕
- 아무 것도 없는 곳에 형체를 드러낸 모습의 형성 글자.

有功(유공) : 공로가 있음
有無(유무) : 있음과 없음
有産(유산) : 재산이 많음

服
- 옷 복, 옷 입을 복 〔月부 4획, 총 8획 clothes · ふく〕
- 뱃전에 붙은 판자. 사람의 몸에 꼭 붙은 옷을 뜻하는 형성 글자.

服務(복무) : 직무에 힘씀
服色(복색) : 옷의 색깔
服用(복용) : 약을 먹음

朋
- 벗 붕, 무리 붕 〔月부 4획, 총 8획 friend · ほう〕
- 두 개의 것이 나란한 것을 본뜬 데서 친구를 뜻하는 상형 글자.

朋友(붕우) : 친구
朋友有信(붕우유신) : 친구간에는 믿음이 있어야 함
朋黨(붕당) : 이해 관계나 어떤 주의를 같이하는 사람들

167

의 무리

望 • 바랄 망, 우러러볼 망 〔月부 7획, 총 11획 *hope* · ぼう〕
• 아직 보이지 않은 달을 발돋음하여 기다리는 모습의 형성 글자.

例]. 望哭(망곡) : 바라보며 통곡함
望九(망구) : 아흔을 바라본다는 여든 한 살
望日(망일) : 보름날

期 • 만날 기, 약속할 기 〔月부 8획, 총 12획 *meet* · き〕
• 달이 규칙적으로 7일씩 4회로 본래 모양이 된다는 형성 글자.

例]. 期年(기년) : 만1년
期約(기약) : 때를 정하여 약속함
期頤(기이) : 백살이 되는 사람

朝 • 아침 조, 조정 조 〔月부 8획, 총 12획 *morning* · ちょう〕
• 태양이 땅의 표면에서 솟아오르는 모습의 형성 글자.

例]. 朝刊(조간) : 아침에 발행되는 신문
朝飯(조반) : 아침밥
朝野(조야) : 조정과 백성

2단계에는 초하루(朔)·밝다, 또는 또랑또랑한 소리를 뜻하는 랑(朗)에 관해섭니다.

朔 • 초하루 삭, 북쪽 삭 〔月부 6획, 총 10획 · さく〕
• 달이 한바퀴 돌아 본래의 자리로 돌아오는 모습의 회의 글자.

例]. 朔望(삭망) : 초하루와 보름
朔方(삭방) : 북쪽
朔風(삭풍) : 북쪽에서 부는 매서운 바람

朗 • 밝을 랑, 소리높이 랑 〔月부 7획, 총 11획 *bright* · ろう〕
• 닭고 맑고 깨끗한 것을 나타내는 형성 글자.

㈎. 朗讀(낭독) : 소리를 높여 읽음
　　朗誦(낭송) : 소리 높여 욈
　　明朗(명랑) : 아주 유쾌하고 활달함

그대, 죽은날로 기억되리

• 象形
사람 인, 백성 인, 남 인

人 [人부 0획, 총 2획]
man, people · じん, にん

현세에서 무덤을 지나 영원으로 갈 때엔, 생전에 있었던 그의 모든 것이 묘비명에 남을 수도 있습니다. 그것이 가장 진실 되게, 또는 허약한 부분은 숨기고 드러낼 수 있는 교만함을 나타내 보이기도 합니다. 그러나 어느 누구든, 하나의 공통점은 일단 세상을 떠나면 그에게 있어 생일은 무의미합니다. 그때부터 그는 죽은 날로 기억됩니다. 그것이 사람입니다.

1단계 단어입니다.

今 • 이제 금, 곧 금 [人부 2획, 총 4획 now · きん, こん]
• 지나가는 시간을 붙잡아 멈추게 하는 모습의 회의 글자.

 今生(금생) : 살고 있는 지금
今昔(금석) : 지금과 옛날
今日(금일) : 요즈음

仁 • 어질 인, 동정 인 [人부 2획, 총 4획 merciful · じん, にん]
• 둘이 친구로서 사이좋게 지냄을 뜻하는 회의 글자.

 仁德(인덕) : 어진 덕
仁君(인군) : 어진 임금
仁兄(인형) : 편지글에서 친구를 높이어 쓰는 말
仁者(인자) : 어진 사람

170 부수를 알면 한자가 보인다

| 代 | • 대신 대, 세상 대 〔人부 3획, 총 5획 in place of · だい〕
• 일이 꼬이듯 사람이 바뀐다는 의미의 형성 글자.

㈎. 代理(대리) : 남을 대신하여 일을 처리함
　　代替(대체) : 다른 것으로 바꿈
　　代行(대행) : 남을 대신하여 함

| 令 | • 하여금 령, 명령 령 〔人부 3획, 총 5획 order · れい〕
• 사람을 모아 뭔가를 명령하여 복종케 하는 모습의 회의 글자.

㈎. 令色(영색) : 아름다운 얼굴빛
　　令狀(영장) : 명령을 적은 문서
　　令慧(영혜) : 총명함

| 仕 | • 벼슬 사, 섬길 사 〔人부 3획, 총 5획 offcical · し〕
• 섬기는 것을 직분으로 하는 것을 나타내는 형성 글자.

㈎. 出仕(출사) : 벼슬길에 나감
　　仕官(사관) : 관리가 되어 종사함

| 仙 | • 신선 선, 선교 선 〔人부 3획, 총 5획 hermit · せん〕
• 산 속 깊숙한 곳에 사는 사람을 나타내는 회의 · 형성 글자.

㈎. 仙境(선경) : 신선이 사는 곳
　　仙遊(선유) : 신선이 놂
　　仙女(선녀) : 여자 신선

| 以 | • 써 이, 또 이, 생각할 이 〔人부 3획, 총 5획 with · い〕
• 도구를 사용하여 일을 하는 것을 나타내는 지사 글자.

㈎. 以毒制毒(이독제독) : 독을 독으로써 제어함
　　以實直告(이실직고) : 있는 사실을 그대로 말올 함
　　以心傳心(이심전심) : 서로 간에 전하려는 의사가 통함

| 他 | • 다를 타, 남 타 〔人부 3획, 총 5획 different · た〕
• 색다른 것에 변고를 당하였는지를 나타내는 형성 글자.

㈎. 他界(타계) : 다른 세계

他關(타관) : 다른 고장
他校(타교) : 다른 학교

伐 • 칠 벌, 벨 벌 〔人부 4획, 총 6획 hit · ばつ〕
• 사람이 날붙이로 사람의 목을 자르는 회의 글자.

㈎. 伐木(벌목) : 나무를 벰
征伐(정벌) : 원정하여 벌함
伐草(벌초) : 무덤의 풀을 벰

伏 • 엎드릴 복, 숨을 복 〔人부 4획, 총 6획 prostrate · ふく〕
• 개가 땅에 바짝 엎드린 모양을 뜻하는 회의 · 형성 글자.

㈎. 伏望(복망) : 엎드려 바람
伏中(복중) : 초복에서 말복까지 사이
伏乞(복걸) : 엎드려 빎
伏暑(복서) : 더위를 먹음

仰 • 우러를 앙, 마실 앙 〔人부 4획, 총 6획 respect · ぎょう〕
• 우러러보는 것을 나타내는 형성 글자.

㈎. 仰望(앙망) : 우러러 바란다는 의미
仰慕(앙모) : 우러러 사모함
仰祝(앙축) : 우러러 축원함

休 • 쉴 휴, 휴가 휴 〔人부 4획, 총 6획 rest · きゅう〕
• 사람이 나무 그늘에서 쉬고 있음을 뜻하는 회의 글자.

㈎. 休校(휴교) : 학교가 일정 기간 쉬는 것
休日(휴일) : 쉬는 날
休止(휴지) : 끝남. 쉼

但 • 다만 단, 오직 단 〔人부 5획, 총 7획 only · だん〕
• 旦과 人의 합자. 다만을 나타내는 형성 글자.

㈎. 但書(단서) : 다만, 또는 단이라는 말로 예외적인 조건을 강조하는 데 쓰임

但只(단지) : 다만

佛
- 부처 불, 불교 불 〔人부 5획, 총 7획 buddha · ぶつ〕
- 佛자 하나로 부처를 나타내는 형성 글자.

  熟語. 佛經(불경) : 불교의 경전
  佛書(불서) : 불교에 관한 책
  佛心(불심) : 부처의 마음

余
- 나 여 〔人부 5획, 총 7획 I · よ, しょ〕
- 느긋하고 여유있으며 남음이 있다는 뜻의 형성 글자.

  熟語. 余等(여등) : 우리들
  余月(여월) : 음력 4월의 이칭

位
- 자리 위, 자리 잡은 위 〔人부 5획, 총 7획 seat, rank · い〕
- 사람이 어떤 위치에서 굳건히 서 있음을 뜻하는 회의 글자.

  熟語. 位置(위치) : 사람이나 물건의 장소
  位階(위계) : 지위의 등급

作
- 지을 작, 될 작 〔人부 5획, 총 7획 make · さく〕
- 사람이 재료를 손 보는 모습을 본뜬 형성 글자.

  熟語. 作家(작가) : 작품을 만드는 사람
  作別(작별) : 헤어짐
  作業(작업) : 일. 노동

低
- 낮을 저, 숙일 저 〔人부 5획, 총 7획 low · てい〕
- 키가 작은 사람을 뜻하는 형성 글자.

  熟語. 低價(저가) : 싼값. 낮은 가격
  低級(저급) : 낮은 등급
  低頭(저두) : 머리를 숙임

住
- 살 주, 생활 주 〔人부 5획, 총 7획 live · じゅう〕
- 사람이 한 곳에 오래 머무르는 것을 나타내는 형성 글자.

  熟語. 住所(주소) : 살고 있는 곳

住民(주민) : 일정한 지역에 머물러 사는 백성
　　　住宅(주택) : 사람이 사는 집

何 • 어찌 하, 무엇 하, 어느 하 〔人부 5획, 총 7획 how, what · か〕
　　• 사람이 어깨에 짐을 멘 모습을 본뜬 형성 글자.

　用例. 何故(하고) : 어째서. 무슨 연유로
　　　何如間(하여간) : 어쨌든. 얼마만큼
　　　何人(하인) : 누구. 어떤 사람

佳 • 아름다울 가, 좋을 가 〔人부 6획, 총 8획 beautiful · か〕
　　• 아주 말쑥하고 잘 생긴 사람의 모습을 나타내는 형성 글자.

　用例. 佳境(가경) : 흥미로운 고비. 재미있는 판
　　　佳人(가인) : 잘 생긴 여자. 아름다운 여자
　　　佳句(가구) : 잘 지은 글귀
　　　佳作(가작) : 당선작 다음으로 뛰어난 작품

來 • 올 래, 오게 할 래, 다음 래 〔人부 6획, 총 8획 come · れい〕
　　• '오다'라는 뜻으로 바뀐 무르익은 보리 이삭을 본뜬 상형 글자.

　用例. 來訪(내방) : 찾아옴
　　　來世(내세) : 다음 시대. 죽은 다음 다시 태어날 시대
　　　來到(내도) : 도착함

例 • 법식 례, 관례 례 〔人부 6획, 총 8획 rules and forms · れい〕
　　• 비슷한 것을 늘어놓은 모습을 본뜬 형성 글자.

　用例. 例法(예법) : 용례로 드는 법
　　　例外(예외) : 규정이나 법식에서 벗어남
　　　例事(예사) : 흔히 있는 일
　　　古例(고례) : 예로부터 있어온 일

使 • 부릴 사, 사신 사 〔人부 6획, 총 8획 manage, envoy · し〕
　　• 임무를 잘 수행하는 사람을 나타내는 형성 글자.

　用例. 使命(사명) : 해야 할 일

使人(사인) : 심부름꾼
使嗾(사주) : 다른 사람을 꼬드겨 나쁜 일을 하게 함

依
- 의지할 의, 따를 의 〔人부 6획, 총 8획 *lean, folding*・い, え〕
- 그늘에 의지하여 자신의 모습을 감춘다는 뜻의 형성 글자.

依舊(의구) : 옛날에 따름
依然(의연) : 종전 그대로
依存(의존) : 기댐

保
- 보전할 보, 지킬 보, 편안할 보 〔人부 7획, 총 9획 *keep*・ほ〕
- 갓난아이를 감싸 보호하는 모습을 나타내는 형성 글자.

保姆(보모) : 탁아 시설 등에서 어린이를 돌보는 여자
保身(보신) : 몸을 보전함
保重(보중) : 건강이나 안전을 위하여 몸을 아낌
保合(보합) : 시세에 변동 없이 지속됨

俗
- 풍속 속, 세상 속 〔人부 7획, 총 9획 *custom*・ぞく〕
- 모두가 하고 싶어하는 매우 흔한 일을 뜻하는 형성 글자.

俗界(속계) : 속인들이 사는 세상
俗名(속명) : 세상에서 부르는 이름
俗塵(속진) : 세상의 티끌

信
- 믿을 신, 펼 신, 소식 신 〔人부 7획, 총 9획 *believe*・しん〕
- 한번 말하면 그것을 관철해 나가는 사람을 뜻하는 회의 글자.

信念(신념) : 옳다고 굳게 믿고 있는 마음
信心(신심) : 믿는 마음
信望(신망) : 믿고 바람

便
- 편할 편, 똥 오줌 변 〔人부 7획, 총 9획 *comfortable*・べん〕
- 사람이 길들이지 않은 물건을 길들여 쓰는 뜻의 형성 글자.

 便乘(편승) : 남의 차를 타고 감. 다른 세력이나 사회 변화 능을 이용하여 자신의 이익을 취하는 것

便宜(편의) : 편리하고 적당함

| 個 | • 낱 개, 개 개 〔人부 8획, 총 10획 piece · こ, か〕
• 단단한 물건의 하나 하나를 나타내는 형성 글자.

用. 個個(개개) : 하나하나
　　個別(개별) : 낱낱이. 따로 따로
　　個中(개중) : 여럿 있는 가운데

| 倫 | • 인륜 륜, 무리 륜 〔人부 8획, 총 10획 morals · りん〕
• 잘 정돈이 된 사람 사이를 나타낸 형성 글자.

用. 倫理(윤리) : 인륜 도덕의 원리
　　倫次(윤차) : 질서 있는 순서
　　不倫(불륜) : 남녀간의 관계가 윤리에 어긋남

| 修 | • 닦을 수, 고칠 수 〔人부 8획, 총 10획 cultivate · しゅう〕
• 굴곡이 지거나 끊긴 곳이 없이 가늘고 긴 모양의 형성 글자.

用. 修德(수덕) : 덕을 닦음
　　修道(수도) : 도를 닦음
　　修正(수정) : 바로잡아 고침

| 借 | • 빌 차, 가령 차 〔人부 8획, 총 10획 borrow · しゃく〕
• 돈이나 물건을 다른 사람에게 빌리는 모습의 형성 글자.

用. 借款(차관) : 외국에서 돈을 빌림
　　借問(차문) : 시험 삼아 물어봄
　　借花獻佛(차화헌불) : 다른 사람의 꽃을 빌어 부처에게
바침

| 偉 | • 거룩할 위, 클 위, 성할 위 〔人부 9획, 총 11획 holy · い〕
• 크고 둥글게 이루어진 모습을 뜻하는 형성 글자.

用. 偉大(위대) : 뛰어나고 훌륭함
　　偉力(위력) : 위대한 힘
　　偉人(위인) : 뛰어나고 훌륭한 사람

停
- 머무를 정, 멈출 정 〔人부 9획, 총 11획 stay · てい〕
- 건물의 버팀 다리처럼 꼼짝하지 않은 사람을 본뜬 형성 글자.

　停刊(정간) : 정기적으로 발행되는 출판물을 중지함
　停會(정회) : 회의를 중지함
　停止(정지) : 하던 일을 중도에서 그침

備
- 갖출 비, 모두 비 〔人부 10획, 총 12획 provide · び〕
- 사람이 화살을 담은 전통을 지고 있는 모습의 형성 글자.

　備忘錄(비망록) : 잊지 않기 위하여 적어두는 기록
　備置(비치) : 갖춰놓음
　備品(비품) : 준비해 두고 쓰는 물건

傷
- 다칠 상, 해칠 상 〔人부 11획, 총 13획 wound · しょう〕
- 물건에 세게 부딪쳐 상처를 입는 모습의 형성 글자.

　傷心(상심) : 마음이 상함
　傷害(상해) : 남의 몸에 상처를 입힘
　傷痕(상흔) : 다친 흔적

傳
- 전할 전, 전기 전 〔人부 11획, 총 13획 convey · でん〕
- 실패 굴리듯 다른 사람에게 차례로 넘겨주는 모습의 형성 글자.

　傳達(전달) : 전하여 이르게 함
　傳令(전령) : 명령을 전함
　傳授(전수) : 전해 줌

僞
- 거짓 위, 속일 위 〔人부 12획, 총 14획 lie · ぎ〕
- 사람이 일부러 태도를 바꾸는 모습을 뜻하는 형성 글자.

　僞善(위선) : 본심이 아닌 거짓으로 하는 선행
　僞作(위작) : 가짜 저작물을 진짜처럼 보이게 만듦
　僞裝(위장) : 거짓으로 꾸밈

價
- 값 가 〔人부 13획, 총 15획 price · か〕
- 장사꾼이 붙이는 가격을 나타내는 형성 글자.

[예]. 高價(고가) : 높은 가격
低價(저가) : 낮은 가격

儉
• 검소할 검, 절약할 검 〔人부 13획, 총 15획 thrifty · けん〕
• 절약하며 사는 정연한 사람을 나타낸 형성 글자.

[예]. 儉素(검소) : 사치하지 아니함
儉約(검약) : 절약하여 낭비하지 않음

億
• 억 억, 헤아릴 억 〔人부 13획, 총 15획 hundred million· おく〕
• 마음속으로 상상할 수 없는 큰 수라는 뜻의 형성 글자.

[예]. 億萬年(억만년) : 아주 오랜 시간
億兆蒼生(억조창생) : 헤아릴 수 없을 정도의 많은 백성

儀
• 거동 의, 법 의, 짝 의 〔人부 13획, 총 15획 manner · ぎ〕
• 적당히 갖추어서 사람들에게 본보기가 될말한 행위의 형성 글자.

[예]. 儀觀(의관) : 위엄이 있는 몸가짐
儀禮(의례) : 갖추어야할 범절
儀表(의표) : 본보기

2단계 단어들입니다.

介
• 끼일 개, 도울 개, 갑옷 개 〔人부 2획, 총 4획 · かい〕
• 두 개 사이에 끼어 있음을 나타내는 회의 글자.

[예]. 介殼(개각) : 조가비
介甲(개갑) : 게나 거북이 등의 딱딱한 껍질
介殼(개각) : 연체동물의 외투막에서 분비된 석회질이 단단히 굳어진 껍데기
介意(개의) : 마음에 두고 걱정함

付
• 줄 부, 부칠 부, 붙일 부 〔人부 3획, 총 5획 give, stick · ふ〕
• 손을 뻗어 상대의 몸에 바짝 댐을 나타낸 회의 글자.

예. 付壁(부벽) : 벽에 부치는 글씨나 그림
　　付與(부여) : 줌
　　付魔(부마) : 귀신 들림
　　付託(부탁) : 의뢰함

件
- 건 건, 나눌 건, 건 건 〔人부 4획, 총 6획 thing · けん〕
- 사람이나 소처럼 하나씩 셀 수 있는 것을 뜻하는 회의 글자.

예. 人件費(인건비) : 노임
　　件數(건수) : 사건이나 조건의 수
　　件名(건명) : 일에 붙인 이름

企
- 도모할 기, 발돋움할 기 〔人부 4획, 총 6획 scheme · き〕
- 사람이 발끝으로 서서 먼 곳을 보는 모습의 회의 글자.

예. 企待(기대) : 발 돋음 하여 기다림
　　企望(기망) : 일이 이루어지기를 기다림
　　企業主(기업주) : 어떤 기업을 경영하고 있는 사람
　　企劃(기획) : 일을 꾀함

任
- 맡길 임, 일 임, 마음대로 할 임 〔人부 4획, 총 6획 · にん〕
- 배가 불록하게 물건을 안은 모습을 뜻하는 형성 글자.

예. 任期(임기) : 어떤 직책을 맡은 기간
　　任務(임무) : 맡은 일
　　任意(임의) : 마음에 맡김

仲
- 버금 중, 가운데 중 〔人부 4획, 총 6획 next · ちゅう〕
- 한가운데를 뜻하는 형성 글자.

예. 仲介(중개) : 두 사람 사이에서 일을 추진하는 것
　　仲秋(중추) : 음력 8월
　　仲兄(중형) : 자기의 둘째형

伯
- 만 백, 길 맥, 우두머리 패 〔人부 5획, 총 7획 the eldest · は〕
- 우두머리 즉 장자를 가리키는 형성 글자.

㉮. 伯父(백부) : 큰아버지
伯仲之間(백중지간) : 비슷함
伯仲(백중) : 형과 아우

似
- 같을 사, 비슷할 사 〔人부 5획, 총 7획 same · じ〕
- 사람이 솜씨좋게 세공하여 실물과 똑같이 만든다는 형성 글자.

㉮. 近似(근사) : 가까움
類似(유사) : 비슷함
似而非(사이비) : 비슷해 보이지만 실제는 그렇지 않음

伸
- 펼 신 〔人부 5획, 총 7획 stretch out · しん〕
- 번개가 뻗는 모양으로 늘어남을 뜻하는 형성 글자.

㉮. 追伸(추신) : 편지의 말미에 덧붙여 쓰는 말
伸縮(신축) : 늘어나고 줄어듦
伸張(신장) : 늘어나거나 퍼지고 뻗음

佐
- 도울 좌, 도움 좌 〔人부 5획, 총 7획 aid assist · さ〕
- 왼쪽에서 거들어 주는 사람을 가리키는 형성 글자.

㉮. 輔佐官(보좌관) : 곁에서 돕는 관리
輔佐(보좌) : 윗사람 곁에서 사무를 도움

供
- 이바지할 공 〔人부 6획, 총 8획 contribute · きょう, く〕
- 두 손으로 받들어 모두를 나타낸 형성 글자.

㉮. 供給(공급) : 수요에 따라 물건을 대어줌
提供(제공) : 물건을 대어줌
供養(공양) : 사당 등에 올리는 음식

侍
- 모실 시, 드는 사람 시 〔人부 6획, 총 8획 attend · じ〕
- 신분이 높은 이의 시중을 드는 사람을 나타낸 형성 글자.

㉮. 侍醫(시의) : 궁안에 있으면서 임금의 시중을 드는 의원
侍童(시동) : 곁에서 시중을 드는 아이
侍女(시녀) : 궁녀

係
- 맬 계, 끌 계 〔人부 7획, 총 9획 *fasten* · けい〕
- 사람이 이어지는 것을 나타내는 형성 글자.

　係着(계착) : 늘 마음에 두고 잊지 아니함
　係戀(계련) : 몹시 그리워하여 잊지 아니함
　係累(계루) : 어떤 일에 연루되어 누가 됨

俊
- 준걸 준, 클 준 〔人부 7획, 총 9획 *superior* · しゅん〕
- 유난히 눈에 띄는 사람을 나타내는 형성 글자.

　俊德(준덕) : 덕이 높은 선비
　俊才(준재) : 빼어난 재주꾼. 또는 뛰어난 재능
　俊兄(준형) : 자기형의 존칭
　俊物(준물) : 뛰어난 인물

促
- 재촉할 촉, 빠를 촉, 절박할 촉 〔人부 7획, 총 9획 *urge* · そく〕
- 한껏 움츠리는 모습을 나타낸 형성 글자.

　促迫(촉박) : 약속한 기간 등이 닥쳐 몹시 급함
　促數(촉삭) : 몹시 번잡함
　督促(독촉) : 재촉함
　促成(촉성) : 빨리 이루어지게 함

侵
- 침범할 침, 번질 침 〔人부 7획, 총 9획 *invide* · しん〕
- 깊숙히 들어가는 것을 나타낸 회의 글자.

　侵攻(침공) : 침입하여 공격함
　侵犯(침범) : 남의 영토를 쳐들어가 해를 끼침
　侵入(침입) : 쳐들어감

侯
- 제후 후, 과녁 후 〔人부 7획, 총 9획 *feudal lords* · こう〕
- 신분이 높은 신하에게 내리는 지위를 나타내는 회의 글자.

　侯爵(후작) : 고려 때의 벼슬 이름.
　封侯(봉후) : 제후에 봉함
　諸侯(제후) : 봉건 시대에 영지를 다스리던 사람

俱
- 함께 구, 갖출 구 〔人부 8획, 총 10획 together · ぐ〕
- 사람이 함께 모여 행동 통일을 하는 것을 나타낸 회의 글자.

例. 俱歿(구몰) : 부모가 모두 죽음
　　俱現(구현) : 내용을 다 나타냄

倒
- 넘어질 도, 거꾸로 도 〔人부 8획, 총 10획 fall · とう〕
- 몸이 활처럼 휘어져 땅에 닿음을 나타낸 형성 글자.

例. 倒立(도립) : 거꾸로 섬
　　倒産(도산) : 망함
　　倒塊(도괴) : 무너짐

倣
- 본받을 방, 준거할 방 〔人부 8획, 총 10획 imitate · ほう〕
- 서로 비슷한 것을 늘어놓고 비교하는 것을 나타낸 형성 글자.

例. 模倣(모방) : 흉내를 냄
　　倣似(방사) : 아주 비슷함
　　倣刻(방각) : 본을 떠서 새김

倍
- 곱 배, 더할 배 〔人부 8획, 총 10획 double · ばい〕
- 사람을 둘로 떼어놓음을 나타낸 형성 글자.

例. 倍加(배가) : 점점 더하여 감
　　倍額(배액) : 두 배의 값
　　倍前(배전) : 이전의 배

倉
- 곳집 창, 갑자기 창 〔人부 8획, 총 10획 warehouse · そう〕
- 곡식을 넣어두는 창고를 나타낸 회의 글자.

例. 倉庫(창고) : 물건을 저장해 두는 곳
　　倉卒(창졸) : 갑자기
　　倉穀(창곡) : 곳집에 넣어둔 곡식

値
- 값 치, 가질 치 만날 치 〔人부 8획, 총 10획 value · ち〕
- 물건의 값어치에 알맞은 가격을 나타낸 형성 글자.

例. 高値(고치) : 높은 가격

近似値(근사치) : 비슷한 가격

候
- 철 후, 조짐 후 〔人부 8획, 총 10획 *season* · こう〕
- 엿보거나 문안드리는 것을 나타낸 형성 글자.

㉥. 候鳥(후조) : 철새
　　候火(후화) : 봉화

假
- 거짓 가, 빌릴 가, 임시 가 〔人부 9획, 총 11획 *falsehood* · か〕
- 겉을 가리고 숨는 모습을 나타낸 형성 글자.

㉥. 假令(가령) : 가정하여 말할 때 쓰는 말
　　假想(가상) : 가정하여 생각함
　　假定(가정) : 임시로 정함

健
- 튼튼할 건, 매우 건 〔人부 9획, 총 11획 *healthy* · けん〕
- 벌떡 일어서는 모습을 본뜬 형성 글자.

㉥. 健忘症(건망증) : 보고들은 것을 자꾸 잊어버림
　　健實(건실) : 건전하고 착실함
　　健在(건재) : 탈없이 잘 있음

偶
- 짝 우, 인형 우, 우연히 우 〔人부 9획, 총 11획 *spouse* · ぐう〕
- 흉내를 잘 내는 원숭이를 본뜬 짝을 뜻하는 형성 글자.

㉥. 偶發的(우발적) : 우연히
　　偶像(우상) : 신앙의 대상으로 삼는 신의 형상을 한 상
　　偶人(우인) : 허수아비. 인형

側
- 곁 측, 기울 측, 엎드릴 측 〔人부 9획, 총 11획 *side* · そく〕
- 어느 한쪽으로 달라붙거나 기울음을 뜻하는 형성 글자.

㉥. 側近(측근) : 매우 가까운 곳
　　側面(측면) : 정면으로 볼 때의 좌우면
　　側門(측문) : 옆으로 낸 문

傑
- 뛰어날 걸 〔人부 10획, 총 12획 *eminent* · けつ〕
- 사람이 발을 벌린 채 높은 나무 위에 올라산 모습의 형성 글자.

㉁. 傑作(걸작) : 훌륭하게 잘된 작품
傑出(걸출) : 남보다 뛰어남

傍
• 곁 방, 방 방 〔人부 10획, 총 12획 side · ぼう〕
• 물건을 양쪽을 뜻하는 곁이란 의미의 형성 글자.

㉁. 傍系(방계) : 직계에서 갈라진 친척 부치
傍若無人(방약무인) : 주위를 아랑곳 않고 함부로 날뜀
傍證(방증) : 간접적인 증거

傾
• 기울 경, 기울일 경 〔人부 11획, 총 13획 incline · けい〕
• 머리를 한쪽으로 기울이는 모습을 나타낸 형성 글자.

㉁. 傾國之色(경국지색) : 나라가 위태로워질 정도로 빼어난 미인. 경국이라고도 함
傾斜(경사) : 비스듬히 기울어짐

僅
• 겨우 근, 조금 근, 거의 근 〔人부 11획, 총 13획 barely · きん〕
• 피혁을 불에 말리면 수분이 적어짐을 나타낸 회의 · 형성 글자.

㉁. 僅僅(근근) : 겨우. 조금
僅少(근소) : 아주 조금

傲
• 거만할 오, 놀 오 〔人부 11획, 총 13획 haughty · ごう〕
• 얽매이지 않고 자유로이 나다님을 뜻하는 회의 · 형성 글자.

㉁. 傲氣(오기) : 오만스러운 분기
傲慢(오만) : 거만함

債
• 빚 채 〔人부 11획, 총 13획 debt · さい〕
• 금전 대차가 일어나는 모습의 형성 글자.

㉁. 負債(부채) : 갚아야 할 빚
債務(채무) : 남에게 갚아야할 의무
債金(채금) : 빌려쓴 돈

催
• 재촉할 최, 모임열 최 〔人부 11획, 총 13획 urge · さい〕
• 남을 살짝 살짝 부추기는 것을 뜻하는 형성 글자.

㉕. 催促(최촉) : 재촉하고 서둠
　　催告(최고) : 법률상 어떤 결과를 일으키기 위하여 상대편의 행위, 또는 불법행위를 재촉하는 일
　　催淚(최루) : 눈물이 나게 함

像 ・형상 상, 닮을 상 〔人부 12획, 총 14획 figure・ぞう〕
・큰 코끼리가 눈에 잘 띄는 것을 나타낸 형성 글자.

㉕. 像形(상형) : 어떤 물건의 모양을 본뜸
　　臥像(와상) : 누워있는 상
　　銅像(동상) : 구리로 만든 상

僧 ・중 승 〔人부 12획, 총 14획 monk, bonze・そう〕
・인도의 범어로 스님을 나타내는 형성 글자.

㉕. 僧伽(승가) : 많은 중
　　僧軍(승군) : 중으로 조직된 군사
　　僧服(승복) : 승려의 옷

儒 ・선비 유, 학자 유 〔人부 14획, 총 16획 scholar・じゅう〕
・인품이 빼어난 사람을 나타내는 형성 글자.

㉕. 儒生(유생) : 유학을 배우는 사람
　　儒儒(유유) : 맺고 끊음이 없이 유유부단한 사람
　　儒訓(유훈) : 유교의 가르침

償 ・갚을 상, 보상 상 〔人부 15획, 총 17획 repay・しょう〕
・보상하다는 뜻을 나타낸 형성 글자.

㉕. 償還期間(상환기간) : 채무 등을 변제할 시기가 돌아옴
　　償債(상채) : 빚을 갚음
　　償還柱式(상환주식) : 발행당초부터 일정한 기간이 지나면 주주에게 상환하도록 되어 있는 주식

優 ・부드러울 우, 뛰어날 우 〔人부 15획, 총 17획 tender・ゆう〕
・부드럽게 행동하는 배우를 나타내는 형성 글자.

[예]. 優等(우등) : 성적이 우수함
　　優良(우량) : 뛰어나게 좋음
　　優美(우미) : 우아하고 아름다움

시간을 낚는 사람들

•漢字 部首　　　儿　[儿부 0획, 총 2획]
어진 사람 인　　　　person · じん、にん

　어진 사람(儿)18), 어진 사람은 지혜로운 사람입니다. 그들은 결코 시간의 노예가 되지 않고 오히려 시간을 낚습니다. 그러므로 그들은 일세를 풍미하는 뚜렷한 자리매김을 합니다.
　먼저 1단계 단어 정리부터 하겠습니다.

元　• 으뜸 원, 근원 원　[儿부 2획, 총 4획 first, root · げん]
　　• 사람의 몸 가운데 머리가 몸의 처음이라는 뜻의 지사 글자.

　[용례]. 元氣(원기) : 만물의 근원이 되는 기운
　　　　元旦(원단) : 설날

兄　• 맏 형, 뛰어날 형　[儿부 3획, 총 5획 elder brother · けい]
　　• 머리가 큰 사람을 나타내는 회의 글자.

　[용례]. 兄夫(형부) : 언니의 남편
　　　　兄嫂(형수) : 형의 아내
　　　　兄弟(형제) : 형과 아우

光　• 빛 광, 명예 광, 시간 광　[儿부 4획, 총 6획 light · こう]
　　• 사람의 머리 위로 불을 얹고 있는 모습의 회의 글자.

---

　18) 한자 부수의 하나로 변으로 쓰일 때에는 亻, 발로 쓰일 때에는 兄·允처럼 儿으로 사용된다.

㉹. 光景(광경) : 경치
　　光揚(광양) : 빛내어 드러냄
　　光陰(광음) : 세월

先
・먼저 선, 앞설 선 〔儿부 4획, 총 6획 first · せん〕
・발끝이 가장 앞이라는 뜻의 회의 글자.

㉹. 先見(선견) : 장래 일어날 일을 미리 알아냄
　　先例(선례) : 지금까지 있어온 예
　　先手(선수) : 남보다 먼저 둠

兆
・조짐 조, 점 조 〔儿부 4획, 총 6획 omen, billion · ちょう〕
・불에 달군 거북이의 등에 생긴 금을 본뜬 상형 글자.

㉹. 兆民(조민) : 많은 백성
　　兆域(조역) : 무덤이 있는 곳
　　吉兆(길조) : 좋은 징조

充
・찰 충, 채울 충 〔儿부 4획, 총 6획 fill up · じゅう〕
・사람의 몸에 살집이 좋음을 나타낸 형성 글자.

㉹. 充當(충당) : 모자람을 채움
　　充耳(충이) : 귀를 막음
　　補充(보충) : 부족한 것을 채움

免
・벗어날 면, 허락할 면 〔儿부 5획, 총 7획 escape · めん〕
・태아가 모태로부터 힘겹게 나오는 것을 뜻하는 회의 글자.

㉹. 免喪(면상) : 부모의 3년 상을 벗음
　　免除(면제) : 책임을 면함
　　免職(면직) : 일자리를 그만 두고 물러남

・아이 아, 아들 아 〔儿부 6획, 총 8획 child · に〕
・어린아이와 무릎을 꿇은 사람의 모습을 합친 상형 글자.

　㉹. 兒女子(아녀자) : 사내아이와 계집아이. 또는 여자를 얕잡아 이르는 말

兒名(아명) : 어릴 때의 이름
孤兒(고아) : 부모가 없는 아이

2단계에서는 능히 이기는 것(克)·토끼(免) 등입니다.

克
- 이길 극, 능히 극 〔儿부 5획, 총 7획 *overcome* · こく〕
- 사람의 머리에 무거운 투구를 얹고 있는 모습의 회의 글자.

[用]. 克明(극명) : 속속들이 밝힘
克服(극복) : 어려운 일을 이겨냄
超克(초극) : 어려움을 벗어남

免
- 토끼 토 〔儿부 6획, 총 8획 *rabbit* · と〕
- 토끼의 모습을 본뜬 상형 글자.

[用]. 免脣(토순) : 찢어진 입술. 언청이를 가리킴
免影(토영) : 달의 이칭. 또는 달빛
月免(월토) : 달에 사는 토끼

189

예언자의 후예들

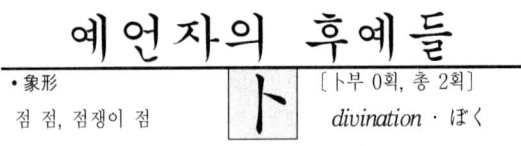

• 象形
점 점, 점쟁이 점

卜   [卜부 0획, 총 2획]
       divination · ぼく

시대가 바뀔 때에는 이변이 있어서 어떤 때는 신들이 분명한 징조를 보여주는 까닭에 점술이 잘 맞으며, 어떤 때는 징조가 비밀에 쌓여 있으므로 잘 맞지를 않는다는 말은 길흉에 대한 예측도 시대에 따라 달라진다는 말입니다.

복부(卜部)에서는 2단계에 해당하는 점(卜)과 점을 침(占)의 두 자 뿐입니다.

卜
- 점 복, 점쟁이 복 〔卜부 0획, 총 2획 *divination* · ぼく〕
- 거북이 등딱지를 태웠을 때의 생긴 금의 상형 글자.

[예]. 卜居(복거) : 살 곳을 정함
   卜馬(복마) : 짐을 싣는 말
   卜占(복점) : 점을 치는 일
   卜師(복사) : 점쟁이

占
- 점칠 점, 차지할 점 〔卜부 3획, 총 5획 *divine* · せん〕
- 점을 쳐서 어느 장소나 물건을 정함을 뜻하는 회의 글자.

[예]. 占據(점거) : 일정한 곳을 차지하여 자리를 잡음
   占卜(점복) : 점을 침
   占術(점술) : 점을 치는 술법

비를 부르는 바람

• 形聲
바람 풍, 움직일 풍

[風부 0획, 총 9획]
wind · ふう

　바람 풍(風)은 배의 돛과 충(虫)의 합자입니다. 바람이 불어 닥쳐 돛이 펄럭이는 모습을 형성한 모습이죠. 마치 따뜻한 봄바람이 불어오면 기다렸다는 듯 벌레들이 꿈틀거리며 기어 다니는 모습이기도 합니다. 바람은 비를 부르기도 합니다.
　풍부(風部)에서는 1단계와 2단계가 풍(風) 자 하나 뿐입니다

비는 다정한 손님

• 象形　　　　　　　　　　　[雨부 0획, 총 8획]
비 우, 비가 올 우　　雨　　rain · う

　사람과 대지를 촉촉하게 적시는 비(雨)19)는 시인의 속삭임처럼 '공중에서 누에가 뱉어 내리는 흰 비단실' 같습니다.
　1단계의 시작인 우(雨)는 높은 하늘에서 비가 떨어진 모습을 상형한 것입니다. 뒤를 이어 하얀 눈(雪)·구름(雲)·번개(電)·서리(霜)·이슬(露) 등은 한결같이 비와 관계있습니다.

雪　• 눈 설, 휠 설　[雨부 3획, 총 11획 snow · せつ]
　　• 하늘에서 내려와 땅을 하얗고 깨끗하게 만드는 모습의 형성 글자.

　. 雪景(설경) : 눈이 내리거나 눈이 쌓인 경치
　　　雪辱(설욕) : 치욕을 씻음

雲　• 구름 운, 높음의 비유 운　[雨부 4획, 총 12획 cloud · うん]
　　• 비를 내리게 하는 자욱한 구름을 뜻하는 형성 글자.

　. 雲開(운개) : 구름이 사라짐
　　　雲山(운산) : 구름이 걸린 높은 산
　　　雲海(운해) : 구름 덮인 바다

電　• 번개 전, 번쩍일 전　[雨부 5획, 총 13획 lightning · でん]
　　• 비가 내릴 때에 번개가 치는 것을 본뜬 형성 글자.

　. 電球(전구) : 전등알

---

19) 하늘에서 비가 떨어지는 모양을 본뜬 글자.

電燈(전등) : 전기를 이용한 등
電擊(전격) : 갑작스럽게 들이침
電光石火(전광석화) : 아주 빠른 시간

霜 • 서리 상, 해 상 〔雨부 9획, 총 17획 frost · そう〕
• 한줄기씩 갈라 서 있는 서릿발을 본뜬 형성 글자.

  霜菊(상국) : 서리가 내릴 때 피는 국화
  霜降(상강) : 서리가 내림
  秋霜(추상) : 가을날의 서릿발. 또는 그런 명령

露 • 이슬 로, 드러날 로 〔雨부 12획, 총 20획 dew · ろ〕
• 그림자도 형체도 없는 이슬을 뜻하는 형성 글자.

  露骨(노골) : 속마음을 드러냄
  露積(노적) : 밖에 쌓아둔 곡식더미
  露呈(노정) : 드러냄

2단계는 조용히 떨어짐(零)·우레(雷)·구하거나 부드러움(需)·안개(霧)·신령(靈) 등입니다.

零 • 조용히 오는 비 령 〔雨부 5획, 총 13획 drizzle · れい〕
• 令과 雨의 합자. 비가 떨어지는 모습을 본뜬 형성 글자.

  零細(영세) : 매우 적음
  零細民(영세민) : 매우 가난한 사람
  零點(영점) : 점수가 없음

雷 • 우레 뢰 〔雨부 5획, 총 13획 thunder · らい〕
• 비가 내릴 때 생기는 천둥의 모습을 본뜬 형성 글자.

  雷名(뇌명) : 남의 이름을 높여 하는 말
  雷神(뇌신) : 우레를 주관하는 신
  雷聲(뇌성) : 천둥소리

需
- 구할 수, 부드러울 유 〔雨부 6획, 총 14획 · じゅ〕
- 은근히 기다리고 바란다는 뜻의 형성 글자.

例. 需給(수급) : 수요와 공급
　　需要(수요) : 구매력에 따라 상품을 가지고 싶어 하는 욕망을 가리킴

霧
- 안개 무, 어두울 무, 〔雨부 11획, 총 19획 fog · む〕
- 덮어서 가리는 안개의 모습을 나타내는 형성 글자.

例. 濃霧(농무) : 짙은 안개
　　霧散(무산) : 안개가 흔적 없이 사라짐
　　霧笛(무적) : 안개가 자욱하게 낄 때 경적을 울려 서로 충돌을 방지하기 위한 경적

靈
- 신령 령, 정성 령 〔雨부 16획, 총 24획 spirit · れい〕
- 깨끗한 신의 계시를 나타낸 형성 글자.

例. 靈界(영계) : 정신 세계
　　靈柩(영구) : 시체를 넣는 관
　　靈魂(영혼) : 넋

길흉화복의 수호신

• 象形　　　　　　　　　[魚부 0획, 총 11획]
고기 어, 어대(魚帶) 어　魚　fish · ぎょ

물고기(魚)20)는 물을 떠나 살 수 없습니다. 풍수 용어에 '어옹수조형(漁翁垂釣形)'이라는 것이 있죠. 물고기를 수호신이라고 보는 좋은 땅입니다. 아무리 눈을 뜨고 있는 것 같지만 물고기는 잠을 자고 있지는 않는다는 것입니다.
　물고기가 눈을 뜨고 있으니 집안을 지켜 준다는 의미이고, 그런 뜻에서 사용되는 자물쇠는 한결같이 물고기 모양입니다.
　어(魚) 부에서는 물고기(魚)와 신선함(鮮)입니다.

• 고을 선, 적을 선 [魚부 6획, 총 17획 fine · せん]
• 물고기와 비린내 나는 양고기를 합친 형성 글자.

　　鮮度(선도) : 고기나 채소 등의 신선함의 정도를 가리킴. 신선함
　　　鮮魚(선어) : 싱싱한 생선
　　　鮮血(선혈) : 신선한 피

---

20) 물고기의 모습을 본뜬 글자.

속은 비었으나 곧다

• 形聲
대 죽, 피리 죽, 죽간 죽
竹 [竹부 0획, 총 6획]
bamboo · ちく

    속은 비었으나 곧은 대나무21)는 매화·국화·난초와 더불어 사군자(四君子)로 꼽습니다. 특히 대나무는 충의와 절의를 나타내는 대명사로 알려졌습니다.
    1단계 단어부터 보겠습니다.

笑 • 웃을 소, 꽃이 필 소 〔竹부 4획, 총 10획 laugh · しょう〕
    • 가늘게 입을 오므려 호호 하고 웃는 모습을 본뜬 형성 글자.

  1. 笑劇(소극) : 크게 웃어댐
    笑問(소문) : 웃는 얼굴로 물음
    嘲笑(조소) : 비웃음

第 • 차례 제, 저택 제 〔竹부 5획, 총 11획 order · だい〕
    • 대나무 마디가 순서대로 서는 것을 뜻하는 형성 글자.

  1. 第五列(제오열) : 적과 내통하는 사람
    第三者(제삼자) : 당사자 이외의 사람
    第宅(제택) : 집. 살림집
    第一義(제일의) : 가장 소중하고 근본이 되는 것

答 • 대답할 답, 보답할 답 〔竹부 6획, 총 12획 answer · とう〕
    • 질문에 맞서서 대답함을 나타내는 형성 글자.

---

21) 두 개의 대나무를 본뜬 글자.

㉠. 答禮(답례) : 받은 예를 갚는 일
答辭(답사) : 대답하는 말
答案紙(답안지) : 답을 적은 종이
答拜(답배) : 답례로 절을 함

等
- 등급 등, 같게 할 등 〔竹부 6획, 총 12획 *class*・とう〕
- 몇 자루의 대나무 표찰을 손에 쥐고 있는 모습의 형성 글자.

㉠. 等邊(등변) : 길이가 같은 변
等外(등외) : 같은 등급 외
等分(등분) : 같은 양으로 나눔
等溫(등온) : 온도가 똑같음

筆
- 붓 필 〔竹부 6획, 총 12획 *writing brush*・ひつ〕
- 대나무로 만든 붓을 나타내는 형성 글자.

㉠. 筆談(필담) : 글로 써서 의사를 통일함
筆墨(필묵) : 붓과 먹
筆房(필방) : 붓을 만들어 파는 가게
筆力(필력) : 글씨의 획에 드러난 힘

算
- 셈할 산, 산가지 산 〔竹부 8획, 총 14획 *count*・さん〕
- 대나무 막대기를 손으로 세는 것을 뜻하는 회의 글자.

㉠. 算法(산법) : 계산하는 법
算出(산출) : 계산해 냄
算筒(산통) : 점쟁이가 점을 칠 때에 산가지를 넣어두는 통을 가리킴

節
- 마디 절, 규칙 절 〔竹부 9획, 총 15획 *knot*・せつ〕
- 한단씩 구분 짓는 대나무 마디를 본뜬 형성 글자.

㉠. 節約(절약) : 쓸데없는 비용이 나가지 않도록 아끼는 것
節米(절미) : 쌀을 절약함
節次(절차) : 일의 순서

篇
- 책 편, 완결된 시문 편 〔竹부 9획, 총 15획 book · へん〕
- 본래의 문자를 기록하는 편편한 죽간을 뜻하는 회의 · 형성 글자.

1. 篇次(편차) : 서책을 분류할 때의 차례
   篇籍(편적) : 책

2단계 단어입니다.

符
- 부신 부, 상서 부, 수결 부 〔竹부 5획, 총 11획 · ふ〕
- 대나무를 쪼개 다른 한쪽과 맞추어 본다는 뜻의 형성 글자.

1. 符書(부서) : 뒷세상에 나타날 일을 미리 적어놓은 글
   符合(부합) : 꼭 들어맞음
   符號(부호) : 표. 기호
   符節(부절) : 간첩들이 신분 확인용으로 만든 표찰

笛
- 피리 적, 취악기 적 〔竹부 5획, 총 11획 flute · てき〕
- 대나무 통에서 가늘게 빠져나오는 소리를 뜻하는 형성 글자.

1. 玉笛(옥적) : 옥으로 만든 피리
   夜笛(야적) : 밤 피리
   汽笛(기적) : 기차의 정적

策
- 꾀 책, 대쪽 책 〔竹부 6획, 총 12획 plan · さく〕
- 대나무 표찰에 의견이나 계략을 적어 전하는 뜻의 형성 글자.

1. 策動(책동) : 은밀히 꾀를 써서 행동함
   策命(책명) : 군왕이 신하에게 주는 사령장
   策士(책사) : 책략을 잘 쓰는 사람
   術策(술책) : 계략을 씀

管
- 대롱 관, 피리 관 〔竹부 6획, 총 14획 slender · かん〕
- 대나무로 만든 피리를 나타내는 형성 글자.

1. 管內(관내) : 맡아서 다스리는 구역

管下(관하) : 맡아서 다스리는 구역 안
管轄(관할) : 맡아서 관리함

範 • 법 범, 한계 범 〔竹部 9획, 총 15획 *law* · はん〕
• 수레의 굴대를 밖에서 눌러 죄는 것을 뜻하는 형성 글자.

範例(범례) : 본보기
範圍(범위) : 어떤 구역의 언저리
範疇(범주) : 같은 성질의 것이 속하여야할 부류

篤 • 도타울 독 〔竹部 10획, 총 16획 *generous* · とく〕
• 빈틈없이 자상함을 나타내는 뜻의 형성 글자.

篤老(독로) : 매우 늙음
篤信(독신) : 독실하게 믿음
篤學(독학) : 학문에 독실함
篤志家(독지가) : 이름을 밝히지 않고 어려운 사람을 돕는 사람

築 • 쌓을 축, 다질 축 〔竹部 10획, 총 16획 *plied up* · ちく〕
• 막대기를 손에 쥐고 지면을 다져 만든 토대를 본뜬 형성 글자.

築臺(축대) : 대를 쌓음
築舍(축사) : 집을 지음
築造(축조) : 쌓아서 만듦

簡 • 대쪽 간, 뽑을 간 〔竹部 12획, 총 18획 *split bamboo* · かん〕
• 한쪽으로 내다보이는 달의 모습을 본뜬 형성 글자.

簡潔(간결) : 간결하고 요령이 있음
簡牘(간독) : 종이가 없던 시절에 글을 쓸 수 있는 대쪽
簡單(간단) : 손쉬움

簿 • 장부 부, 홀 부 〔竹部 13획, 총 19획 *account book* · ぼ〕
• 종이 대신에 글을 쓰던 나무 조각을 본뜬 형성 글자.

簿記(부기) : 장부에 적음

名簿(명부) : 이름을 적은 장부
簿籍(부적) : 관청의 장부나 문서
符籍(부적) : 악귀를 쫓아내기 위해 글씨나 그림을 그려 벽에 붙이거나 몸에 지니게 하여 재액을 막음

籍
- 문서 적, 장부 적 〔竹부 14획, 총 20획 *document* · 세키〕
- 죽간을 붙여 여러 겹 쌓아놓은 것을 뜻하는 형성 글자.

書籍(서적) : 책
本籍(본적) : 태어난 곳
學籍(학적) : 학교에 다닐 때의 성적을 적은 내용

비린내 나는 무리

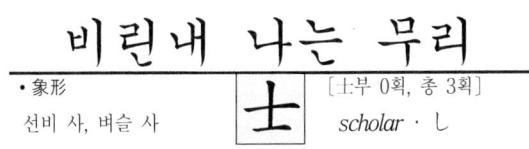

- 象形
선비 사, 벼슬 사

[士부 0획, 총 3획]
scholar · し

선비의 곧은 자세에 대해 〈채근담〉에선 이렇게 말합니다.
"선비가 권문과 요로에 있을 때에는 몸가짐을 엄정히 하고 마음은 항상 온화하고 평이해야 한다. 조금이라도 '비린내 나는 무리'를 가까이 말 것이며 또 격렬하게 독침 가진 자를 범하지 말라."
이른바 선비의 자세에 대해 말한 것입니다.

사부(士部)에서는 모든 단어가 1단계뿐입니다. 선비(士)22)·북방(壬)·씩씩함(壯)·하나(壹)·목숨(壽) 등입니다.

- 북방 임, 아홉번째 임 [士부 1획, 총 4획 north · じん]
- 가운데가 볼록한 시래를 본뜬 상형 글자.

  壬方(임방) : 서쪽에서 약간 북쪽에 가까운 방위
  壬人(임인) : 간사한 소인배

- 씩씩할 장, 젊을 장 [士부 4획, 총 7획 manly · そう]
- 키가 크고 용감한 남자를 뜻하는 형성 글자.

  壯觀(장관) : 굉장하고 볼만한 경치
  壯麗(장려) : 웅장하고 화려함
  壯士(장사) : 젊은이

---

22) 똑바로 꽂아 세운 모양을 본뜬 글자.

- 한 일, 모두 일 〔士부 9획, 총 12획 *one*・いつ〕
- 아가리를 꽉 닫고 속에 물건이 꽉 차있는 모습의 형성 글자.

[예]. 壹是(일시) : 모두
　　均壹(균일) : 정해진 대로. 하나같이
　　壹意(일의) : 한 가지 일에 마음을 집중함

- 목숨 수, 축수할 수 〔士부 11획, 총 14획 *life*・じゅ〕
- 구불구불 구부러지면서 노인이 되기까지의 형성 글자.

[예]. 壽命(수명) : 생물의 살아있는 연한
　　壽福(수복) : 오래 살며 복을 누림

초승달이 떠오르고

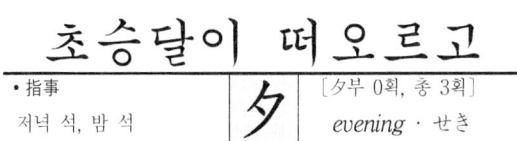

• 指事
저녁 석, 밤 석
夕 [夕부 0획, 총 3획]
evening · せき

어두운 밤을 밝히려고 초승달이 떠오릅니다.
1단계는 저녁(夕)·바깥(外)·많음(多)·밤(夜)입니다.

外
• 바깥 외, 처가 외 [夕부 2획, 총 5획 outside · がい]
• 달이 이지러지는 바깥 쪽을 나타내는 회의 글자.

外觀(외관) : 겉으로 보는 모양
外界(외계) : 내 몸 이외의 사물

多
• 많을 다, 낫을 다 [夕부 3획, 총 6획 many · た]
• 고기를 잔뜩 포개어놓은 모습을 본뜬 회의 글자.

多感(다감) : 감수성이 많음
多年(다년) : 여러 해
多福(다복) : 복이 많음

夜
• 밤 야, 새벽 야 [夕부 5획, 총 8획 night · や]
• 달이 뜨는 밤을 가리키는 형성 글자.

夜間(야간) : 밤
夜勤(야근) : 야간 근무
夜月(야월) : 밤에 보이는 달

2단계에는 꿈(夢)뿐입니다.

夢 •꿈 몽, 어둘 몽 〔夕부 11획, 총 14획 dream · む〕
•눈을 가리고 현실 세계를 보지 못한 꿈을 본뜬 형성 글자.

단어. 夢寐(몽매) : 꿈을 꾸는 동안
　　　夢想(몽상) : 꿈속에서 생각함
　　　夢幻(몽환) : 꿈과 환상

두 팔을 벌려라

•象形
클 대, 많을 대, 대개 대

[大부 0획, 총 3획]
big · たい

크다(大)23)는 것은 사람의 서 있는 모습을 상형(象形)한 것입니다만, 내밀하게 파고들면 '크다'는 것은 보통 사람보다 마음의 깊이가 넓고 박학다식한 것을 의미합니다.

그러므로 '대' 자가 들어간 단어들은 한결같이 의미가 크다는 것을 알 수 있습니다.

1단계 단어 내용을 살펴보겠습니다.

夫
• 지아비 부, 사내 부 [大부 1획, 총 4획 *husband* · ふ]
• 큰 사람의 머리에 쓴 관을 나타내는 회의 글자.

　夫婦(부부) : 남편과 아내
　夫日(부일) : 남편의 제삿날
　夫妻(부처) : 남편과 아내

天
• 하늘 천, 운명 천 [大부 1획, 총 4획 *sky* · てん]
• 사람의 머리 위에 펼쳐진 크고 넓은 하늘을 본뜬 회의 글자.

　天界(천계) : 하늘
　天氣(천기) : 하늘의 기운
　天上(천상) : 하늘 위

---

23) 사람이 두 팔을 벌리고 서 있는 모습을 나타냄.

|太| • 클 태 〔大부 1획, 총 4획 great · たい〕
• 泰의 약자. 넓고 큰 것을 의미하는 회의 글자.

　[예]. 太古(태고) : 아주 오랜 옛날
　　　 太初(태초) : 천지가 개벽하기 전
　　　 太平(태평) : 세상이 평안함

|失| • 잃을 실, 잘못 실 〔失부 2획, 총 5획 lose · しつ〕
• 수중에서 쏙 빠져나가 어디로 가버린 것을 뜻하는 형성 글자.

　[예]. 失脚(실각) : 발을 헛디딤. 지위를 잃음
　　　 失機(실기) : 기회를 놓침
　　　 失手(실수) : 일을 잘못하여 그르침

|奉| • 받들 봉, 기를 봉 〔大부 5획, 총 8획 honor · ほう〕
• 물건을 양손으로 받드는 것을 나타내는 형성 글자.

　[예]. 奉仕(봉사) : 공손히 시중을 듦
　　　 奉旨(봉지) : 윗사람의 뜻을 받듦
　　　 奉獻(봉헌) : 물건을 받들어 받침

2단계 단어입니다.

|央| • 가운데 〔大부 2획, 총 5획 center · おう〕
• 한가운데를 나타내는 회의 글자.

　[예]. 中央(중앙) : 한가운데
　　　 未央宮(미앙궁) : 한나라 황실에 있던 궁전 이름
　　　 未央生傳(미앙생전) : 원나라 시대의 호색 소설

|夷| • 오랑캐 이 〔大부 3획, 총 6획 barbarian · い〕
• 몸집이 작고 키가 작다는 뜻을 나타내는 회의 글자.

　[예]. 夷滅(이멸) : 멸망시킴
　　　 夷狄(이적) : 오랑캐

夷齊(이제) : 백이와 숙제

奇
- 기이할 기, 홀수 기 〔大부 5획, 총 8획 strange · き〕
- 몸이 구부러져 예사롭지 않게 두드러진 모습을 본뜬 형성 글자.

  奇計(기계) : 기이한 계책
  奇妙(기묘) : 기이하고 진기함
  奇談(기담) : 기이한 이야기

奈
- 어찌 내, 나락 나 〔大부 5획, 총 8획 how · ない〕
- 모과나무를 나타냄. 의문사로 사용되는 형성 글자.

  奈何(내하) : 어찌
  奈落(나락) : 지옥

奔
- 달릴 분, 패주할 분 〔大부 5획, 총 8획 run · ほん〕
- 자리를 박차고 일어나 달리는 모습을 나타낸 형성 글자.

  奔忙(분망) : 매우 부산하게 바쁨
  奔走(분주) : 바쁘게 뛰어다님
  奔北(분배) : 패하여 달아남

契
- 맺을 계, 애 쓸 결 〔大부 6획, 총 9획 contract · けい〕
- 약속을 뼈나 나무에 칼로 새기는 것을 나타내는 형성 글자.

  契機(계기) : 어떤 일이 되는 동기
  契約(계약) : 약정
  金蘭之契(금란지계) : 친구 사이의 우정

奚
- 어찌 해 〔大부 7획, 총 10획 how · けい〕
- 밧줄에 묶인 노예를 가리키는 형성 글자.

  奚琴(해금) : 악기 이름
  奚奴(해노) : 머슴
  奚兒(해아) : 오랑캐

奪
- 빼앗을 탈 〔大부 11획, 총 14획 rob · だつ〕
- 남의 겨드랑에 낀 새를 샘싸게 꺼내는 모습의 회의 글자.

예. 奪氣(탈기) : 기운을 빼앗음
　　奪還(탈환) : 다시 빼앗음
　　奪取(탈취) : 빼앗음

· 指事
마디 촌, 조금 촌

[寸부 0획, 총 3획]
joint · すん

　인생은 불충분한 것에서 충분한 것을 끌어내는 기술이라 합니다. 그러나 이것이 말처럼 쉬운 일은 아닙니다. 우리들이 듣고 믿고 있는 성현들은 끊임없는 인내를 통하여, 자신과의 싸움을 통하여 모두가 어렵다고 느끼는 것들을 이뤄갑니다. 그러나 대개의 사람들은 인생을 윷놀이 정도로 생각합니다. 그것은 행과 불행, 성장과 퇴보까지도 요행이라 믿기 때문입니다.
　1단계 단어는 마디(寸)24)·절(寺)·쏘아 맞힘(射)·장수(將)·높음(尊)·대답함(對) 등입니다.

寺
· 절 사, 내시 시 〔寸부 3획, 총 6획 temple · じ〕
· 여러 가지 일을 하는 관청이라는 뜻의 형성 글자.

. 寺內(사내) : 절안
　　寺院(사원) : 절

射
· 쏠 사, 벼슬이름 야 〔寸부 7획, 총 10획 dhoot · しゃ〕
· 화살을 시위에 메기고 있는 모습의 회의 글자.

. 射擊(사격) : 총이나 활 등을 쏨
　　射殺(사살) : 쏘아 죽임

---

24) 손과 엄지손가락을 합친 글자. 손목의 동맥을 엄지손가락으로 누르고 맥박을 재는 것을 나타냄. 손바닥 끝에서 대략 1촌이 되는 길이를 나타냄.

射出(사출) : 쏘아 내보냄

將 • 장수 장, 장차 장 〔寸부 8획, 총 11획 general · しょう〕
• 긴손가락인 장지를 나타내 우두머리로 삼은 모습의 형성 글자.

例. 將器(장기) : 장수가 될만한 기량
將材(장재) : 장수가 될만한 기량
將卒(장졸) : 장수와 사졸

尊 • 높을 존, 술통 준 〔寸부 9획, 총 12획 high · そん〕
• 매끈하고 모양이 좋은 단지를 본뜬 모습의 회의 글자.

例. 尊敬(존경) : 받들어 공경함
尊姓大名(존성대명) : 남의 성명에 대한 존칭
尊兄(존형) : 남의 이름을 높이어 이르는 말

對 • 대답할 대, 같을 대 〔寸부 11획, 총 14획 reply · たい〕
• 한쌍이 되도록 두 개를 맞보게 하는 모습의 회의 글자.

例. 對決(대결) : 양자가 서로 우열을 가리기 위하여 결정함
對局(대국) : 바둑이나 장기를 둠
對談(대담) : 서로 마주 보는 이야기

2단계는 봉하다(封)·오로지(專)·찾음(尋)·이끌음(導) 등의 단어입니다.

封 • 봉할 봉, 봉지 봉 〔寸부 6획, 총 9획 appoint · ほう〕
• 흙을 쌓아올리는 모습의 회의 글자.

例. 封祿(봉록) : 제후가 받는 봉미
封墳(봉분) : 흙을 둥글게 쌓아올린 무덤
封鎖(봉쇄) : 봉하여 잠금

專 • 오로지 전, 홀로 전 〔寸부 8획, 총 11획 · せん〕
• 한 가지의 일을 뜻하는 형성 글자.

210 부수를 알면 한자가 보인다

㊁. 專決(전결) : 혼자서 마음대로 결정함
　　專攻(전공) : 한 가지 일을 전문적으로 함
　　專念(전념) : 오로지 한 가지 일에만 힘을 기울임

尋
・찾을 심, 쓸 심, 보통 심　［寸부 9획, 총 12획　visit・じん］
・양손으로 쫙 벌려 길이를 재는 모습의 형성 글자.

㊁. 尋訪(심방) : 찾아봄
　　尋常(심상) : 대수롭지 않음
　　尋人(심인) : 사람을 찾음

導
・이끌 도, 길잡이 도　［寸부 13획, 총 16획　guide・どう］
・일정한 방향으로 이끌어 나가는 것을 뜻하는 형성 글자.

㊁. 導水路(도수로) : 물을 끌어들이기 위하여 만든 수로
　　導入(도입) : 끌어들임
　　導火線(도화선) : 화약을 터지게 하는 심지

자기 성품을 경계하라

• 象形
스스로 자, 저절로 자

自 〔自부 0획, 총 6획〕
じ

　노자(老子)는 말하기를, '남을 아는 것은 지(知)이며 스스로를 아는 것은 명(明)'이라 하였습니다. 이것은 자신을 아는 것이 남을 아는 것보다 어렵다는 뜻입니다. 스스로를 나타내는 자(自)는 코를 본뜬 글잡니다. 본래는 '나'라고 말하며 손가락으로 자신의 코를 가리켰기 때문에 '나' 또는 '자신'이라는 뜻으로 쓰이게 된 것입니다. 한편으로는 코가 얼굴의 가장 앞에 있으므로 어떤 사건이 있을 때에 가장 먼저 일어난다는 의미로도 해석되어 집니다.
　1단계의 단어는 스스로, 또는 몸소, 자기를 나타내는 자(自)입니다.

　2단계 단어 역시 코(自)와 개(犬)가 합쳐진 냄새(臭)를 뜻하는 한 자입니다. 단어의 검색에 들어가겠습니다.

臭
• 냄새 취, 냄새날 취 〔自부 4획, 총 10획 · しゅう〕
• 개의 코가 여럼풋한 냄새를 잘 맡는다는 뜻의 회의 글자.

　　臭氣(취기) : 고약한 냄새
　　臭味(취미) : 냄새와 맛
　　惡臭(악취) : 고약한 냄새

212 부수를 알면 한자가 보인다

목표점을 찾아서

• 指事　　　　　至　　[至부 0획, 총 6획]
이를 지, 극진할 지　　　　reach・し

　우리가 어떤 목적을 위해 나아간다고 생각해 봅니다. 그 목적을 위해 화살을 과녁을 향해 쏘아봅니다. 화살은 시위의 힘에 의하여 과녁을 꿰뚫거나 그렇지 못하면 그 주위에 떨어지게 됩니다. 그것이 지(至)의 본뜻입니다.

　1단계에서는 도달함(至)과 이룸(致)에 대한 풀이입니다.

致　• 이룰 치, 도달할 치 [至부 4획, 총 10획 accomplish・ち]
　　• 목적지에 도달함을 뜻하는 회의 글자.
　例. 致命(치명) : 목숨을 버림
　　　致富(치부) : 부를 이룸
　　　致死(치사) : 사람에게 상처를 입히어 죽게 함

2단계에는 높이 쌓은 누대(臺)를 의미합니다.

臺　• 대 대, 조정 대 [至부 8획, 총 14획 tower・だい]
　　• 흙을 높이 쌓아 사람이 올라올 수 있게 한 형성 글자.
　例. 臺本(대본) : 영화나 연극의 각본
　　　臺帳(대장) : 기본이 되는 사항을 기록하는 장부
　　　臺閣(대각) : 누각

다리는 신의 날개

• 象形
발 족, 지나칠 주

足 [足부 0획, 총 7획]
foot · そく

화살은 단숨에 목적지까지 가지만 사람의 다리는 그렇지가 못합니다. 한 걸음 한 걸음 내딛으며 평평한 곳과 높은 층계를 올라갑니다. 때로는 거친 숨과 땀을 쏟으며 기진맥진하며 가야 합니다. 1단계를 보겠습니다. 다리(足)·길(路) 등입니다.

路
- 길 로 [足부 6획, 총 13획 road · ろ]
- 본래는 연락용 샛길을 뜻하였으나 큰길로 바뀐 형성 글자.

[예]. 路面(노면) : 길바닥
　　路邊(노변) : 길가
　　路上(노상) : 길바닥
　　路線(노선) : 도로 등의 교통선. 목표를 향해 나아가는 방침을 가리킴

2단계는 다음과 같습니다.

距
- 떨어질 거, 이를 거 [足부 5획, 총 12획 distant · きょ]
- 걸을 때에 다리가 벌어지는 것을 나타내는 형성 글자.

[예]. 距骨(거골) : 복사뼈
　　距今(거금) : 지금으로부터 거슬러 올라가서

距離(거리) : 간격

跳 • 뛸 도 〔足부 6획, 총 13획 *jump* · ちょう〕
• 발로 땅을 박차고 지면으로부터 뛰어오르는 모습의 형성 글자.

이 들
동이

㉠. 跳開橋(도개교) : 배가 지나갈 수 있도록 다리의 양쪽끝이 들리면서 열리는 다리
跳躍臺(도약대) : 수영장 등에서 뛰어오를 수 있도록 반동이 일어나도록 만든 대

跡 • 자취 적, 뒤를 밟을 적 〔足부 6획, 총 13획 *trace* · せき〕
• 걸을 때의 폭만큼 떨어져 있는 발자취를 나타내는 형성 글자.

㉠. 足跡(족적) : 걸은 흔적. 또는 어떤 여정을 지나온 흔적
史跡(사적) : 역사의 발자취
行跡(행적) : 어딘가를 다녀 온 발자취

踏 • 밟을 답, 이어받을 답 〔足부 8획, 총 15획 *tread* · とう〕
• 터벅 터벅 걸어가는 모습을 본뜬 형성 글자.

㉠. 踏橋(답교) : 다리 밟기
踏步(답보) : 제자리걸음
踏査(답사) : 현장에 가서 살핌

踐 • 밟을 천 〔足부 8획, 총 15획 *tread* · せん〕
• 한걸음마다 양발을 맞추어 나간다는 뜻의 형성 글자.

㉠. 實踐(실천) : 실행에 옮김
踐祚(천조) : 천자의 자리에 오름

蹟 • 자취 적 〔足부 7획, 총 9획 *against* · はん〕
• 足과 責을 합친 글자. 자취를 뜻하는 형성 글자.

㉠. 筆蹟(필적) : 필체의 자취
奇蹟(기적) : 기이한 자취
古蹟(고적) : 옛 발자취

수레바퀴 자국은 거칠다

• 象形 [車부 0획, 총 7획]
수레 거, 수레 차   車   cart · きょ

소노천(蘇老泉)의 〈명이자설(名二子說)〉에 있는 얘기입니다.
"천하의 수레들 바퀴 자국을 거치지 않음이 없다. 그런데 수레의 공은 말하나 철(轍)은 더불어 말하지 않는다. 그러하되 수레는 넘어지고 말은 죽더라도 환이 철에는 미치지 않는다. 이 철이란 것이 화복(禍福)의 중간이다."

여기에서 말하는 '철'은 무엇인가? 바로 바퀴자국입니다. 앞서 행해진 어떤 결과에 대한 흔적이라 할 수 있습니다. 이것을 우리는 인생에 늘 비유합니다.

1단계는 수레(車)를 비롯하여 군(軍)·경(輕) 등입니다.

軍 • 군사 군, 진 군 〔車부 2획, 총 9획 against · はん〕
• 병차로 빙 둘러싼 군대를 가리키는 회의 글자.

. 軍官(군관) : 군인과 관리
軍紀(군기) : 군대의 기율
軍務(군무) : 군사에 관한 직무

輕 • 가벼울 경, 조급히 굴 경 〔車부 7획, 총 14획 light · けい〕
• 똑바로 달려가는 수레를 본뜬 형성 글자.

. 輕妄(경망) : 말이나 행동이 방정맞음
輕犯(경범) : 가벼운 범죄

輕視(경시) : 가볍게 봄

2단계입니다.

軒
- 처마 헌, 수레 헌 〔車부 3획, 총 10획 eaves · けん〕
- 나무의 막대기가 튀어나온 모습을 본뜬 형성 글자.

[用]. 軒軒丈夫(헌헌장부) : 외모가 준수한 대장부를 가리킴
軒昂(헌앙) : 사물의 기세가 왕성함

軟
- 연할 연, 연약할 연 〔車부 4획, 총 11획 soft · なん〕
- 바퀴를 부드럽게 움직여 반응이 없는 것을 뜻하는 형성 글자.

[用]. 軟骨(연골) : 물렁뼈
軟性(연성) : 연한 성질
軟弱(연약) : 연하고 약함

較
- 견줄 교, 조금 교, 밝을 교 〔車부 6획, 총 13획 · こう〕
- 서로 비교하여 견주어 보는 것을 뜻하는 형성 글자.

[用]. 比較(비교) : 서로 견주어 봄
較差(교차) : 최고와 최저와의 차

載
- 실을 재, 해 재 〔車부 6획, 총 13획 load · さい〕
- 수레에 실은 짐이 내려오지 않도록 누른 모습의 형성 글자.

[用]. 記載(기재) : 기록함
揭載(게재) : 실림
積載(적재) : 짐 같은 것을 실음

輕
- 가벼울 경, 조급히할 경 〔車부 7획, 총 14획 light · けい〕
- 재빨리 달리는 작은 전차를 가리키는 형성 글자.

[用]. 輕薄(경박) : 가볍고 천박함
輕傷(경상) : 가볍게 닥침
輕症(경증) : 가벼운 증세

輪
- 바퀴 륜, 돌 륜, 주위 륜 〔車部 8획, 총 15획 wheel・りん〕
- 바퀴를 바치고 있는 막대기를 본뜬 형성 글자.

    [用]. 輪轉(윤전) : 바퀴처럼 구름
    輪廻(윤회) : 순환하여 돎

輩
- 무리 배, 잇달아 나올 배 〔車部 8획, 총 15획 fellow・はい〕
- 수레가 나란히 한 것을 나타내는 형성 글자.

    [用]. 先輩(선배) : 학교 등에서 먼저 다녔던 학생
    輩出(배출) : 인재가 쏟아져 나옴

輝
- 빛날 휘, 빛 휘 〔車部 8획, 총 15획 shine・き〕
- 반짝이는 것을 중심으로 주위를 둘러싼 모습의 형성 글자.

    [用]. 輝赫(휘혁) : 빛이 남
    輝煌(휘황) : 광채가 눈부시게 빛이 남

輸
- 나를 수, 질 수 〔車部 9획, 총 16획 carry・しゅ, ゆ〕
- 어떤 장소에서 물건을 다른 장소로 옮긴다는 뜻의 형성 글자.

    [用]. 輸送(수송) : 사람이나 물건을 실어보냄
    輸出(수출) : 짐을 실어냄
    輸血(수혈) : 남의 피를 혈관에 주입하는 일

輿
- 수레 여, 가마 여 〔車部 10획, 총 17획 wagon・しゅう〕
- 물건을 싣는 허리나 차의 대를 뜻하는 회의・형성 글자.

    [用]. 輿論(여론) : 여러 사람의 공통된 의견
    輿馬(여마) : 수레와 말
    輿地(여지) : 온 세계

轉
- 구를 전, 옮을 전 〔車部 11획, 총 18획 roll・てん〕
- 둥글게 굴러간다는 뜻의 형성 글자.

    [用]. 轉勤(전근) : 근무하는 직장을 옮김
    轉入(전입) : 다른 곳에서 옮겨 옴

해가 뜨고 질 때까지

· 象形
날 일, 햇볕 일
[日부 0획, 총 4획]
day · じつ

희망과 태양, 결코 없어서는 안 될 소중한 것입니다. 우리가 희망을 버리지 않고 한 걸음씩 나아가는 것은 마치 태양이 우리에게 빛으로 말해주는 것과 같습니다. 생명이 있는 한 우리는 그것들과 함께 하지 않으면 안 되니까요.

1단계로 들어갑니다.

早
- 일찍 조, 이를 조 〔日부 2획, 총 6획 early · そう〕
- 상수리나무나 오리나무를 본뜬 회의 글자.

 早急(조급) : 아주 서두름
早起(조기) : 일찍 일어남
早期(조기) : 이른 시기

明
- 밝을 명, 밝힐 명 〔日부 4획, 총 8획 light · めい〕
- 창문으로 달빛이 들어와 사물이 보인다는 뜻의 형성 글자.

 明鑑(명감) : 밝은 거울
明鏡止水(명경지수) : 밝은 거울과 맑은 물. 사람의 마음을 비유할 때에 쓰임
明年(명년) : 내년

昔
- 예 석, 섞일 착 〔日부 4획, 총 8획 ancient · せき〕
- 포갠 모양과 해. 거듭된 옛날을 뜻하는 회의 글자.

예. 昔人(석인) : 옛 사람
昔年(석년) : 예전

易 •바꿀 역, 쉬울 이 〔日부 4획, 총 8획 exchange・えき〕
•도마뱀붙이와 무늬를 합친 상형 글자.

예. 易經(역경) : 오경의 하나인 주역
易學(역학) : 주역을 연구하는 학문
易地思之(역지사지) : 처지를 바꾸어 생각함

昌 •창성 창 〔日부 4획, 총 8획 vigorous・しょう〕
•태양이 높이 치솟음을 나타내는 회의 글자.

예. 隆昌(융창) : 융성하고 번창함
昌盛(창성) : 번창함
繁昌(번창) : 융성한 모양

星 •별 성, 세월 성 〔日부 5획, 총 9획 star・せい, しょう〕
•반짝이는 세 개의 별과 새싹을 합친 형성 글자.

예. 星群(성군) : 별무리
星霜(성상) : 별과 서리. 세월
星星(성성) : 머리카락이 희끗희끗 센 모양

是 •옳을 시, 바로잡을 시 〔日부 5획, 총 9획 right・し〕
•정직하게 나아가는 것을 본뜬 회의 글자.

예. 是非(시비) : 옳고 그름
是是非非(시시비비) : 옳은 것은 옳다 하고 그른 것은
그르다 함
是認(시인) : 인정함

映 •비칠 영, 햇빛 영 〔日부 5획, 총 9획 reflect・えい〕
•밝은 곳과 어두운 곳의 구분을 확실히 한다는 뜻의 형성 글자.

예. 映像(영상) : 비치는 그림자
映窓(영창) : 마루와 방 사이에 낸 창문

上映(상영) : 영화를 방영함

昨
- 어제 작, 앞서 작 〔日부 5획, 총 9획 yesterday · さく〕
- 日과 乍를 합친 어제라는 뜻의 형성 글자.

　用. 昨今(작금) : 어제와 오늘
　　昨夜(작야) : 어젯밤
　　昨日(작야) : 어제

春
- 봄 춘, 젊을 때 춘 〔日부 5획, 총 9획 reflect · えい〕
- 초목이 생성하려고 꿈틀거리는 계절을 나타내는 형성 글자.

　用. 春季(춘계) : 봄철
　　春心(춘심) : 봄철에 느끼는 정서

時
- 때 시 〔日부 6획, 총 10획 time · じ〕
- 태양이 움직여 가는 것을 나타내는 형성 글자.

　用. 時急(시급) : 매우 급함
　　時勢(시세) : 그때의 형세
　　時節(시절) : 계절

晩
- 저물 만, 늦을 만 〔日부 7획, 총 11획 late · ばん〕
- 해가 저물어 주위 사물이 겨우 보이는 시각의 형성 글자.

　用. 晩年(만년) : 노후
　　晩生(만생) : 늙어서 자식을 얻음
　　晩餐(만찬) : 저녁 음식

晝
- 낮 주 〔日부 7획, 총 11획 day time · ちゅう〕
- 태양이 내리쬐는 시간을 붓으로 구분하는 모습의 형성 글자.

　用. 晝間(주간) : 낮동안
　　晝食(주식) : 점심밥
　　晝夜(주야) : 낮과 밤

景
- 별 경, 경사스러울 경, 우러를 경 〔日부 8획, 총 12획 · けい〕
- 日과 京을 합친 형성 글자.

㉠. 景觀(경관) : 경치
　　景慕(경모) : 우러러 사모함
　　景色(경색) : 경치

晴
- 갤 청 〔日부 8획, 총 12획 clear · せい〕
- 하늘이 맑게 개인 태양을 뜻하는 형성 글자.

㉠. 晴曇(청담) : 날씨의 개임과 흐림
　　晴雨(청우) : 맑게 갬과 비가 내림
　　晴天(청천) : 맑게 갠 하늘

暖
- 따뜻할 난 〔日부 9획, 총 13획 warm · だん〕
- 햇볕이 골고루 비치는 것을 나타내는 형성 글자.

㉠. 暖房(난방) : 방을 따뜻하게 함
　　暖色(난색) : 따뜻한 느낌을 주는 색

暑
- 더울 서, 여름 서 〔日부 9획, 총 13획 hot · しょ〕
- 태양을 받아 뜨거워진 것을 나타내는 형성 글자.

㉠. 暑氣(서기) : 더운 기운
　　暑月(서월) : 6월의 다른 호칭

暗
- 어두울 암 〔日부 9획, 총 13획 dark · あん〕
- 햇볕이 차단된 밤에 있는 모습을 본뜬 형성 글자.

㉠. 暗君(암군) : 무도하고 어리석은 군주
　　暗算(암산) : 머릿속으로 계산함
　　暗誦(암송) : 보지 않고 욈

暮
- 저물 모 〔日부 11획, 총 15획 evening · ぼ〕
- 숨어서 보이지 않게 됨을 뜻하는 회의 글자.

㉠. 暮景(모경) : 저녁 무렵의 경치
　　暮秋(모추) : 늦가을

暴
- 사나울 폭, 갑자기 폭 〔日부 11획, 총 15획 wild · ぼう〕
- 동물의 뼈를 양손에 들고 햇볕을 쬐는 모습의 형성 글자.

㉾. 暴虐(포학) : 횡포하고 잔악함
　　暴君(포군) : 포악한 임금
　　暴暑(폭서) : 무척 심한 더위

2단계입니다.

旦　• 아침 단 〔日부 1획, 총 5획 morning · たん〕
　　• 태양이 지상에 나타나는 모습을 본뜬 지사 글자.

㉾. 旦旦(단단) : 공손하고 성실한 모양
　　旦望(단망) : 음력 초하루와 보름
　　元旦(원단) : 신년 첫날

旬　• 열흘 순, 두루미칠 순 〔日부 2획, 총 6획 ten days · じゅん〕
　　• 1에서 10까지 한바퀴 도는 회수를 뜻하는 회의 글자.

㉾. 旬刊(순간) : 열흘에 한 번 간행함
　　旬年(순년) : 10년
　　旬日(순일) : 음력 초열흘

旱　• 가물 한 〔日부 3획, 총 7획 drought · かん〕
　　• 日과 干을 합친 형성 글자.

㉾. 旱害(한해) : 가뭄으로 인한 재앙
　　旱災(한재) : 가뭄으로 인한 재앙

昇　• 오를 승 〔日부 4획, 총 6획 rise · しょう〕
　　• 해가 떠오르는 모습을 본뜬 형성 글자.

㉾. 昇天(승천) : 하늘에 오름
　　昇格(승격) : 격을 높임
　　昇給(승급) : 급수가 오름

昏　• 어두울 혼, 어지러울 혼 〔日부 4획, 총 8획 dark · こん〕
　　• 물체가 보이지 않는 어두운 밤이라는 뜻의 회의 글자

㉾. 昏君(혼군) : 우매한 군주
　　昏亂(혼란) : 마음이 어지러움
　　黃昏(황혼) : 해질녘

昭　• 밝을 소, 나타날 소 〔日부 5획, 총 9획 *bright* · しょう〕
　　• 빛으로 구석구석을 한바퀴 비추는 것을 나타낸 형성 글자.

㉾. 昭詳(소상) : 분명하고 자세하게
　　昭格署(소격서) : 하늘과 땅과 별에게 제사를 지내는 관청으로 무녀들이 몸을 담고 있었음

晨　• 새벽 신 〔日부 7획, 총 11획 *day break* · しん〕
　　• 생기가 넘쳐나는 시작의 아침이라는 뜻의 회의 · 형성 글자.

㉾. 晨起(신기) : 아침에 일어남
　　晨省(신성) : 아침 일찍 부모의 침전에 나아가 간밤의 안부를 묻는 것

普　• 두루 보, 보통 보 〔日부 8획, 총 12획 *universal* · ふ〕
　　• 햇빛이 병행하여 널리 퍼짐을 나타내는 형성 글자.

㉾. 普及(보급) : 널리 미침
　　普通(보통) : 특별하지 않고 예사로움
　　普遍(보편) : 널리 두루 미침

智　• 슬기 지, 지혜 지 〔日부 8획, 총 12획 *wisdom* · ち〕
　　• 재잘거리는 모습을 나타내는 뜻의 형성 글자.

㉾. 智略(지략) : 슬기로운 계략
　　智勇(지용) : 지혜와 용기
　　智者(지자) : 슬기로운 사람

暇　• 겨를 가, 느긋이 지낼 가 〔日부 9획, 총 13획 *leisure* · か〕
　　• 필요한 일시 위에 대한 여분의 날을 가리키는 형성 글자.

㉾. 休暇(휴가) : 정상적인 업무를 보는 날 이외에 얻는 임의로 쉴 수 있는 날

暇日(가일) : 한가한 날

暢
- 펼 창, 자랄 창, 맑을 창 〔日부 10획, 총 14획 genial · ちょう〕
- 길게 뻗음을 나타내는 형성 글자.

[用]. 暢達(창달) : 구김살 없이 자라남
暢月(창월) : 음력 11월의 다른 이름

暫
- 잠깐 잠 〔日부 11획, 총 15획 monent · ざん〕
- 일을 하는 도중에 끼어든 약간의 시간을 나타낸 형성 글자.

[用]. 暫時(잠시) : 잠깐 동안
暫定的(잠정적) : 임시로 정해 놓은 일

曆
- 책력 력, 운명 력 〔日부 12획, 총 16획 calendar · れき〕
- 날짜를 순서적으로 늘어놓은 모습의 형성 글자.

[用]. 曆數(역수) : 책력을 만드는 법
曆學(역학) : 책력에 관한 학문

曉
- 새벽 효, 밝을 효 〔日부 12획, 총 16획 dawn · ぎょう〕
- 동쪽 하늘이 밝아지는 것을 뜻하는 형성 글자.

[用]. 曉星(효성) : 새벽에 보이는 별
曉得(효득) : 깨달아 앎
曉鐘(효종) : 새벽 종소리

집은 사람의 성곽이다

- 漢字 部首
집 엄, 마룻대 엄

广

[广부 0획, 총 3획]
house · げん

집은 사람이 사는 성이라고 할 수 있습니다. 집을 뜻하는 엄(广) 부, 가(家)와는 부수가 다르지만 비슷한 뜻입니다.

1단계의 단어는 차례(序)·일곱째 천간(庚)·가게(店)·도(度)·법(度)·뜰(庭)·많음(庶)·넓음(廣) 등입니다.

序
- 차례 서, 학교 서, 담 서 [广부 4획, 총 7획 order · じょ]
- 차례차례 뻗어가다 라는 뜻의 형성 글자.

. 序曲(서곡) : 가곡 등의 개막 전에 연주하는 음악
　　序文(서문) : 머리말
　　序列(서열) : 차례로 정하여 늘어놓음

庚
- 일곱째천간 경, 나이 [广부 5획, 총 8획 · こう]
- Y자 모양으로 세운 강한 굴대를 뜻하는 상형 글자.

. 庚方(경방) : 24방위의 하나
　　庚帖(경첩) : 약혼을 했을 때에 양측이 성명과 나이 등을 적어 서로 교환하던 문서

店
- 가게 점, 여관 점 [广부 5획, 총 8획 shop · てん]
- 일정한 곳에 집을 마련하여 장사하는 집을 뜻하는 형성 글자.

. 店頭(점두) : 가게 앞
　　店員(점원) : 가게에서 일하는 직원

店役(점역) : 점원

度
- 법도 도, 헤아릴 탁 〔广부 4획, 총 9획 *law* · ど〕
- 손으로 재는 것을 나타내는 형성 글자.

  用. 度數(도수) : 거듭된 횟수
  度外視(도외수) : 관심을 두지 않음
  度量(도량) : 자(尺)와 말(斗)

庭
- 뜰 정, 집안 정, 관아 정 〔广부 7획, 총 10획 *garden* · てい〕
- 집안의 평평하게 펼쳐진 곳을 나타내는 형성 글자.

  用. 庭球(정구) : 테니스
  庭園(정원) : 집안의 뜰

庶
- 뭇 서, 많을 서, 거의 서 〔广부 8획, 총 11획 · しょ〕
- 집안에서 불을 피워 더운 공기를 모은 모습의 회의 글자.

  用. 庶幾(서기) : 희망함
  庶母(서모) : 아버지의 첩
  庶子(서자) : 첩의 몸에서 난 자식

廣
- 넓을 광, 넓이 광 〔广부 12획, 총 15획 *broad* · こう〕
- 사방으로 넓어져 안이 텅빈 큰 방을 뜻하는 형성 글자.

  用. 廣農(광농) : 농업을 발전시킴
  廣野(광야) : 너른 들판
  廣場(광장) : 너른 마당

2단계입니다.

床
- 상 상, 소반 상, 바닥 상 〔广부 4획, 총 7획 *table* · しょう〕
- 나무로 만든 가늘고 긴 침대를 본뜬 형성 글자.

  用. 床褓(상보) : 상을 덮는 보자기
  床石(상석) : 무덤 앞에 놓은 돌

寢床(침상) : 침대

府
- 곳집 부, 도성 부, 관아 부 [广부 5획, 총 8획 warehouse · ふ]
- 물건을 빽빽하게 넣어두는 곳을 뜻하는 형성 글자.

 府庫(부고) : 문서나 재화 · 기물 등을 넣어두는 곳
 府君堂(부군당) : 관아에서 신령을 모시는 집
 府尹(부윤) : 고을 원님

底
- 밑 저, 이를 지 [广부 5획, 총 8획 bottom · てい]
- 겹겹이 쌓아올린 물건의 바닥을 나타내는 형성 글자.

 底力(저력) : 속에 감춘 끈기 있는 힘
 底面(저면) : 밑바닥
 底本(저본) : 문서의 초고

庫
- 곳집 고, 무기 고, 서고 고 [广부 7획, 총 10획 warehouse · こ]
- 수레 등을 넣어두는 창고를 나타내는 회의 글자.

 庫房(고방) : 창고
 庫直(고직) : 관아의 창고를 지키는 사람

座
- 자리 좌, 별자리 좌 [广부 7획, 총 10획 seal · ざ]
- 사람이 흙 위에 앉은 모습을 뜻하는 회의 글자.

 座席(좌석) : 앉은자리
 座右(좌우) : 좌석의 오른편
 座中(좌중) : 앉은 자리

康
- 편안할 강, 즐길 강 [广부 8획, 총 11획 peaceful · こう]
- 곡물의 단단한 껍데기를 가리키는 회의 · 형성 글자.

 康衢煙月(강구연월) : 태평성대
 康衢(강구) : 매우 번화한 거리
 康寧(강녕) : 평안함

庸
- 쓸 용, 애 쓸 용, 늘 용 [广부 8획, 총 11획 use · よう]
- 막대기를 손에 쥐고 꿰뚫음을 나타내는 회의 · 형성 글자.

㉠. 庸劣(용렬) : 어리석고 둔함
　　庸人(용인) : 평범한 사람
　　庸拙(용졸) : 못나고 졸렬함

廊 ・복도 랑, 행랑 랑 〔广부 10획, 총 13획 *corridor*・ろう〕
　　・집(广)과 郞을 합친 형성 글자.

㉠. 廊屬(낭속) : 하인배를 통칭
　　廊下(낭하) : 복도

廉 ・검소할 렴, 청렴 렴 〔广부 10획, 총 13획 *incorruptible*・ろう〕
　　・집안에 그러모은 물건을 하나하나 구별한다는 뜻의 형성 글자.

㉠. 廉價(염가) : 싼값
　　廉白(염백) : 마음이 청렴하고 깨끗함

廟 ・사당 묘, 위패 묘 〔广부 12획, 총 15획 *ancestral*・びょう〕
　　・날이 새기 전에 참배하는 영묘라는 뜻의 회의 글자.

㉠. 廟堂(묘당) : 종묘
　　廟室(묘실) : 사당
　　廟庭(묘정) : 종묘

廢 ・폐할 폐, 떨어질 폐 〔广부 12획, 총 15획 *abandon*・はい〕
　　・집이 쫙 둘로 갈라져 쓸모없이 된 것을 가리키는 형성 글자.

㉠. 廢家(폐가) : 사람이 살지 않고 버린 집
　　廢棄(폐기) : 못 쓰게 되어 버림
　　廢止(폐지) : 실시하던 제도 등을 못 쓰게 되어 그침

廳 ・관청 청, 대청 청 〔广부 22획, 총 25획 *public office*・ちょう〕
　　・하소연을 듣는 관청을 가리키는 형성 글자.

㉠. 退廳(퇴청) : 관청에서 나감
　　市廳(시청) : 시의 업무를 관장하는 관청
　　廳舍(청사) : 관청에서 사무실로 쓰는 건물

먼 길은 쉬엄쉬엄

- 漢字 部首
쉬엄쉬엄 갈 착   [辵부 0획, 총 7획]
ちゃく

사람들은 모든 일을 인생에 비유합니다. '천리 길도 한 걸음부터', '급할수록 돌아가라' 등의 속담 같은 것이 그런 의미죠.
辵은 '쉬엄쉬엄 가는 것'입니다. 1단계 단어들을 보겠습니다.

- 가까울 근, 가까이할 근 [辵부 4획, 총 8획 near to · きん]
- 옆으로 다가감을 나타내는 형성 글자.

1단계. 近刊(근간) : 가까운 시일 내에 간행함
近來(근래) : 요사이
近臣(근신) : 임금을 가까이 모시는 신하

- 맞을 영, 마중할 영 [辵부 4획, 총 8획 meet · げい]
- 사람을 맞이하러 나가는 것을 뜻하는 형성 글자.

1단계. 迎入(영입) : 맞아들임
迎新(영신) : 새로운 것을 맞아들임. 새해를 맞이함

- 보낼 송 [辵부 6획, 총 10획 send · そう]
- 물건을 갖추어 다른 곳으로 보낸다는 뜻의 형성 글자.

1단계. 送金(송금) : 돈을 보냄
送達(송달) : 돈이나 물건 따위를 보냄
送別(송별) : 떠나는 사람을 보냄

逆 • 거스를 역, 맞이할 역 〔辵부 6획, 총 10획 *disobey* · ぎゃく〕
• 반대 방향으로 나아가는 것을 뜻하는 형성 글자.

  例. 逆流(역류) : 물이 거슬러 흐름
  逆謀(역모) : 반역을 도모함
  逆轉(역전) : 형세가 바뀜

追 • 쫓을 추, 추모할 추 〔辵부 6획, 총 10획 *pursue* · つい〕
• 앞사람의 뒤를 쫓아간다는 뜻의 형성 글자.

  例. 追加(추가) : 나중에 더하여 보탬
  追念(추념) : 지나간 일을 생각함
  追放(추방) : 쫓아버림

退 • 물러날 퇴 〔辵부 6획, 총 10획 *withdraw* · たい〕
• 뒤로 물러나는 것을 뜻하는 회의 글자.

  例. 退却(퇴각) : 뒤로 물러남
  退社(퇴사) : 근무하는 회사를 그만둠
  退步(퇴보) : 뒤로 물러남

連 • 이을 연, 연합할 연 〔辵부 7획, 총 11획 *connect* · れん〕
• 여러 대의 수레가 잇대어 나아감을 뜻하는 회의 글자.

  例. 連帶(연대) : 서로 연결함
  連累(연루) : 범죄에 관련됨
  連日(연일) : 날마다

逢 • 만날 봉 〔辵부 7획, 총 11획 · ほう〕
• 양쪽에서 서로 걸어와 다시 만남을 뜻하는 회의 · 형성 글자.

  例. 逢着(봉착) : 만남
  逢變(봉변) : 변을 당함
  相逢(상봉) : 서로 만남

速 • 빠를 속, 빨리 속 〔辵부 7획, 총 11획 *fast* · そく〕
• 다발로 묶어 간격을 없앤다는 뜻의 형성 글사.

㉤. 速記(속기) : 빠른 속도로 기록함
速達(속달) : 빨리 도달함
速步(속보) : 빠른 걸음

造
• 지을 조, 이를 조 〔辵부 7획, 총 11획 create · ぞう〕
• 어느 곳까지 이른 것을 나타내는 형성 글자.

㉤. 造林(조림) : 나무를 심어 숲을 만듦
造作(조작) : 일을 꾸며 만듦
造化(조화) : 사람의 힘으로 어쩔 수 없는 일

通
• 통할 통, 전할 통 〔辵부 7획, 총 11획 go through · つう〕
• 도중에 막힘이 없이 나아감을 뜻하는 형성 글자.

㉤. 通過(통과) : 들르지 않고 지나감
通達(통달) : 꿰뚫어 통함
通知(통지) : 알림

進
• 나아갈 진, 올릴 진 〔辵부 8획, 총 12획 advance · しん〕
• 새가 빨리 나는 것을 뜻하는 형성 글자.

㉤. 進擊(진격) : 나아가서 적을 침
進路(진로) : 나아갈 길
進陟(진척) : 일이 잘 되어 감

過
• 지날 과, 허물 과 〔辵부 9획, 총 13획 pass by · か〕
• 매끄럽게 움직이는 관절을 본뜬 형성 글자.

㉤. 過去(과거) : 지나간 일
過失(과실) : 실수
過飮(과음) : 술을 지나치게 마심

達
• 통할 달, 널리 달 〔辵부 9획, 총 13획 reach to · たつ〕
• 양이 순조롭게 태어남을 본뜬 형성 글자.

㉤. 達人(달인) : 학문이나 기예 등에 뛰어난 사람
達成(달성) : 목적한 것을 이룸

達辯(달변) : 말을 잘함

道
- 길 도, 말할 도 [辶부 9획, 총 13획 road · どう]
- 끝없이 이어진 길을 뜻하는 형성 글자.

例. 道德(도덕) : 사람이 행해야할 바른 길
道界(도계) : 도의 경계
道路(도로) : 사람이 통행하는 길

遇
- 만날 우, 대우할 우 [辶부 9획, 총 13획 meet · ぐう]
- 두 사람이 양쪽에서 걸어와 만난다는 뜻의 형성 글자.

例. 奇遇(기우) : 기이한 만남
待遇(대우) : 대접함
遭遇(조우) : 만남

運
- 돌 운, 움직일 운 [辶부 9획, 총 13획 turn round · うん]
- 빙글 빙글 돈다는 뜻의 형성 글자.

例. 運命(운명) : 운수
運筆(운필) : 붓을 놀림
運河(운하) : 배가 다닐 수 있도록 인공적으로 만든 수로를 가리킴

遊
- 놀 유, 돌아다닐 유 [辶부 9획, 총 13획 play · ゆう]
- 빈둥거리며 돌아다니는 것을 나타낸 형성 글자.

例. 遊覽(유람) : 돌아다니며 구경함
遊戲(유희) : 장난치며 놂
遊離(유리) : 떨어짐

遠
- 멀 원, 멀리할 원 [辶부 10획, 총 14획 distant · えん]
- 원을 크게 그리며 우회하는 것을 나타낸 형성 글자.

例. 遠近(원근) : 멀고 가까움
遠景(원경) : 먼 경치
遠征(원정) : 먼 길을 감

|適| • 갈 적, 갈 석, 때마침 적 〔辶부 11획, 총 15획 go · せき〕
• 곧 바로 길을 가는 것을 뜻하는 형성 글자.

田. 適格(적격) : 자격이 갖추어짐
適當(적당) : 알맞음
適合(적합) : 꼭 들어맞음

|選| • 가릴 선, 뽑을 선 〔辶부 12획, 총 16획 select · せん〕
• 여러 가지 물건이 적당히 갖춤을 뜻하는 형성 글자.

田. 選擧(선거) : 많은 사람 가운데 적당한 사람을 뽑음
選定(선정) : 골라서 정함
選擇(선택) : 골라서 택함

|遺| • 남길 유, 보낼 유 〔辶부 12획, 총 16획 bequeach · い〕
• 사람의 눈에 띌 것 같은 물건을 두고 간다는 뜻의 형성 글자.

田. 遺棄(유기) : 내다 버림
遺言(유언) : 마지막으로 남긴 말
遺産(유산) : 고인이 남긴 재산

|遲| • 늦을 지, 기다릴 지 〔辶부 12획, 총 16획 late · ち〕
• 걸음이 느린 코뿔소처럼 나아가지 못한다는 뜻의 형성 글자.

田. 遲滯(지체) : 꾸물거리고 늦음
遲刻(지각) : 정해진 시각보다 늦게 옴
遲延(지연) : 늦어짐

2단계는 다음과 같습니다.

|返| • 돌아올 반, 돌려줄 반 〔辶부 4획, 총 8획 return · はく〕
• 반대 방향으로 돌아옴을 나타내는 형성 글자.

田. 返還(반환) : 되돌려 보냄
返送(반송) : 돌려보냄

234 부수를 알면 한자가 보인다

返納(반납) : 되돌려줌

迫
- 다그칠 박, 궁할 박 〔辵부 5획, 총 9획 press · はく〕
- 여유가 없이 좁혀짐을 나타내는 형성 글자.

  [例]. 迫頭(박두) : 가까워짐
  迫力(박력) : 다그치는 힘
  迫害(박해) : 옳지 못한 것으로 핍박함

述
- 지을 술, 말할 술 〔辵부 5획, 총 9획 write · じゅつ〕
- 지금까지의 순서를 벗어나지 않고 따라간다는 뜻의 형성 글자.

  [例]. 著述(저술) : 글을 지음
  述懷(술회) : 지은 것을 생각함

逃
- 달아날 도 〔辵부 6획, 총 10획 escape · とう〕
- 좌우로 떨어져 금이 간 것처럼 떠난다는 뜻의 형성 글자.

  [例]. 逃亡(도망) : 달아남
  逃走(도주) : 달아남
  逃避(도피) : 달아남

迷
- 미혹할 미 〔辵부 6획, 총 10획 confused · めい〕
- 나아가는 길이 보이지 않아 헤멘다는 뜻의 형성 글자.

  [例]. 迷宮(미궁) : 쉽게 출구를 찾을 수 없음
  迷路(미로) : 헷갈리기 쉬운 길
  迷兒(미아) : 길을 잃은 아이

途
- 길 도 〔辵부 7획, 총 11획 road · と〕
- 길게 뻗은 길을 나타내는 형성 글자.

  [例]. 途上(도상) : 길
  途中(도중) : 길을 가는 중
  中途(중도) : 일의 중간

逐
- 쫓을 축, 다툴 축 〔辵부 7획, 총 11획 expel · ちく〕
- 주위를 에워싸고 멧돼지 사냥을 하는 모습의 회의 글자.

例. 逐鬼(축귀) : 귀신을 쫓음
　　逐客(축객) : 손님을 쫓음
　　逐出(축출) : 쫓아냄
　　角逐(각축) : 쫓아 내기 위해 서로 겨룸

透
- 통할 투, 뛸 투 〔辵부 7획, 총 11획 *pass through*・とう〕
- 투명하게 빠져나간다는 뜻의 형성 글자.

例. 透明(투명) : 속까지 훤히 보임
　　透視(투시) : 속에 있는 것까지 훤히 꿰뚫음
　　浸透(침투) : 물이 스며들 듯 통하여 들어감

逸
- 숨을 일, 벗어날 일 〔辵부 8획, 총 12획 *run off*・いつ〕
- 토끼처럼 슬쩍 빠져나가 달아남을 뜻하는 회의 글자.

例. 逸脫(일탈) : 벗어남
　　逸話(일화) : 숨은 이야기

遂
- 드디어 수, 이룰 수 〔辵부 9획, 총 13획 *at last*・すい〕
- 드디어 라는 뜻의 형성 글자.

例. 未遂(미수) : 아직 완성하지 못함
　　完遂(완수) : 맡은 바 일을 완성함
　　遂行(수행) : 일을 해냄

違
- 어길 위, 다를 위, 잘못 위 〔辵부 9획, 총 13획 *violate*・い〕
- 위쪽과 아래쪽 발이 서로 어긋지게 나아감의 형성 글자.

例. 違法(위법) : 법을 어김
　　違約(위약) : 약속을 어김
　　違憲(위헌) : 헌법을 어김

遍
- 두루 편 〔辵부 9획, 총 13획・へん〕
- 여기저기를 돌아다니는 것을 나타내는 형성 글자.

例. 遍在(편재) : 두루 존재함
　　遍歷(편력) : 두루 섭렵함

遣
- 보낼 견, 심부름꾼 견 〔辵부 10획, 총 14획 send·けん〕
- 양손으로 많은 물건을 받드는 모습을 나타낸 형성 글자.

用. 派遣(파견) : 보냄
遣唐使(견당사) : 당나라에 보내는 사신

遙
- 멀 요, 서성거릴 요 〔辵부 10획, 총 14획 distant·よう〕
- 가늘고 길게 이어진 길을 뜻하는 형성 글자.

用. 遙遠(요원) : 아득히 멂
逍遙(소요) : 거닐음

遵
- 좇을 준, 거느릴 준 〔辵부 12획, 총 16획·じゅん〕
- 따라가다라는 뜻을 지닌 형성 글자.

用. 遵守(준수) : 좇아 지킴
遵法(준법) : 법을 지킴
遵用(준용) : 좇아 씀

遷
- 옮길 천 〔辵부 12획, 총 16획 move·せん〕
- 건물을 남기고 주민이 빠져나간 모습의 형성 글자.

用. 遷都(천도) : 도읍을 옮김
改過遷善(개과천선) : 지난 과오를 버리고 마음을 착하게 고쳐 먹음
變遷史(변천사) : 어떤 사물이나 풍속 등이 변하여 온 기록을 나타냄

避
- 피할 피 〔辵부 13획, 총 17획 avoid·ひ〕
- 곧 바로 도망치지 않고 좌우로 피하는 것을 뜻하는 형성 글자.

用. 避亂(피란) : 난리를 피함
避雷(피뢰) : 벼락이 떨어짐을 피함
回避(회피) : 어떠한 답변이나 만나는 것 등을 피함

還
- 돌아올 환, 다시 환 〔辵부 13획, 총 17획 come back·かん〕
- 처음으로 되돌아 옴을 뜻하는 형성 글자.

㉕. 還鄕(환향) : 고향으로 되돌아감
　　還元(환원) : 본래의 성질로 되돌아감
　　奪還(탈환) : 잃었던 것을 다시 되찾음
　　還甲(환갑) : 61세

邊　• 가 변, 변방 변 〔辵부 15획, 총 19획 border・へん〕
　　• 길이 막힐 때까지 걸어간 끝자락을 뜻하는 형성 글자.

㉕. 邊利(변리) : 이자
　　邊方(변방) : 변경
　　身邊(신변) : 몸 주위

나도 그곳에 가고 싶다

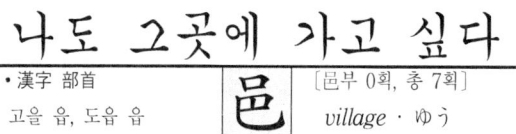

• 漢字 部首　　　　　　　　　[邑부 0획, 총 7획]
고을 읍, 도읍 읍　　　　　　　village · ゆう

　고을 읍(邑)25)은 영지(口)와 巴(사람이 무릎을 꿇고 있는 모습)을 합친 글잡니다. 누구나 가고 싶은 고을이며, 마을 또는 도읍을 뜻합니다.
　1단계는 마을 군, 읍, 향리 등을 나타냅니다.

郡　• 고을 군, 관서 군　[邑부 7획, 총 10획 prefecture · ぐん]
　　　• 도시를 중심으로 빙 둘러싸인 토지를 나타내는 형성 글자.

　예. 郡民(군민) : 군의 백성
　　　郡守(군수) : 군의 우두머리
　　　郡縣(군현) : 군과 현

郎　• 사내 랑, 낭군 랑　[邑부 7획, 총 10획 male · ろう]
　　　• 좋은 남자 또는 좋은 사내라는 뜻의 형성 글자.

　예. 新郎(신랑) : 갓 결혼한 남자
　　　郎君(낭군) : 남편에 대한 칭호
　　　情郎(정랑) : 정을 준 남자

部　• 나눌 부, 거느릴 부　[邑부 8획, 총 11획 divide · ぶ]
　　　• 구분을 지어서 나눈 마을, 또는 부분을 뜻하는 형성 글자.

---

25) 방이 될 때에는 阝가 되며 좌로 가면 좌부 방, 우로가면 우부방이라 함.

㉡. 部落(부락) : 마을. 동네
　　部位(부위) : 부분
　　部下(부하) : 거느리는 아랫사람
　　部署(부서) : 사무를 분담시키는 사무의 갈래

都　• 도읍 도, 거느릴 도　[邑부 9획, 총 12획 metropolis · と]
　　• 사람들이 가득 모인 큰 마을이라는 뜻의 형성 글자.

㉡. 都心(도심) : 도회의 중심
　　古都(고도) : 옛 도읍지
　　都邑(도읍) : 서울

鄕　• 시골 향, 마을 향　[邑부 10획, 총 13획 country · きょう]
　　• 마주 보고 있는 마을을 나타낸 형성 글자.

㉡. 鄕里(향리) : 시골. 또는 고향
　　他鄕(타향) : 고향이 아닌 다른 지방
　　望鄕(망향) : 고향을 그리워함
　　歸鄕(귀향) : 고향으로 돌아감

2단계 단어로 들어가겠습니다.

那　• 어찌 나, 무엇 나　[邑부 4획, 총 7획 how · だ]
　　• 늘어진 귓볼처럼 풍요로운 것을 나타내는 형성 글자.

㉡. 支那(지나) : 중국
　　那邊(나변) : 어느 곳
　　刹那(찰나) : 순간

邦　• 나라 방　[邑부 4획, 총 7획 nation · ほう]
　　• 흙을 삼각형으로 돋우어 자신의 토지임을 나타낸 형성 글자.

㉡. 異邦(이방) : 다른 지방
　　友邦(우방) : 친구가 되는 나라

邪
- 간사할 사, 고을 이름 야 〔邑부 4획, 총 7획 *vicious*・しゃ〕
- 어긋나다는 뜻으로 사용되는 형성 글자.

  [예]. 破邪(파사) : 사를 무찌름
  邪敎(사교) : 바르지 못한 가르침
  邪道(사도) : 바르지 못한 길
  無邪(무사) : 거짓됨이 없음

郊
- 성밖 교, 들 교, 시골 교 〔邑부 6획, 총 9획 *suburb*・こう〕
- 왕래가 가능한 범위의 마을이라는 뜻의 형성 글자.

  [예]. 近郊(근교) : 가까운 마을
  遠郊(원교) : 멀리 있는 마을
  郊外(교외) : 인접한 도회지의 외곽

郭
- 성곽 곽, 둘레 곽 〔邑부 8획, 총 11획 *castle*・かく〕
- 주위를 성벽으로 둘러싼 마을을 나타내는 형성 글자.

  [예]. 外廓(외곽) : 둘레
  鐵郭(철곽) : 쇠로 둘러싼 둘레

郵
- 역참 우, 우편 우 〔邑부 8획, 총 11획 *posthouse*・ゆう〕
- 우편 중개소 임을 뜻하는 회의 글자.

  [예]. 郵票(우표) : 편지에 붙이는 증표
  郵政(우정) : 우편에 관한 행정
  軍郵(군우) : 군사 우편

검은 닭도 흰알을 낳는다

• 象形
닭 유

酉 [酉부 0획, 총 7획]
cock · ゆう

한비자의 〈양권편(揚權篇)〉에 닭(酉)26)은 시간을 알려주는 일을 맡은 계사야(鷄司夜)라는 직위에 있다고 하였습니다.

이런 말이 있습니다. 눈 먼 암탉도 낱알을 찾아내고, 검은 닭도 흰 알을 낳는다는 사실입니다. 남아프리카의 속담에는 시선을 끄는 문구가 있습니다. '암탉은 유방을 가지고 있지 않으나 체온으로 병아리를 키운다.'

체온, 우리는 항상 체온을 잊지 않아야 할 것 같습니다. '나와 너', '너와 나'가 아닌 우리 속에서 체온을 잃지 않아야 될 것 같습니다.

1단계에는 닭(酉)·술(酒)·의원(醫) 등입니다.

酒 • 술 주 [酉부 3획, 총 10획 liquor · しゅ]
• 단지에 담은 즙을 짜서 만든 술을 나타낸 형성 글자.

[예]. 酒色(주색) : 술과 여색. 얼굴에 나타난 술기운
酒肴(주효) : 술과 안주
飮酒(음주) : 술을 마심

---

26) 酉는 술병 모양을 본뜬 글자다. 술은 닭이 둥우리에 들어가는 해질 무렵에 마신다는 데서 십이지의 열째인 닭의 뜻으로 쓰이게 되었다.

| 醫 | • 의원 의 [酉부 11획, 총 1획 *doctor* · い]
• 술독에 약초를 넣고 약주를 만드는 것을 나타낸 형성 글자. |

1. 獸醫(수의) : 짐승을 치료하는 의사
   洋醫(양의) : 서양의 의술을 익힌 의원
   漢醫(한의) : 중국 의학을 익힌 의원

2단계에서는 거느리거나 배당하다 또는 짝을 나타내는 배(配)·짐작하거나 따름(酌)·신 것이나 고통스러움(酸)·술에 취함(醉)·더러움과 보기 흉함(醜) 등입니다.

| 配 | • 짝 배, 거느릴 배 [酉부 3획, 총 10획 *wife* · はん]
• 사람이 술통 옆에 붙어 있는 모습의 형성 글자. |

1. 配慮(배려) : 관심을 기울여 살핌
   配所(배소) : 유배지
   配偶(배우) : 남편과 아내

| 酌 | • 따를 작, 짐작할 작 [酉부 3획, 총 10획 *pour out* ·]
• 술을 따라 마시는 것을 뜻하는 형성 글자. |

1. 酌婦(작부) : 술집에서 술을 따르며 생활 하는 여인
   酌定(작정) : 알맞게 정함

| 酸 | • 초 산, 고통스러울 산 [酉부 7획, 총 14획 *acid* · さん]
• 시큼한 액체를 뜻하는 형성 글자. |

1. 酸性(산성) : 산이 가지는 성질
   酸味(산미) : 신맛

| 醉 | • 취할 취 [酉부 8획, 총 15획 *get drunk* · すい]
• 기분이 흐트러져 곤드레 만드레 됨을 뜻하는 형성 글자. |

1. 醉客(취객) : 술에 취한 사람
   醉氣(취기) : 술에 취한 얼근한 기운

醉中(취중) : 술에 취해 있는 동안

醜
- 더러울 추, 보기흉할 추 〔酉부 10획, 총 17획 *ugly*・しゅう〕
- 술을 짠 지게미를 뜻하는 형성 글자.

[용례]. 醜女(추녀) : 얼굴이 못생긴 여자
醜惡(추악) : 용모가 몹시 추함
醜行(추행) : 더럽고 부끄러운 행위
醜聞(추문) : 추잡한 풍문

금은 혀를 침묵 시킨다

• 形聲
쇠 금, 성 김
gold · きん
[金부 0획, 총 8획]

 황금은 도덕이 빛을 잃었을 때에 빛이 난다는 말이 있습니다. 그러나 도덕이 살아있는 생선처럼 펄쩍거릴 때에 황금도 살아 있다면 그것은 물질과 정신이 융합된 참으로 가치 있는 세상이 될 것입니다. 그때엔 우리들이 하는 말은 금언(金言)이 될 것입니다.
 1단계의 단어들을 검색해 보겠습니다.

- 바늘 침, 바느질할 침 [金부 2획, 총 10획 needle · しん]
- 터진 곳을 그러모아 꿰멘다는 뜻의 형성 글자.

   1. 針母(침모) : 남의 집에 고용되어 바느질을 맡아서 하던 여인을 가리킴
      短針(단침) : 짧은바늘
      分針(분침) : 분을 가리키는 바늘

   銀
- 은 은, 돈 은 [金부 6획, 총 14획 silver · ぎん]
- 영원히 썩지않을 것을 눈을 크게 뜨고 본다는 형성 글자.

   1. 銀幕(은막) : 영화계
      銀河(은하) : 은하수의 다른 이름
      銀婚式(은혼식) : 결혼한 지 25주년이 되는 해를 기념하는 것을 말함

245

- 돈 전, 무게의 단위 전 〔金부 8획, 총 16획 money · せん〕
- 주걱 모양을 한 구리를 본뜬 것으로 돈을 뜻하는 형성 글자.

例. 錢穀(전곡) : 돈과 곡식
　　守錢奴(수전노) : 돈밖에 모르는 인정 없는 사람
　　錢主(전주) : 자본주

- 종 종, 시계 종 〔金부 12획, 총 20획 bell · しょう〕
- 막대기로 관통하듯이 울리는 종을 나타낸 형성 글자.

例. 鐘閣(종각) : 큰 종을 매달아 놓은 누각
　　巨鐘(거종) : 큰 종소리
　　鐘樓(종루) : 종을 달아놓은 다락집

- 쇠 철, 단단할 철, 병기 철 〔金부 13획, 총 21획 iron · てつ〕
- 잘 뚫고 들어가는 금붙이를 가리키는 형성 글자.

例. 鐵甲(철갑) : 쇠로 만든 갑옷
　　鐵拳(철권) : 쇠같이 단단한 주먹
　　鐵石(철석) : 쇠가 들어있는 광석

2단계입니다.

鈍
- 무딜 둔, 완고할 둔 〔金부 4획, 총 12획 blunt · どん〕
- 속이 묵직하고 뾰족하지 않음을 나타낸 형성 글자.

例. 鈍感(둔감) : 감각이 무딤
　　鈍器(둔기) : 둔한 무기
　　愚鈍(우둔) : 어리석고 둔함

鉛
- 납 연, 백분 연 〔金부 5획, 총 13획 lead · えん〕
- 잘 녹으며 바깥 테를 따라 흐르는 금속이라는 뜻의 형성 글자.

例. 鉛版(연판) : 납으로 만든 판. 인쇄하기 위하여 납을 부어 만든 판

黑鉛(흑연) : 검은 납

銅
- 구리 동 〔金부 6획, 총 14획 brass · どう〕
- 부드러운 구멍을 뚫기에는 가장 좋은 금속이란 뜻의 형성 글자.

　銅鑛(동광) : 구리를 캐는 광산
　銅錢(동전) : 구리로 만든 돈
　銅像(동상) : 구리로 만든 상

銘
- 새길 명, 금석에 새길 명 〔金부 6획, 총 14획 engrave · めい〕
- 금속에 새긴 이름이나 글을 뜻하는 형성 글자.

　銘心(명심) : 마음에 새김
　座右銘(좌우명) : 살아가는 데에 도움이 될 만한 글귀. 항상 곁에 두고 깊이 마음에 둠

銃
- 총 총 〔金부 6획, 총 14획 gun · しゅう〕
- 총알을 재는 총을 나타낸 형성 글자.

　銃彈(총탄) : 총알
　銃殺(총살) : 총으로 쏘아서 죽임
　銃擊戰(총격전) : 총을 쏘며 싸움을 벌임

銳
- 날카로울 예, 똑똑할 예 〔金부 7획, 총 15획 sharp · えい〕
- 창끝을 깎아 뾰족하게 만든 것을 본뜬 형성 글자.

　銳利(예리) : 날카로움
　銳角(예각) : 직각보다 작은 각
　銳氣(예기) : 날카로운 기상

鋼
- 강철 강, 강할 강 〔金부 8획, 총 16획 steel · こう〕
- 단단하고 견고한 금속을 뜻하는 형성 글자.

　鋼板(강판) : 강철판
　鋼鐵(강철) : 무쇠를 인성이 강하도록 한 쇠

錦
- 비단 금, 아름다울 금 〔金부 8획, 총 16획 silk · きん〕
- 황금의 실을 교차시켜 아름답게 짠 견직물을 뜻하는 형성 글자.

247

예. 錦繡江山(금수강산) : 아름다운 우리나라의 산하
　　錦上添花(금상첨화) : 일의 되어가는 형편이 갈수록 더 좋아짐을 나타냄

錄
- 기록할 록, 베낄 록 〔金부 8획, 총 16획 record · ろく〕
- 청동의 표면을 깎고 문자를 새긴다는 뜻의 형성 글자.

예. 記錄(기록) : 써서 남김
　　目錄(목록) : 기록할 제목
　　錄音器(녹음기) : 소리를 저장할 수 있는 기기

錯
- 섞일 착, 둘 조 〔金부 8획, 총 16획 mingle · さく〕
- 잘못 겹치면 까칠하게 되어 고르지 않은 모습의 형성 글자.

예. 錯誤(착오) : 착각으로 인한 잘못
　　錯雜(착잡) : 뒤섞임
　　錯覺(착각) : 외계의 사물을 잘못 지각함

鍊
- 불릴 련, 달굴 련 〔金부 9획, 총 17획 forge · れん〕
- 금속의 좋은 것과 나쁜 것을 선별함을 뜻하는 형성 글자.

예. 修鍊(수련) : 갈고 닦음
　　鍊磨(연마) : 깊게 도를 닦음. 갈고 닦음

鎖
- 쇠사슬 쇄, 잠글 쇄 〔金부 10획, 총 18획 chain · さ〕
- 금속을 이어 만든 쇠사슬을 가리키는 형성 글자.

예. 封鎖(봉쇄) : 들거나 나가지 못하도록 막음
　　鎖國(쇄국) : 나라의 문호를 굳게 닫고 외국과의 교류를 금지함
　　鎖骨(쇄골) : 가슴 위쪽에서 어깨 쪽으로 향하며 수평으로 늘어져 있는 뼈

鎭
- 진압할 진, 진정할 진 〔金부 10획, 총 18획 suppress · ちん〕
- 속이 알차게 차 있는 묵직한 금속을 가리키는 형성 글자.

예. 鎭山(진산) : 도성이나 마을을 진호하는 산

鎭痛(진통) : 아픔을 가라앉힘

鎭壓(진압) : 억누름

鏡
- 거울 경, 비출 경 〔金부 11획, 총 19획 mIrror · きょう〕
- 햇빛과 그림자의 끊김을 비춰보는 구리거울을 나타낸 형성 글자.

[用]. 鏡中(경중) : 거울 속

銅鏡(동경) : 구리 거울

破鏡(파경) : 거울이 깨어짐

鏡鑑(경감) : 본보기. 또는 거울

鑑
- 거울 감, 본보기 〔金부 14획, 총 22획 mirror · かん〕
- 거울에 비추어 보듯이 잘 보는 것을 나타낸 형성 글자.

[用]. 鑑別(감별) : 감정하여 좋고 나쁨을 가림

鑑識(감식) : 인재를 식별함. 범죄 수사에 있어 지문 등

을 채   취하여 과학적으로 판별함

鑛
- 쇳돌 광 〔金부 15획, 총 23획 ore · かん〕
- 노랗게 빛나는 돌을 가리키는 형성 글자.

[用]. 鑛脈(광맥) : 광물의 맥

鑛夫(광부) : 광산에서 일을 하는 인부

金鑛(금광) : 금이 매장되어 있는 줄기

빵도 식칼로 자른다

• 象形
칼 도, 돈의 이름 도

刀　[刀부 0획, 총 2획]
knife · とう

칼(刀)27)은 위험한 물건으로 여깁니다.

그러나 칼이라 하여도 엄연히 용도가 있습니다. 이를테면 인명을 살상하는 칼이 있는가 하면 사람을 살리는 의원들의 인술(仁術)의 칼이 있습니다.

중국 속담에 흥미로운 것이 있습니다. 사람의 재능을 한 자루의 칼에 비유하여 잘 쓰면 몸을 지키고 잘못 쓰면 몸을 해친다는 것입니다.

1단계입니다.

分　• 나눌 분, 분수 분 〔刀부 2획, 총 4획 divide · ふん〕
　　• 둘로 나누는 것을 나타내는 회의 글자.

 分立(분립) : 갈라서 나누어 섬
　　分擔(분담) : 일을 각각 나누어 맡음
　　分布(분포) : 널리 퍼뜨림

列　• 벌일 렬, 차례 렬 〔刀부 4획, 총 6획 display · れつ〕
　　• 척추 등을 떼어놓는 것을 나타내는 형성 글자.

 列國(열국) : 여러 나라

---

27) 한자 부수의 하나로 날이 굽은 칼 모습을 가리킨다. 방(旁)으로 쓰일 때의 자형은 'ㅣㅣ'인데 '刀'와 구별하여 '선 칼 도'라고 부른다.

列島(열도) : 줄지어 서 있는 여러 개의 섬
列傳(열전) : 많은 사람들의 전기를 차례로 엮은 책
列邑(열읍) : 여러 고을

|刑| • 형벌 형, 죽일 형 〔刀부 4획, 총 6획 *punishment* · けい〕
• 형틀로 묶고 징계하는 일을 나타낸 형성 글자.

刑期(형기) : 형에 처하는 시기
刑典(형전) : 형법에 관련된 법
刑事(형사) : 형법의 적용을 받는 사건

|利| • 날카로울 리, 편할 리, 이길 리 〔刀부 5획, 총 7획 *sharp* · り〕
• 싹둑 싹둑 날이 잘 드는 칼을 나타낸 회의 글자.

利劍(이검) : 날카로운 칼
利己心(이기심) : 자신의 이익을 챙기려는 마음
利尿(이뇨) : 오줌을 잘 나오게 함

|別| • 나눌 별, 헤어질 별 〔刀부 5획, 총 7획 *part* · べつ〕
• 뼈의 관절을 칼로 나눔을 뜻하는 회의 글자.

別居(별거) : 따로 떨어져 삶
別淚(별루) : 이별의 눈물
別世(별세) : 세상을 떠남

|初| • 처음 초, 비로소 초 〔刀부 5획, 총 7획 *beginning* · しょ〕
• 옷을 만들 때에 시작하는 마름질을 뜻하는 회의 글자.

初期(초기) : 어떤 기간의 처음이 되는 시기
初面(초면) : 처음으로 대함
初夜(초야) : 결혼 첫닐밤

|判| • 뼈갤 판, 판가름할 판 〔刀부 5획, 총 7획 *judge* · はん〕
• 칼로 나눈다는 뜻으로 옳고 그름을 나타내는 형성 글자.

判讀(판독) : 뜻을 판단하여 읽음
判明(판명) : 판단하여 분명히 밝힘

判示(판시) : 판결하여 내보임

到
- 이를 도, 빈틈없을 도 〔刀부 6획, 총 8획 *reach* · とう〕
- 휜칼날이 획 돌아서 다다름을 이르는 형성 글자.

例. 到達(도달) : 정한 곳에 이름
   到底(도저) : 밑바닥에 다다름
   到處(도처) : 이르는 곳

前
- 앞 전, 앞설 전 〔刀부 7획, 총 9획 *front, the former* · ぜん〕
- 발끝으로 나아가는 것을 나타낸 형성 글자.

例. 前景(전경) : 앞에 보이는 경치
   前功(전공) : 전에 쌓은 공
   前方(전방) : 앞쪽

則
- 곧 즉, 법 칙, 본받을 측 〔刀부 7획, 총 9획 *rule* · そく〕
- 나중에 사람이 좇아야 하는 도리를 뜻하는 회의 글자.

例. 原則(원칙) : 정해놓은 기준
   則效(칙효) : 본받음

2단계입니다.

刃
- 칼날 인, 병기 인, 병기 인 〔刀부 1획, 총 3획 *blade* · じん〕
- 칼날을 잘 들도록 벼린 모습의 지사 글자.

例. 霜刃(상인) : 서릿발 같은 칼날
   刀刃(도인) : 칼날

切
- 모두 절, 모두 체 〔刀부 2획, 총 4획 *cut, all* · せつ, さい〕
- 날붙이로 베어낸 곳을 가지런히 한다는 뜻의 형성 글자.

例. 切感(절감) : 절실하게 느낌
   切迫(절박) : 여유가 없고 급함
   切品(절품) : 물건이 동이 나고 없음

刊
- 책 펴낼 간, 깎을 간 〔刀부 3획, 총 5획 publish · かん〕
- 글자를 나무에 적는데에서 책을 만드는 일을 나타낸 형성 글자.

用. 刊本(간본) : 인쇄된 서책
　　刊印(간인) : 간행물을 인쇄함
　　創刊(창간) : 책을 처음으로 발간함

刻
- 새길 각, 깎을 각, 때 각 〔刀부 6획, 총 8획 carve · こく〕
- 단단한 물건에 투박하게 새김을 나타내는 형성 글자.

用. 刻苦(각고) : 고생을 이겨내면서 애를 씀
　　刻骨難忘(각골난망) : 뼈에 새기듯이 잊지를 않음
　　刻薄(각박) : 각박하고 인정이 없음

券
- 문서 권, 어음쪽 권 〔刀부 6획, 총 8획 bond · けん〕
- 약속한 것을 칼로 목간에 새겨 둘둘 말아 보존한다는 형성 글자.

用. 株券(주권) : 주주가 소유하거나 소유할 주식
　　券帖(권첩) : 어음첩

刷
- 인쇄할 쇄, 씻을 쇄, 쓸 쇄 〔刀부 6획, 총 8획 print · せい〕
- 더러운 것을 칼로 획 쳐서 없애는 것을 나타낸 형성 글자.

用. 刷新(쇄신) : 새롭게 함. 묵은 것을 새롭게 고치는 것
　　刷掃(쇄소) : 쓸고 닦음

刺
- 찌를 자, 찌를 척, 수라 라 〔刀부 6획, 총 8획 pierce · し〕
- 가시로 찌르듯이 칼로 찌른 것을 뜻하는 형성 글자.

用. 刺戟(자극) : 정신을 흥분시키는 일
　　刺殺(자살) : 찔러 죽임
　　刺繡(사수) : 수를 놓음

制
- 마를 제, 누를 제, 묶을 제 〔刀부 6획, 총 8획 cut · せい〕
- 삐어져 나온 부분을 정돈한다는 뜻의 회의 글자.

用. 制度(제도) : 제정된 법규
　　制令(제령) : 제도와 법령

制御(제어) : 눌러서 억제함

削
- 깎을 삭, 칼집 초 〔刀부 7획, 총 9획 *cut* · さく〕
- 칼로 잘 써는 것을 뜻하는 형성 글자.

[예]. 削減(삭감) : 깎아서 줄임
削髮(삭발) : 머리를 자름

剛
- 굳셀 강, 굳을 강 〔刀부 8획, 총 10획 *firm* · ごう〕
- 칼을 만드는 강철처럼 단단한 것을 뜻하는 형성 글자.

[예]. 剛性(강성) : 굳센 성질. 단단한 성질
剛直(강직) : 마음이 굳세고 굳음
外柔內剛(외유내강) : 겉은 부드러우나 속은 강함

副
- 버금 부, 도울 부 〔刀부 9획, 총 11획 *second* · ふく〕
- 나중에 두 개로 잘린 것을 한쌍을 이루는 형성 글자.

[예]. 副木(부목) : 다친 팔 다리 등을 안정시키기 위해 대는 나무를 뜻함
副收入(부수입) : 정규 수입 외에 가외로 생기는 수입

創
- 비롯할 창, 상처 입을 창 〔刀부 10획, 총 12획 *begin* · そう〕
- 물건을 만들 때에 먼저 칼집을 내는 것을 뜻하는 형성 글자.

[예]. 創立(창립) : 처음으로 세움
創刊(창간) : 처음으로 책을 간행함
創傷(창상) : 상처를 입음

割
- 나눌 할, 빼앗을 할 〔刀부 10획, 총 12획 *divide* · かつ〕
- 본래 여기까지라고 가르는 것을 나타낸 형성 글자.

[예]. 割據(할거) : 땅을 나누어 차지하고 막아 지킴
割當(할당) : 몫을 갈라 나눔
割愛(할애) : 아끼는 것을 나누어줌

劃
- 그을 획, 한자의 획 〔刀부 12획, 총 14획 *draw* · かく〕
- 손에 붓을 들고 구분 짓는 것을 나타낸 회의 · 형성 글자.

[+]. 劃期的(획기적) : 한 시기를 그을만함
　　劃然(획연) : 분명히 구분됨
　　劃一(획일) : 一자를 그은 듯이 모두가 하나같음

劍　• 칼 검, 검법 검 〔刀부 13획, 총 15획 sword · けん〕
　　• 양쪽에 날이 서 있는 칼을 나타낸 형성 글자.

[+]. 劍客(검객) : 칼을 쓰는 사람
　　劍舞(경비) : 칼춤
　　劍術(검술) : 칼을 쓰는 법

劇　• 심할 극, 연극 극 〔刀부 13획, 총 15획 violent · げき〕
　　• 흥미로운 연극을 나타내는 형성 글자.

[+]. 劇團(극단) : 연극을 하는 단체
　　極烈(극렬) : 맹렬함
　　歌劇(가극) : 노래하고 연극함

세계엔 두 개의 힘이 있다

• 象形
힘 력, 애쓸 력

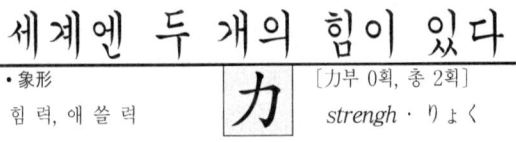

[力부 0획, 총 2획]
strengh · りょく

나폴레옹 어록에 눈길을 끄는 부분이 있습니다. 이 세계에는 두 개의 힘이 있다는 것입니다. 칼과 마음, 칼은 결국 마음에 일임된다고 결론을 내립니다.

이번엔 힘에 대해 알아보겠습니다. 1단계입니다.

|加| • 더할 가, 들어갈 가 [力부 3획, 총 5획 add · か]
• 팔 이외에 입도 같이 돕는다는 뜻의 회의 글자.

㊀. 加減(가감) : 더함과 뺌
加工(가공) : 자연물에 인공을 가하여 모양이나 성질을 바꾸는 일

|功| • 공 공, 공치사할 공 [力부 3획, 총 5획 merits · こう]
• 머리를 짜낸 일이나 솜씨를 뜻하는 형성 글자.

㊀. 功過(공과) : 공로와 허물
功績(공적) : 쌓은 공로

|助| • 도울 조 [力부 5획, 총 7획 help · じょ]
• 어떤 물건을 쌓아올릴 때 옆에서 거든 사람을 뜻하는 형성 글자.

㊀. 助言(조언) : 말로 거듦. 도움이 되는 말을 해주는 것
助力(조력) : 힘으로 도와 줌

勉
- 힘 쓸 면, 권할 면 〔力부 7획, 총 9획 *exert* · べん〕
- 좁은 문을 빠져나가려고 무리하게 힘쓰는 것을 본뜬 형성 글자.

뜻. 勉學(면학) : 힘써 공부함
　　 勸勉(권면) : 힘써 권함

勇
- 날랠 용, 기력이 있을 용 〔力부 7획, 총 9획 *brave* · ゆう〕
- 발을 쿵쿵 구르며 힘을 과시하는 모습의 형성 글자.

뜻. 勇斷(용단) : 용기 있게 결단함
　　 勇力(용력) : 용기 있고 힘이 셈
　　 勇者(용자) : 용기 있는 사람

動
- 움직일 동, 놀랄 동 〔力부 9획, 총 11획 *move* · どう〕
- 위와 아래 등으로 움직이는 것을 나타낸 형성 글자.

뜻. 動産(동산) : 금전 등으로 이동이 가능한 재산
　　 動因(동인) : 사건이나 변화의 원인
　　 動作(동작) : 몸의 움직임

務
- 힘 쓸 무, 직분 무 〔力부 9획, 총 11획 *exert* · む〕
- 무리하게 참으며 애를 쓰는 것을 나타낸 형성 글자.

뜻. 務望(무망) : 간절히 바람
　　 務實力行(무실역행) : 참 되고 실속이 있도록 힘쓰고 행하는 일을 뜻함

勞
- 일할 로, 위로할 로 〔力부 10획, 총 12획 *work* · ろう〕
- 일을 심하게하여 노곤해짐을 나타낸 회의 글자.

뜻. 勞困(노곤) : 일한 뒤끝의 피곤함
　　 勞力(노력) : 애쓰고 수고힘
　　 勞賃(노임) : 품삯

勝
- 이길 승, 나을 승 〔力부 10획, 총 12획 *win, bear* · しょう〕
- 다른 것보다 두드러짐을 나타낸 형성 글자.

뜻. 勝算(승산) : 적에게 이길 가능성

勝勢(승세) : 뛰어난 지세
勝訴(승소) : 소송을 걸어 이김

勤 • 부지런할 근, 일 근 〔力부 11획, 총 13획 *diligent* · きん〕
• 체력이 다할 정도로 힘을 써 일한다는 뜻의 형성 글자.

〔用〕. 勤勞(근로) : 힘을 다함
勤儉(근검) : 부지런히 일을 하고 검소하게 지냄
勤續(근속) : 계속하여 부지런히 일을 함

勢 • 기세 세, 세력 세, 기회 세 〔力부 11획, 총 13획 *spirit* · せい〕
• 사물을 적당히 억누르는 것을 나타낸 형성 글자.

〔用〕. 勢道家(세도가) : 권세가 있는 집안
勢力(세력) : 남을 누르는 기세나 힘
勢族(세족) : 권세 있는 집안

勸 • 권할 권 〔力부 18획, 총 20획 *advise* · かん〕
• 서로가 시끄럽게 떠들며 권하는 것을 나타낸 형성 글자.

〔用〕. 勸農(권농) : 농사를 권장함
勸告(권고) : 권면을 하고 충고함
勸善(권선) : 선한 일을 권함

2단계로 들어가겠습니다.

劣 • 못날 렬, 어리석을 렬 〔力부 4획, 총 6획 *inferior* · れつ〕
• 힘이 적다는 것을 나타낸 회의 글자.

〔用〕. 劣等(열등) : 낮은 등급
劣勢(열세) : 형세가 뒤짐
優劣(우열) : 좋고 나쁨

勞 • 힘쓸 노 〔力부 5획, 총 7획 *endeavor* · ど〕
• 참을성 있게 힘을 들임을 나타낸 형성 글자.

囲. 努力(노력) : 힘을 다하고 애를 씀
　　勞心焦思(노심초사) : 깊이 생각하고 애를 씀

募
　• 모을 모, 부름 모 〔力부 11획, 총 13획 collect · ぼ〕
　• 힘을 다함을 나타낸 형성 글자.

囲. 募集(모집) : 사람을 모음
　　募兵(모병) : 병사를 모음
　　公募(공모) : 공개 모집에 응함
　　應募(응모) : 모집에 응하는 것

勵
　• 힘쓸 려, 권면할 려 〔力부 15획, 총 17획 exert · れい〕
　• 힘을 많이 들인다는 뜻의 형성 글자.

囲. 激勵(격려) : 말로써 상대를 응원함
　　勵節(여절) : 지조를 지키도록 권장함
　　勵行(여행) : 힘써 행함

있는 힘을 다하여

• 指事
열 십, 완전할 십   [十부 0획, 총 2획]
ten · じゅう

어떤 일에 임하였을 때, 중도에서 중단하는 일이 없이, 열성을 다하여, 있는 힘을 다해 완성해야 합니다. 이 완성의 수가 바로 열(十)28)입니다.

1단계로 들어가겠습니다.

 • 일천 천, 많을 천 [十부 1획, 총 3획 thousand · せん]
• 사람이 앞으로 나아가는 모양에 一을 붙인 형성 글자.

밴. 千古(천고) : 먼 옛날
千里眼(천리안) : 먼 곳을 볼 수 있는 안력이 있듯이 사물을 꿰뚫어볼 수 있는 능력이 있음
千里馬(천리마) : 하루에 천리를 달릴 수 있을 만큼 빠른 말

 • 낮 오, 일곱 번째 지지 오 [十부 2획, 총 4획 noon, day · ご]
• 위와 아래로 만나는 것을 뜻하는 절굿공이를 본뜬 지사 글자.

밴. 午睡(오수) : 낮잠
午初(오초) : 오시의 첫시각
午午(오오) : 붐비는 모양

---

28) 열(十)의 옛글자는 모두 ㅣ으로 정리됩니다. 그것이 가운데가 볼록한 十으로 정리됐습니다.

半 ・반 반, 조각 반 〔十부 3획, 총 5획 half・はん〕
・소와 같은 큰 물건을 둘로 나눈다는 뜻의 회의 글자.

例. 半徑(반경) : 반지름
半島(반도) : 3면이 바다로 둘러싸인 육지
半子(반자) : 반자식. 즉 사위를 이르는 말

卒 ・군사 졸, 갑자기 졸 〔十부 6획, 총 8획 servent, finish・そつ〕
・제복을 입고 한 줄로 서 있는 병사를 뜻하는 회의 글자.

例. 卒年(졸년) : 죽은 해
卒倒(졸도) : 갑자기 정신을 잃고 쓰러짐. 또는 그런 일
卒然(졸연) : 갑자기. 별안간

協 ・합할 협, 일치할 협 〔十부 6획, 총 8획 unite・きょう〕
・힘을 합한 모습을 나타내는 형성 글자.

例. 協同(협동) : 여럿이 마음과 힘을 합하여 어떤 일을 함
協力(협력) : 어떤 일을 이루기 위하여 힘을 합침
協和(협화) : 서로 협력하여 화합함

南 ・남녘 남, 남으로 향할 남 〔十부 7획, 총 9획 south・なん〕
・따뜻한 방에서 싹이 나오는 모습을 본뜬 형성 글자.

例. 南國(남국) : 남쪽에 위치한 나라
南極(남극) : 남쪽 끝

2단계에서는 곡물을 되는 되(升)・낮음 또는 천함(卑)・넓음(博) 등입니다.

升 ・되 승, 승패 승, 새 승 〔十부 7획, 총 9획 measure・しょう〕
・곡물을 재는 모양을 나타내는 지사 글자.

例. 升鑑(승감) : 편지 겉봉의 받는 사람의 이름 아래에 쓰는 존칭어

升斗(승두) : 용량의 단위. 얼마 되지 않은 녹
升平(승평) : 나라가 태평함

卑
- 낮을 비, 천할 비, 낮은 사람 비 〔十부 6획, 총 8획 *lowly*·ひ〕
- 신분이 낮음을 나타내는 회의 글자.

[예]. 卑怯(비겁) : 용기가 없음. 겁이 많음
卑近(비근) : 고상하지 아니함
卑俗(비속) : 낮고 속됨

博
- 넓을 박, 도박 박 〔十부 10획, 총 12획 *extensive*·はく〕
- 모아서 고르게 퍼지게 한다는 뜻의 형성 글자.

[예]. 博覽(박람) : 널리 견문함
博識(박식) : 보고 들은 것이 많음
博愛(박애) : 모든 사람을 널리 사랑함

인습의 패각을 깨뜨려라

• 象形
조개 패, 무늬 패

〔貝부 0획, 총 7획〕
shellfish · ばい

　아주 오랜 옛날에는 사냥으로 잡은 동물의 뼈로 목걸이를 만들어 목에 걸고 다녔습니다. 다른 이에게 나타내는 위용이었지만, 화폐로서 역할도 했기 때문입니다.
　그러나 천성이 어진 우리의 이웃들은 소박한 의미를 조개29)에 두었습니다.
　"조개껍질은 녹슬지 않습니다."
　이를테면 천성이 착한 사람은 악한 습관에 쉽게 물들지 않는다는 말입니다.
　1단계로 들어갑니다.

　貞
　• 곧을 정, 정조 정 〔貝부 2획, 총 9획 virtuous · てい〕
　• 신의 마음을 똑바로 맞힌다는 뜻의 형성 글자.

 貞淑(정숙) : 여자로서 행실이 곧고 고움
　　貞潔(정결) : 정조가 결백함
　　貞操(정조) : 성생활에 지켜야할 절조

　財
　• 재물 재, 녹 재 〔貝부 3획, 총 10획 wealth · ざい〕
　• 사용하기 알맞은 정도의 목재나 천을 가리키는 형성 글자.

---

29) 둘로 갈라지는 조개를 본뜬 글자.

㊀. 財務(재무) : 재정에 관한 사무
　　財寶(재보) : 보배로운 재물
　　文化財(문화재) : 문화적으로 가치가 있는 재화

貧 • 가난할 빈, 적을 빈 〔貝부 4획, 총 11획 *poor* · ひん〕
　　• 돈이나 재화나 뿔뿔히 나뉘어짐을 나타내는 형성 글자.

㊀. 貧者(빈자) : 가난한 사람
　　貧弱(빈약) : 가난하고 약함
　　貧賤(빈천) : 가난하고 천함

責 • 꾸짖을 책, 바랄 책 〔貝부 4획, 총 11획 *reproach* · せき〕
　　• 가시에 찔린 따끔 따끔한 모습을 본뜬 형성 글자.

㊀. 責望(책망) : 허물을 들어 꾸짖음
　　責務(책무) : 맡은 바 임무
　　責善(책선) : 선을 행하도록 서로 권함

貨 • 재화 화, 물품 화 〔貝부 4획, 총 11획 *goods* · か〕
　　• 여러가지 물건과 바꿀 수 있는 조개를 본뜬 형성 글자.

㊀. 貨幣(화폐) : 지불 수단으로 사용되는 매개체
　　貨物(화물) : 실어 나르는 짐
　　貨車(화차) : 화물을 운반하는 차

貴 • 귀할 귀 〔貝부 5획, 총 12획 *honorable* · き〕
　　• 큰 짐을 양손에 들고 있는 모습을 나타낸 형성 글자.

㊀. 貴骨(귀골) : 귀하게 생긴 사람
　　貴人(귀인) : 귀한 사람
　　貴物(귀물) : 귀중한 물건

買 • 살 매 〔貝부 5획, 총 12획 *buy* · ばい〕
　　• 그물로 건지듯이 가치 있는 물건을 구한다는 뜻의 형성 글자.

㊀. 買價(매가) : 사는 값
　　買收(매수) : 사들임

買票所(매표소) : 표를 사는 곳

貳
- 두 이, 두 마음 이, 거듭할 이 〔貝부 5획, 총 12획 *two* · に〕
- 막대기 두 개가 나란한 모양을 나타낸 형성 글자.

[单]. 貳車(이거) : 여벌로 따르는 수레
貳心(이심) : 두 마음

貯
- 쌓을 저, 둘 저 〔貝부 5획, 총 12획 *store up* · ちょ〕
- 네모진 틀 속에 재화를 가득 채운 모양을 나타낸 형성 글자.

[单]. 貯金(저금) : 돈을 모아둠
貯水(저수) : 물을 저장함
貯置(저치) : 저장하여 둠

賀
- 하례할 하 〔貝부 5획, 총 12획 *congratulate* · が〕
- 선물을 가지고 상대를 축하한다는 뜻의 형성 글자.

[单]. 賀客(하객) : 축하하는 손님
賀正(하정) : 신년을 축하함
賀禮(하례) : 축하하는 예식

賣
- 팔 매 〔貝부. 8획, 총 15획 *sell* · ばい〕
- 물건을 내놓고 팔아서 이익을 보는 것을 나타낸 형성 글자.

[单]. 賣却(매각) : 팔아버림
賣買(매매) : 팔고 삼
賣場(매장) : 파는 곳

賞
- 상줄 상, 기릴 상 〔貝부 8획, 총 15획 *praise* · しょう〕
- 공적에 들어맞는 돈이나 물품을 뜻하는 형성 글자.

[单]. 賞罰(상벌) : 상과 벌
賞與金(상여금) : 정해진 급료 외에 주는 돈

質
- 바탕 질, 볼모 질 〔貝부 8획, 총 15획 *disposition* · しつ〕
- 어떤 물건과 같은 값어치가 있는 것을 나타낸 형성 글자.

[单]. 質朴(질박) : 꾸밈없고 순박함

質正(질정) : 시비를 바로잡음

質問(질문) : 물음

賢 • 어질 현, 어진 사람 현 〔貝부 8획, 총 15획 · けん〕
• 금전 출납을 긴축시켜 빈틈없음을 뜻하는 형성 글자.

用1. 賢良(현량) : 어질고 착함

賢明(현명) : 어질고 사리에 밝음

賢德(현덕) : 재주와 덕을 겸비한 성인

贊 • 도울 찬, 기릴 찬 〔貝부 12획, 총 19획 assist · さん〕
• 신에게 예물을 바칠 때 옆에서 도와주는 사람이라는 형성 글자.

用1. 贊同(찬동) : 다른 사람의 의견에 동의함

贊反(찬반) : 찬성과 반대

2단계 한자에 대해 살펴보겠습니다.

負 • 질 부, 저버릴 부 〔貝부 2획, 총 9획 bear · ふ〕
• 재물을 짊어진 있는 모습을 나타낸 회의 글자.

用1. 負笈(부급) : 책 고리를 짊어진다는 뜻. 타향으로 공부하기 위하여 유학함

負擔(부담) : 책임을 짐. 어떤 일을 맡음

負債(부채) : 빚을 짐. 또는 그 부채를 말함

貢 • 바칠 공, 공물 공 〔貝부 3획, 총 10획 offer · こう〕
• 일을 하여 재산이나 물건을 바치는 것을 나타낸 형성 글자.

用1. 貢物(공물) : 백성이 궁에 바치는 토산물. 또는 약소국이 강대국에게 바치는 물건

貢獻(공헌) : 나라나 사회에 이바지 함

貫 • 꿸 관, 관직 관 〔貝부 4획, 총 11획 pierce · かん〕
• 두 개의 물건에 관통한 모습을 본뜬 형성 글자.

266 부수를 알면 한자가 보인다

卅. 貫祿(관록) : 인격에 따른 위엄
　　貫流(관류) : 꿰뚫어 흐름
　　貫通(관통) : 꿰뚫음

貪
- 탐할 탐 〔貝부 4획, 총 11획 *covet* · たん〕
- 재물을 깊숙하게 많이 모은 것을 뜻하는 회의 글자.

卅. 貪官汚吏(탐관오리) : 욕심이 많은 부정한 관리
　　貪民(탐민) : 가난한 백성

販
- 팔 판, 장사 판 〔貝부 4획, 총 11획 *deal in* · はん〕
- 물건을 고르게 늘어놓고 파는 것을 나타낸 형성 글자.

卅. 販賣(판매) : 물건을 팖
　　販路(판로) : 판매하는 길
　　外販員(외판원) : 직접 물건을 들고 나가 파는 사람

貿
- 바꿀 무, 장사할 무 〔貝부 5획, 총 12획 *trade* · ぼう〕
- 억지로 열어 무리하게 이익을 얻으려는 것을 본뜬 형성 글자.

卅. 貿穀(무곡) : 곡물 값이 오를 것으로 보고 곡식을 잔뜩 사들이는 사람
　　貿易(무역) : 국제간에 교역을 이룸

費
- 쓸 비, 비용 비 〔貝부 5획, 총 12획 *expend* · ひ〕
- 돈이나 재물을 너무 써서 재산이 줄어든다는 뜻의 형성 글자.

卅. 費用(비용) : 쓰는 돈
　　費目(비목) : 비용을 지출하는 명목
　　學費(학비) : 배울 때 소요되는 경비

資
- 재물 자, 밑천 사 〔貝부 6획, 총 13획 *property* · はん〕
- 돈이나 재물을 갖추어놓고 유용하게 쓴다는 뜻의 형성 글자.

卅. 資格(자격) : 신분이나 지위
　　資金(자금) : 밑천
　　資源(자원) : 재화의 근원

賊
- 도둑 적, 훔칠 적 〔貝부 6획, 총 13획 *thief* · ぞく〕
- 무기를 손에 들고 상대를 다치게 한다는 뜻의 형성 글자.

  例. 賊徒(적도) : 도둑의 무리
  賊臣(적신) : 모반한 신하
  賊心(적심) : 다른 사람을 해치려는 마음

賓
- 손 빈, 존경할 빈 〔貝부 7획, 총 14획 *guest* · ひん〕
- 선물을 가지고 주인과 나란히 서서 말한다는 뜻의 형성 글자.

  例. 國賓(국빈) : 나라를 찾아온 외국 원수 등과 같은 손님
  來賓(내빈) : 손님이 옴
  內賓(내빈) : 강연회나 모임 등에 참석한 손님

賦
- 구실 부, 부역 부 〔貝부 8획, 총 15획 *levy* · ふ〕
- 돈이나 물건을 억지로 빼앗는다는 뜻의 형성 글자.

  例. 賦課(부과) : 세금 등을 매김
  賦金(부금) : 부과금. 또는 은행 등의 금융기관에 일정 기간을 정하여 목돈을 마련하기 위하여 저축하는 제도

賜
- 줄 사, 은덕 사 〔貝부 8획, 총 15획 *bestow* · し〕
- 돈이나 재산을 상대방에게 내미는 모습을 뜻하는 형성 글자.

  例. 賜藥(사약) : 죄인에게 독약을 내려 죽게 함
  賜姓(사성) : 성을 내림
  賜死(사사) : 죽임

賤
- 천할 천, 천히 여길 천 〔貝부 8획, 총 15획 *mean* · せん〕
- 재화가 아주 적음을 뜻하는 형성 글자.

  例. 賤待(천대) : 업신여기어 푸대접을 함
  賤民(천민) : 천한 백성
  賤奴(천노) : 비천한 신분의 종

賴
- 힘 입을 뢰 〔貝부 9획, 총 16획 *rely on* · らい〕
- 재화의 대차를 질질 끌어 남에게 맡기는 것을 뜻하는 형성 글자.

㉯. 依賴(의뢰) : 의지하고 힘입음
　　信賴(신뢰) : 믿고 맡김

贈 • 보낼 증, 선물 증 〔貝부 12획, 총 19획　*send* · そう〕
　　• 상대의 소유물 위에 더 높이 쌓음을 뜻하는 형성 글자.

㉯. 贈與(증여) : 거저 남에게 줌
　　贈呈(증정) : 주는 것을 뜻함
　　寄贈(기증) : 단체나 모임 등에 무상으로 물건 등을 내놓음

시간의 문

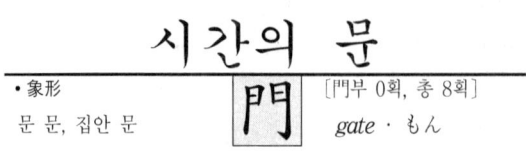

•象形
문 문, 집안 문

[門부 0획, 총 8획]
gate · もん

　시간의 문(門)30), 사람들이 미워하고 증오하는 것은 모두 시간의 여과(濾過) 탓입니다. 사람들은 그것을 알지 못하니 안타깝습니다.
　1단계입니다.

閉　•닫을 폐, 막을 별　[門부 3획, 총 11획 close · へい]
　　•문을 닫고 출입을 막는다는 뜻의 상형 글자.
. 閉幕(폐막) : 연극을 마치고 막을 내림
　　閉門(폐문) : 문을 닫음
　　閉蟄(폐칩) : 겨울잠

間　•사이 간, 틈 간, 섞을 간　[門부 4획, 총 12획 gap · けん]
　　•문과 문 사이를 내다보는 모습을 본뜬 회의 글자.
. 間隔(간격) : 서로 떨어져 있는 거리
　　間色(간색) : 두 가지 이상의 색깔을 배합하여 생기는 색깔을 말함

開　•열 개, 산 이름 견　[門부 4획, 총 12획 open · かい]
　　•똑같은 모양의 문이 좌우에서 평등하게 열리는 모습의 형성 글자.

---

30) 한자 부수의 하나로 좌우의 두 개의 문짝이 붙은 문을 본뜬 글자를 나타냄.

㊁. 開封(개봉) : 봉한 것을 엶
　　開店(개점) : 가게를 엶
　　開花(개화) : 꽃이 핌
　　開口(개구) : 입을 엶

閑　• 한가할 한, 아름다울 한 〔門부 4획, 총 12획 leisure · かん〕
　　• 문 앞에 나무를 걸친 모습을 본뜬 회의 글자.

㊁. 閑邪(한사) : 나쁜 마음이 생기지 않도록 막음
　　閑寂(한적) : 한가하고 적막함
　　閑地(한지) : 빈터

關　• 빗장 관, 활 당길 완 〔門부 11획, 총 19획 bolt · かん〕
　　• 좌우의 문에 빗장을 붙여 통하고 닫는 모습을 나타낸 형성 글자.

㊁. 關門(관문) : 국경이나 요새에 세운 문
　　關心(관심) : 어떤 것에 끌리는 마음
　　關與(관여) : 관계하여 참여함

2단계에서는 윤달(閏)·문설주(閣)·규방(閨) 등입니다.

閏　• 윤달 윤, 윤위 윤 〔門부 4획, 총 12획 intercalary · じゅん〕
　　• 왕이 달력에서 빼어져 나온 날은 일 하지 않는다는 회의 글자.

㊁. 閏年(윤년) : 윤달이 드는 해
　　閏位(윤위) : 왕위가 정통이 아님
　　閏集(윤집) : 원본에서 누락된 글을 따로 모은 문집

閣　• 문설주 각, 시렁 각 〔門부 6획, 총 14획 doorjamb · かく〕
　　• 문이 움직이지 않도록 버팀대처럼 눌러놓은 모습의 형성 글자.

㊁. 閣議(각의) : 내각의 합의
　　閣下(각하) : 내각의 아래, 또는 귀인에 대하여 존경하
는 마음으로 부르는 칭호

閨
- 도장방 규, 소녀 규, 부인 규 [門부 6획, 총 14획·けい]
- 옥으로 만든 그릇의 뾰족함을 본뜬 회의 글자.

용례. 閨房(규방) : 침실. 또는 안방
　　　閨中(규중) : 여자가 거처하는 방

글은 사람이다

• 象形
글월 문, 글자 문

[文부 0획, 총 4획]
letter · ぶん

글과 사람은 떼어 놓을 수 없는 관계입니다.
글월 문(文) 부에는 1단계와 2단계가 글월 문(文) 한 자입니다.

- 글월 문, 학문 문, 글자 문 〔文부 0획, 총 4획 letter · ぶん〕
- 옛날의 토기에 새긴 무늬의 하나를 본뜬 상형 글자.

1. 文格(문격) : 문장의 품격
   文魁(문괴) : 문과의 장원
   文氣(문기) : 문장의 기세

마음에 점을 찍고

- 漢字 部首 [丶부 0획, 총 1획]
  점 주   comma · ちゅう

단(丹)은 붉은 마음을 의미하기도 합니다. 결코 변하지 않는 충신의 마음입니다. 제1단계입니다.

丹
- 붉을 단, 정성 단, 붉은빛흙 단 [丶부 3획, 총 4획 red · たん]
- 수은이 함유된 주사의 모양을 나타낸 지사 글자.

[예]. 丹粧(단장) : 화장. 얼굴을 곱게 꾸밈
    丹田(단전) : 배꼽 아래 한 치가 되는 곳

主
- 주인 주, 소유자 주 [丶부 4획, 총 5획 host, lord · しゅ]
- 촛대 위에 지그시 타고 있는 불을 본뜬 형성 글자.

[예]. 主管(주관) : 일을 주장하여 관리함
    主力(주력) : 중심이 되는 세력

2단계는 둥글다(丸)는 글자 하나입니다.

丸
- 알 환, 둥글 환 [丶부 2획, 총 3획 pill · ちゅ]
- 벼랑 아래 사람이 웅크리고 있는 모습을 본뜬 회의 글자.

[예]. 丸藥(환약) : 작고 둥글게 빚은 알약
    丸劑(환제) : 환약

삐친 것을 바로잡고

- 漢字 部首
삐침 별

〔丿부 0획, 총 1획〕
へつ

 어딘가 모르게 궤도에서 벗어난 것이 있다면 우선 하던 일을 멈추고 잠시 생각을 가다듬어야 합니다. 자신의 허점이 어디 있는가를 살피고 삐친 부분을 바로잡아야 합니다.

 별 부에는 너 또는 이에(乃)·오래됨(久)·가다(之)·부사를 만드는 어미(乎)·타다(乘) 등의 1단계뿐입니다.

- 이에 내, 너 내, 곧 내 〔丿부 1획, 총 2획 here upon · だい〕
- 물건이 구부러진 것을 나타낸 지사 글자.

用. 乃父(내부) : 너의 아비. 그이의 아버지
　　乃者(내자) : 이전에. 요사이
　　乃至(내지) : 무엇 무엇에서 무엇 무엇에 이르기까지

- 오랠 구, 오래기다릴 구 〔丿부 2획, 총 3획 enduring · きゅう〕
- 노인의 등이 여기까지라고 가리키는 지사 글자.

用. 久遠(구원) : 아득하고 오램. 길고 오램
　　持久力(지구력) : 지탱하는 힘
　　永久(영구) : 아주 오래도록

- 갈 지, 이 지 〔丿부 3획, 총 4획 go, this · し〕
- 발이 경계선에서 나아가는 것을 나타낸 상형 글자.

㉤. 之東之西(지동지서) : 동서 방향을 못 잡고 망설임
左右之間(좌우지간) : 어쨌든 간에

乎
- 온 호, 감탄사 어 〔丿부 4획, 총 5획 · こ〕
- 소리가 한층 높아짐을 나타내는 뜻의 지사 글자.

㉤. 確乎(확호) : 든든하게. 확실하게

乘
- 탈 승, 대 승, 셈할 승 〔丿부 9획, 총 10획 ride · じょう〕
- 사람이 두 발로 나무 위에 올라가 있는 모습을 나타낸 회의 글자.

㉤. 乘機(승기) : 기회를 탐
乘馬(승마) : 타는 말
乘法(승법) : 곱셈

손이 차면 마음이 따뜻하다

手 〔手부 0획, 총 4획〕
・象形   hand・しゅ
손 수, 손바닥 수, 사람 수

손(手)은 다섯 손가락과 손바닥을 본뜬 글자입니다. 손이 차면 정말로 마음이 따뜻할까요?

1단계 단어입니다.

才
- 재주 재, 재능있는 사람 재 〔手부 0획, 총 3획 talent・さい〕
- 사람이 본래부터 가지고 있는 재능이라는 뜻의 지사 글자.

단어. 才氣(재기) : 재주 있는 기질
才能(재능) : 재주와 능력
才士(재사) : 재주 많은 선비

打
- 칠 타, 공격할 타 〔手부 2획, 총 5획 strike・だ〕
- 탕탕 치는 것을 나타내는 형성 글자.

단어. 打擊(타격) : 치는 것. 손실
打算(타산) : 이해를 따져 헤아려 봄

技
- 재주 기, 재능 기 〔手부 4획, 총 7획 talent・ぎ〕
- 가는 가지처럼 물건을 잘게 나눈다는 뜻의 형성 글자.

단어. 技能(기능) : 기술상의 재능
技倆(기량) : 기능이나 솜씨
技法(기법) : 기교와 방법

|扶| • 도울 부, 받칠 부 [手部 4획, 총 7획 help · ふ]
• 상대의 겨드랑이 밑에 손을 대고 떠받드는 뜻의 형성 글자.

例] 扶老(부로) : 늙은이를 도움
扶助(부조) : 남을 도와줌
扶養(부양) : 도와서 기름

|承| • 받들 승, 이을 승 [手部 4획, 총 8획 support · しょう]
• 사람이 무릎을 꿇고 양손으로 받든다는 뜻의 회의 글자.

例] 承繼(승계) : 뒤를 이음
承命(승명) : 어른의 명령을 받음
承服(승복) : 이해하여 복종함

|投| • 던질 투, 줄 투, 들일 투 [手部 4획, 총 7획 throw · とう]
• 조금 떨어진 맞은편에 멎도록 던지는 것을 나타내는 형성 글자.

例] 投光(투광) : 조명기 따위로 빛을 내비침
投球(투구) : 공을 던짐
投石(투석) : 돌을 던짐

|拜| • 절 배, 벼슬을 내릴 배 [手部 5획, 총 9획 bow · はい]
• 손가락을 몸의 좌우로 붙이고 깍지를 낀 채 절하는 회의 글자.

例] 拜見(배견) : 귀인을 뵘
拜金(배금) : 돈을 지나치게 숭배함
拜誦(배송) : 삼가 읽음

|招| • 부를 초, 구할 초, 묶을 초 [手部 5획, 총 8획 call · しょう]
• 부드러운 손짓으로 부름을 나타내는 뜻의 형성 글자.

例] 招來(초래) : 불러서 옴
招請(초청) : 청하여 부름
招待(초대) : 불러서 대접함

|抱| • 안을 포, 지킬 포 [手部 5획, 총 8획 embrace · ほう]
• 싸는 것처럼 팔로 껴안음을 나타내는 형성 글자.

㉕. 抱負(포부) : 안고 업고 하는 것
　　抱擁(포옹) : 껴안음
　　抱恨(포한) : 한을 품음

拾
- 주울 습, 열 십　［手部 6획, 총 9획　*pick up*・じゅう］
- 물건을 주워 모은다는 뜻의 형성 글자.

㉕. 拾得(습득) : 주움
　　拾遺(습유) : 땅에 떨어진 것을 주움. 빠진 것을 뒷날 보충하는 것을 말함

持
- 가질 지, 보전할 지　［手部 6획, 총 9획　*hold*・じ］
- 가만이 손에 쥐는 것을 나타내는 형성 글자.

㉕. 持久(지구) : 오래 유지함
　　持論(지론) : 늘 주장하는 의견
　　持病(지병) : 오랫동안 낫지를 않고 괴롭히는 병

指
- 손가락 지, 가리킬 지　［手部 6획, 총 9획　*finger*・し］
- 손가락을 쭉 뻗어 물건을 가리키는 모습을 뜻하는 형성 글자.

㉕. 指南車(지남차) : 방향을 가리키는 기계를 단 수레
　　指導(지도) : 가르쳐 인도함
　　指事(지사) : 사물을 가리킴

授
- 줄 수, 가르칠 수　［手部 8획, 총 11획　*give*・じゅ］
- 직접 건네받는다는 뜻의 형성 글자.

㉕. 授賞(수상) : 상을 받음
　　授業(수업) : 학예를 가르쳐 줌
　　授與(수여) : 내려줌

接
- 사귈 접, 대접할 접　［手部 8획, 총 11획　*associate*・せつ］
- 남자 곁에 붙어 시중을 드는 여인을 나타낸 형성 글자.

㉕. 接口(접구) : 음식을 조금 먹음
　　接近(접근) : 가까이 함

接木(접목) : 나무를 접붙임

採
- 캘 채, 가릴 채, 나무꾼 채 〔手部 8획, 총 11획 *dig*·さい〕
- 손끝으로 나무의 싹을 따는 것을 뜻하는 지사 글자.

🔲. 採鑛(채광) : 광물을 캐어냄
採金(채금) : 금을 캐어냄
採錄(채록) : 채집하여 기록함

推
- 옮을 추, 밀 퇴 〔手部 8획, 총 11획 *push*·たい〕
- 묵직한 무게나 힘을 들여 미는 것을 나타낸 뜻의 형성 글자.

🔲. 追窮(추궁) : 끝까지 캐어서 따짐
推考(추고) : 미루어 생각함
推及(추급) : 미루어 미침

探
- 찾을 탐, 엿볼 탐 〔手部 8획, 총 11획 *search*·たん〕
- 화덕 구멍 속의 불을 손으로 찾아낸다는 뜻의 형성 글자.

🔲. 探査(탐사) : 더듬어 살펴 조사함
探問(탐문) : 더듬어 찾아 물음
探勝(탐승) : 좋은 경치를 찾아다님

揚
- 오를 양, 날 양, 쳐들 양 〔手部 9획, 총 12획 *go up*·よう〕
- 힘 있게 오름을 뜻하는 형성 글자.

🔲. 揚名(양명) : 이름을 드날림
揚揚(양양) : 득의한 모양
揚言(양언) : 큰소리를 침

擧
- 들 거, 오를 거, 행실 거 〔手部 14획, 총 18획 *hold*·きょ〕
- 손을 맞추어 동시에 들어올림을 뜻하는 형성 글자.

🔲. 擧家(거가) : 온 집안
擧國(거국) : 온 나라
擧手(거수) : 손을 들어 올림
擧用(거용) : 끌어올려 씀

2단계 단어들의 구성은 손으로 행해지는 많은 일들이 드러나 있습니다.

托
- 밀 탁, 받침 탁, 맡길 탁 〔手부 3획, 총 6획 *push*・たく〕
- 가만이 앉아서 안정 시키는 것을 뜻하는 회의・형성 글자.

囑託(촉탁) : 어떤 일을 처리하기 위하여 위임함
托故(탁고) : 사고를 핑계함
托子(탁자) : 찻잔 받침

批
- 칠 비, 비파 비 〔手부 4획, 총 7획 *hit*・ひ〕
- 어떤 것을 비교하여 좋고 나쁨을 결정하는 형성 글자.

批點(비점) : 시문(詩文) 등에서 내용이 아주 잘된 곳에 찍는 점. 일종의 평점
批頰(비협) : 볼을 때림

抑
- 누를 억, 굽힐 억 〔手부 4획, 총 7획 *restrain*・よ〕
- 위에서 꽉 누르고 있는 모습을 나타낸 형성 글자.

抑留(억류) : 억지로 머무르게 함
抑壓(억압) : 누름
抑制(억제) : 억눌러 제어함

折
- 꺾을 절, 쪼갤 절 〔手부 4획, 총 7획 *break off*・せつ〕
- 나무를 둘로 자른 모양에 도끼를 합한 회의 글자.

折角巾(절각건) : 도인이 쓰던 쓰게의 한가지
折骨(절골) : 뼈를 부러뜨림
折腰(절요) : 허리를 낮게 숙임

抗
- 막을 항, 겨룰 항, 도울 항 〔手부 4획, 총 7획 *resist*・こう〕
- 꼿꼿하게 서서 저항하는 것을 나타내는 형성 글자.

抗拒(항거) : 대항하여 버팀
抗力(항력) : 저항하는 힘

抗禦(항어) : 저항하는 힘

拒 • 막을 거, 겨룰 거 〔手部 5획, 총 8획 defend · きょ〕
• 사이를 두고 가까이 하지 못하게 함을 뜻하는 형성 글자.

例. 拒否(거부) : 승낙을 하지 않고 물리침
拒逆(거역) : 사람의 뜻이나 명령을 거부
拒絶(거절) : 거부하고 끊음

拘 • 잡을 구, 거리낄 구 〔手部 5획, 총 8획 catah · こう〕
• 좁은 틀 속에 가두는 것을 나타낸 형성 글자.

例. 拘禁(구금) : 교도소 등에 잡아 가둠
拘留(구류) : 잡아 가둠
拘束(구속) : 잡아 묶음

拍 • 칠 박, 어루만질 박 〔手部 5획, 총 8획 strike · はく〕
• 손바닥으로 탁탁 두드리는 것을 나타낸 형성 글자.

例. 拍手(박수) : 손뼉을 침
拍子(박자) : 곡조의 진행
拍車(박차) : 어떤 일이 더 잘 되기를 촉진시키는 일.
승마용 구두의 뒤축에 달린 쇠붙이

拔 • 뺄 발, 빼어날 발, 줴 발 〔手部 5획, 총 8획 draw · ばつ〕
• 여분을 없애고 필요한 것만을 고른다는 뜻의 형성 글자.

例. 拔群(발군) : 여럿 가운데서 뛰어남
拔本(발본) : 뿌리를 뽑음
拔萃(발췌) : 필요한 부분만을 가려 뽑음

拂 • 떨 불, 먼지털이 불 〔手部 5획, 총 8획 sweep · ふつ〕
• 손을 좌우로 흔들어 떨쳐버림을 뜻하는 형성 글자.

例. 拂拭(불식) : 떨고 훔침
拂逆(불역) : 어김
拂衣(불의) : 옷자락을 추어올림. 떨쳐 일어나는 모양

抵
- 거스를 저, 이를 저 〔手部 5획, 총 8획 *disoby* · てい〕
- 손으로 탁 밀어붙이는 것을 나타낸 형성 글자.

用. 抵當(저당) : 저항. 채무의 담보물
　　抵死(저사) : 죽음에 이름
　　抵罪(저죄) : 죄질에 따라 벌을 함

拙
- 못날 졸, 운이 나쁠 졸 〔手部 5획, 총 8획 *inferor* · せつ〕
- 표준보다 뒤떨어진 것을 나타낸 형성 글자.

用. 拙稿(졸고) : 졸렬하게 쓴 원고. 자기가 쓴 원고의 겸칭
　　拙巧(졸교) : 졸렬함과 교묘함
　　拙筆(졸필) : 졸렬한 글씨

拓
- 넓힐 척, 박을 탁 〔手部 5획, 총 8획 *print* · たく〕
- 扌와 石의 합자. 손으로 밀거나 여는 것을 나타낸 형성 글자.

用. 拓殖(척식) : 땅을 개척하여 백성을 이주시킴
　　拓地(척지) : 땅을 개척함
　　拓本(탁본) : 금석을 새긴 글씨나 그림을 종이에 박아냄

抽
- 뺄 추, 당길 추 〔手部 5획, 총 8획 *draw out* · ちゅう〕
- 가는 부분에서 질질 끌어냄을 나타낸 형성 글자.

用. 抽出(추출) : 뽑아냄
　　抽籤(추첨) : 제비를 뽑음
　　抽利(추리) : 이익을 계산함

拳
- 주먹 권 〔手部 6획, 총 10획 · けん〕
- 손을 구부려 흩어진 물건을 나타낸다는 뜻의 회의 · 형성 글자.

用. 拳法(권법) : 주먹으로 서로 치는 기술
　　拳術(권술) : 주먹으로 서로 치는 기술
　　拳鬪(권투) : 복싱

挑
- 돋을 도, 후빌 도 〔手部 6획, 총 9획 *turn up, incite* · ちょう〕
- 둘러붙어 있는 것을 쑥 떼어놓는다는 뜻의 형성 글자.

예. 挑發(도발) : 싸움을 걺
挑戰(도전) : 싸움을 걺
挑剔(도척) : 운필법의 하나. 글자를 쓸 때에 치는 법

振
• 떨칠 진, 열 진 〔手部 7획, 총 10획　*tremble*・しん〕
• 조개의 치설처럼 떠는 것을 나타낸 형성 글자.

예. 振貸法(진대법) : 농민에게 곡식을 꾸어주었다가 수확기에 되돌려 받는 고구려 시대의 법
振撫(진무) : 구제하여 위로함
振肅(진숙) : 두려워 떨며 삼가는 것

捉
• 잡을 착, 붙잡을 착 〔手部 7획, 총 10획　*seize*・そく〕
• 손이 근육을 꽉 움츠려 잡음을 나타낸 회의・형성 글자.

예. 捕捉(포착) : 잡아냄
捉囚(착수) : 죄인을 체포하여 잡아 가둠

捕
• 잡을 포, 구할 포 〔手部 7획, 총 10획　*catch*・ほ〕
• 상대에게 손을 착 대는 것을 뜻하는 형성 글자.

예. 捕盜(포도) : 도둑을 잡음
捕殺(포살) : 잡아죽임
捕虜(포로) : 사로잡은 적의 군사

掛
• 걸 괘, 달 괘 〔手部 8획, 총 11획　*hang*・かい〕
• ∧자 모양으로 매다는 것을 나타낸 형성 글자.

예. 掛念(괘념) : 마음에 두고 잊지를 아니함
掛燈(괘등) : 등을 걺
掛書(괘서) : 이름을 숨기고 게시하는 글

掠
• 노략질할 략, 스칠 략 〔手部 8획, 총 11획　*plunder*・りゃく〕
• 손으로 남의 것을 함부로 빼앗는다는 뜻의 형성 글자.

예. 掠取(약취) : 노략질하여 가짐
掠奪(약탈) : 폭력을 사용하여 억지로 빼앗음

侵掠(침략) : 침범하고 약탈함

排
- 밀칠 배, 늘어설 배 〔手部 8획, 총 11획 *push* · はい〕
- 좌우로 밀어서 여는 것을 나타낸 형성 글자.

  排尿(배뇨) : 오줌을 눔
  排擊(배격) : 배척하여 물러남
  排除(배제) : 물리쳐 제거함

捨
- 버릴 사, 베풀 사 〔手部 8획, 총 11획 *throw* · しゃ〕
- 손을 느슨하게 풀어 쥐고 있는 물건을 놓는다는 뜻의 형성 글자.

  捨小取大(사소취대) : 작은 것을 버리고 큰 것을 취함
  捨生取義(사생취의) : 생명을 버릴지언정 의를 취함.
  捨身(사신) : 목숨을 버림

掃
- 쓸 소, 버릴 소 〔手部 8획, 총 11획 *sweep* · そう〕
- 비를 손으로 들고 쓰는 것을 뜻하는 형성 글자.

  掃萬(소만) : 모든 일을 제쳐놓음
  掃除(소제) : 쓸고 닦아서 청소를 깨끗이 함
  掃蕩(소탕) : 비로 청소하듯 모조리 무찌름

掌
- 손바닥 장 〔手部 8획, 총 12획 *palm of the hand* · はん〕
- 편 손을 나타냄. 즉 손바닥을 뜻하는 형성 글자.

  掌骨(장골) : 손바닥을 형성하는 다섯 가지의 뼈
  掌藏(장장) : 금전 출납을 맡아보는 사람

援
- 당길 원, 도울 원, 잡을 원 〔手部 9획, 총 12획 · えん〕
- 손을 사이로 뻗어 도움을 나타내는 형성 글자.

  援助(원조) : 도와 줌
  援筆(원필) : 붓을 잡음
  援護(원호) : 원조하여 보호함

提
- 끌 제, 내어걸 제, 도울 제 〔手部 9획, 총 12획 · てい〕
- 똑바로 잡아낭기는 모습을 본뜬 형성 글자.

㉑. 提高(제고) : 높임. 끌어올림
提起(제기) : 설명하여 밝힘
提燈(제등) : 끌고 다니는 등

換 ・바꿀 환, 고칠 환, 바뀔 환 〔手部 9획, 총 12획・かん〕
・속에 든 것을 빼내어 바꾼다는 뜻의 형성 글자.

㉑. 換骨奪胎(환골탈태) : 뼈를 바꾸고 태를 빼앗는다는 뜻. 모양이 아주 좋은 방향으로 달라진다는 뜻
換氣(환기) : 흐린 공기를 빼고 맑은 공기로 바꿈
換歲(환세) : 해가 바뀜

揮 ・휘두를 휘, 뿌릴 휘, 나타낼 휘 〔手部 9획, 총 12획・き〕
・손으로 빙글빙글 원을 그리며 휘두른다는 뜻의 형성 글자.

㉑. 揮毫(휘호) : 붓을 휘두름. 글씨를 쓰거나 그림을 그림
揮場(휘장) : 과거에 급제하였을 때에 금방(金榜)을 들고 과장 안을 돌며 외치던 일
揮發(휘발) : 액체가 기체로 변하여 날아감

損 ・덜 손, 줄 손, 헐뜯을 손 〔手部 10획, 총 13획・そん〕
・둥글게 구멍을 내어 속에 든 것을 덜어냄을 나타낸 형성 글자.

㉑. 損金(손금) : 손해금
損耗(손모) : 써서 닳아짐
損傷(손상) : 헐어지고 닳아짐

搖 ・흔들릴 요, 오를 요, 흔들 요 〔手部 10획, 총 13획・よう〕
・손으로 잡고 흔드는 것을 나타낸 형성 글자.

㉑. 搖動(요동) : 흔들림
搖鈴(요령) : 흔들면 소리가 나도록 만든 물건
動搖(동요) : 움직이고 흔들림

携 ・끌 휴, 잡을 휴 〔手部 10획, 총 13획・けい〕
・손으로 끌어당김을 나타내는 형성 글자.

㉠. 携帶(휴대) : 손에 들거나 몸에 지님
　　携帶品(휴대품) : 몸에 지닌 물건
　　携手同歸(휴수동귀) : 서로 행동을 함께 함

摘
- 딸 적, 들추어낼 적 〔手部 11획, 총 14획 · てき〕
- 몇 개의 손가락끝을 하나로 모아 조이는 것을 나타낸 형성 글자.

㉠. 摘句(적구) : 중요한 글귀를 뽑아냄
　　摘發(적발) : 드러나 있지 않은 부정한 일이나 물건을
들추어 냄
　　摘出(적출) : 끄집어 냄

播
- 뿌릴 파, 퍼뜨릴 파, 베풀 파 〔手部 12획, 총 15획 · は〕
- 손으로 평평하고 넓게 흩뿌리는 것을 나타낸 회의·형성 글자.

㉠. 播多(파다) : 소문이 널리 퍼짐
　　種播(종파) : 종자를 퍼뜨림
　　播種(파종) : 씨를 뿌림
　　播越(파월) : 좌천을 당함

據
- 의거할 거, 근거로 삼을 거 〔手部 13획, 총 16획 · はん〕
- 어떤 장소에 정착함을 뜻하는 형성 글자.

㉠. 據守(거수) : 성안에 웅크린 채 지킴
　　據點(거점) : 활동의 근거지
　　占據(점거) : 어떤 지역을 강제로 제압하는 것

擊
- 칠 격, 부딪칠 격, 움직일 격 〔手部 13획, 총 17획 · げき〕
- 단단한 물건이 맞부딪치는 것을 나타낸 형성 글자.

㉠. 擊滅(격멸) : 쳐서 멸망시킴
　　擊蒙(격몽) : 어린아이를 가르쳐 깨우침
　　擊退(격퇴) : 쳐서 물리침

擔
- 멜 담, 들 담, 맡은 일 담 〔手部 13획, 총 16획 bear · はん〕
- 심으로 들어올려 어깨에 메는 것을 나타낸 형성 글자.

例. 擔當(담당) : 일을 맡아봄
　　擔保(담보) : 맡아서 보증함
　　擔稅(담세) : 납세의 의무를 짐

操 • 잡을 조, 절개 조 〔手부 13획, 총 16획 take · そう〕
　　• 나무 위에 새가 모여 지저귀는 모양을 나타낸 형성 글자.

例. 操練(조련) : 군대를 훈련함
　　操弄(조롱) : 마음대로 다루면서 놀림
　　操作(조작) : 일을 함

擇 • 가릴 택 〔手부 13획, 총 16획 select · たく〕
　　• 늘어놓는 물건 중에서 골라내는 것을 나타낸 형성 글자.

例. 擇吉(택길) : 길한 날을 택함
　　擇良(택량) : 좋은 것을 택함
　　擇言擇行(택언택행) : 좋은 것과 나쁜 것을 가려 말과 행동을 조심함

擴 • 넓힐 확 〔手부 15획, 총 18획 expand · かく〕
　　• 손으로 펼치는 것을 나타낸 형성 글자.

例. 擴大(확대) : 늘려서 크게 함
　　擴散(확산) : 퍼져 흩어짐. 한 물질이 다른 물질에 스며들어 같은 농도가 되는 일
　　擴戰(확전) : 전쟁이 확대됨

껍질 없는 털이 있을까

• 漢字 部首
말 무, 없을 무

[毋부 0획, 총 4획]
do not · ぶ

이 세상 모든 것에는 근본이 있습니다. 과연 껍질 없는 털이 있을까요. 말 무(毋)는 금지의 뜻을 가지고 있습니다.

母
• 어미 모, 소생 모 [毋 1획, 총 5획 mother · も]
• 두 개의 유방을 가진 여인을 뜻하는 지사 글자.

例. 母體(모체) : 어머니의 몸. 근본이 되는 것
母胎(모태) : 어머니의 몸 안

每
• 매양 매, 그때마다 매 [毋부 3획, 총 7획 always · まい]
• 머리에 비녀를 꽂은 어머니를 본뜬 상형 글자.

例. 每事(매사) : 일마다
每樣(매양) : 항상 그 모양으로

2단계에는 독(毒)이라는 한 글잡니다.

毒
• 독 독, 해칠 독 [毋부 4획, 총 8획 poison · どく]
• 아이를 낳은 산모에게 주는 약초를 본뜬 형성 글자.

例. 毒感(독감) : 매우 지독한 감기
毒性(독성) : 독이 있는 성분

닫힌 불이 가장 강하다

• 象形
불 화, 탈 화, 몹시 화

〔火부 0획, 총 4획〕
fire · か

불(火)31)이라는 것은 가까이 하면 화상을 입기 쉽고 멀리 하면 춥다는 말이 있습니다. 즉, 가까이 두어서도 안되고 너무 멀리 둬서도 안된다는 뜻입니다.

1단계 단어들입니다.

- 불꽃 염, 불탈 염 〔火부 4획, 총 8획 flame · えん〕
- 왕성하게 불이 타오르는 모양을 나타낸 회의 글자.

예]. 炎上(염상) : 불꽃이 타오름
炎暑(염서) : 무더운 더위
炎天(염천) : 몹시 무더운 여름 더위

- 세찰 렬, 아름다울 렬 〔火부 6획, 총 10획 fierce · れつ〕
- 불이 활활 타오르는 것을 나타낸 형성 글자.

예]. 烈女(열녀) : 절개가 굳고 기상이 강한 여자
烈士(열사) : 기상이 강하고 절의가 굳은 사람
烈火(열화) : 맹렬히 타오르는 불

- 까마귀 오, 검을 오 〔火부 6획, 총 10획 crow · お, う〕
- 까마귀를 본뜬 상형 글자.

---

31) 불이 타오르는 것을 본뜬 글자.

[예]. 烏骨鷄(오골계) : 살갗이 검은닭
烏飛梨落(오비이락) : 까마귀 날자 배가 떨어진다는 뜻
烏竹(오죽) : 줄기가 검은 대나무

無
- 없을 무, 대체로 무 〔火부 8획, 총 12획 *not exist* · む〕
- 신 앞에서 춤을 추며 없는 것을 조르는 형성 글자.

[예]. 無故(무고) : 까닭이 없음
無能(무능) : 능력이 없음
無力(무력) : 힘이 없음
無心(무심) : 잡된 생각이 없음

然
- 그러할 연, 이에 연, 곧 연 〔火부 8획, 총 12획 · ぜん〕
- 개고기의 기름을 불로 태우는 것을 나타낸 형성 글자.

[예]. 然則(연즉) : 그런 즉, 그렇다면
然而(연이) : 그러나
然後(연후) : 그런 뒤

煙
- 연기 연, 그을음 연 〔火부 9획, 총 13획 · えん〕
- 불이 타서 연기가 나는 것을 뜻하는 형성 글자.

[예]. 煙景(연경) : 봄 경치
煙霧(연무) : 연기와 안개
煙波(연파) : 안개가 낀 수면

熱
- 더울 열, 열 열, 바쁠 열 〔火부 11획, 총 15획 *hot* · ねつ〕
- 끈적끈적한 땀이 나오는 것을 뜻하는 형성 글자.

[예]. 熱狂(열광) : 미친 듯이 열중함
熱心(열심) : 한가지 일에 집중함
烈火(열화) : 뜨거운 불

燈
- 등불 등, 등잔 등 〔火부 12획, 총 16획 *lamp* · とう〕
- 높이 들어올려서 내건 등을 나타낸 형성 글자.

[예]. 燈下不明(등하불명) : 등잔 밑이 어둡다는 뜻. 먼 곳보

다는 가까운 곳에서 생긴 일을 잘 모른다는 뜻
燈下(등하) : 등불

제2단계의 단어들 역시 불이 타고, 그것이 재가 되거나 또는 불이 난후의 여러 정경들이 나타납니다.

灰
- 재 회, 재가 될 회 〔火부 2획, 총 6획 ash · かい〕
- 손으로 타고 남은 재를 헤집어 내고 있는 모습의 회의 글자.

[예]. 灰壁(회벽) : 석회를 바른 벽
灰色(회색) : 쥐색
灰燼(회신) : 타고 남은 재와 불에 타다 남은 것

災
- 재앙 재, 해칠 재 〔火부 3획, 총 7획 calamity · さい〕
- 잘 살아가는 중에 만난 재해. 즉 산불을 뜻하는 형성 글자.

[예]. 災難(재난) : 재앙
災殃(재앙) : 재해
災厄(재액) : 재앙이나 재해

炭
- 숯 탄, 재 탄 〔火부 5획, 총 9획 charcoal · たん〕
- 산의 낭떠러지에서 채굴되는 석탄을 뜻하는 형성 글자.

[예]. 炭坑(탄갱) : 석탄을 캐는 굴
炭鑛(탄광) : 석탄이 나오는 광산
炭酸(탄산) : 탄산가스가 물에 녹아서 된 묽은 산

焉
- 어찌 언, 이에 언 〔火부 7획, 총 11획 why · えん〕
- 황색 봉황의 모습을 본뜬 상형 글자.

[예]. 焉敢生心(언감생심) : 감히 그런 마음을 먹을 수 없음
焉哉乎也(언재호야) : 천자문의 맨 끝 구절

煩
- 번거로울 번 〔火부 9획, 총 13획 troublesome · はん〕
- 머리가 확확 달아 올라 초조해 지는 모습을 본뜬 회의 글자.

用. 煩惱(번뇌) : 마음으로 몹시 괴로워하는 모양
　　煩雜(번잡) : 번거롭고 어수선함
　　煩瑣(번쇄) : 자질구레하고 성가심

照
- 비출 조, 의거 조 〔火부 9획, 총 13획 shine・しょう〕
- 빛이 비추고 거기에 불이 합쳐진 형성 글자.

用. 照臨(조림) : 해와 달이 위에서 사방을 비추는 것
　　照明(조명) : 밝게 비춤

熙
- 빛날 희, 기뻐할 희 〔火부 9획, 총 13획・き〕
- 불빛이 어린애를 감싸듯 포근한 모습의 회의・형성 글자.

用. 熙熙(희희) : 아주 화목한 모양. 음탕하고 정욕이 많은 모양을 나타냄
　　熙笑(희소) : 기뻐서 웃음

熟
- 익을 숙, 무를 숙 〔火부 11획, 총 15획 ripe・じゅく〕
- 불에 무언가를 붙여 부드럽게 만드는 것을 나타낸 형성 글자.

用. 熟客(숙객) : 단골손님
　　熟卵(숙란) : 삶은 계란
　　熟面(숙면) : 낯익은 사람

燒
- 사를 소, 탈 소 〔火부 12획, 총 16획 burn・しょう〕
- 흙이 높게 쌓아올린 곳에 불이 붙은 모습을 본뜬 형성 글자.

用. 燒却(소각) : 태워버림
　　燒殺(소살) : 태워 죽임
　　燒失(소실) : 불에 타 없어짐

燃
- 사를 연 〔火부 12획, 총 16획 burn・ねん〕
- 비곗살을 태우고 있는 모습을 본뜬 형성 글자.

用. 燃燈會(연등회) : 불교 의식. 음력 정월 보름날에 등불을 켜고 부처에게 복을 빌며 노는 놀이
　　燃燒(연소) : 물건이 탐

燕 • 제비 연, 나라이름 연 〔火部 12획, 총 16획 swallow · えん〕
• 아래가 둘로 갈라진 제비의 모양을 본뜬 상형 글자.

　　用. 燕尾服(연미복) : 빛깔은 검고 저고리의 뒷자락이 제비 꼬리 모양인 남자용 서양 예복
　　　　燕雀(연작) : 제비와 참새

營 • 경영할 영, 진영 영 〔火部 13획, 총 17획 manage · はん〕
• 주위를 횃불과 담으로 싸고 있는 건물을 뜻하는 형성 글자.

　　用. 營農(영농) : 농업을 경영함
　　　　營業(영업) : 사업을 경영함
　　　　營內(영내) : 진영의 안(內)

燥 • 마를 조, 말릴 조 〔火部 13획, 총 17획 dry · そう〕
• 불이 겉에만 타오르는 것을 나타낸 형성 글자.

　　用. 燥渴症勢(조갈증세) : 물을 자꾸만 마셔도 갈증이 더하여 물을 마시고 싶어 하는 증세
　　　　燥急(조급) : 참을성이 부족하고 성급함

燭 • 촛불 촉, 초 촉 〔火部 13획, 총 17획 candle · しょく〕
• 불이 가만히 타오르고 있는 모습을 본뜬 회의 · 형성 글자.

　　用. 燭光(촉광) : 등불빛
　　　　燭察(촉찰) : 밝게 비추어 살핌

爆 • 터질 폭 〔火部 15획, 총 19획 explode · ばく〕
• 불티가 밖으로 튀는 것을 나타낸 형성 글자.

　　用. 爆發(폭발) : 화력으로 인하여 갑자기 터짐
　　　　爆笑(폭소) : 갑자기 터져 나오는 웃음
　　　　爆死(폭사) : 폭발물이 터져 죽음

爐 • 화로 로 〔火部 16획, 총 20획 brazier · ろ〕
• 불을 지피는 풍로를 나타내는 형성 글자.

　　用. 爐邊(노변) : 화롯가

爐邊情談(노변정담) : 화롯가에 빙 둘러 앉아 은근한 얘기를 나눔. 또는 정겨운 얘기

爛 • 문드러질 란 〔火부 17획, 총 21획 *be sore* · らん〕
• 화기가 흐트러져 밖으로 나오는 모습의 회의 · 형성 글자.

[甲]. 爛發(난발) : 꽃이 흐드러지게 피어 있는 모습
　　爛漫(난만) : 꽃이 아름답게 피어 있는 모습. 또는 화려한 광채가 넘쳐흐르는 모양

아직 혀는 그대로 있는가

• 形聲
혀 설, 말 설,

舌 [舌부 0획, 총 6획]
tongue · ぜつ

중국 춘추전국시대에 말 잘하는 변사로 유명한 장의(張儀)가 십년 공부를 하고 집으로 돌아왔으나 아직 무명일 때입니다. 어느 날 잔칫집에 갔다가 도둑 누명을 쓰고는 얻어맞고 집으로 돌아왔습니다. 그의 아내는 참으로 한심했지만, 장의는 미소 지며 말하는 것이었습니다.

"내 입 속에 혓바닥이 있는가? 아직 혀가 있으니 걱정 말아"

아내는 기막히다는 표정이었습니다. 그리고 비웃었습니다.

장의는 얼마 후 집을 뛰쳐나가 연형술(連衡術)로 육국을 달래어 대성공을 거두었습니다.

장의에게 있어 혀는 여느 무기보다 강한 것이었죠.

설 부(部)에는 제1단계와 2단계를 통틀어 혀(舌)32)와 집(舍) 뿐입니다.

舍
• 집 사, 둘 사 [舌부 2획, 총 8획 house, pull · しゃ]
• 몸을 펴고 편안히 앉아 있는 모습을 나타낸 회의 글자.

 舍兄(사형) : 편지 등에서 형이 아우에게 이르는 말
舍叔(사숙) : 자신의 숙부를 남에게 이르는 말

---

32) 혀(舌)는 막기(干)와 口가 합쳐진 글자. 어떤 것을 뚫고 드나드는 막대기처럼 입에서 왔다 갔다 하는 것. 즉 혀를 나타냄.

이가 자식보다 낫다

• 形聲　　　　　　　　[齒부 0획, 총 15획]
이 치, 나란히 설 치　齒　teeth・し

　예부터 우리 조상들은 이(齒)33)가 하얗고 고른 것을 박씨에 비유하여 오복(五福)의 하나로 여겼습니다. 그만큼 우리의 몸에서 중요하다는 의미입니다.
　'앓던 이가 빠졌다'느니 '여든에 이가 난다'는 말은 전연 다른 의미를 나타냅니다.
　제1단계는 치(齒) 한 글자뿐입니다.

---

33) 치(齒)는 앞니가 나란히 있듯이 위에 止를 붙여 음식물을 씹는 이를 가리킴. 여기에서 止는 섰음을 나타내고 아래쪽은 이가 박힌 형태. 또한 이가 나란히 서 있다는 의미도 포함한다.

동방삭이 인절미 먹듯이

• 會意
밥 식, 밥 사

[食부 0획, 총 9획]
boiled rice · しょく

우리 속담에 '새남터를 나가도 먹어야 한다'는 말이 있습니다. 금방 죽는다 해도 먹어야 한다는 뜻입니다. 그만큼 먹는다(食)34)는 것은 삶이라는, 하루하루를 여는 첫 자락이라 할 수 있습니다. 제1단계에는 밥(食)·밥을 먹음(飯)·마심(飲)·가르침(養)·나머지(餘) 등입니다.

飯
- 밥 반, 먹일 반 [食부 4획, 총 13획 boiled · はん]
- 뿔뿔이 흩어지는 것을 나타낸 형성 글자.

  飯床器(반상기) : 밥상을 차리는데 필요한 한 벌의 그릇
  飯牛(반우) : 소를 먹임
  飯店(반점) : 음식점
  飯酒(반주) : 밥에 곁들여 먹는 술

飲
- 마실 음, 음료 음 [食부 4획, 총 13획 drink · いん]
- 굶주린 사람이 입을 벌려 마시는 것을 나타낸 형성 글자.

  飲毒(음독) : 독약을 먹음
  飲馬(음마) : 말에게 물을 먹임
  飲泣(음읍) : 눈물을 삼킴

---

34) 식(食) 자는 모아서 뚜껑을 닫는 표시와 밥을 수북하게 담은 모양과 숟가락 모습을 합친 글자.

養
- 기를 양, 가르칠 양 〔食부 6획, 총 15획 nourish · よう〕
- 영양이 있는 음식을 나타낸 형성 글자.

﹝用﹞. 養鷄(양계) : 닭을 기름
　　　養蜂(양봉) : 꿀벌을 침
　　　養魚(양어) : 물고기를 기름

餘
- 남을 여, 나머지 여 〔食부 7획, 총 16획 remain · よ〕
- 음식물이 남을만큼 있음을 나타낸 형성 글자.

﹝用﹞. 餘念(여념) : 나머지 생각
　　　餘力(여력) : 남은 힘
　　　餘白(여백) : 글씨를 쓰고 남은 빈자리

2단계는 주림(飢)·꾸밈(飾)·배부름(飽)·주림(餓)·객사(館) 등입니다. 단어를 검색하겠습니다.

飢
- 주릴 기, 흉년 기 〔食부 2획, 총 11획 hunger · き〕
- 음식이 조금 밖에 없음을 나타낸 형성 글자.

﹝用﹞. 飢渴(기갈) : 배고프고 목마름
　　　飢饉(기근) : 흉년으로 양식이 부족함
　　　食福(식복) : 먹을 복

飾
- 꾸밀 식, 꾸밈 식 〔食부 5획, 총 14획 adorn · しょく〕
- 손질을하여 깨끗하게 꾸미는 것을 나타낸 형성 글자.

﹝用﹞. 修飾語(수식어) : 꾸미는 말
　　　裝飾品(장식품) : 꾸미는 물건

飽
- 배부를 포, 물리게할 포 〔食부 5획, 총 14획 · ほう〕
- 음식을 먹은 배가 둥글게 부푼 모습을 나타낸 형성 글자.

﹝用﹞. 飽滿(포만) : 음식을 먹어 배가 부른 모습
　　　飽聞(포문) : 물리도복 늘음

飽和(포화) : 가득 차서 부족함이 없음

餓
- 주릴 아 〔食부 7획, 총 16획 starve · が〕
- 몸이 말라 앙상한 것을 나타낸 형성 글자.

[낱] 餓鬼(아귀) : 탐욕이 많은 사람을 비유
餓死(아사) : 굶어서 죽음

館
- 객사 관, 큰 건물 관 〔食부 8획, 총 17획 lodge · かん〕
- 식사를 내고 손님을 접대하는 큰 저택을 뜻하는 형성 글자.

[낱] 開館(개관) : 관사를 염
館員(관원) : 관에서 일하는 사람
館舍(관사) : 저택

문이란 칼과 같다

• 象形
지게 호, 출입구 호
[戶부 0획, 총 4획]
door · こ

　호(戶)는 집을 비롯하여 출입구를 의미합니다. 그래서 칼과 같다고 합니다. 왜냐하면 문을 열어젖히는 것은 현재의 세계를 둘로 가르기 때문입니다.
　호부의 1단계는 지게(戶)·방(房)·장소(所) 등입니다.

房 • 방 방, 집 방, 아내 방 〔戶부 4획, 총 8획 room · ぼう〕
• 몸채의 양쪽에 튀어나온 작은 방을 나타낸 형성 글자.

　房帳(방장) : 방에 두르는 휘장
　煖房(난방) : 방을 따뜻하게 함

所 • 바 소, 곳 소 〔戶부 4획, 총 8획 place · はん〕
• 여러 가지 동작의 목표나 장소를 나타낸 형성 글자.

　所感(소감) : 느낀 바
　所得(소득) : 얻은 것
　所屬(소속) : 딸려 있음
　所以(소이) : 연유나 까닭

　2단계에는 상용한자의 틀을 벗어난 부채(扇)에 대해 다루려 합니다. 참조하시기 바랍니다.

扇
- 부채 선, 선동할 선 [戶부 6획, 총 10획 fan · せん]
- 회의 · 형성 글자.

 扇動(선동) : 부추김
扇形(선형) : 부채꼴
扇錘(선추) : 부채 끝에 달린 추

그림자를 위하여

• 漢字 部首　　　二　　[亠부 0획, 총 2획]
머리 두

　망양(罔兩 : 그림자의 주인)이 그림자에게 물었다. '조금 전에는 걸어 다니더니 멈췄고, 아까는 앉았더니 지금은 일어섰구나. 왜 그처럼 절조가 없는가?' 그러자 그림자가 말했다. '아마 나는 의지하는 것이 있어서 그러는 것 같다. 내가 의지하는 것은 뱀의 발이나 매미의 날개라고나 할까. 그러니 그러한 줄을 어찌 알고 하지 않을 것을 어찌 알겠는가?'라고 하였다.
　돼지 해(亠) 부의 음(音)은 '두'입니다. 돼지 해자의 머리(亠)와 같으므로 부수의 명칭으로는 '돼지 머리 해'라 합니다.
　제1단계입니다.

• 잃을 망, 없을 무　[亠부 1획, 총 3획 lose · ほう]
• 물건을 숨기고 있는 모습을 뜻하는 회의 글자.

　[예]. 亡失(망실) : 잃어버림
　　　 亡人(망인) : 죽은 사람

• 사귈 교, 바꿀 교　[亠부 4획, 총 6획 company · こう]
• 사람이 다리를 X자 형으로 본 모양을 본뜬 상형 글자.

　[예]. 交分(교분) : 친구 사이의 정의
　　　 交換(교환) : 서로 바꿈

亦 • 또 역 〔亠부 4획, 총 6획 also · えき〕
• 양손을 겨드랑이에 끼고 있는 모습을 나타낸 회의 글자.

用. 亦是(역시) : 마찬가지로
不亦悅乎(불역열호) : 기쁘지 아니한가

京 • 서울 경, 언덕 경 〔亠부 6획, 총 8획 capital · けい〕
• 높은 토대 위에 우뚝 솟은 건물을 나타낸 회의 글자.

用. 京觀(경관) : 전쟁에서 나온 적의 시체를 쌓아놓고 거기에 흙을 덮어 무공을 나타냄
京唱(경창) : 서울에서 부르는 노래

2단계에서는 형통함(亨)·누리거나 대접함(享)·정자 또는 주막집(亭) 등입니다.

亨 • 누릴 향, 대접할 향 〔亠부 5획, 총 7획 go well · こう〕
• 재물의 향내가 기도가 신에게 통한다는 뜻의 회의 글자.

用. 萬事亨通(만사형통) : 모든 일을 마음 먹은 대로 이룸

享 • 누릴 향, 대접할 향 〔亠부 6획, 총 8획 enjoy · きょう〕
• 남북으로 빠져나가게 된 성곽을 본뜬 회의 글자.

用. 享年(향년) : 한평생 누린 나이
享樂(향락) : 즐거움을 누림
享壽(향수) : 천수를 누림

亭 • 정자 정, 주막집 정 〔亠부 7획, 총 9획 arbor · てい〕
• 땅 위에 우뚝 솟은 건물을 나타낸 형성 글자.

用. 亭子(정자) : 산수가 좋은 곳에 지은 아담한 건물
江亭(강정) : 강가에 세운 정자
松亭(송정) : 소나무 정자

질끈 수건을 동여매고

• 漢字 部首　　　　　　　[巾부 0획, 총 3획]
수건 건, 헝겊 건　　　　　　towel · きん

우리나라의 속담에 '망건 쓰다 장이 다 파한다'는 것은 준비가 너무 거창함을 뜻하는 말입니다. 건(巾) 부에서는 망건과 관계있는 한자를 살펴봅니다.

1단계입니다.

市
• 저자 시, 장사 시 [巾부 2획, 총 5획 market · し]
• 사람이 많이 모이는 곳에 친 울타리를 뜻하는 회의 글자.

 市街(시가) : 도시의 큰 거리
　　市價(시가) : 시장 가격
　　市立(시립) : 시에서 설립하고 유지함

布
• 베 포, 돈 포, 펼 포 [巾부 2획, 총 5획 hemp cloth · ふ]
• 천을 펼쳐서 까는 것을 나타낸 형성 글자.

　　布告(포고) : 일반인에게 널리 알림
　　布敎(포교) : 가르쳐 널리 폄
　　布帛(포백) : 베와 비단

希
• 바랄 희, 수놓은 옷 희 [巾부 4획, 총 7획 hope · き]
• 틈새가 전연 없는 데서 무언가를 정한다는 뜻의 회의 글자.

　　希求(희구) : 원하고 바람

希望(희망) : 소망을 가지고 기대함
希臘(희랍) : 그리이스

帝 • 임금 제, 하느님 제 〔巾부 6획, 총 9획 *emperor* · てい〕
• 옷 전체를 한 곳에 모으는 신이라는 뜻의 형성 글자.

帝室(제실) : 임금의 거처
帝業(제업) : 임금의 사업
帝政(제정) : 임금의 정치

師 • 스승 사, 벼슬아치 사 〔巾부 7획, 총 10획 *teacher* · し〕
• 군대를 가르치는 사람이라는 뜻의 형성 글자.

師母(사모) : 스승의 부인
師事(사사) : 스승으로 섬김
師兄(사형) : 나이나 학식이 자기보다 나은 사람

席 • 자리 석, 베풀 석 〔巾부 7획, 총 10획 *seat* · せき〕
• 방석이라는 것을 나타낸 형성 글자.

席藁(석고) : 자리를 깔고 엎드림
席捲(석권) : 자리를 말듯이 한꺼번에 모조리 자리를 차지하는 것을 뜻함

常 • 항상 상, 법 상 〔巾부 8획, 총 11획 *always* · じょう〕
• 오랜 시간, 또는 언제까지나를 뜻하는 형성 글자.

常客(상객) : 늘 찾아오는 손님. 단골손님
常軌(상궤) : 늘 지켜야할 길

2단계는 장수(帥)·띠(帶)·휘장(帳)·폭(幅)·막(幕)·비단(幣) 등입니다.

帥 • 장수 수, 거느릴 솔 〔巾부 6획, 총 9획 *general* · すい〕
• 천으로 만든 기를 앞세우고 길을 인도하는 것을 본뜬 형성 글자.

㉕. 統帥權(통수권) : 병력을 지휘 감독할 수 있는 권리
　　帥臣(수신) : 병마절도사
　　帥師(솔사) : 군대를 통솔함

帶
- 띠 대, 찰 때, 두를 대 〔巾부 8획, 총 11획 bell・たい〕
- 여러 모양의 물건을 허리에 매단 모습을 뜻하는 상형 글자.

㉕. 帶劍(대검) : 칼을 참
　　帶同(대동) : 동반함
　　帶電(대전) : 물체가 전기를 띰

帳
- 휘장 장, 장 장 〔巾부 8획, 총 11획 curtain・ちょう〕
- 실내의 칸막이용의 긴 천을 나타낸 형성 글자.

㉕. 帳幕(장막) : 둘러치는 막
　　帳殿(장전) : 휘장으로 치는 궁전
　　帳中(장중) : 장중의 안

幅
- 폭 폭, 넓이 폭 〔巾부 9획, 총 12획 width・ふく〕
- 천의 한쪽이라는 뜻을 나타낸 형성 글자.

㉕. 幅廣(폭광) : 한 폭의 너비
　　幅員(폭원) : 너비

幕
- 막 막, 진영 막 〔巾부 11획, 총 14획 curtain・ぼく〕
- 물건을 덮어씌우는 것을 나타낸 형성 글자.

㉕. 幕間(막간) : 연극에서 한 막이 끝나고 다음 막이 시작되기 전까지의 사이
　　幕舍(막사) : 임시로 간단하게 지은 집

幣
- 비단 폐, 화폐 폐 〔巾부 12획, 총 15획 silk・へい〕
- 선물을 하기 위하여 평평하게 자른 천을 나타낸 형성 글자.

㉕. 幣物(폐물) : 선사하는 물건
　　幣帛(폐백) : 신에게 바치는 비단.

자축거리지 마세요

• 漢字 部首　　　　彳　　[彳부 0획, 총 3획]
조금 걸을 척　　　　　　hobble · てき

　두인변(彳) 부에 속하는 '척'은 조금 걷거나 자축거린다는 의미입니다. 그러므로 간다는 의미의 행(行) 자를 나눈 '척(彳)'과 '촉(亍)'은 모양 그대로 자축거리는 것을 가리킵니다. 즉, 힘이 없는 다리로 절룩거리는 것을 가리킵니다.
　두인변 부의 1단계로 들어갑니다.

往
　• 갈 왕, 보낼 왕, 뒤 왕　[彳부 5획, 총 8획 go · おう]
　• 기세좋게 점점 나아감을 뜻하는 형성 글자.

1단계. 往年(왕년) : 지나간 해
　　　往事(왕사) : 지나간 일
　　　往復(왕복) : 갔다가 돌아옴

彼
　• 저 피, 그 피　[彳부 5획, 총 8획 that · ひ]
　• 저쪽이라는 뜻의 형성 글자.

1단계. 彼我(피아) : 그와 나
　　　彼我間(피아간) : 저와 나 사이
　　　彼岸(피안) : 건너편 강기슭

律
　• 법 률, 정도 률　[彳부 6획, 총 9획 law · りつ]
　• 행위의 규칙을 붓으로 조목조목 쓴 형성 글자.

㉤. 律客(율객) : 음률에 밝은 사람
　　律師(율사) : 변호사
　　律調(율조) : 시의 리듬

後　•뒤 후, 뒤로할 후 〔彳부 6획, 총 9획 back·こう〕
　　•발을 질질 끌며 조금 밖에 나아가지 못한다는 뜻의 회의 글자.

㉤. 後繼(후계) : 뒤를 이음
　　後年(후년) : 다음 해
　　後面(후면) : 뒷면

徒　•무리 도, 맨손 도, 죄수 도 〔彳부 7획, 총 10획·と〕
　　•육지를 한발 한발 걸어감을 나타낸 형성 글자.

㉤. 徒黨(도당) : 불순한 사람들의 무리
　　徒囚(도수) : 체포된 사람
　　徒衆(도중) : 패거리

得　•얻을 득, 만족할 득 〔彳부 8획, 총 11획·どく〕
　　•나가서 물건을 얻음을 나타내는 형성 글자.

㉤. 得男(득남) : 아들을 낳음
　　得道(득도) : 바른 길을 얻음
　　得名(득명) : 이름을 지음

從　•좇을 종, 시중들 종 〔彳부 8획, 총 11획·しょう〕
　　•뒤를 따라감을 나타낸 형성 글자.

㉤. 從姑母(종고모) : 아버지의 사촌 자매
　　從軍(종군) : 군대를 따라 싸움터로 나감
　　從當(종당) : 그 뒤에 마침내

復　•회복할 복, 다시 부 〔彳부 9획, 총 12획 restore·ふく〕
　　•같은 길을 되풀이하여 오는 것을 뜻하는 형성 글자.

㉤. 復歸(복귀) : 본래 대로 돌아감
　　復讐(복수) : 원수를 갚음

復活(부활) : 다시 살아남

德 •덕 덕, 행위 덕 〔彳부 12획, 총 15획 virtue · とく〕
•곧은 마음으로 하는 행위를 뜻하는 형성 글자.

예. 德望(덕망) : 덕행과 인망
德不孤(덕불고) : 덕이 있는 사람은 외롭지 않음
德性(덕성) : 사람이 타고난 본성

2단계입니다.

役 •부릴 역, 병사 역, 싸움 역 〔彳부 4획, 총 7획 work · えき〕
•멀리 가서 일함을 나타내는 회의 글자.

예. 役夫夢(역부몽) : 낮에는 노동을 하는 인부가 밤에는 왕후가 된다는 뜻. 인생의 부귀영화가 덧없음을 나타냄
役作(역작) : 구실

征 •갈 정, 칠 정 〔彳부 5획, 총 8획 conquer · せい〕
•똑바로 바르게 가는 것을 뜻하는 형성 글자.

예. 征途(정도) : 여행을 하는 길. 출정을 나가는 일
征路(정로) : 여행하는 길
征行(정행) : 정벌의 길을 떠남

徑 •지름길 경, 건널 경 〔彳부 7획, 총 10획 · けい〕
•두 점 사이를 똑바로 이은 지름길을 뜻하는 형성 글자.

예. 捷徑(첩경) : 지름길
徑情直行(경정직행) : 마음 내키는 대로 함
徑路(경로) : 빠른 길

徐 •천천할 서, 평온할 서 〔彳부 7획, 총 10획 · じょ〕
•천천히 시간을 끌며 걷는 것을 나타낸 형성 글자.

예. 徐來(서래) : 천천히 옴

徐徐(서서) : 잠을 자고 있는 모양

徐行(서행) : 천천히 감

御 • 어거할 어, 막을 어 〔彳부 8획, 총 11획·ぎょ〕
• 단단한 것을 고르게 빻은 것을 나타낸 회의 글자.

用. 御駕(어가) : 임금이 타는 수레

御命(어명) : 임금의 명령

御用(어용) : 임금이 쓰는 물건

循 • 좇을 순, 돌 순 〔彳부 9획, 총 12획 follow·じゅん〕
• 무언가에 의지하여 바짝 붙어서 가는 것을 뜻하는 형성 글자.

用. 循俗(순속) : 풍속을 좇음

循行(순행) : 돌아다님

循環(순환) : 주기적으로 반복하여 도는 것

微 • 작을 미, 숨길 미 〔彳부 10획, 총 13획 minute·び〕
• 실이나 털끝처럼 눈에 띄지 않게 함을 뜻하는 형성 글자.

用. 微功(미공) : 작은 공로

微官(미관) : 보잘 것 없는 벼슬

微物(미물) : 보잘 것 없는 작은 물건

徵 • 부를 징, 음률이름 치 〔彳부 12획, 총 15획 call·ちょう〕
• 훌륭한 인재를 왕이 발견하고 불러내 관직을 내린다는 형성 글자.

用. 徵納(징납) : 세금을 거두어 나라에 바침

徵兆(징조) : 어떤 일이 일어날 기미를 보임

徹 • 통할 철, 밝을 철 〔彳부 12획, 총 15획 pierce·てつ〕
• 슬쩍 빠져 나오는 것을 나타낸 회의 글자.

用. 徹頭徹尾(철두철미) : 처음부터 끝까지

徹夜(철야) : 밤을 샘

徹底(철저) : 속속들이 꿰뚫어 부족하거나 다치지 않는 곳이 없음

311

새에게는 부리가 있다

• 象形
새 을, 둘째 을

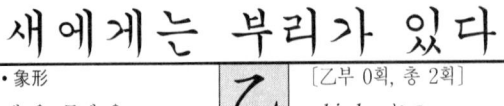
[乙부 0획, 총 2획]
bird · おつ

부리를 가지고 있는 새(鳥)35)는 알을 까고 나옵니다. 알은 세계죠. 일찍이 헤르만 헤세는 '태어나려는 자는 한 세계를 파괴하여야 한다'라는 말을 했습니다. 그렇게 해야만 또 다른 세계로 갈 수 있기 때문입니다.

1단계 단어입니다.

• 아홉 구, 극수 구, 모을 규 〔乙부 1획, 총 2획 nine · きゅう〕
• 팔을 구부려 안으로 당기는 모습을 본뜬 지사 글자.
  九曲(구곡) : 아홉 굽이
  九十春光(구십춘광) : 봄 석 달 동안의 화창한 날씨
  九泉(구천) : 저승

• 잇기 야, 또 야 〔乙부 2획, 총 3획 also · や〕
• 뱀이나 전갈의 모양을 본뜬 상형 글자.
  焉哉乎也(언재호야) : 천자문의 맨 끝 귀

• 마를 건, 하늘 간 〔乙부 10획, 총 11획 dry, sky · かん〕
• 태양이 깃발처럼 높이 솟아오르는 모습을 뜻하는 형성 글자.
  乾固(건고) : 말라서 굳어짐

---

35) 뻗으려고 하는 끝이 굽어서 눌린 채 꺾어 있는 모습을 나타낸 모습.

　　　　乾畓(건답) : 조금만 가물어도 말라버리는 논
　　　　乾嗽(건수) : 마른기침

2단계에는 어지러움(亂)뿐입니다.

亂　• 어지러울 란, 반역할 란 〔乙부 12획, 총 13획 confuse · らん〕
　　　• 뒤얽힌 것을 바로잡는다는 의미의 형성 글자.

　　田. 亂離(난리) : 세상의 소란을 만나 뿔뿔이 헤어짐
　　　　亂立(난립) : 질서 없이 뒤섞여 섬
　　　　亂入(난입) : 난폭하게 밀고 들어옴

내 안에 있는 갈고리

- 漢字 部首
갈고리 궐

[亅부 0획, 총 1획]
hook · けつ

사람이 지닌 갈고리로 가장 많이 꼽는 것이 '사치'입니다. 장자(莊子)는 '사치'에 대하여 반드시 애정을 수반한다고 했습니다. 갈고리 부의 1단계는 일 또는 섬기다(事)는 의미입니다.

事
- 일 사, 섬길 사, 일삼을 사 [亅부 7획, 총 8획 work · じ]
- 점쟁이가 점을 치는 도구 안에 손을 집어넣은 모습의 상형 글자.

 事理(사리) : 일의 이치
　　　事由(사유) : 일의 까닭

2단계는 마치거나 깨달음(了)·나 또는 함께 하다(予)입니다.

了
- 마칠 료, 깨달을 료 [亅부 1획, 총 2획 finish · りょう]
- 늘어진 것을 짧게 들어올리는 모양을 본뜬 상형 글자.

修了(수료) : 학업을 마침
終了(종료) : 일을 마침

予
- 나 여, 줄 여 [亅부 3획, 총 4획 I · よ]
- 둥근 고리를 저만큼 밀어놓는다는 뜻의 상형 글자.

이 글자는 與와 같은 의미로 이 글자를 豫의 속자(俗字)로 쓰는 것은 잘못이다.

작은 일을 자랑하지 말라

• 指事
작을 소, 조금 소

〔小부 0획, 총 2획〕
again · ゆう

작은 일은 뽐내거나 자랑하지 말라고 했습니다.
1단계는 少와 尙입니다.

少
- 적을 소, 젊을 소 〔小부 1획, 총 4획 few · しょう〕
- 수량이 적음을 나타낸 지사 글자.

例. 少年(소년) : 나이가 어린 사람
　　少量(소량) : 적은 분량

尙
- 오히려 상, 더할 상 〔小부 5획, 총 8획 rather · しょう〕
- 창으로부터 공기가 위로 나와 퍼지는 모습을 본뜬 회의 글자.

例. 尙今(상금) : 이제까지
　　尙文(상문) : 학문을 숭상함

2단계는 뾰족하거나 끝을 의미함(尖) 뿐입니다.

尖
- 뾰족할 첨, 끝 첨 〔小부 3획, 총 6획 pointed · せん〕
- 아래가 크고 말단이 작은 모습을 뜻하는 회의 글자.

例. 尖端(첨단) : 물건의 뾰족한 끝
　　尖銳(첨예) : 침예하고 날카로움

안으로 들어가 보면

• 指事
들 입, 들일 입

[入부 0획, 총 2획]
enter · にゅう

안으로 들어간다(入)는 부수는 1단계 단어들뿐입니다. 들어감(入)·안(內)·온전함(全)·무게의 단위(兩) 등입니다.

 • 안 내, 들일 납, 여관 나 [入부 2획, 총 4획 inside · ない]
• 덮개 속에 넣는다는 뜻의 회의 글자.

內申(내신) : 겉으로 드러내지 않고 상신함
內室(내실) : 아내
內行(내행) : 가정에서 부녀자의 행실

 • 온전할 전, 온통 전 [入부 4획, 총 6획 entire · ぜん]
• 불순물이 섞이지 않는 완전하다는 뜻의 회의 글자.

全國(전국) : 온 나라
全擔(전담) : 전부 부담함

兩 • 두 량, 량 량 [入부 6획, 총 8획 two · りょう]
• 좌우가 평형인 저울의 모습을 나타낸 상형 글자.

兩得(양득) : 한 가지 일로 두 가지 이득을 얻음
兩面(양면) : 두 가지의 면
兩岸(양안) : 양쪽 언덕
兩家(양가) : 양쪽 집

둘로 나누어지다

• 指事
여덟 팔, 여덟 번 팔

[八부 0획, 총 2획]
eight · はち

팔(八)은 둘로 나누어지는 것을 본뜬 글잡니다.

- 공변될 공, 드러낼 공 〔八부 2획, 총 4획 fair · こう〕
- 갖춰진 것을 공공연히 펴 보이는 것을 나타낸 회의 글자.

用. 公告(공고) : 널리 세상에 알림
　　公道(공도) : 공평한 길
　　公文(공문) : 관청에서 내는 문서

- 여섯 륙, 여섯 번 륙 〔八부 2획, 총 4획 six · ろく〕
- 덮개를 씌운 구멍에 들어가 있는 모습을 본뜬 상형 글자.

用. 六旬(육순) : 60세. 또는 60일
　　六角(육각) : 육모
　　六親(육친) : 여섯 친척. 부모와 형제 · 처자

- 함께 공, 함께할 공 〔八부 4획, 총 6획 together · きょう〕
- 두 손으로 물건을 받들어 드는 모양의 회의 글자.

用. 共同(공동) : 두 사람 이상이 함께 일을 함
　　共榮(공영) : 함께 번영함
　　共有(공유) : 함께 소유함
　　共怒(공노) : 함께 노함

- 병사 병, 전쟁 병, 칠 병 〔八부 5획, 총 7획 soldier · へい〕
- 무기를 손에 들고 적과 맞붙은 모습의 회의 글자.

   例. 兵戈(병과) : 창. 전쟁
   兵法(병법) : 전쟁에 이기는 방법
   兵火(병화) : 전쟁으로 인한 화재

其
- 그 기, 어조사 기 〔八부 6획, 총 8획 it, that · き〕
- 키를 대 위에 얹은 모양을 본뜬 상형 글자.

   例. 其實(기실) : 사실은
   其他(기타) : 그밖에
   其人(기인) : 그 사람

典
- 법 전, 의식 전, 바를 전 〔八부 6획, 총 8획 law · てん〕
- 책의 가르침을 본보기로 하는 모습을 본뜬 상형 글자.

   例. 典據(전거) : 바른 증거
   典麗(전려) : 바르고 아름다움
   典法(전법) : 규칙

2단계는 어조사(兮)·갖춤(具)·겸하다(兼) 등입니다.

兮
- 어조사 혜 〔八부 2획, 총 4획 · けい〕
- 목에 숨이 꽉 차서 올라옴을 나타낸 회의 글자.

   例. 윗 부분의 八과 아래의 올라온 숨이 一에서 멈춰진 모양으로 이루어진 글자다. 목에 꽉 찬 숨이 발산되어 나옴을 나타낸 모습이다.

- 갖출 구, 함께 구 〔八부 6획, 총 8획 prepare · ぐ〕
- 음식을 그릇에 채워서 나타내는 모습의 회의 글자.

   例. 具備(구비) : 빠짐없이 갖춤
   具色(구색) : 갖가지 빛깔을 다 갖춤

具載(구재) : 자세하게 기재함

兼
- 겸할 겸, 아울러 겸 〔八부 8획, 총 10획 combine·けん〕
- 두 개의 물건을 함께 지니고 있음을 나타낸 회의 글자.

兼業(겸업) : 본업 이외에 하는 사업이나 일
兼床(겸상) : 두 사람이 한 상에 함께 먹도록 차린 상
兼用(겸용) : 여러 가지를 함께 씀

숨은 쉬되 말하지 마라

• 指事
가로 왈, 이를 왈

曰 [曰부 0획, 총 4획]
speak · えつ

말처럼 어려운 것은 없습니다. 가로 왈(曰) 부는 입으로 말하는 모양을 나타냅니다. 쓰임새를 보면 '가로되, 말하기를' '이르다' '…라 한다' 등입니다.

1단계입니다.

曲 • 굽을 곡, 가락 곡 [曰부 2획, 총 6획 bent · きょく]
　• 갈고리 모양으로 굽은 자를 본뜬 상형 글자.

1. 曲禮(곡례) : 자세한 예식
　　曲水(곡수) : 굽이굽이 휘어 흐르는 물

更 • 다시 경, 고칠 경, 바꿀 경 [曰부 3획, 총 7획 again · こう]
　• 느슨한 것을 양쪽에서 강하게 조이는 것을 뜻하는 형성 글자.

1. 更生(갱생) : 다시 살아남
　　更新(갱신) : 다시 새로워짐

書 • 글 서, 글자 서 [曰부 6획, 총 10획 write · しょ]
　• 붓으로 써 두는 것을 나타낸 형성 글자.

1. 書簡(서간) : 편지
　　書庫(서고) : 책을 간직하는 곳
　　書堂(서당) : 글방

曾
- 일찍 증, 곧 증, 거듭할 증 〔日부 8획, 총 12획 once · そう〕
- 곡물을 찌는 시루 모양을 본뜬 상형 글자.

예. 曾經(증경) : 이전에 겪음
　　曾孫(증손) : 아들의 손자
　　曾王(증왕) : 일찍이

最
- 가장 최, 최상 최 〔日부 8획, 총 12획 most · さい〕
- 가장 심하다는 뜻의 회의 글자.

예. 最古(최고) : 가장 오래됨
　　最惡(최악) : 가장 나쁨
　　最低(최저) : 가장 낮음
　　最上(최상) : 가장 좋음

會
- 모일 회, 때 회, 셈 회 〔日부 9획, 총 13획 meet · かい〕
- 많은 사람들이 모이는 것을 나타낸 회의 글자.

예. 會見(회견) : 서로 만나 봄
　　會堂(회당) : 여러 사람이 모이는 집
　　會得(회득) : 깨달음

2단계에는 바꾸거나 쇠퇴함(替)입니다.

替
- 바꿀 체, 쇠퇴하다 〔日부 8획, 총 12획 change · たい〕
- 어떤 사람에게서 다른 사람에게 바뀌는 것을 나타낸 형성 글자.

예. 代替(대체) : 바꿈
　　替送(체송) : 대신 보냄

달면 삼킨다

• 指事

달 감, 달게 여길 감

〔甘부 0획, 총 5획〕
sweet · かん

달다(甘)라는 것은 입안에 음식을 넣고 맛있게 맛을 보고 있는 것을 본뜬 글잡입니다. 그러므로 '맛이 달다' 또는 '달게 여기다'라는 뜻이 있습니다. 1단계는 달다(甘)·심하다(甚)입니다.

甚
- 심할 심, 깊을 심 〔甘부 4획, 총 9획 severe · じん〕
- 맛있는 음식을 먹고 있는 것을 나타낸 형성 글자.

甚難(심난) : 매우 어려움
甚深(심심) : 매우 깊음
甚愛(심애) : 몹시 사랑함

익은 벼가 고개 숙인다

• 象形
벼 화, 곡물 화

[禾부 0획, 총 5획]
か

벼화(禾) 부는 익은 이삭이 늘어진 모습을 나타냅니다.
화(禾)부의 1단계에는 사사로이하다(私)·빼어남(秀)·과정(科)·
가을(秋)·거둬들이다(稅)·종자(種)·곡식(穀) 등입니다.

私
- 사사 사, 사사로이 할 사 〔禾부 2획, 총 7획 · し〕
- 작물을 제각기 나누어 자신의 것으로 한다는 뜻의 형성 글자.

[새김]. 私感(사감) : 개인적인 원한
　　　私立(사립) : 개인이 세움
　　　私淑(사숙) : 마음속으로 가르침을 받아 스승으로 여김

秀
- 빼어날 수, 꽃이 필 수 〔禾부 2획, 총 7획 · しゅう〕
- 부드러운 벼 이삭이 높게 뻗어있는 모양의 회의 글자.

[새김]. 秀麗(수려) : 빼어나고 아름다움
　　　秀逸(수일) : 빼어나고 뛰어남

科
- 과정 과, 규정 과, 과거 과 〔禾부 4획, 총 9획 · か〕
- 작물을 검사하여 종류별로 나누는 것을 나타낸 형성 글자.

[새김]. 科擧(과거) : 관리를 등용하기 위하여 치르던 시험
　　　科目(과목) : 분류한 제목
　　　科試(과시) : 향시에 응시하려는 생원이 보던 예비시험

秋 • 가을 추, 때 추 〔禾부 4획, 총 9획 autumn · しゅう〕
• 수확의 시절을 나타낸 가을의 형성 글자.

　秋季(추계) : 가을철
　秋霜(추상) : 가을 서리
　秋夜(추야) : 가을밤

移 • 옮길 이, 바꿀 이 〔禾부 6획, 총 11획 move · い〕
• 옆쪽으로 빗나가 움직인다는 뜻의 형성 글자.

　移管(이관) : 관할을 옮김
　移植(이식) : 옮겨 심음
　移秧(이앙) : 모내기

稅 • 구실 세, 추복입을 태, 벗을 탈 〔禾부 7획, 총 12획 · ぜい〕
• 수확한 물건의 일부를 빼앗는다는 뜻의 형성 글자.

　稅金(세금) : 조세로 바치는 돈
　稅冕(탈면) : 관을 벗음
　稅喪(태상) : 시일이 경과한 뒤에 친족이 죽었음을 알고 추복을 입는 일

種 • 씨 종, 심을 종 〔禾부 9획, 총 14획 seed · しゅ〕
• 작물의 씨를 지면에 심는다는 뜻의 형성 글자.

　種牛(종우) : 종자를 퍼뜨리기 위하여 기르는 소
　種類(종류) : 여러 종류의 항목
　種族(종족) : 사람의 종류. 같은 무리

穀 • 곡식 곡, 양식 곡 〔禾부 10획, 총 15획 grain · こく〕
• 단단한 껍질로 덮은 곡물의 열매를 나타낸 형성 글자.

　穀日(곡일) : 좋은 날. 길일과 같은 뜻
　穀類(곡류) : 쌀과 보리 등의 곡물
　穀酒(곡주) : 곡식으로 빚은 술
　穀食(곡식) : 먹을 양식

2단계입니다.

租
- 구실 조, 세들다 조 〔禾부 5획, 총 10획 *tribute* · そ〕
- 수확한 작물에 부과되는 세금을 나타낸 형성 글자.

  예. 租界(조계) : 중국의 개항 도시에 있었던 외국인 지역
  　　租借(조차) : 한 나라가 다른 나라의 땅을 일정기간 통치하는 행위를 가리킴

秩
- 차례 질, 벼슬 질 〔禾부 5획, 총 10획 *order* · ちつ〕
- 빈틈없이 벼를 쌓아올리는 것을 나타낸 형성 글자.

  예. 秩祿(질록) : 녹봉
  　　秩滿(질만) : 관직에서 임기가 참
  　　秩敍(질서) : 반열에 따라 녹을 받음

程
- 법 정, 길이의 단위 정 〔禾부 7획, 총 12획 *law* · てい〕
- 벼 등의 이삭의 길이를 나타낸 형성 글자.

  예. 程度(정도) : 알맞은 한도
  　　程式(정식) : 법식. 규정
  　　程子冠(정자관) : 위가 터진 봉우리가 셋으로 된 관

稀
- 드물 희 〔禾부 7획, 총 12획 *rare* · き〕
- 곡물이 드문드문 난 회의 · 형성 글자.

  예. 稀貴(희귀) : 드물고 귀함
  　　稀代(희대) : 세상에 귀함
  　　稀微(희미) : 흐릿하여 분명하지 못함

稚
- 어릴 치, 어린 벼 치 〔禾부 8획, 총 13획 *yoyng* · ち〕
- 벼나 새처럼 작은 것을 나타낸 형성 글자.

  예. 稚氣(치기) : 어린이 같은 기분이나 감정
  　　稚子(치자) : 어린 자식

稚魚(치어) : 어린 물고기

稱 • 일컫을 칭, 저울 칭 〔禾부 9획, 총 14획 call · しょう〕
• 작물을 균형 있게 재는 것을 나타낸 형성 글자.

용례. 稱量(칭량) : 저울로 닮
稱名(칭명) : 이름을 부름
稱情(칭정) : 인정에 맞음

稿 • 볏집 고, 화살대 고 〔禾부 10획, 총 15획 · こう〕
• 종이 만드는 재료라는 데서 초고라는 뜻으로 쓰인 형성 글자.

용례. 稿案(고안) : 문서의 초안
稿草(고초) : 볏집
脫稿(탈고) : 원고를 끝냄

稻 • 벼 도 〔禾부 10획, 총 15획 · とう〕
• 절구로 빻아서 떡처럼 만들 수 있는 곡물을 나타낸 형성 글자.

용례. 稻作(도작) : 벼농사
稻稷(도직) : 벼와 기장

積 • 쌓을 적 〔禾부 11획, 총 15획 pile up · せき〕
• 작물을 포개는 것을 나타낸 형성 글자.

용례. 積立(적립) : 모아서 쌓아둠
積善(적선) : 착한 일을 많이 함
積載(적재) : 물건을 실음

穫 • 벼벨 확, 거둘 확 〔禾부 14획, 총 19획 · かく〕
• 곡물을 거두어들이는 것을 나타낸 형성 글자.

용례. 收穫(수확) : 거둬들임

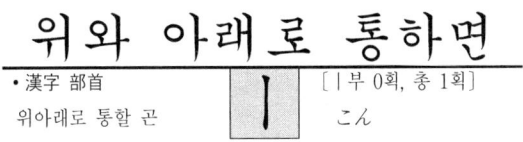

- 漢字 部首　　　　　　〔｜부 0획, 총 1획〕
  위아래로 통할 곤　　　｜　　　こん

　위와 아래로 통한다(｜)36)는 것은 여러 가지 의미를 머금게 됩니다. 상사와 부하 직원, 아버지와 아들, 하늘과 땅 등등 비록 형태는 다를지라도 그 의미만큼은 이해할 수 있는 것이 많습니다.
　곤부에서는 1단계와 2단계가 가운데(中)를 뜻하는 글자 한자 뿐입니다.

- 가운데 중, 맞을 중 〔｜부 3획, 총 4획 *midst* · ちゅう〕
- 틀의 한가운데를 관통하고 있는 모습을 본뜬 지사 글자.

　　中間(중간) : 한가운데
　　中年(중년) : 노년과 청년의 중간
　　中部(중부) : 한가운데 부분

---

36) 위와 아래로 통한다는 뜻으로 한자 부수의 하나.

둘은 하나 다음의 숫자

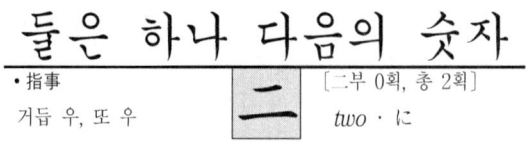

• 指事 [二부 0획, 총 2획]
거듭 우, 또 우   two · に

둘(二)은 두 개의 가로줄을 나타낸 모양입니다. 숫자로는 2를 의미합니다. 1단계 단어는 두 개(二)·어조사 또는 탄식함(于)·다섯(五)·이름(云)·우물(井) 등입니다.

于 • 어조사 우, 탄식할 우 [二부 1획, 총 3획 at, in, on · う]
• 숨이 목에 차서 나오는 모양을 나타낸 지사 글자.

例. 于歸(우귀) : 시집을 감
    于先(우선) : 무엇을 하기 전에. 먼저

五 • 다섯 오, 다섯 번 오 [二부 2획, 총 4획 five · ご]
• 선이 교차하여 되돌아오는 것을 나타낸 지사 글자.

例. 五穀(오곡) : 주식이 되는 다섯 가지 곡식. 쌀, 수수, 보리, 조, 콩, 또는 쌀, 보리, 콩, 조, 수수
    五友(오우) : 다섯 가지의 벗. 옛사람이 더불어 즐길만한 절조가 있다고 보는 난초, 국화, 연꽃, 대나무, 매화

云 • 이를 운, 어조사 운 [二부 2획, 총 4획 tell · うん]
• 입안에 숨을 머금고 우물거리는 모습을 본뜬 상형 글자.

例. 云云(운운) : 여러 말. 말이 많은 모양.
    云爲(운위) : 말과 행동

|井| • 우물 정, 점괘 정, 저자 정 〔二부 2획, 총 4획 well · せい〕
• 네모진 틀을 짜서 판 우물의 모양을 본뜬 상형 글자.

用. 井然(정연) : 구획이 반듯하게 정돈된 모습
　　井間(정간) : 정자의 간살
　　井華水(정화수) : 사람의 손이 닿지 않은 이른 새벽에 긷는 물을 뜻함

2단계에는 서로, 또는 뒤섞이다(互)는 글자뿐입니다.

|互| • 서로 호, 부를 호 〔二부 2획, 총 4획 mutually · ご〕
• 두 개의 막대기를 서로 엇물리게 한 모양을 나타낸 상형 글자.

用. 互先(호선) : 같은 자격을 지닌 사람 사이에서 뽑음
　　互讓(호양) : 서로 사양함
　　互惠(호혜) : 서로 혜택을 베품

멀고 먼 변경의 경계

• 漢字 部首
멀 경, 변경의 경계 경

[冂부 0획, 총 2획]
remote · けい

먼 변경의 경계를 뜻하는 경(冂) 부는 제1단계뿐입니다. 책이나 칙서(冊)·거듭함(再)을 나타냅니다.

冊
• 책 책, 칙서 책, 권 책   [冂부 3획, 총 5획 book · さく]
• 옛날 책은 좁다란 목간을 끈으로 엮은 모양이라는 상형 글자.

冊曆(책력) : 책으로 된 역서
冊房(책방) : 서점
冊床退物(책상퇴물) : 책상물림

再
• 두 재, 거듭할 재   [冂부 4획, 총 6획 twice · さい]
• 똑같은 일이 또 하나 있음을 나타낸 회의 글자.

再建(재건) : 다시 세움
再顧(재고) : 다시 돌아봄
再起(재기) : 다시 일어남

무엇으로 덮을 것인가

• 漢字 部首
덮을 멱, 덮개 멱

冖 [冖부 0획, 총 2획]
cover · べき

사람은 잠을 잘 때면 이불을 덮습니다. 그것은 우리의 몸이 추위를 느끼기 때문입니다. 몸은 그렇지만 정신은 무엇으로 덮을 것입니까?

1단계에 해당되는 단어는 없습니다.

제2단계에서는 갓이나 관례(冠)·어두움이나 깊숙함(冥)을 나타냅니다.

冠
- 갓 관, 관례 관 [冖부 7획, 총 9획 hat · かん]
- 손으로 둥근 갓을 쓰는 것을 나타낸 형성 글자.

[예]. 冠網(관망) : 갓과 망건
冠絶(관절) : 가장 뛰어남
冠帶(관대) : 관과 띠

冥
- 어두울 명, 깊숙함 명 [冖부 8획, 총 10획 dark · べい]
- 해가 무언가를 가리워져 빛이 없음을 나타낸 회의 글자.

[예]. 冥冥(명명) : 어두운 모양
冥途(명도) : 사람이 죽어서 가는 곳
冥想(명상) : 고요한 가운데 눈을 감고 생각함

아주 섬세한 공예품

• 象形
장인 공, 교묘할 공
[工부 0획, 총 3획]
artisan · こう

섬세한 공예품을 만드는 장인 공(工)37) 부의 1단계입니다.

巨 • 클 거, 많을 거 〔工부 2획, 총 5획 big · きょ〕
• 위와 아래의 선이 떨어져 있음을 나타낸 상형 글자.

 巨富(거부) : 큰 부자
巨星(거성) : 훌륭한 인물
巨砲(거포) : 큰 대포. 뛰어난 홈런 타자
巨人(거인) : 키가 큰 사람

左 • 왼 좌, 낮출 좌, 증거 좌 〔工부 2획, 총 5획 left · さ〕
• 물건을 만들 때에 받쳐주는 왼손을 뜻하는 형성 글자.

 左記(좌기) : 왼쪽에 적음
左邊(좌변) : 왼편
左右間(좌우간) : 어쨌든 간에
左手(좌수) : 왼손

2단계는 공교함(巧)·어긋남(差) 등입니다.

---

37) 위와 아래의 판자에 구멍을 뚫고 그것을 막대기로 관통한 모양을 나타낸 글자. 어려운 일이나 세공을 가리킴.

巧
- 공교할 교, 기교 교 〔工부 2획, 총 5획 *dexterous* · こう〕
- 작게 구부러져 정교한 세공이라는 것을 나타낸 형성 글자.

[用]. 巧妙(교묘) : 썩 잘 되고 묘함
　　 巧言(교언) : 듣기 좋으라고 꾸며대는 말
　　 巧拙(교졸) : 교묘함과 졸렬함

差
- 어긋날 차, 층질 치, 나을 차 〔工부 7획, 총 10획 · さ〕
- 어긋나지 않고 고름을 나타내는 회의 · 형성 글자.

[用]. 差減(차감) : 덜어냄
　　 差別(차별) : 차이를 둠
　　 差度(차도) : 병이 나아가는 일

시대를 앞서 가는 생각

• 漢字 部首　　　　　　　[厶부 0획, 총 2획]
마늘모 부　　　　　厶

사(厶)는 마늘모 부입니다만, 오래 전에는 사(私)의 고자(古字)로 사용된 글잡니다38).

여기 사(厶) 부에서는 모든 것이 1단계뿐으로, 가거나 없앰(去)·참여함(參) 등입니다.

• 갈 거, 떠날 거, 없앨 거　[厶부 3획, 총 5획 *go away* · きょ]
• 뚜껑이 달린 움푹 패어들어간 그릇을 본뜬 형성 글자.

　去去年(거거년) : 지지난해
　去去日(거거일) : 그저께
　去來(거래) : 가는 것과 오는 것
　去就(거취) : 가는 것과 머무르는 것

• 참여할 참, 벼이름 삼　[厶부 9획, 총 11획 *close* · さん]
• 머리에 세 개의 구슬로 된 반짝이는 비녀를 꽂은 형성 글자.

　參加(참가) : 어떤 모임이나 일에 관여함
　參席(참석) : 어떤 모임의 자리에 참가함
　參戰(참전) : 전쟁에 참가함
　參酌(참작) : 참고하여 알맞게 헤아림

---

38) 厶는 모(某)와 같은 자이기도 합니다.

무엇으로 쌀까

・漢字 部首　　　　　　〔勹부 0획, 총 2획〕
쌀 포　　　　　　　　　wrap・ほう

勹는 한자 부수의 하나로 물건을 싸는 것을 나타냅니다. 제1단계는 그만둠(勿)입니다.

- 말 물, 아닐 물, 기 물　〔勹부 2획, 총 4획 rub off・ぶつ〕
- 여러개 색깔을 고리에 끼어 나부끼게 한 깃발을 본뜬 상형 글자.

 勿驚(물경) : 놀라지 말라. 엄청남을 이르는 말
　　勿失好機(물실호기) : 좋은 기회를 놓치지 아니함
　　勿論(물론) : 더할 나위 없음
　　勿忘草(물망초) : 지칫과의 다년생 풀

제2단계는 물건을 싼다(包)는 것을 나타냅니다.

- 쌀 포　〔勹부 3획, 총 5획 wrap・ほう〕
- 태아가 어머니 뱃속에 들어있는 모습을 본뜬 상형 글자.

　　包括(포괄) : 여러 사물을 한데 묶음
　　包攝(포섭) : 포용하여 끌어냄
　　包容(포용) : 너그럽게 받아들임
　　布石(포석) : 바둑을 둘 때 벌려 놓음

언덕 위엔 무엇이 있는가

• 漢字 部首 [厂부 0획, 총 2획]
언덕 한, 민엄호 한 　　　　　　　hill · かん

1단계는 두터움(厚)과 언덕(原)입니다.

厚 • 두터울 후, 구께 후 　[厂부 7획, 총 9획 thick · こう]
　　• 高자가 뒤집어져 아래로 쌓임을 나타내는 형성 글자.

　　厚待(후대) : 두터운 대우
　　厚德(후덕) : 두터운 덕행
　　厚朴(후박) : 인정이 두텁고 꾸밈이 없음

原 • 언덕 원, 근원 원 　[厂부 8획, 총 10획 hill · げん]
　　• 벼랑 사이에서 물이 나오는 모습을 나타낸 형성 글자.

　　原價(원가) : 사들인 값
　　原告(원고) : 소송을 일으킨 사람
　　原名(원명) : 본래 이름

2단계에서는 재앙(厄)·그 사람 또는 숙이다(厭) 등입니다.

 • 재앙 액, 사나운 운수 액 　[厂부 2획, 총 4획 calamity · やく]
　　• 사람이 벼랑에 이른 어려운 모습을 나타낸 회의 글자.

　　厄年(액년) : 운수가 사나운 해

厄運(액운) : 액을 당할 운수

厄年(액년) : 운수가 사나운 해

厥
- 그 궐, 오랑캐이름 궐　[厂부 10획, 총 12획 *that, he*・けつ]
- 움푹 패인 곳에서 돌을 발사하는 석궁을 나타낸 회의·형성 글자.

厥角(궐각) : 이마를 땅에 대고 절을 함

厥女(궐녀) : 그 여자

厥尾(궐미) : 짧은 꼬리

잃어버린 방패를 찾아서

• 象形
방패 간, 막을 간

[干부 0획, 총 3획]
shield · かん

제1단계는 방패(干)39)·평평함(平)·해(年)·다행스러움(幸) 등입니다.

平
• 평평할 평, 편안할 평 [干부 2획, 총 5획 flat · へい]
• 부평초가 물 위에 떠 있는 모습을 본뜬 상형 글자.

예. 平交(평교) : 벗과의 오랜 사귐. 오래된 친구
  平吉(평길) : 마음이 평화롭고 선량함
  平亂(평란) : 난리를 평정함

年
• 해 년, 나이 년, 익을 년 [干부 3획, 총 6획 year · ねん]
• 찰기가 있는 곡물이 수확하기까지의 기간을 나타낸 형성 글자.

예. 年期(연기) : 만1년
  年老(연로) : 나이가 많아 늙음
  年貧(연빈) : 해마다 가난함

幸
• 다행할 행, 바랄 행 [干부 5획, 총 8획 fortunate · こう]
• 수갑을 차지 않은 것이 행복이라는 뜻의 회의 글자.

예. 幸民(행민) : 요행만을 바라고 일을 하지 않은 백성

---

39) 干은 적의 공격이나 습격을 방어하는 두 갈래로 갈라진 막대기를 본뜬 글자.

幸福(행복) : 복된 운수. 부족함이 없는 상태
　　　行御(행어) : 임금의 행차
2단계는 줄기 또는 근본(幹)을 나타냅니다.

幹　• 줄기 간 〔干부 10획, 총 13획 *trunk* · かん〕
　　　• 굵고 튼튼한 나무줄기를 나타내는 형성 글자.

　用. 幹部(간부) : 조직에서 중심을 이루는 사람
　　　幹枝(간지) : 줄기와 가지
　　　幹局(간국) : 중심이 되어서 일을 처리하는 기량

활과 과녁이 서로 맞는다

• 象形
활 궁, 궁술 궁

弓 [弓부 0획, 총 3획]
bow · きゅう

과녁을 향해 쏘는 궁(弓)은 활을 본뜬 글자입니다. 1단계입니다.

引
- 당길 인, 가슴걸이 인, 끌 인 [弓부 1획, 총 4획 · いん]
- 활을 당기는 것을 나타내는 회의 글자.

[예]. 引見(인견) : 아랫사람을 불러들여 만나봄
引渡(인도) : 물건 등을 건네줌
引上(인상) : 끌어올림

弟
- 아우 제, 제자 제 [弓부 4획, 총 7획 · てい]
- 형제 중에서 나이 어린 아우를 뜻하는 상형 글자.

[예]. 弟嫂(제수) : 아우의 아내
弟子(제자) : 가르침을 받는 사람
兄弟(형제) : 형과 아우
제씨(弟氏) : 아우, 나이 어린 사람, 자기의 겸칭

弱
- 약할 약, 쇠약해질 약 [弓부 7획, 총 10획 · じゃく]
- 무늬나 장식이 달린 약한 활을 나타낸 상형 글자.

[예]. 弱骨(약골) : 골격이 약함
弱冠(약관) : 20세 전후
弱音(약음) : 약한 소리

強 • 굳셀 강, 힘 쓸 강 [弓부 8획, 총 11획 strong · きょう]
• 단단한 껍질을 뒤집어 쓴 딱정벌레를 본뜬 형성 글자.

￼ 強健(강건) : 굳세고 건강함
強國(강국) : 강한 나라
強弓(강궁) : 강한 화살

2단계입니다.

弔 • 조상할 조, 이를 적 [弓부 1획, 총 4획 · ちょう]
• 막대기에 덩굴이 휘감기어 늘어진 모양을 본뜬 회의 글자.

￼ 弔客(조객) : 조상하는 사람
弔哭(조곡) : 남의 죽음을 슬퍼하여 욺
弔燭(조촉) : 장례 때에 쓰는 초

弗 • 아닐 불, 근심할 불, 빠른 모양 불 [弓부 2획, 총 5획 · ふつ]
• 싫다거나 안 된다고 뿌리치는 것을 나타낸 지사 글자.

￼ 弗豫(불예) : 즐겁지 않음
弗治(불치) : 명령에 따르지 않음. 또는 그 사람
弗貨(불화) : 달러화

弦 • 활시위 현, 반달 현 [弓부 5획, 총 8획 · げん]
• 활에 매어있는 활줄을 가리키는 형성 글자.

￼ 弦管(현관) : 거문고와 피리
弦矢(현시) : 활시위와 화살
弦月(현월) : 반달

張 • 베풀 장, 당길 장 [弓부 8획, 총 11획 · ちょう]
• 활에 활줄을 감고 팽팽하게 당김을 나타내는 형성 글자.

￼ 張力(장력) : 당기거나 당기어 지는 힘
張本(장본) : 일의 근본 원인

張皇(장황) : 쓸데없이 번거로움

彈 • 탄환 탄, 튀길 탄 〔弓부 12획, 총 15획 bullet・だん〕
• 부채질을 하듯 활줄을 튀겨서 진동시키는 모습의 형성 글자.

[써먹기]. 彈琴(탄금) : 거문고를 탊
　　　　彈力(탄력) : 튀는 힘
　　　　彈子(탄자) : 탄알

• 漢字 部首　　　　　　　[冫부 0획, 총 2획]
얼음 빙, 얼 빙　　冫　　ice · ひょう

살얼음이 얼면 겨울이 온 것을 압니다.
1단계는 겨울(冬)·차가움 또는 식힘(冷) 등입니다.

• 겨울 동, 월동 동 [冫부 3획, 총 5획 winter · とう]
• 음식을 말려 매달아놓은 모습을 본뜬 회의 글자.

用. 冬季(동계) : 겨울철
　　冬眠(동면) : 동물이 겨울잠을 잠

• 찰 랭, 식힐 랭, 쓸쓸할 랭 [冫부 5획, 총 7획 cool · れい]
• 얼음처럼 맑고 차가운 것을 나타낸 형성 글자.

用. 冷却(냉각) : 식혀서 차게 함
　　冷笑(냉소) : 차가운 웃음. 비웃음

2단계는 凍 자 하나뿐입니다.

• 얼 동, 추울 동 [冫부 8획, 총 10획 freeze · とう]
• 꽁꽁 얼어붙은 것을 가리키는 형성 글자.

用. 凍結(동결) : 얼어붙음
　　凍死(동사) : 얼어 죽음

병부엔 무엇이 있을까

• 漢字 部首　　　[卩부 0획, 총 2획]
병부 절　　　　　せつ

병부나 신표를 뜻하는 절(卩) 부의 제1단계입니다.

• 넷째지지 묘, 문 동개 묘　[卩부 3획, 총 5획 · ぼう]
• 양쪽 문을 억지로 열어 젖히고 들어가는 모습의 상형 글자.

　卯生(묘생) : 묘년(妙年)에 태어난 사람
　卯日(묘일) : 일진이 묘인 날
　卯酒(묘주) : 이른 아침이나 조반을 먹기 전에 마시는 술. 해장술을 말함

• 위태할 위, 병이 중할 위　[卩부 4획, 총 6획 dangerous · き]
• 사람이 벼랑가에 있는 불안정한 모습을 나타낸 회의 글자.

　危空(위공) : 높은 하늘
　危急(위급) : 위태로운 상황이 급해짐
　危機(위기) : 위험한 고비

印
• 도장 인, 찍을 인　[卩부 4획, 총 6획 sign · いん]
• 사람이 손으로 꽉 누르고 있는 것을 나타낸 회의 글자.

　印象(인상) : 사물을 보고 들으며 마음에 와 닿는 느낌
　印紙(인지) : 도장을 찍은 종이
　印朱(인주) : 도장을 찍을 때의 인주 밥

344 부수를 알면 한자가 보인다

- 알 란, 클 란 〔卩부 5획, 총 7획 egg · らん〕
- 둥글게 나란히 선 알을 나타낸 상형 글자.

   예. 卵白(난백) : 알의 흰자
       卵生(난생) : 알의 부화
       卵形(난형) : 알꼴

- 말 권, 책 권, 굽을 권 〔卩부 6획, 총 8획 roll · けん〕
- 흩어지려는 물건을 양손으로 받아 둥글게 하는 모습의 형성 글자.

   예. 卷頭言(권두언) : 머리말
       卷末(권말) : 책의 맨 마지막
       卷尺(권척) : 줄자

- 곧 즉, 가까이할 즉 〔卩부 7획, 총 9획 namely · そく〕
- 수북하게 쌓인 음식 옆에 사람이 앉은 모습의 형성 글자.

   예. 卽刻(즉각) : 바로 그때
       卽決(즉결) : 바로 결정함
       卽席(즉석) : 바로 그 자리

- 벼슬 경, 귀족 경 〔卩부 10획, 총 12획 sir · けい〕
- 한가운데에 맛있는 음식을 놓고 마주보며 연회하는 회의 글자.

   예. 卿大夫(경대부) : 옛날의 집정자. 경과 대부
       上卿(상경) : 가장 높은 재상

2단계는 도리어 또는 물리침(却)을 나타내는 글잡입니다.

- 물리칠 각, 도리어 각 〔卩부 5획, 총 7획 reject · きゃく〕
- 무릎을 꿇고 뒷걸음 치는 모습을 나타낸 형성 글자.

   예. 却望(각망) : 뒤를 돌아다 봄
       却說(각설) : 말머리를 바꿀 때에 허사로 쓰는 말

남자는 칼을 위해 있다

• 漢字 部首
비수 비, 숟가락 비

匕 [匕부 0획, 총 2획]
dagger · ひ

본시 도(刀)는 '자르다, 베다, 나누다'라는 뜻으로 쓰입니다. 칠척장검(七尺長劍)이라고 했을 때는 일곱 자나 되는 긴 칼이지만 비수단검(匕首短劍)은 날이 날카로운 단검을 의미합니다.

비수 비(匕) 부에는 1단계뿐입니다. 화함과 태어남(化)·북녘과 달아남(北) 등입니다.

化
• 화할 화, 태어날 화 〔匕부 2획, 총 4획 change · か〕
• 사람이 자세를 웅크리고 있는 모습을 본뜬 형성 글자.

化膿(화농) : 상처 따위가 곪음
化成(화성) : 화하여 좋은 것으로 됨
化主(화주) : 부처

北
• 북녘 북, 달아날 배 〔匕부 3획, 총 5획 run away · ほく〕
• 서로 등을 돌리고 배반함을 나타낸 지사 글자.

北極(북극) : 북쪽 끝
北斗(북두) : 별 이름
北村(북촌) : 북쪽에 있는 마을

한 줄기 불빛이 되어서

• 漢字 部首　　　幺　　〔쇼부 0획, 총 3획〕
작을 요, 어릴 요　　　　　small · よう

제1단계는 작거나 어림(幼)·기미 또는 접근함(幾) 등입니다.

• 어릴 유, 작을 유 〔쇼부 2획, 총 5획 young · よう〕
• 힘이 약한 어린아이를 나타낸 형성 글자.

　幼年(유년) : 나이가 어림

　幼稚(유치) : 나이가 어림

• 기미 기, 몇 기 〔쇼부 9획, 총 12획 secrets · き〕
• 사람의 목에 창날이 금방 닿을 듯한 상태를 본뜬 회의 글자.

　幾望(기망) : 음력 14일날 밤

　幾微(기미) : 조짐

　幾日(기일) : 몇 날

2단계에서 검색할 단어는 그윽함(幽) 입니다.

幽
• 그윽할 유, 멀 유 〔쇼부 6획, 총 9획 secluded · ゆう〕
• 산 속이 어두컴컴하고 희미함을 뜻하는 형성 글자.

　幽界(유계) : 저승

　幽明(유명) : 어둠과 밝음

347

창에 병아리 피를 떨구고

• 象形
창 과, 싸움 과

[戈부 0획, 총 4획]
spear · か

'창에 병아리 피를 떨구고' 라는 말은 무엇일까요? 그것은 창의 본성인 넘쳐나는 살기(殺氣)를 잠재우라는 뜻입니다.
과(戈) 부의 1단계입니다.

戊 • 다섯째천간 무 〔戈부 1획, 총 5획 · ぼう〕
• 한쪽에 가지날이 있는 창을 잡은 모양을 본뜬 상형 글자.

田. 戈劍(과검) : 창과 칼
戈戟(과극) : 창
戈偃(과언) : 병장기를 창고에 넣지 않고 씀

戌 • 개 술 〔戈부 2획, 총 6획 dog · じゅつ〕
• 날붙이로 작물을 베어 수확하는 것이 본뜻인 회의 글자.

田. 戌年(술년) : 태세의 지지가 술(戌)이 되는 해
戌時(술시) : 오후 7시부터 9시 사이

成 • 이룰 성, 다스릴 성 〔戈부 3획, 총 7획 accomplish · せい〕
• 쾅쾅 쳐서 만드는 것을 나타낸 형성 글자.

田. 成家(성가) : 집을 지음
成功(성공) : 원하는 것을 이룸
成立(성립) : 이루어짐

我 • 나 아, 나의 아 〔戈부 3획, 총 7획 Ⅰ · が〕
• 톱날처럼 까칠까칠한 창의 모습을 본뜬 상형 글자.

예]. 我國(아국) : 우리 나라
我輩(아배) : 우리들
我朝(아조) : 우리 왕조

或 • 혹 혹, 나라 역 〔戈부 4획, 총 8획 perhaps · こく〕
• 어떤 영역을 구획 지어 그것을 무기로 지킴을 나타낸 회의 글자.

예]. 或問(혹문) : 어떤 이가 묻는다는 식으로 설명하는 일
或說(혹설) : 어떤 이가 주장하는 학설이나 주장
或者(혹자) : 어떤 사람

戰 • 싸움 전, 두려워할 전 〔戈부 12획, 총 16획 war · せん〕
• 창으로 적을 탁탁 쳐서 쓰러뜨린다는 뜻의 형성 글자.

예]. 戰功(전공) : 전쟁에서 세운 공훈
戰國(전국) : 전쟁중인 나라
戰袍(전포) : 갑옷 위에 입는 겉옷

2단계입니다.

戒 • 경계할 계, 삼갈 계 〔戈부 3획, 총 7획 warn · かい〕
• 무기를 손에 들고 주의를 기울여 대비한다는 뜻의 회의 글자.

예]. 戒告(계고) : 훈계와 충고
戒色(계색) : 여색을 삼감
戒律(계율) : 계와 율

戚 • 겨레 척, 친할 척 〔戈부 7획, 총 11획 relatives · せき〕
• 본래 작은 손도끼를 나타냄. 나중에 친척이 된 회의 · 형성 글자.

예]. 戚黨(척당) : 외척과 척족
戚分(척분) : 척당이 되는 관계

349

戚臣(척신) : 임금의 외척

戲
- 놀 희, 아하 호 〔戈부 13획, 총 17획 play · き〕
- 신 앞에서 무기를 들고 춤을 추는 모습의 형성 글자.

1. 戲曲(희곡) : 연극 대본
   戲弄(희롱) : 장난으로 놀림
   戲畫(희화) : 장난삼아 그림

절름발이를 위하여

- 漢字 部首
절름발이 왕

 [尢부 0획, 총 3획]
lame person

　왕(尢)40)은 절름발이를 뜻합니다만, 등이 굽고 아주 작은 사람을 나타내기도 합니다. 왕부의 1단계는 탓하다 또는 더욱(尤)이라는 의미의 단어와 이루다(就) 등입니다.

尤
- 더욱 우, 탓할 우, 유달리 우 [尢부 1획, 총 4획 *more* · ゆう]
- 뜻하지 않은 실패나 재앙이 일어남을 나타낸 회의 글자.

　尤妙(우묘) : 아주 이상함
　尤甚(우심) : 매우 심함. 또는 극진함

就
- 이룰 취, 곧 취, 마칠 취 [尢부 9획, 총 12획 *achieve* · しゅう]
- 어떤 장소에 나아가 오래 머물음을 나타낸 회의 글자.

　就世(취세) : 세상과 교제함. 또는 죽음
　就中(취중) : 그 중에서 특히
　就伏白(취복백) : 나아가 여쭌다는 의미

---

40) 尢부에는 兀과 尣을 함께 씁니다.

천천히 걸으세요

- 漢字 部首 　　　夂　　[夂부 0획, 총 3획]
  천천히 걸을 쇠　　　　 wark · すい

천천히 걸을 쇠(夂) 부에는 모든 단계가 여름 또는 중국사람(夏)을 의미하는 한 글잡니다.

夏
- 여름 하, 중국 하 [夂부 7획, 총 10획 *summer* · せき]
- 장식이 있는 큰 탈을 쓰고 춤추는 모습을 본뜬 회의 글자.

 夏季(하계) : 하절기. 여름
　　夏期(하기) : 여름철
　　夏景(하경) : 여름 경치

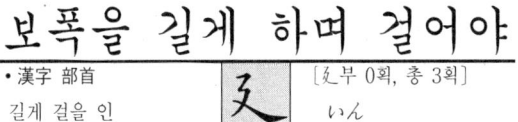

- 漢字 部首　　　　　[廴부 0획, 총 3획]
  길게 걸을 인　　いん

길게 걸을 인(廴) 부의 1단계 단어입니다.

建
- 세울 건, 엎지를 건 [廴부 6획, 총 9획 build · けん]
- 똑바로 서는 것을 나타낸 회의 글자.

  [例]. 建功(건공) : 공을 세움
  　　　建國(건국) : 나라를 세움
  　　　建立(건립) : 창건함

2단계는 미치는 것(延)과 조정(廷)입니다.

延
- 끌 연, 미칠 연 [廴부 4획, 총 7획　delay · えん]
- 길게 펴서 나아감을 나타내는 형성 글자.

  [例]. 延人員(연인원) : 공사 등에 동원된 총인원
  　　　延着(연착) : 정해진 시각보다 늦게 도착함

廷
- 조정 정 [廴부 4획, 총 7획　court of the palace · てい]
- 똑바로 평평하게 땅을 고른 관청을 나타낸 형성 글자.

  [例]. 廷論(정론) : 조정의 논의
  　　　廷臣(정신) : 조정에서 일을 보고 있는 신하

입을 크게 벌리고

• 漢字 部首
하품 흠, 모자랄 흠

[欠부 0획, 총 4획]
yawn・けん

입을 벌려 하품을 하는 흠(欠) 부의 1단계는 버금 또는 차례(次)·욕심(欲)·노래(歌) 등입니다.

次
- 버금 차, 차례 차 [欠부 2획, 총 6획 next・し]
- 길을 가던 나그네가 짐을 내려놓은 모습의 형성 글자.

  例. 次期(차기) : 다음 시기
     次男(차남) : 둘째 아들
     次席(차석) : 수석의 다음 자리

- 하고자할 욕, 욕심 욕 [欠부 7획, 총 11획 sigh・よく]
- 마음속의 부족한 것을 메우고 싶은 기분을 뜻하는 형성 글자.

  例. 欲界(욕계) : 욕심이 많은 세계
     欲求(욕구) : 바람
     欲情(욕정) : 욕망이나 욕심

歌
- 노래 가, 운문 가 [欠부 10획, 총 14획 song・か]
- 몸을 구부리고 낮은 소리를 내는 모습의 형성 글자.

  例. 歌曲(가곡) : 노래
     歌舞(가무) : 노래하고 춤을 춤
     歌人(가인) : 노래를 잘 부르는 사람

2단계는 거짓이나 속임(欺)·탄식함(歎)·기뻐함(歡) 등입니다.

欺
- 속일 기, 거짓 기 〔欠부 8획, 총 12획 cheat · き〕
- 사나운 얼굴을 하여 상대를 굴복시키는 모습을 본뜬 형성 글자.

用. 欺弄(기롱) : 상대를 속이고 놀리는 것
　　欺瞞(기만) : 남을 속임
　　詐欺(사기) : 상대를 속임

歎
- 탄식할 탄, 기릴 탄 〔欠부 11획, 총 15획 sigh · たん〕
- 목이 말라 밖으로 한숨을 내쉼을 뜻하는 회의 글자.

用. 歎服(탄복) : 깊이 감탄하여 복종함
　　歎聲(탄성) : 탄식하는 소리
　　歎息(탄식) : 한숨을 쉬며 한탄을 함

歡
- 기뻐할 환, 기쁨 환 〔欠부 18획, 총 22획 delight · かん〕
- 왁자지껄 이야기하는 것을 나타낸 형성 글자.

用. 歡談(환담) : 정겹게 말을 주고받음
　　歡迎(환영) : 기쁜 마음으로 맞이함
　　歡呼(환호) : 기뻐서 고함을 침

입안으로 감이 떨어지다

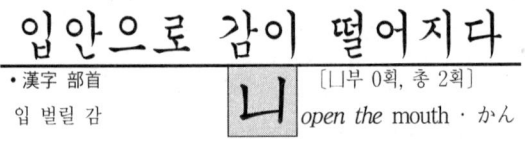

• 漢字 部首 　[凵부 0획, 총 2획]
입 벌릴 감　　open the mouth · かん

　한자 부수의 하나인 감(凵)은 입을 벌리거나 위가 터진 그릇을 나타낸 모습입니다. 재앙이나 흉함(凶)·나가거나 시집감(出)을 나타내는 1단계뿐입니다.

凶　• 흉할 흉, 재앙 흉　[凵부 2획, 총 4획 *evil omen* · きょう]
　　• 구덩이에 빠져 발버둥치는 것을 나타낸 형성 글자.

 凶器(흉기) : 사람을 살상하는 데 쓰는 도구
　　凶夢(흉몽) : 불길한 꿈
　　凶事(흉사) : 불길한 일

出　• 날 출, 나갈 출　[凵부 3획, 총 5획 *come* · しゅつ]
　　• 발이 선 너머로 나가는 것을 본뜬 회의 글자.

 出家(출가) : 집을 나감
　　出力(출력) : 힘을 냄. 노력함
　　出願(출원) : 원서를 냄

물은 모양에 따라 변한다

• 漢字 部首　　　　〔巛부 0획, 총 3획〕
개미허리 천

　

　〈논어〉에 이런 내용이 있습니다. '가는 자도 이와 같을까? 주야로 흘러 쉬는 일이 없구나', 흐르는 물을 보고 탄식을 한 것이죠. 강물은 여전히 흐릅니다. 우리들은 강이 무엇인지 알 수 있기 전에 먼저 더불어 사랑해야 하는 것입니다. 강은 허물없는 친구이기 때문입니다. 1단계는 물의 흐름의 총칭(川)입니다.

|川| • 내 천, 물귀신 천, 굴 천 〔巛부 0획, 총 3획 stream · せん〕
　　• 우묵한 곳을 지나가는 강물의 흐름을 뜻하는 상형 글자.

　[用]. 川獵(천렵) : 물가에서 고기잡이를 하며 노는 일
　　　河川(하천) : 내
　　　川邊(천변) : 냇가

2단계는 고을이나 동네(州)·어루만지거나 돌다(巡) 등입니다.

|州| • 고을 주, 마을 주 〔巛부 3획, 총 6획 province · しゅう〕
　　• 강 가운데 모래가 이루어져 섬이 된 모습의 상형 글자.

　[用]. 州縣(주현) : 주와 현
　　　州郡(주군) · 주와 군. 옛날의 행정구역

巡 ・돌 순, 얼만질 순 [巛부 4획, 총 7획 round・じゅん]
・움푹하게 패인 곳을 강물이 이리저리 흐르는 형성 글자.

用. 巡檢(순검) : 순회하여 점검함
　　巡訪(순방) : 순회하며 방문함
　　巡視(순시) : 두루 다니며 살펴봄
　　巡察(순찰) : 살피기 위하여 순회함

어떻게 들 것인가

- 漢字 部首   [廾부 0획, 총 3획]
- 들 공   きょう

'들다'라는 것은 자원(字源)을 보면 십(十)을 합한 모양으로 회의 문자로 나와 있습니다.

2단계에 해당되는 단어는 희롱함(弄)과 해어짐(弊)입니다.

弄
- 희롱할 롱, 노리개 롱 〔廾부 4획, 총 7획 · ろう〕
- 양손 안에 구슬을 넣고 장난치는 모양을 나타낸 회의 글자.

例. 弄假成眞(농가성진) : 장난 삼아 한 일이 진짜처럼 됨
　　 弄奸(농간) : 남을 농락하는 간사한 짓
　　 弄談(농담) : 농으로 하는 말
　　 弄玩(농완) : 재미로 가지고 놂

弊
- 해어질 폐 〔廾부 12획, 총 15획 be broken · へい〕
- 좌우로 찢어 쓸모 없게 만드는 것을 나타낸 형성 글자.

例. 弊家(폐가) : 자기 집의 겸칭
　　 弊習(폐습) : 나쁜 버릇
　　 弊害(폐해) : 나쁘고 해로움

구슬 없는 용이 있을까

• 指事
구슬 옥, 아름다울 옥

玉

[玉부 0획, 총 4획]
bead · おう

우리나라의 속담에 '구슬 없는 용'이라는 말이 있습니다. 이것은 여의주를 가지지 않은 용은 쓸모없다는 얘깁니다.

1단계는 왕(王)·옥(玉)·다스림(理)·나타남(現) 등입니다.

王
• 임금 왕, 임금 노릇할 왕 [玉부 0획, 총 4획 king · おう]
• 손발을 벌린 사람이 하늘과 땅 사이에 서 있는 모습의 지사 글자.

 1. 王家(왕가) : 임금의 집안
　　王命(왕명) : 임금의 명령
　　王座(왕좌) : 임금의 자리

理
• 다스릴 리, 꾸밀 리 [玉부 7획, 총 11획 regulate · り]
• 보석의 무늬를 뜻하는 형성 글자.

 1. 理念(이념) : 이성의 판단으로 얻은 최고의 개념
　　理性(이성) : 사물을 바르게 판단하는 능력
　　理致(이치) : 사물의 정당한 도리

現
• 나타날 현, 이제 현 [玉부 7획, 총 11획 appear · げん]
• 구슬에 묻은 흙 같은 것이 걷어져 결이 보이는 뜻의 형성 글자.

 1. 現金(현금) : 현재 가지고 있는 돈
　　現實(현실) : 실제의 사실이나 상태

2단계입니다.

珍
- 보배 진, 진귀하다 〔玉部 5획, 총 9획 precious · ちん〕
- 아주 소중한 물건을 뜻하는 형성 글자.

  例. 珍本(진본) : 진기한 책
  珍味(진미) : 아주 좋은 맛
  珍寶(진보) : 진기한 보물

班
- 나눌 반, 지위 반 〔玉部 6획, 총 10획 classify · はん〕
- 구슬을 둘로 가른다는 뜻의 회의 글자.

  例. 班列(반열) : 양반의 서열
  班常(반상) : 양반과 상인
  班首(반수) : 보부상의 우두머리

球
- 구슬 구, 공 구 〔玉部 7획, 총 11획 round gem · きゅう〕
- 중심을 향해 둥글게 맨 구슬을 나타낸 형성 글자.

  例. 氣球(기구) : 바람을 넣어 공중에 띄우는 기구
  球技(구기) : 공을 이용하여 하는 경기
  球莖(구경) : 구상의 지하경

琴
- 거문고 금 〔玉部 8획, 총 12획 · きん〕
- 거문고의 모양을 본뜬 상형 글자.

  例. 心琴(심금) : 자극에 따라 미묘하게 움직이는 마음을 거문고에 비유하여 이르는 말
  琴堂(금당) : 현감이 집무하는 곳

琢
- 쫄 탁 〔玉部 8획, 총 12획 たく〕
- 옥을 다듬는다는 뜻의 형성 글자.

  例. 切磋琢磨(절차탁마) : 학문이나 덕행을 갈고 닦음. 옥석을 세공하는 일
  琢磨(탁마) : 절차탁마의 준말

- 고리 환, 물러날 환 〔玉부 13획, 총 17획 *ring* · かん〕
- 둥글게 고리로 된 구슬을 나타낸 형성 글자.

㈀. 玉環(옥환) : 옥반지
　　環境(환경) : 둘러싸인 구역
　　環視(환시) : 사방을 둘러봄

공자는 서른에 섰다

•象形 　　　　　　　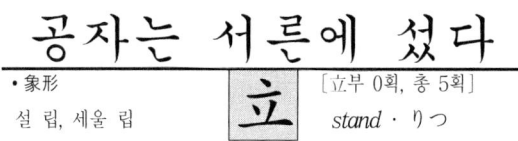
설 립, 세울 립

세우거나 서다(立)는 두 발을 땅에 대고 사람이 서 있는 모양을 본뜬 모습입니다. 뜻을 세우고 나아가는 나이, 공자는 서른 살에 섰다고 했습니다.
1단계입니다.

章
- 문체 장, 글 장, 모범 장 〔立부 6획, 총 11획 sheen · しょう〕
- 날붙이로 문신을 새긴 것을 뜻하는 회의 글자.

. 章牘(장독) : 편지
　章理(장리) : 밝은 이치
　章程(장정) : 법률

童
- 아이 동, 대머리 동 〔立부 7획, 총 12획 child · どう〕
- 날붙이로 눈이 찔린 남자 노예를 나타낸 형성 글자.

. 童心(동심) : 어린아이의 마음
　童稚(동치) : 어린아이

端
- 바를 단, 실마리 단 〔立부 9획, 총 14획 straight · たん〕
- 끝이나 가지런히 고른 것을 나타낸 형성 글자.

. 端緒(단서) : 일의 실마리
　端雅(단아) : 단정하고 온화함

競 • 다툴 경, 쫓을 경 〔立부 15획, 총 20획 quarrel · きょう〕
• 두 사람이 말다툼으로 승부를 겨루는 것을 나타낸 회의 글자.

용례. 競技(경기) : 기술이나 능력을 겨룸
　　　競馬(경마) : 말을 타고 달리는 경주

2단계는 모여들거나 아우름(竝)·마침(竟) 등입니다.

竝 • 아우를 병, 견줄 병, 모여들 병 〔立부 5획, 총 7획 · へい〕
• 사람이 늘어선 모양의 회의 글자.

용례. 竝立(병립) : 나란히 섬
　　　竝發(병발) : 한꺼번에 두 가지 이상의 일이 일어남
　　　竝設(병설) : 아울러 갖추거나 세움

竟 • 마칠 경, 지경 경 〔立부 6획, 총 11획 finish · きょう〕
• 음악의 끝이나 악장의 최후를 나타낸 회의 글자.

용례. 畢竟(필경) : 마침내
　　　竟夜(경야) : 밤이 새도록

황소걸음으로 걸어라

• 象形
소 우, 별 이름 우

[牛부 0획, 총 4획]
cow · ぎゅう

우부(牛部)는 소의 머리 부분과 뿔을 본뜬 글잡니다.
박세당(朴世堂)은 〈산림경제〉라는 글에서 말합니다.
'소를 타면 세 가지 편리한 점이 있다. 첫째는 소의 성질이 둔하여 웬만한 일엔 놀라지 않아 좋다. 둘째로 진창이라도 가리지 않고 잘 가니 좋다. 셋째로 걸음이 느리기 때문에 길가 풍경을 천천히 구경하며 때로 꾸벅꾸벅 졸아도 떨어질 염려가 없어 좋다.'
우부의 1단계입니다.

物
- 만물 물, 무리 물 〔牛부 4획, 총 8획 all thing · ぶつ〕
- 동물이나 여러 가지 사물을 뜻하는 형성 글자.

用. 物價(물가) : 물건의 값
   物心(물심) : 물질과 정신
   物情(물정) : 어떤 사물의 실정

特
- 유다를 특, 수컷 특 〔牛부 6획, 총 10획 · とく〕
- 많은 소의 무리 중에서 유달리 눈에 띄는 소를 뜻하는 형성 글자.

用. 特急(특급) : 특별 급행열차
   特採(특채) : 특별히 채용함
   特惠(특혜) : 특별한 혜택

2단계는 마소를 치는 사람 또는 다스린다(牧)는 단업니다.

牧
- 칠 목, 다스릴 목 〔牛부 4획, 총 8획 · ぼく〕
- 소를 늘리는 것을 나타낸 형성 글자.

용례. 牧民(목민) : 백성을 다스림
　　　牧者(목자) : 양을 치는 사람
　　　牧畜(목축) : 가축을 침

실타래를 풀어 헤쳐라

•漢字 部首　　　　糸　［糸부 0획, 총 6획］
실 사　　　　　　　　thread · し

실을 뜻하는 사(糸)는 사(絲)의 약자입니다.
이 사 부의 1단계 단어들을 풀어 헤쳐 봅니다.

約
- 묶을 약, 따를 약 ［糸부 3획, 총 9획 bind · やく］
- 실로 매듭을 만들어 볼록하게 만든 것을 나타낸 형성 글자.

1. 約束(약속) : 맹세함. 다발지음
   約婚(약혼) : 혼인을 약속함

紅
- 붉을 홍 ［糸부 3획, 총 9획 red · こう］
- 工과 糸로 만들어진 형성 글자.

1. 紅寶石(홍보석) : 홍옥. 루비를 말함
   紅顔(홍안) : 붉고 윤이 나는 얼굴
   紅疫(홍역) : 전염병의 한가지

素
- 흴 소, 무늬 없는 피륙 소 ［糸부 4획, 총 10획 white · そ］
- 누에고치의 한줄기씩 떨어져나간 원사를 뜻하는 회의 글자.

1. 素飯(소반) : 고기 없는 밥
   素扇(소선) : 하얀 깁으로 만든 부채
   素心(소심) : 평소의 마음
   素服(소복) : 흰 옷

純
- 생사 순, 순수할 순 〔糸부 4획, 총 10획 raw silk · じゅん〕
- 묵직하게 늘어진 명주실을 뜻하는 형성 글자.

用例. 純潔(순결) : 마음에 더러움이 없이 깨끗함
　　 純金(순금) : 잡물이 섞이지 않은 금
　　 純白(순백) : 순수한 흰빛

紙
- 종이 지 〔糸부 4획, 총 10획 paper · し〕
- 얇고 평평한 종이를 나타낸 형성 글자.

用例. 紙燈(지등) : 종이로 만든 초롱
　　 紙面(지면) : 종이의 겉면
　　 紙墨(지묵) : 종이와 먹

細
- 가늘 세, 작을 세, 잘 세 〔糸부 5획, 총 11획 thin · さい〕
- 가늘고 작은 것을 나타낸 형성 글자.

用例. 細菌(세균) : 박테리아
　　 細密(세밀) : 잘고 자세함
　　 細細(세세) : 자세한 모양

終
- 끝날 종, 마침내 종 〔糸부 5획, 총 11획 finish · しゅう〕
- 감아둔 실이 마지막까지 가는 것을 나타낸 형성 글자.

用例. 終結(종결) : 끝마침
　　 終乃(종내) : 마침내
　　 終始(종시) : 끝과 처음

給
- 넉넉할 급, 더할 급 〔糸부 6획, 총 12획 enengh · きゅう〕
- 흠진 부분을 겨우 잇대어 끊어지지 않도록 한 형성 글자.

用例. 給料(급료) : 노력에 대한 보수
　　 給仕(급사) : 심부름하는 아이
　　 給水(급수) : 물을 공급함

絲
- 실 사, 악기 이름 사 〔糸부 6획, 총 12획 thread · し〕
- 누에가 내는 실을 본뜬 글자를 본뜬 상형 글자.

㉗. 鐵絲(철사) : 쇠를 가느다랗게 만든 것
　　絲竹(사죽) : 현악기와 관악기. 거문고와 피리

絶
- 끊을 절, 뛰어날 절 〔糸부 6획, 총 12획 *cuts*・ぜつ〕
- 사람이 칼로 실을 싹둑 자르는 것을 나타낸 형성 글자.

㉗. 絶景(절경) : 아주 훌륭한 경치
　　絶交(절교) : 교제를 끊음
　　絶叫(절규) : 부르짖음

統
- 거느릴 통, 혈통 통 〔糸부 6획, 총 12획 *command*・とう〕
- 한 가닥 실로 꼬는 것을 나타낸 형성 글자.

㉗. 統括(통괄) : 낱낱이 한데 묶음
　　統帥(통수) : 부하를 통솔하는 장수
　　統豁(통활) : 모두 거느려서 다스림

經
- 날 경, 길 경, 법 경 〔糸부 7획, 총 13획 *warp*・けい〕
- 날실이 바로 지나가는 것을 나타낸 형성 글자.

㉗. 經國(경국) : 나라를 경륜함
　　經年(경년) : 몇 해를 지냄
　　經歷(경력) : 세월이 지나감

綠
- 초록빛 록 〔糸부 8획, 총 14획 *grass green*・りょく〕
- 껍질을 벗겨 취죽과 같은 것으로 염색한 실을 나타낸 형성 글자.

㉗. 綠色(녹색) : 초록빛
　　綠水(녹수) : 푸른 물
　　綠陰(녹음) : 나무 그늘

練
- 익힐 런, 가릴 련 〔糸부 9획, 총 15획 *practise*・れん〕
- 실을 물에 담근 뒤 좋은 실로 누이는 것을 나타낸 형성 글자.

㉗. 練磨(연마) : 갈고 닦음
　　練達(연달) : 익어 통달함
　　練兵(연병) : 군내를 훈련힘

線
- 줄 선 〔糸부 9획, 총 15획 line · せん〕
- 가는 실을 뜻하는 형성 글자.

1. 線路(선로) : 좁은 길
   細路(세로) : 가는 길
   線縷(선루) : 실

續
- 이을 속, 전승될 속 〔糸부 15획, 총 21획 continue · ぞく〕
- 끊어지지 않도록 실을 묶어 계속 베를 짠다는 뜻의 형성 글자.

1. 續續(속속) : 잇닿는 모양
   續出(속출) : 잇달아 넘김
   續行(속행) : 계속하여 행함

2단계입니다.

級
- 등급 급, 층계 급 〔糸부 4획, 총 10획 grade · きゅう〕
- 잇달아 뒤를 이은 순서를 나타내는 형성 글자.

1. 級數(급수) : 계급.
   級友(급우) : 같은 학급에서 배우는 벗
   層階(층계) : 계단

納
- 들일 납, 보낼 납 〔糸부 4획, 총 10획 receive · のう〕
- 직물을 거둬들여 창고에 넣는다는 뜻의 형성 글자.

1. 納吉(납길) : 신랑 집에서 신부 집으로 혼인날을 받아 보내는 일
   納得(납득) : 잘 알아듣고 이해함
   納稅(납세) : 세금을 냄

索
- 동아줄 삭, 찾을 색 〔糸부 4획, 총 15획 · さく〕
- 물건에 매어 잡아끄는 밧줄을 나타내는 회의 글자.

1. 索居(삭거) : 무리와 떨어져 쓸쓸히 있음

索道(삭도) : 케이블카가 다니는 길
索引(색인) : 찾아 이끌어냄

累 • 묶을 루, 포갤 루 〔糸부 5획, 총 11획 tie・るい〕
• 차례차례 이어지며 포게지는 것을 나타낸 형성 글자.

[단어] 累代(누대) : 대대로
累卵(누란) : 여러 개의 알을 겹쳐놓은 듯한 모습
累次(누차) : 여러 차례

紫 • 자주빛 자 〔糸부 5획, 총 11획 purple・し〕
• 천을 염색할 때 파랑이 뒤죽박죽 섞인 자주빛을 본뜬 형성 글자.

[단어] 紫色(자색) : 보라색
紫水晶(자수정) : 자주빛 수정
紫煙(자연) : 자주빛 연기

組 • 끈 조, 짤 조 〔糸부 5획, 총 11획 string・そ〕
• 여러 올의 실을 겹쳐 짠 끈목을 뜻하는 형성 글자.

[단어] 組閣(조각) : 내각을 조직함
組紱(조불) : 도장에 매다는 끈
組紃(조순) : 허리띠

絃 • 악기줄 현, 현악기를 탈 현 〔糸부 5획, 총 11획・はん〕
• 공중에 매달린 가는 실을 뜻하는 회의・형성 글자.

[단어] 絃琴(현금) : 거문고
絃樂(현악) : 현악기로 연주하는 음악
絃樂器(현악기) : 현을 타거나 켜서 소리를 내는 악기

結 • 맺을 결, 매듭 결 〔糸부 6획, 총 12획 tie knot・けつ〕
• 그릇의 아가리를 끈으로 묶는 모습의 형성 글자.

[단어] 結果(결과) : 열매를 맺음
結局(결국) : 마침내
結付(결부) : 서로 연결됨

絡
- 맥락 락, 이을 락, 그물 락 〔糸부 6획, 총 12획 vein・ら〕
- 실을 휘감기게 하여 양쪽을 잇는 모습의 형성 글자.

용례. 絡車(낙거) : 실을 감는 물레
絡絡(낙락) : 계속 이어져 있는 모습
絡繹(낙역) : 내왕이 그치지 않음

絹
- 명주 견, 생명주 견 〔糸부 7획, 총 13획 silk・けん〕
- 눈을 둥글게 말고 있는 누에를 본뜬 형성 글자.

용례. 絹本(견본) : 서화를 그리는 데 쓰는 비단 천
絹絲(견사) : 명주실
絹織物(견직물) : 명주실로 짠 피륙

綱
- 벼리 강, 줄을 칠 강 〔糸부 8획, 총 14획・こう〕
- 단단한 밧줄을 뜻하는 형성 글자.

용례. 綱領(강령) : 일의 큰 줄거리
綱目(강목) : 사물을 분류하는 큰 단위와 작은 단위
綱常(강상) : 사람이 지켜야할 삼강과 오상

緊
- 굳게 얽을 긴, 감을 긴 〔糸부 8획, 총 14획・きん〕
- 실을 팽팽하게 죄는 것을 나타낸 회의 글자.

용례. 緊急(긴급) : 일이 긴하고 급함
緊迫(긴박) : 아주 긴장되게 절박함
緊張(긴장) : 팽팽하게 켕김

綿
- 솜 면, 이어질 면, 감길 면 〔糸부 8획, 총 14획 cotton・めん〕
- 흰천을 짜는 가늘고 긴 실을 나타낸 회의 글자.

용례. 綿綿(면면) : 길이 이어진 모양
綿密(면밀) : 자세하고 빈틈이 없음
綿絲(면사) : 솜을 자아 만든 무명실

維
- 밧줄 유, 생각할 유 〔糸부 8획, 총 14획 rope・い〕
- 아래쪽으로 늘어뜨려 잡아당기는 굵은 밧줄을 본뜬 형성 글자.

囧. 維新(유신) : 세상일이 바뀌어 새로워짐
　　　維舟(유주) : 제후가 타는 배
　　　維持(유지) : 지탱함

緒 • 실마리 서, 나머지 사 〔糸부 9획, 총 15획 clue・しょ〕
　　• 실패에 감아둔 실의 끄트머리를 나타낸 형성 글자.

　囧. 緖論(서론) : 본론에 들어가기 전의 서두에 펴는 논설
　　　緖言(서언) : 책의 머리말
　　　緖業(서업) : 시작한 일

緣 • 가서 연, 연줄 연 〔糸부 9획, 총 15획・えん〕
　　• 천의 양 끝에 늘어진 테를 나타내는 형성 글자.

　囧. 緣故(연고) : 까닭. 이유
　　　緣木求魚(연목구어) : 나무에 올라가 고기를 구한다는
뜻.　　　　　　　　 불가능한 것을 구하려는 비유

緩 • 느릴 완. 늦출 완 〔糸부 9획, 총 15획 slow・かん〕
　　• 단단하게 묶인 실을 느슨하게 푸는 것을 나타낸 형성 글자.

　囧. 緩急(완급) : 느긋함과 급함
　　　緩衝(완충) : 충돌을 완화함
　　　緩刑(완형) : 형벌을 너그러이 함

編 • 엮을 편, 땋을 변 〔糸부 9획, 총 15획 knit・へん〕
　　• 평평한 대를 펼쳐 그것을 엮는 것을 나타낸 형성 글자.

　囧. 編物(편물) : 뜨개질로 만든 물건
　　　編成(편성) : 모아서 조직을 이룸
　　　編髮(편발) : 머리를 땋아서 늘임
　　　編輯(편집) : 모아서 엮음

縣 • 골 현, 달 현 〔糸부 10획, 총 16획・けん〕
　　• 중앙 정부의 마을과 현이 잇대어진 모습을 본뜬 형성 글자.

　囧. 州縣(주현) : 주와 현

郡縣(군현) : 군과 현

繁
- 많을 번, 무성할 번 〔糸부 11획, 총 17획 · はん〕
- 자꾸 늘어나 무성해짐을 나타낸 형성 글자.

용례. 繁多(번다) : 번거롭게 많음
繁榮(번영) : 번창함
繁華(번화) : 번창하여 흥청거림

績
- 자을 적, 이을 적 〔糸부 11획, 총 17획 spin thread · はん〕
- 씨실과 날실이 교차하여 천을 짜는 것을 나타낸 형성 글자.

용례. 績女(적녀) : 실을 잣는 여자
治績(치적) : 이루어놓은 업적
實績(실적) : 공적

縱
- 늘어질 종, 세로 종 〔糸부 11획, 총 17획 indulgent · じゅう〕
- 끈처럼 세로로 이어진 모습을 본뜬 형성 글자.

용례. 縱斷(종단) : 세로로 자름
縱隊(종대) : 세로로 늘어선 대형

總
- 거느릴 총, 모일 총 〔糸부 11획, 총 17획 control · そう〕
- 여러 올을 모아서 만든 술을 나타낸 형성 글자.

용례. 總角(총각) : 아직 결혼하지 아니한 남자
總括(총괄) : 통틀어 한데 묶음

縮
- 오그라들 축 〔糸부 11획, 총 17획 curl up · しゅく〕
- 끈을 꽉 졸라매 오그라뜨림을 나타낸 형성 글자.

용례. 縮米(축미) : 줄어든 쌀
縮小(축소) : 줄여 작게 함
縮刷(축쇄) : 글이나 그림을 줄여서 인쇄함

繼
- 이을 계, 후계 계 〔糸부 14획, 총 20획 succeed · けい〕
- 자른 실을 잇는 것을 나타낸 회의 글자.

[계]. 繼起(계기) : 뒤를 이어 번성함
　　繼母(계모) : 의붓어미
　　繼續(계속) : 잇달아 뒤를 이음

주름잡힌 부드러운 살

• 象形　　　　[肉부 0획, 총 6획]
고기 육, 혈연 육　　　　　　*meat* · にく

살을 뜻하는 육(肉) 부, 육달 월의 '二'는 양쪽에 붙고(月), 달월의 '二'는 왼쪽에만 붙습니다.
1단계입니다.

育
• 기를 육, 자랄 육　[肉부 4획, 총 8획 · いく]
• 태어난 아이에게 살이 붙어 자라는 것을 나타낸 형성 글자.

1. 育成(육성) : 길러서 자라게 함
   育兒(육아) : 어린애를 기름
   育英(육영) : 영재를 교육함

能
• 능할 능, 미칠 능　[肉부 6획, 총 10획 *able* · のう]
• 거북이나 곰처럼 끈질기게 가지고 있다는 뜻의 형성 글자.

1. 能力(능력) : 어떤 일을 이룰 수 있는 힘
   能手(능수) : 일을 하는 솜씨가 뛰어남

胸
• 가슴 흉, 마음 흉　[肉부 6획, 총 10획 *breast* · きょう]
• 늑골로 싸여있는 가슴을 뜻하는 형성 글자.

1. 胸襟(흉금) : 마음속
   胸背(흉배) : 가슴과 등
   胸部(흉부) : 가슴 부분

脚
- 다리 각 〔肉部 7획, 총 11획 *leg* · きゃ〕
- 무릎에서 뒤로 구부러진 다리라는 뜻의 형성 글자.

  脚光(각광) : 조명 장치의 하나. 사회의 주목을 끄는 일
  脚色(각색) : 소설 등을 각본이 되게 만드는 일
  脚線美(각선미) : 여성의 다리가 보여주는 아름다움

脫
- 벗을 탈, 벗어날 탈 〔肉部 7획, 총 11획 *take off* · だつ〕
- 뼈에서 살을 벗겨내는 것을 뜻하는 형성 글자.

  脫却(탈각) : 나쁜 상태에서 벗어남
  脫穀(탈곡) : 껍질에서 벗어남
  脫稿(탈고) : 원고를 끝을 냄

2단계입니다.

肝
- 간 간, 가장 중요한 곳 간 〔肉部 3획, 총 7획 *liver* · かん〕
- 몸의 중심 역할을 하는 간장의 모습을 본뜬 형성 글자.

  肝膈(간격) : 몸 속 깊이 있는 간장과 가로막
  肝要(간요) : 매우 중요함
  肝腸(간장) : 간과 창자

肖
- 닮을 초, 작을 초 〔肉部 3획, 총 7획 *resemble* · しょう〕
- 재료를 깎아 실물과 같은 형태로 만드는 것을 나타낸 형성 글자.

  肖像畵(초상화) : 사람의 얼굴을 그림이나 사진 등으로 나타내는 것
  肖似(초사) : 잘 닮음

肩
- 어깨 견, 이겨낼 견 〔肉部 4획, 총 8획 *shoulder* · けん〕
- 높고 평평하게 뻗은 어깨를 나타낸 회의 글자.

  肩骨(견골) : 어깨뼈
  肩章(견장) : 제복의 어깨에 붙이는 계급 등의 장식

肯 • 즐길 긍, 옳게 여길 긍 〔肉부 4획, 총 8획・こう〕
• 받아냈다거나 승낙했다는 의미의 회의 글자.

[예]. 肯諾(긍락) : 고개를 끄덕여 승락함
肯定(긍정) : 그러하다고 인정함
肯志(긍지) : 찬성하는 뜻

肥 • 살찔 비, 거름 비 〔肉부 4획, 총 8획 fat・ひ〕
• 사람의 몸에 점점 살이 붙는 것을 나타낸 회의 글자.

[예]. 肥鈍(비둔) : 너무 살이 쪄 행동이 굼뜸
肥滿(비만) : 살이 쪄서 뚱뚱함
肥沃(비옥) : 땅이 몹시 기름짐

肺 • 허파 폐, 마음 폐 〔肉부 4획, 총 8획 lung・はい〕
• 활짝 열거나 닫아서 호흡하는 심장을 나타낸 형성 글자.

[예]. 肺炎(폐렴) : 폐에 염증을 일으키는 병
肺氣(폐기) : 딸꾹질
肺腸(폐장) : 폐와 창자

背 • 등 배, 배반할 배 〔肉부 5획, 총 9획 back・はい〕
• 등을 돌리다 라는 뜻을 나타낸 형성 글자.

[예]. 背景(배경) : 뒷면의 경치. 또는 뒤에서 도와주는 사람이나 세력
背反(배반) : 의리를 져버리고 돌아섬

胃 • 밥통 위, 마음 위 〔肉부 5획, 총 9획 stomach・い〕
• 음식이 들어가는 둥근 위를 뜻하는 회의 글자.

[예]. 胃液(위액) : 위에서 분비되는 소화액
胃腸(위장) : 위와 장
胃痛(위통) : 위의 통증

胞 • 태보 포, 아기집 포 〔肉부 5획, 총 9획・ほう〕
• 뱃속에 들어있는 아이의 모습을 본뜬 형성 글자.

㉠. 胞宮(포궁) : 아기집
　　胞衣(포의) : 태아를 감싸고 있는 막
　　胞胎(포태) : 임신

胡 • 오랑캐 호, 장수할 호 〔肉부 5획, 총 9획・こ〕
　　• 크게 표면을 가리는 것을 나타낸 형성 글자.

㉠. 胡亂(호란) : 오랑캐들이 일으킨 난리
　　胡壽(호수) : 장수함
　　胡笛(호적) : 관악기의 한가지

脈 • 맥 맥, 줄기 맥 〔肉부 6획, 총 10획 vein・みゃく〕
　　• 몸의 중심을 몇 개로 나뉘어 지나가는 혈관을 뜻하는 형성 글자.

㉠. 脈絡(맥락) : 혈관
　　脈搏(맥박) : 심장의 율동적인 움직임으로 일어나는 맥
　　脈脈(맥맥) : 끊어지지 않고 이어짐

脅 • 겨드랑이 협, 으를 협 〔肉부 6획, 총 10획・きょう〕
　　• 양쪽에서 끼고 위협한다는 뜻의 형성 글자.

㉠. 脅迫(협박) : 으르면서 몹시 위협함
　　脅杖(협장) : 절름발이가 옆에 끼고 걷는 지팡이
　　脅奪(협탈) : 위협하여 빼앗음

脣 • 입술 순 〔肉부 7획, 총 11획 lip・しん〕
　　• 부드럽게 떨리는 입술을 나타낸 형성 글자.

㉠. 脣亡齒寒(순망치한) : 입술이 없으면 이가 시리다는 뜻으로, 이해관계상 한쪽이 밀리면 다른 쪽은 위기가 된다는 뜻
　　脣舌(순설) : 입술과 혀

腐 • 썩을 부 〔肉부 8획, 총 14획 rot・ふ〕
　　• 형태가 변해 찰싹 달라붙는 것을 나타낸 형성 글자.

㉠. 腐心(부심) : 속을 썩임
　　腐木(부목) : 썩은 나무

腦 ・뇌 뇌, 머리 뇌 〔肉부 9획, 총 13획 brain · のう〕
・부드럽게 주름잡혀 있는 뇌를 뜻하는 형성 글자.

용례. 腦裏(뇌리) : 머릿속
腦力(뇌력) : 머리를 써서 생각하는 힘
腦炎(뇌염) : 뇌막에 생기는 염증

腹 ・배 복 〔肉부 9획, 총 13획 · ふく〕
・부푼 배를 나타내는 형성 글자.

용례. 腹稿(복고) : 시문의 초고를 마음속으로 짜는 일
腹部(복부) : 배의 부분
腹案(복안) : 마음속에 품고 있는 계획

腰 ・허리 요, 허리에 띨 요 〔肉부 9획, 총 13획 waist · よう〕
・가는 허리를 나타낸 형성 글자.

용례. 腰劍(요검) : 검을 허리에 참
腰刀(요도) : 허리에 차는 칼
腰折(요절) : 허리가 꺾어짐

腸 ・창자 창, 마음 창 〔肉부 9획, 총 13획 bowels · ちょう〕
・길게 늘어진 창자를 나타낸 형성 글자.

용례. 腸壁(장벽) : 장의 벽
腸癌(장암) : 장에 생기는 암.

膚 ・살갖 부, 고기 부, 얕을 부 〔肉부 11획, 총 15획 skin · ふ〕
・내장을 싸고 있는 피부를 나타낸 형성 글자.

용례. 膚受(부수) : 피부에 와 닿을 정도로 절실하게 느낌
膚淺(부천) : 생각이 경박함
膚學(부학) : 천박한 학문

臟 ・오장 장 〔肉부 18획, 총 22획 · ぞう〕
・몸속에 영양분 등을 보관해 두는 장소를 나타낸 형성 글자.

용례. 臟器(장기) : 내장의 여러 기관

臟腑(장부) : 오장과 육부
臟器移植(장기이식) : 손상된 장기를 타인의 장기로 대체함. 또는 그런 수술

가는 실을 늘어뜨리고

• 會意
검을 현, 고요할 현

玄 [玄부 0획, 총 5획]
black · げん

검을 현(玄) 부는 가는 실을 늘어뜨려 끝부분을 슬쩍 내비친 모양을 본뜬 것입니다.

2단계에 해당하는 단어는 가까운 사물을 가리킴(茲)·거느림(率) 등입니다.

茲
- 이 자, 흐릴 자 [玄부 5획, 총 10획 · ひ]
- 玄을 두 개 합쳐 검다는 것을 나타낸 회의 글자.

率
- 거느릴 솔, 비율 률 [玄부 6획, 총 11획 · そつ]
- 실 보푸라기를 없애고 남은 실을 한데 묶은 모습의 상형 글자.

率先(솔선) : 남보다 앞장을 섬
率家(솔가) : 객지에서 살다가 가족들을 데려감
率直(솔직) : 꾸밈없고 정직함

참외 대신 호박을 취하랴

• 象形
오이 과

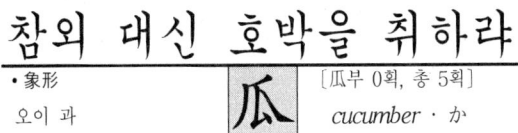
[瓜부 0획, 총 5획]
cucumber · か

'참외 대신 호박을 취하랴', 즉 좋은 것을 버리고 나쁜 것을 취하겠는가 하는 말입니다.

2단계는 오이(瓜)를 의미합니다.

• 오이 과 〔瓜부 0획, 총 59획 cucumber · か〕
• 오이 덩굴에 열매가 달려있는 모습의 상형 글자.

1. 瓜時(과시) : 관직을 바꾸거나 임기가 끝나는 시기. 춘추시대 제나라의 양공이 연칭과 관지부에게 규구 땅의 수비를 맡길 때에 했던 약속. 참외가 익으면 교대해 주겠다는 것인데 이를 지키지 않아 목숨을 빼앗김

눈은 마음의 창

• 象形
눈 목, 우두머리 목

目 [目부 0획, 총 5획]
eye · もく

마음의 창인 눈 목(目) 부의 1단계입니다.

直 •곧을 직, 값 치 [目부 3획, 총 8획 straight · ちょく]
•감춘 물건에 똑바로 눈을 주는 것을 나타낸 형성 글자.

용례. 直立(직립) : 똑바로 섬
直面(직면) : 직접 대면함

看 •볼 간, 방문할 간 [目부 4획, 총 9획 see · かん]
•손을 눈 위에 얹고 잘 보는 것을 나타낸 상형 글자.

용례. 看守(간수) : 지킴
看做(간주) : 그렇다고 침
看護(간호) : 병약자를 돌보아 줌

相 •서로 상, 볼 상 [目부 4획, 총 9획 mutually · そう]
•사물을 마주 대하는 것을 나타낸 형성 글자.

용례. 相見(상견) : 서로 봄
相談(상담) : 서로 의논함
相先(상선) : 맞바둑

省 •살필 성, 덜 생, 마을 성 [目부 4획, 총 9획 deliberate · せい]
•눈을 가늘게 뜨고 보는 것을 나타낸 형성 글자.

용례. 省察(성찰) : 깊이 생각함

省略(생략) : 줄임
省墓(성묘) : 조상의 성묘를 찾아 살핌

眠
- 잘 면, 쉴면 〔目부 5획, 총 10획 sleep · みん〕
- 눈이 보이지 않는 상태가 되는 것을 나타낸 형성 글자.

1. 眠睡(면수) : 잠을 잠
   冬眠(동면) : 겨울잠
   不眠(불면) : 잠을 자지 못함

眞
- 참 진, 있는 그대로 진 〔目부 5획, 총 10획 truth · しん〕
- 숟가락으로 그릇에 담는 것을 나타낸 회의 글자.

1. 眞價(진가) : 참된 값어치
   眞談(진담) : 진담으로 하는 말
   眞相(진상) : 사물의 참 모습

眼
- 눈 안, 볼 안 〔目부 6획, 총 11획 eye · がん〕
- 가만히 보는 것을 나타낸 형성 글자.

1. 眼鏡(안경) : 눈을 보호하거나 시력을 돕는 기구
   眼球(안구) : 눈알
   眼目(안목) : 눈매

着
- 붙을 착, 이를 착 〔目부 7획, 총 12획 stick to · ちゃく〕
- 붙이는 것을 나타낸 형성 글자.

1. 着工(착공) : 공사를 시작함
   着服(착복) : 옷을 입음
   着着(착착) : 일이 진행되어 가는 과정

2단계입니다.

- 소경 맹 〔目부 3획, 총 8획 blind man · もう〕
- 눈이 보이지않는 것을 나타낸 형성 글자.

㉢. 盲目的(맹목적) : 옳고 그름을 분별하지 못함
盲信(맹신) : 무조건 믿음

眉 • 눈썹 미 노인 미 〔目부 4획, 총 9획 eyebrow・び〕
• 눈 위에 눈썹이 있는 것을 본뜬 상형 글자.

㉢. 眉間(미간) : 두 눈썹 사이
眉目秀麗(미목수려) : 용모가 단정하고 얼굴이 빼어나게 아름다움

盾 • 방패 순, 피할 순 〔目부 4획, 총 9획・じゅん〕
• 얼굴을 가리며 칼이나 화살을 막는 방패를 뜻하는 상형 글자.

㉢. 矛盾(모순) : 창과 방패. 자연 상반된 어긋난 논리
盾戈(순과) : 방패와 날을 두 가닥으로 나눈 창

督 • 살펴볼 독, 단속할 독 〔目부 8획, 총 13획 look around・どく〕
• 감시하고 단속하는 것을 나타낸 형성 글자.

㉢. 督勵(독려) : 감독하며 격려함
督促(독촉) : 재촉함

睦 • 화목할 목, 가까울 목 〔目부 8획, 총 13획・ぼく〕
• 눈매가 부드럽고 사이가 좋음을 나타낸 형성 글자.

㉢. 和睦(화목) : 화기애애하여 분위기가 좋음
親睦(친목) : 친하게 지내는 사이끼리 분위기를 맞춤

睡 • 졸 수, 잠 수 〔目부 8획, 총 13획 doze・すい〕
• 눈꺼풀이 처져 자꾸 조는 것을 나타낸 형성 글자.

㉢. 睡眠(수면) : 잠을 잠
午睡(오수) : 점심을 먹은 후의 잠

瞬 • 눈깜박일 순, 잠깐 사이 순 〔目부 12획, 총 17획・しゅん〕
• 눈을 재빠르게 움직이는 것을 나타낸 형성 글자.

㉢. 瞬間(순간) : 눈 깜박할 사이
瞬息間(순식간) : 한순간에. 호흡 한 번 할 동안

언덕 위엔 무엇이 있는가

- 漢字 部首
언덕 부, 클 부

 [阜부 0획, 총 8획]
hill · ふ

언덕 부(阜)의 1단계입니다.

- 둑 방, 울타리 방 〔阜부 4획, 총 7획 bank · ほう〕
- 흙을 좌우로 쌓아놓은 모습을 본뜬 형성 글자.

  1. 防空(방공) : 공중으로 오는 적을 막아냄
     防犯(방범) : 범죄가 일어나지 않게 막음
     防止(방지) : 막아서 그치게 함

- 한정 한, 기한 한 〔阜부 6획, 총 9획 limit · げん〕
- 앞으로 나가지 못하게 만든 경계를 뜻하는 형성 글자.

  1. 限界(한계) : 땅의 경계
     限度(한도) : 한정함
     限死(한사) : 목숨을 내걺

降
- 항복할 항, 내릴 강 〔阜부 6획, 총 9획 surrender · こう〕
- 높은 곳에서 낮은 곳으로 내려오는 것은 본뜬 형성 글자.

  1. 降書(항서) : 항복의 뜻으로 쓰는 글
     降等(강등) : 계단을 내려감
     降下(강하) : 내려감
     强雨(강우) : 비가 옴

- 뭍 륙, 언덕 륙, 두터울 륙 〔阜부 8획, 총 11획 land · りく〕
- 조그만 언덕이 연속하여 있음을 나타낸 형성 글자.

📖. 陸軍(육군) : 뭍에서 싸우는 군대
　　陸上(육상) : 뭍 위

- 응달 음, 가릴 음 〔阜부 8획, 총 11획 shadow · いん〕
- 음울하고 어두운 산그늘을 나타낸 형성 글자.

📖. 陰氣(음기) : 음랭한 기운
　　陰冷(음랭) : 음산함

- 볕 양, 나타날 양 〔阜부 9획, 총 12획 sunshine · よう〕
- 해가 비치는 언덕을 나타낸 형성 글자.

📖. 陽光(양광) : 태양의 빛
　　陽朔(양삭) : 음력 10월 1일
　　陽春(양춘) : 따뜻한 봄

2단계입니다.

- 붙을 부, 알깔 부 〔阜부 5획, 총 8획 stick to · ふ〕
- 붙이다는 뜻으로 사용되는 형성 글자.

📖. 附加(부가) : 덧붙임
　　附錄(부록) : 본래 물건에 끼어 붙임. 덤으로 끼어 넣음

- 언덕 아, 호칭 옥 〔阜부 5획, 총 8획 hill · あ〕
- 갈고리 모양으로 파고든 땅을 나타낸 형성 글자.

📖. 阿膠(아교) : 갖풀
　　阿附(아부) : 남의 비위를 맞춤

院
- 원집 원, 뜰 원 〔阜부 7획, 총 10획 public building · いん〕
- 주위를 담으로 둘러싼 안뜰이라는 뜻의 형성 글자.

📖. 院長(원장) : 원자가 붙은 기관의 장

院相(원상) : 임금이 세상을 떠난 뒤에 어린 임금을 보좌하여 대소 벼슬을 보던 승정원의 임시벼슬

除
- 덜 제, 사월 여 〔阜部 7획, 총 10획 subtract · じょ〕
- 방해가 되는 흙을 밀어젖히는 것을 나타낸 형성 글자.

田1. 除名(제명) : 명단에서 이름을 뺌, 또는 탈퇴시킴
除夜(제야) : 섣달 그믐날

陣
- 진칠 진, 진영 진 〔阜部 7획, 총 10획 battle formation · じん〕
- 흙 주머니를 쌓아올려 만든 진지를 나타낸 형성 글자.

田1. 陣頭(진두) : 진의 선두. 투쟁의 선두
陣法(진법) : 진을 치는 법
陣營(진영) : 진을 친 곳

陶
- 질그릇 도, 화락할 요 〔阜部 8획, 총 11획 earthen ware · とう〕
- 바깥틀 속에 흙을 넣어 도자기 틀을 만든 형성 글자.

田1. 陶器(도기) : 질그릇
陶然(도연) : 기분이 좋게 술이 취함

陵
- 큰 언덕 릉, 능가할 릉 〔阜部 8획, 총 11획 · りょう〕
- 힘줄처럼 불거져 나온 산의 등줄기를 나타낸 형성 글자.

田1. 陵蔑(능멸) : 깔봄
陵碑(능비) : 능에 세운 비

陳
- 늘어놓을 진, 방비 진 〔阜部 8획, 총 11획 display · ちん〕
- 흙을 담아 평평하게 늘어놓은 모습의 형성 글자.

田1. 陳腐(진부) : 오래 되어 썩음
陳述(진술) : 구두로 밀을 힘
陳情(진정) : 사정을 자세히 말함

陷
- 빠질 함, 빠뜨릴 함 〔阜部 8획, 총 11획 fall into · かん〕
- 흙구덩이에 빠지는 것을 나타낸 형성 글자.

田1. 陷穽(함정) : 짐승 등을 잡기 위해 파놓은 구덩이

陷落(함락) : 성이나 요새가 적의 수중에 들어감
陷沒(함몰) : 재난을 당하여 멸망함

階 • 섬돌 계, 사다리 계 〔阜部 9획, 총 12획 stairs · かい〕
• 흙을 쌓아 한 단의 높이로 맞춘 계단을 뜻하는 형성 글자.

用1. 階段(계단) : 층계
階梯(계제) : 사다리
階次(계차) : 지위의 고하

隊 • 대 대, 떨어질 추 〔阜部 9획, 총 12획 party · たい〕
• 한곳에 모인 사람의 모임이라는 뜻의 형성 글자.

用1. 隊商(대상) : 일련의 대오를 짜서 낙타 등을 이용하여 상품을 나르는 교역을 하는 장사꾼
隊員(대원) : 대의 구성원

隆 • 클 륭, 높을 륭 〔阜部 9획, 총 12획 big · りゅう〕
• 내려오는 힘에 의하여 위로 올라가는 것을 나타낸 형성 글자.

用1. 隆盛(융성) : 번영하고 성함
隆崇(융숭) : 대접이 극진함
隆恩(융은) : 큰 은혜

障 • 막을 장, 울타리 장 〔阜部 11획, 총 14획 barrier · しょう〕
• 바짝 대어 막는 것을 나타낸 형성 글자.

用1. 障碍(장애) : 자꾸만 가로막고 거치적거림
障壁(장벽) : 칸막이 벽

際 • 사이 제, 만날 제 〔阜部 11획, 총 14획 border · さい〕
• 벽과 벽이 좁아 서로 닿는 부분을 뜻하는 형성 글자.

用1. 交際(교제) : 사귐
際會(제회) : 서로 만남

隣 • 이웃 린, 닿을 린 〔阜部 12획, 총 15획 neighbor · りん〕
• 집의 불빛이 나란이 서 있음을 나타낸 형성 글자.

㈜. 隣家(인가) : 이웃집
　　隣近(인근) : 가까운 근처
　　隣接(인접) : 이웃함

隨
- 따를 수, 거느릴 수 〔阜部 13획, 총 16획 *follow* · ずい〕
- 사태가 멈추지 않음을 나타낸 형성 글자.

㈜. 隨伴(수반) : 따름
　　隨時(수시) : 그때그때
　　隨意(수의) : 뜻대로

險
- 험할 험, 고민 험 〔阜部 13획, 총 16획 *rugged* · けん〕
- 깎아지른 듯한 우뚝 솟은 산을 본뜬 형성 글자.

㈜. 險難(험난) : 험하고 어려움
　　險路(험로) : 험한 길
　　險相(험상) : 험상스러운 인상

隱
- 숨을 은, 기댈 은 〔阜部 14획, 총 17획 *hide* · いん〕
- 벽의 그늘에 숨으려는 기분을 나타낸 형성 글자.

㈜. 隱匿(은닉) : 숨어서 감춤
　　隱遁(은둔) : 세상을 피해 숨음
　　隱密(은밀) : 숨겨 비밀히 함

누가 기와집에 옻칠하는가

• 象形　　　　　　瓦　[瓦부 0획, 총 5획]
기와 와, 질그릇 와　　　　　tile · が

기와(瓦)는 반원의 통 모양을 한 기와를 서로 엇갈리게 겹친 모양입니다.

- 기와 와　[瓦부 0획, 총 5획 tile · が]
- 기와를 서로 겹치게 한 모양을 본뜬 상형 글자.

　　瓦家(와가) : 기와집
　　瓦片(와편) : 기와 조각
　　瓦解(와해) : 기와가 깨지듯이 조직이나 계획 등이 깨어짐을 뜻함

밭을 사려면 변두리를 보라

• 象形
밭 전, 심을 전, 사냥 전 田 [田부 0획, 총 5획]
field · でん

밭(田)41)은 사각으로 구획을 지은 논이나 밭을 본뜬 것입니다. 밭에 종자를 가려 심는 것을 의미합니다.
제1단계입니다.

甲
- 갑옷 갑, 빼어날 갑 [田부 0획, 총 5획 armor · こう]
- 씨나 심을 둘러싼 단단한 껍질을 본뜬 상형 글자.

田. 甲板(갑판) : 배 위에 철판이나 나무를 깐 넓은 바닥
   甲富(갑부) : 제일가는 큰 부자
   甲戌(갑술) : 60갑자의 열한째

申
- 납 신, 펼 신 [田부 0획, 총 5획 report · しん]
- 획 스치는 범개를 본뜬 상형 글자.

田. 申時(신시) : 12시의 아홉째. 오후 3시에서 5시 사이
   申申當付(신신당부) : 몇 번이나 거듭하여 간청함
   追申(추신) : 덧붙임

男
- 사내 남, 아들 남 [田부 2획, 총 7획 male · だん]
- 밭일이나 사냥에 힘을 쓰는 남자를 가리키는 형성 글자.

田. 男女(남녀) : 남자와 여자

---

41) 한자 부수의 하나인 田은 우리나라에서는 田은 밭, 畓은 논을 나타냄

男性(남성) : 남자. 또는 남자의 성격이나 체질
男兒(남아) : 사내 아이

界
• 지경 계, 둘레안 계 〔田부 4획, 총 9획 boundary · かい〕
• 논밭을 양쪽으로 나누는 경계를 나타낸 형성 글자.

用. 界內(계내) : 국경안
花柳界(화류계) : 술과 몸을 파는 창녀들의 사회
學界(학계) : 학문을 연구하는 계통

留
• 머무를 류, 지체할 류 〔田부 5획, 총 10획 stay · りゅう〕
• 어떤 장소에 가두어 머물게 하는 것을 나타낸 형성 글자.

用. 留宿(유숙) : 남의 집에 머물러 묵음
留念(유념) : 마음에 새김
留置(유치) : 맡아둠

異
• 다를 이, 의심할 이 〔田부 6획, 총 11획 different · い〕
• 큰 머리를 손으로 받치고 있음을 나타낸 상형 글자.

用. 異見(이견) : 다른 생각
異口同聲(이구동성) : 여러 사람이 같은 목소리로 말을 함, 또는 같은 의견

番
• 갈마들 번, 수 번 〔田부 7획, 총 12획 · ばん〕
• 쥔 손을 펴서 씨 뿌리는 것을 나타낸 형성 글자.

用. 番數(번수) : 번들어 지킴
番地(번지) : 오랑캐 땅
番號(번호) : 차례를 나타내는 호수

畵
• 그림 화, 그을 획 〔田부 7획, 총 12획 picture · かい〕
• 붓으로 구획을 짓는 것을 나타낸 형성 글자.

用. 畵家(화가) : 미술가
畵壇(화단) : 화단의 사회
畵策(획책) : 일을 꾸미거나 꾀함

當
- 마땅할 당, 주관할 당 〔田부 8획, 총 13획 suitable · とう〕
- 서로 꼭 들어맞는다는 뜻의 형성 글자.

用. 當年(당년) : 그 해
   當代(당대) : 사람의 한평생
   當時(당시) : 이때 또는 지금

2단계입니다.

由
- 말미암을 유, 까닭 유 〔田부 0획, 총 5획 · ゆう〕
- 술이나 물을 따르는 입구가 좁은 항아리를 본뜬 상형 글자.

用. 由來(유래) : 사물의 내력
   由緒(유서) : 사물의 내력
   由緣(유연) : 사물의 유래

畓
- 논 답 〔田부 4획, 총 9획〕
- 밭에 물이 있음을 나타내는 회의 글자.

用. 畓穀(답곡) : 밭에서 나는 곡식
   畓農(답농) : 밭 농사
   畓主(답주) : 밭주인

畏
- 두려워할 외, 으를 외 〔田부 4획, 총 9획 fear · い〕
- 머리큰 도깨비가 몽둥이를 들고 위협하는 모습의 글자.

用. 畏敬(외경) : 어려워하고 공경함
   畏怖(외포) : 몹시 두려워함

畜
- 쌓을 축, 가축 축 〔田부 5획, 총 10획 cattle · ちく〕
- 영양을 담고 있는 검은 흙을 나타낸 회의 글자.

用. 畜舍(축사) : 가축을 기르는 건물
   畜産(축산) : 집에서 기르는 소나 말 또는 돼지 닭 등
   畜牛(축우) : 집에서 기르는 소

略
- 다스릴 략, 빼앗을 략 〔田부 6획, 총 11획 · りゃく〕
- 논밭을 가로지르는 작은 길을 나타낸 형성 글자.

 略圖(약도) : 간략하게 그린 도면
略歷(약력) : 대강의 이력
略字(약자) : 획을 줄여 쓴 간단한 글자

畢
- 마칠 필, 다할 필 〔田부 6획, 총 11획 finish · ひつ〕
- 새나 짐승이 도망가지 못하도록 만든 그물을 본뜬 형성 글자.

 檢査畢(검사필) : 검사를 마침
畢業(필업) : 업을 마침
畢生(필생) : 생을 마칠 때까지

쌀독에서 인심난다

・象形
쌀 미, 길이의 단위 미

[米부 0획, 총 6획]
rice・べい

 쌀을 뜻하는 미(米)는 십자 표(十)의 사방에 점점이 작은 쌀알이 흩어져 있는 모양을 본뜬 모습입니다. 1단계입니다.

精
- 정미할 정, 찧을 정 [米부 8획, 총 14획 minute・せい]
- 지저분한 것을 제거한 깨끗한 백미를 나타낸 형성 글자.

　1. 精潔(정결) : 깨끗하고 조촐함
　　精勤(정근) : 부지런히 힘씀
　　精讀(정독) : 글을 자세히 읽음

2단계입니다.

粉
- 가루 분, 색칠할 분 [米부 4획, 총 10획 powder・ふん]
- 쌀을 찧은 가루를 나타낸 형성 글자.

　1. 粉匣(분갑) : 화장품을 넣는 갑
　　粉末(분말) : 가루
　　粉碎(분쇄) : 잘게 부숨

粟
- 조 속 [米부 6획, 총 12획 millet・ぞく]
- 작고 드문드문한 곡물을 나타낸 회의 글자.

예. 粟米(속미) : 조와 쌀
　　粟膚(속부) : 추위로 인하여 피부에 소름이 생기는 일. 또는 거친 피부

粧
- 단장할 장　〔米부 6획, 총 12획　*adorn　oneself*・しょう〕
- 쌀가루 분으로 예쁘게 꾸미는 것을 나타낸 형성 글자.

예. 粧鏡(장경) : 화장용 거울
　　粧刀(장도) : 옷고름에 차는 호신용 장도
　　粧飾(장식) : 화장하여 꾸밈

糖
- 사탕 당, 엿 당　〔米부 10획, 총 16획　*sugar*・とう〕
- 수분을 제거하고 가루로 만든 설탕을 나타낸 형성 글자.

예. 糖尿病(당뇨병) : 오줌에 많은 당분이 함유되어 있음
　　糖分(당분) : 어떤 물건에 포함되어 있는 당류

糧
- 양식 량, 구실 량　〔米부 12획, 총 18획　*food*・りょう〕
- 여행을 갈 때 필요한 것만을 가지고 가는 형성 글자.

예. 糧穀(양곡) : 양식이 되는 곡물
　　糧食(양식) : 식량
　　軍糧(군량) : 군인들이 먹는 식량
　　軍糧米(군량미) : 전쟁을 예비하여 비축한 식량

무엇을 쓸 것인가

• 象形
쓸 용, 용도 용

[用부 0획, 총 5획]
use · よう

쓴다(用)는 것은 직사각형의 판자와 막대기를 합쳐 판자에 막대기 구멍을 뚫어 관통한 것을 의미합니다. 1단계뿐입니다.

用
• 쓸 용, 써 용, 작용 용 〔用부 0획, 총 5획 use · よう〕
• 나무 판자를 관통하는 모습을 본뜬 상형 글자.

1. 用件(용건) : 볼일
　 用途(용도) : 쓰는 자리나 방면
　 用例(용례) : 전부터 써온 실례

그릇의 덮개를 열고

• 漢字 部首
그릇 명, 그릇의 덮개 명

[皿부 0획, 총 5획]
dish · べい

그릇과 그 덮개를 뜻하는 명(皿) 부의 1단계는 이익을 더하다는 뜻(益)과 진력을 다하다(盡)는 단입니다.

- 더할 익, 보탬 익, 이익 익 [皿부 5획, 총 10획 · えき]
- 접시에 물이 가득 찬 상태를 뜻하는 회의 글자.

例. 益友(익우) : 사귀어 도움이 되는 친구
　　益鳥(익조) : 사람에게 도움을 주는 새
　　有益(유익) : 사람에게 이로움

- 다할 진, 진력할 진 [皿부 9획, 총 14획 · しん]
- 손에 쥔 붓에서 먹물이 방울져 떨어지는 모습의 형성 글자.

例. 盡力(진력) : 온힘을 다함
　　盡心(진심) : 마음과 힘을 다함
　　盡終日(진종일) : 온종일

제2단계입니다.

盛
- 담을 성, 성할 성 [皿부 6획, 총 11획 fill · せい]
- 그릇에 수북히 담아 다지는 것을 나타낸 형성 글자.

㉾. 盛年(성년) : 원기가 왕성한 젊은 나이
　　盛大(성대) : 성하고 큼
　　盛夏(성하) : 여름 더위가 한창인 때
　　盛裝(성장) : 훌륭하게 치장함

盜
- 도둑 도, 훔칠 도 〔皿부 7획, 총 12획 *thief*・とう〕
- 사물이 탐나 침을 흘리고 있는 모습을 본뜬 회의 글자.

㉾. 盜掘(도굴) : 몰래 매장물을 캠
　　盜癖(도벽) : 남의 물건을 훔치는 버릇
　　盜賊(도적) : 도둑

監
- 볼 감, 살필 감 〔皿부 9획, 총 14획 *see*・かん〕
- 접시에 물을 담고 얼굴을 비춰보는 것을 나타낸 회의 글자.

㉾. 監督(감독) : 감시하여 단속함
　　監撫(감무) : 감독하여 편안하게 함
　　監察(감찰) : 주의 깊게 살핌

盤
- 소반 반, 반석 반 〔皿부 10획, 총 15획・ばん〕
- 평평하게 퍼진 큰 접시를 나타낸 형성 글자.

㉾. 盤據(반거) : 근거로 하여 지킴
　　盤曲(반곡) : 길이 꼬불꼬불함
　　盤石(반석) : 너럭바위

낮은 벼슬아치

• 漢字 部首
짝 필, 발 소

疋 〔疋부 0획, 총 5획〕
foot · そ

짝 또는 낮은 벼슬아치를 뜻하는 필(疋)은 8장 길이의 피륙을 세는 단위로도 사용됩니다.
2단계에는 트이다(疏)·의심하다(疑) 등입니다.

疏
• 트일 소, 거칠 소 〔疋부 7획, 총 12획 get cleared · そ〕
• 거칠 것 없이 줄줄 흘러나가는 것을 나타낸 회의 · 형성 글자.

1. 疏食(소사) : 채식과 곡식
   疏惡(소악) : 거칠고 나쁨
   疏通(소통) : 막히지 않고 트임

疑
• 의심할 의, 의심 의 〔疋부 9획, 총 14획 doubt · ぎ〕
• 일이 어떻게 될지를 몰라 걱정하고 있는 모습의 형성 글자.

1. 疑懼(의구) : 의심하여 두려워함
   疑問(의문) : 의심스러운 점을 물음
   疑訝(의아) : 의심스럽고 괴이쩍음

여우도 쉴 구멍이 있다

• 形聲
구멍 혈, 구멍 뚫을 혈

[穴부 0획, 총 5획]
hole · けつ

　구멍을 의미하는 혈(穴)은 흙을 파서 입구를 뚫은 동굴 집을 나타냅니다. 모든 단계는 궁구함(究)·구멍(空)·창(窓) 등입니다.

究
• 궁구할 구, 끝 구　[穴부 2획, 총 7획 grope about · きゅう]
• 손이 구멍 속에 걸릴 때까지 찾아 조사함을 나타낸 형성 글자.

用. 究極(구극) : 궁구함. 극에 달함
　研究(연구) : 사물을 깊이 생각하거나 자세히 조사하여 어떤 이치나 사실을 밝혀냄

• 갑자기 돌, 굴뚝 돌　[穴부 4획, 총 9획 suddenly · とつ]
• 구멍 속에서 개가 튀어나오는 것을 나타낸 회의 글자.

用. 突擊(돌격) : 돌진하여 공격함
　突發(돌발) : 갑자기 일어남
　突入(돌입) : 갑자기 뛰어듦

• 다할 궁, 궁구할 궁　[穴부 10획, 총 15획 finish · きゅう]
• 구멍 속까지 들어가 제대로 움직일 수 없음을 본뜬 형성 글자.

用. 窮究(궁구) : 파고 들어가 연구함
　窮極(궁극) : 끝
　窮相(궁상) : 궁하게 생긴 상

미운 벌레 모로 긴다

• 漢字 部首
벌레 충, 벌레 훼

虫

[虫부 0획, 총 6획]
worm · き

'장자'의 〈전자방편(田子方篇)〉에 옹리혜계(甕雛醯鷄)라는 말이 있습니다. 술에 끓는 작은 벌레라는 의미입니다. 또 〈팔만대장경〉에는 등불을 좇는 벌레는 애욕을 좇는 인간과 같다고 했습니다.

충부(虫部)의 1단계는 벌레(蟲)를 나타냅니다.

蟲
• 벌렐 충 〔虫부 12획, 총 18획 worm · ちゅう〕
• 많은 구더기를 나타내는 회의 글자.

예. 幼蟲(유충) : 애벌레
   蟲齒(충치) : 벌레 먹은 이
   害蟲(해충) : 해로운 벌레

2단계 단어입니다.

蛇
• 뱀 사 〔虫부 5획, 총 11획 snake · じゃ〕
• 뱀을 나타내는 형성 글자.

예. 毒蛇(독사) : 독이 있는 뱀
   靑蛇(청사) : 푸른 뱀
   蛇毒(사독) : 뱀의 독

蜂 ・벌 봉 〔虫부 7획, 총 13획 bee・ほう〕
・집단을 이루어 날고 있는 벌을 나타낸 회의・형성 글자.

用. 蜂起(봉기) : 벌 떼처럼 일어남
　　蜂蜜(봉밀) : 벌꿀

蜜 ・꿀 밀 〔虫부 8획, 총 14획 honey・みつ〕
・벌집 속에 채워 넣은 꿀을 나타낸 회의・형성 글자.

用. 蜜語(밀어) : 달콤한 말
　　蜜月(밀월) : 혼인한 지 한 달 동안

蝶 ・나비 접 〔虫부 9획, 총 15획 butterflyst・ちょう〕
・잎처럼 얇은 벌레가 나는 것을 나타낸 형성 글자.

用. 胡蝶(호접) : 나비
　　蝶夢(접몽) : 나비 꿈.

螢 ・개똥벌레 형 〔虫부 10획, 총 14획・けい〕
・궁둥이 주위에서 빛을 발하는 곤충을 나타낸 형성 글자.

用. 螢光(형광) : 반딧불
　　螢雪之功(형설지공) : 오래 전에 진나라의 차윤과 손강이 가난하여 반딧불과 눈빛으로 공부했다는 고사

蠶 ・누에 잠, 누에칠 잠 〔虫부 18획, 총 24획 silk worm・さん〕
・뽕나무 사이에 숨어든 벌레를 뜻하는 형성 글자.

用. 蠶桑(잠상) : 뽕나무를 재배하고 누에를 침
　　蠶食(잠식) : 누에가 뽕잎을 갈아먹듯 차츰차츰 남의 것을 차지해 들어감

蠻 ・오랑캐 만 〔虫부 19획, 총 25획 barbarous tribe・ばん〕
・이상한 모습을 한 뱀 같은 인간을 나타낸 형성 글자.

用. 蠻勇(만용) : 야만적인 용사
　　蠻行(만행) : 야만적인 행위

새와 물고기를 잡는 그물

• 漢字 部首
그물 망

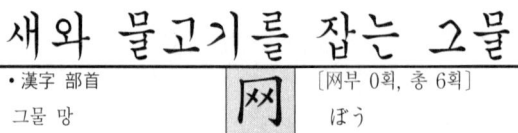
[网부 0획, 총 6획]
ぼう

그물을 뜻하는 망(网)은 罒 과 ⺲을 함께 씁니다.
제1단계는 허물(罪)을 나타냅니다.

罪 • 허물 죄, 벌줄 죄 [网부 8획, 총 13획 crime · さい]
• 나쁜 일을 하여 법망에 걸린 사람을 비유한 회의 글자.

 罪過(죄과) : 죄와 과실
　　罪名(죄명) : 범죄의 명목
　　罪悚(죄송) : 죄스럽고 송구함

2단계입니다.

罔 • 그물 망, 없을 망, 속일 망 [网부 3획, 총 8획 · もう]
• 덮어 씌워서 보이지 않게 함을 나타낸 형성 글자.

 罔罟(망고) : 새와 짐승을 잡는 망과 그물
　　罔極(망극) : 그지없음
　　罔測(망측) : 뭐라 할 수 없을 정도로 도리에 맞지 않음

置 • 둘 치, 베풀 치 [网부 8획, 총 13획 place · ち]
• 새를 잡는 그물을 똑바로 세워놓는 것을 나타낸 형성 글자.

[用]. 置簿(치부) : 금전의 출납을 적어놓은 장부
　　 置重(치중) : 어떤 것을 귀중히 여겨 중점을 둠
　　 置換(치환) : 이것과 저것을 바꾸어 놓음

罰 ・벌 벌, 벌할 벌 〔网부 9획, 총 14획 *punishment*・ばつ〕
　　 ・죄를 꾸짖어 칼로 벌을 가하는 것을 나타낸 회의 글자.

[用]. 罰金(벌금) : 벌로 내는 돈
　　 罰酒(벌주) : 벌로서 마시는 술
　　 罰責(벌책) : 꾸짖어 벌을 줌

署 ・나눌 서, 마을 관청 서 〔网부 9획, 총 14획・しょ〕
　　 ・사람들을 어떤 테두리 안에 유치한다는 뜻의 형성 글자.

[用]. 署押(서압) : 서명 날인
　　 署員(서원) : 서(署) 자가 붙은 관청의 직원
　　 署理(서리) : 공석 중인 자리를 임시로 대행하는 사람

罷 ・그만둘 파, 고달플 파 〔网부 10획, 총 15획 *cease*・はい〕
　　 ・힘이 있는 사람이 그물에 걸려든 상태를 말하는 회의 글자.

[用]. 罷免(파면) : 직무를 해면함
　　 罷市(시장) : 시장을 폐지함
　　 罷議(파의) : 의논을 그만둠

羅 ・그물 라, 늘어설 라 〔网부 14획, 총 19획 *fowler's net*・ら〕
　　 ・밧줄에 매달은 그물을 치는 것을 나타낸 회의 글자.

[用]. 羅網(나망) : 새 잡는 그물
　　 羅城(나성) : 큰 성의 바깥 주위
　　 羅卒(나졸) : 순찰을 하는 병졸

무엇을 담을 것인가

- 漢字 部首
장군 부

缶 [缶부 0획, 총 6획]
ふ, ふう

장군 부(缶)는 술이나 간장 따위를 담는 그릇을 말합니다.
모든 단계가 이지러짐(缺)을 나타냅니다.

缺
- 이지러질 결, 틈 결 [缶부 4획, 총 10획 wane · けつ]
- 토기가 凵 모양으로 이지러진 것을 나타낸 형성 글자.

 1. 缺格(결격) : 필요한 자격을 갖추지 못함
　缺席(결석) : 출석을 하지 아니함
　缺乏(결핍) : 모자람

붓을 손에 들고

- 漢字 部首
붓 율, 스스로 율

[聿부 0획, 총 6획]
writing brush · いつ

율(聿)은 '붓', '드디어', '스스로' 등의 뜻을 함유하고 있습니다. 발어사(發語辭)로 사용될 때엔 '오직', '이에'라는 뜻이 있습니다. 2단계에 해당하는 단어는 엄숙함(肅)입니다.

肅
- 엄숙할 숙, 경계할 숙 [聿부 7획, 총 13획 solemn · しゅく]
- 붓을 쥐고 벼랑에 서 있을 때의 불안한 모습의 회의 글자.

[예]. 肅啓(숙계) : 삼가 아룀
肅軍(숙군) : 군의 기강을 바로잡음
肅殺(숙살) : 쌀쌀한 가을 기운이 나무를 말림

손발을 뻗어 잰 걸음으로

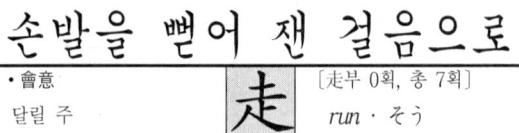

• 會意
달릴 주
[走부 0획, 총 7획]
run · そう

주부(走部)42)의 1단계는 달림(走)과 일어남(起) 입니다.

- 일 기, 일으킬 기 [走부 3획, 총 10획 rise · き]
- 드러누워 있다가 일어섬을 나타낸 회의 글자.

例. 起立(기립) : 일어섬
起伏(기복) : 일어섬과 엎드림
起因(기인) : 일이 일어나는 원인

2단계입니다.

- 나아갈 부, 부고 부 [走부 2획, 총 9획 proceed · ふ]
- 쓰러지거나 부딪치면서 달려오는 것을 나타낸 형성 글자.

例. 赴告(부고) : 달려가서 알림. 불길한 일 등을 알림
赴任(부임) : 임지로 감

- 넘을 월, 나라 이름 월 [走부 5획, 총 12획 overpass · えつ]
- 우묵한 곳을 발을 걸고 뛰어넘는 것을 나타낸 형성 글자.

---

42) 주(走)는 사람이 손발을 뻗은 모양(大)과 다리(止)가 합쳐진 글자. 손발을 뻗어 잰 걸음으로 달리는 것을 나타냄.

[예]. 越權(월권) : 자기 직권의 범위를 넘는 것
　　越等(월등) : 현저하게 나음
　　越便(월편) : 건너편

超 • 넘을 초 〔走부 5획, 총 12획 leap over·ちょう〕
　　• 곡선을 그리며 방해물을 뛰어넘는 것을 나타낸 형성 글자.

[예]. 超過(초과) : 한도를 넘음
　　超克(초극) : 어려움을 이겨냄
　　超遙(초요) : 아득한 모양

趣 • 달릴 취, 재촉할 촉 〔走부 8획, 총 15획 run·しゅ〕
　　• 손가락을 구부려 단축하듯이 시간을 단축한다는 뜻의 형성 글자.

[예]. 趣舍(취사) : 쓸 것은 쓰고 버릴 것은 버림.
　　趣向(취향) : 목표를 정하고 나아감
　　趣裝(취장) : 서둘러서 여장을 갖춤
　　趣味(취미) : 즐겨서 하는 일

무엇을 보고 있는가

•會意
볼 견, 나타날 현

見 [見부 0획, 총 7획]
see · けん

볼 견(見) 보는 눈(目)과 사람(人)이 합쳐진 모양입니다.
1단계는 보다(見)·대우하거나 보다(視)·친함(親)·경관이나 보이다(觀) 등입니다.

視
- 볼 시, 대우할 시 [見부 5획, 총 12획 look at · し]
- 똑바로 시선을 돌리는 것을 나타낸 형성 글자.

예. 視力(시력) : 눈으로 물체를 보는 힘
　　視察(시찰) : 실제로 돌아다니며 사정을 살핌
　　視線(시선) : 눈길이 향하는 방향

親
- 친할 친, 친히 친 [見부 9획, 총 16획 related · しん]
- 칼로 잘리는 것처럼 따끔하게 느낀다는 뜻의 형성 글자.

예. 親近(친근) : 정의가 아주 가깝고 두터움
　　親山(친산) : 부모의 산소
　　親善(친선) : 서로 친하여 사이가 좋음

觀
- 볼 관, 보일 관 [見부 18획, 총 25획 observe · かん]
- 전체를 맞추고 바라본다는 뜻의 형성 글자.

예. 觀客(관객) : 구경하는 사람
　　觀望(관망) : 멀리 바라봄

2단계에서는 깨달음(覺) · 보다(覽) 등입니다.

覺 • 깨달을 각, 나타날 각 〔見부 13획, 총 20획 perceive · かく〕
• 보거나 듣는 자의 마음 속에서 문득 일어나는 의미의 형성 글자.

용례. 覺書(각서) : 약속을 잊지 않게 하기 위하여 기록함, 또는 그 문서

覺醒(각성) : 잠에서 깸

覽 • 볼 람, 전망 람 〔見부 14획, 총 21획 look at · らん〕
• 아래에 있는 많은 것을 둘러본다는 뜻의 형성 글자.

용례. 展覽會(전람회) : 그림 등을 전시하여 사람들이 보게 함

閱覽(열람) : 어떠한 사실 기록을 직접 살펴봄

觀覽(관람) : 영화나 연극 등을 봄

무엇 때문에 배반하는가

• 漢字 部首
배반할 발, 갈 발

[癶부 0획, 총 5획]
はつ

 필발머리(癶) 부에 속하는 이 부수는 두 다리를 뻗친 모양입니다. 발(發) 자의 부수로 인하여 '필발머리'라고 합니다. 걸음을 옮기거나 배반하는 것을 나타냅니다. 모든 단계가 열째천간 계(癸)·오름(登)·꽃이 피거나 가는 것(發) 등입니다.

- 열째 천간 계, 월경 계 [癶부 4획, 총 9획 · き]
- 날이 세 방면이나 네 방면이 되는 창을 나타내는 상형 글자.

   癸方(계방) : 24 방위의 하나
   癸酉(계유) : 60갑자의 열째

- 오를 등, 더할 등 [癶부 7획, 총 12획 climb · とう]
- 위로 올라가는 것을 나타낸 상형 글자.

   登高(등고) : 높은 곳에 오름
   登用(등용) : 인재를 골라 씀

- 필 발, 쏠 발, 들출 발 [癶부 7획, 총 12획 spread · はつ]
- 활을 잡아당겨 화살을 쏘는 것을 나타낸 형성 글자.

   發覺(발각) : 숨겼던 일이 드러남
   發端(발단) : 일의 실마리
   發令(발령) : 명령을 내림

구름의 모피를 입고

• 漢字 部首  [彡부 0획, 총 3획]
　터럭 삼　　　　　　　　　hair · さん

터럭을 뜻하는 삼(彡)은 '三'을 뉘어 놓은 모습입니다. 그러므로 부수 이름은 '삐친 석 삼'이라 합니다. 1단계는 형상(形) 입니다.

　　形　•형상 형, 용모 형, 몸 형 [彡부 5획, 총 7획 shape · けい]
　　　　•여러 무늬의 틀이나 모양을 나타내는 형성 글자.

　. 形狀(형상) : 물체의 생긴 모양
　　 形局(형국) : 어떤 일의 형편이나 판국

2단계는 채색(彩)과 그림자(影)입니다.

　　彩　•채색 채, 빛 채, 모양 채 [彡부 8획, 총 11획 color · さい]
　　　　•색을 골라 섞는 것을 나타낸 형성 글자.

　🔲. 彩料(채료) : 물감
　　 彩色(채색) : 색을 칠함

　　影　•그림자 영, 모양 영 [彡부 12획, 총 15획 shadow · はん]
　　　　•빛에 의해 밝음과 어둠의 경계가 생김을 나타낸 형성 글자.

　🔲. 影國(영국) : 그림자처럼 붙어 있는 나라. 속국
　　 影像(영상) : 초상

방향을 나란히 하고

• 象形　　　　　　　方　[方부 0획, 총 4획]
모 방, 나란히 할 방　　　　ほう

　모 방(方) 부는 양쪽에서 튀어나온 가래를 본뜬 글잡니다. 어(於)와는 다른 글자인데도 모양이 비슷하므로 같은 부수로 봅니다. 제1단계입니다.

於　• 어조사 어, 탄식할 오　[方부 4획, 총 8획 · よ]
　　• 까마귀 울음소리를 본뜬 회의 글자.

1. 於焉間(어언간) : 어느덧
　於中間(어중간) : 엉거주춤한 형편. 거의 중간쯤
　於乎(오호) : 탄식하는 소리

施　• 베풀 시, 옮을 이　[方부 5획, 총 9획 hold · し]
　　• 빗발이 길게 뻗은 모양을 나타낸 형성 글자.

1. 施工(시공) : 공사를 착수하여 시행함
　施賞(시상) : 상을 줌
　施行(시행) : 베풀어 행함

　• 나그네 려, 군사 려　[方부 6획, 총 10획 · りょ]
　　• 열을 지어 가는 장사꾼이나 병정을 뜻하는 회의 글자.

1. 旅客(여객) : 나그네. 길손
　旅情(여정) : 나그네 심정

族 • 겨레 족, 무리 족, 모일 족 〔方부 7획, 총 11획 people · ぞく〕
• 핏줄이 이어진 집단을 나타내는 회의 글자.

用. 族姓(족성) : 씨족의 성씨
　　族子(족자) : 동족의 아들
　　族山(족산) : 일가의 뫼를 함께 쓴 산을 가리킴

旗 • 기 기, 덮을 기, 표 기 〔方부 10획, 총 14획 flag · き〕
• 단정하게 모가 난 깃발을 나타낸 형성 글자.

用. 旗手(기수) : 기를 든 사람
　　旗亭(기정) : 요릿집
　　旗幅(기폭) : 깃발

2단계는 돌리다 또는 주선하다(旋)입니다.

旋 • 돌 선, 주선할 선, 되돌릴 선 〔方부 7획, 총 11획 hold · い〕
• 깃발이 펄럭펄럭 돌듯이 빙빙 도는 것을 나타낸 회의 글자.

用. 旋流(선류) : 빙 돌아서 흐름
　　旋毛(선모) : 머리의 가마
　　旋律(선율) : 음악의 가락

417

무엇을 자를 것인가

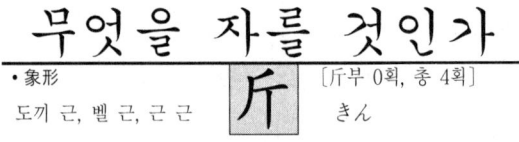

• 象形
도끼 근, 벨 근, 근 근

[斤부 0획, 총 4획]
きん

　도끼를 의미하는 근(斤)은 돌도끼를 가까이 두고 어떤 물건을 자르려는 것을 상형화한 것입니다. 도끼 근 부의 1단계는 새로움(新)입니다.

• 새 신, 새롭게 신, 새해 신　[斤부 9획, 총 13획 new · しん]
• 금방 도끼로 자른 생나무를 나타낸 형성 글자.

　例. 新舊(신구) : 새것과 묵은 것
　　　新紀元(신기원) : 새로운 기원
　　　新來(신래) : 새로 옴

　2단계는 물리침(斥)·쪼갬 또는 잠깐(斯)·결단이나 끊음(斷) 등입니다.

• 물리칠 척, 엿볼 척　[斤부 1획, 총 5획 refuse · せき]
• 도끼로 때려 부시는 모양을 나타낸 형성 글자.

　例. 斥和碑(척화비) : 외국인들이 국내에 들어오는 것을 경계하는 내용을 적은 비
　　　斥邪(척사) : 사악함을 물리침

斯
- 이 사, 쪼갤 사, 잠깐 사 〔斤부 8획, 총 12획 *this* · し〕
- 날붙이로 키를 조각조각 쪼개는 것을 나타낸 회의 글자.

밭. 斯界(사계) : 이 방면
　　斯文(사문) : 이 학문. 또는 유학을 가리킴
　　斯學(사학) : 숭상할만한 학문

斷
- 끊을 단, 결단할 단 〔斤부 14획, 총 18획 *cut* · だん〕
- 도끼로 실을 싹둑 자르는 것을 나타낸 회의 글자.

밭. 斷交(단교) : 교제를 끊음
　　斷念(단념) : 품었던 생각을 버림
　　斷水(단수) : 물줄기를 잡아 막음

무엇을 향해 쏠 것인가

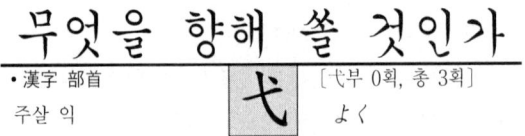

• 漢字 部首　　　　　　　［弋부 0획, 총 3획］
　주살 익　　　　　　　　よく

주살 익(弋)은 오늬에 줄을 매어 쏘는 화살을 말합니다. 1단계에서는 법 또는 나타내다(式)라는 의밉니다.

　　• 법 식, 나타낼 식　［弋부 3획, 총 6획 method · しき］
　　• 일의 일정한 방법이라는 의미의 형성 글자.

　　예. 式車(식거) : 수레의 가로지른 나무에 손을 얹고 있음
　　　　式穀(식곡) : 착한 사람을 채용함
　　　　式序(식서) : 차례대로 함

- 會意　　　　　　　　　　[支부 0획, 총 4획]
가를 지, 버틸 지

　　대나무 가지를 쥐고 떠받치는 모양을 나타내는 지(支) 부의 모든 단계는 본문의 단어뿐입니다.

- 가를 지, 버틸 지, 헤아릴 지　[支부 0획, 총 4획 ・ㄴ]
- 대나무 가지를 쥐고 떠받치는 모양을 본뜬 회의 글자.

　　支離(지리) : 이리저리 흩어짐
　　支拂(지불) : 돈을 치름
　　支撐(지탱) : 버티어 나감

자루가 달린 국자

• 象形 [斗부 0획, 총 4획]
말 두, 구기 두   斗   と

말 두(斗)부는 자루가 달린 국자를 본뜬 것으로 '되' '국자'의 의미를 함축하고 있습니다. 1단계입니다.

- 헤아릴 료, 삯 료 [斗부 6획, 총 10획 measure · りょう]
- 곡물을 재는 것을 나타낸 회의 글자.

  例. 料量(요량) : 말로 됨. 헤아려 생각함
  料率(요율) : 요금의 비율
  料度(요탁) : 미루어 헤아림
  料金(요금) : 금액

2단계는 비끼거나 굽음(斜)을 나타냅니다.

- 비낄 사, 굽을 사, 바르지 못할 사 [斗부 7획, 총 11획 · しゃ]
- 국자를 기울여 안에 든 것을 옆으로 기운다는 뜻의 형성 글자.

  例. 斜徑(사경) : 비탈길
  斜面(사면) : 경사진 면
  斜視(사시) : 곁눈질함. 사팔눈

어디쯤에서 그칠 것인가

• 象形
그칠 지, 머무를 지
止 〔止부 0획, 총 4획〕 *stop* · し

그치거나 머무름을 뜻하는 지(止) 부는 1단계 단어들뿐입니다.

- 바를 정, 정월 정 〔止부 1획, 총 5획 *straight* · せい〕
- 목표를 향해 똑바로 나아감을 뜻하는 회의 글자.

  正刻(정각) : 바로 그 시각
  正格(정격) : 정해진 격식
  正鵠(정곡) : 과녁의 중심
  正午(정오) : 낮 12시

- 이 차, 이곳 차, 이에 차 〔止부 2획, 총 6획 *this* · し〕
- 발이 가지런해지지 않고 어긋남을 본뜬 회의 글자.

  此際(차제) : 이때에
  此日彼日(차일피일) : 이때다 저때다 함
  彼此(피차) : 서로 간에

- 걸을 보, 길이의 단위 보 〔止부 3획, 총 7획 *walk* · ほ〕
- 오른발과 왼발을 번갈아 낸다는 뜻의 회의 글자.

  步道(보도) : 사람이 걸어 다니는 인도
  步兵(보병) : 도보로 싸우는 병사
  步涉(보섭) : 길을 걷고 물을 건넘

武 • 호반 무, 병기 무, 군인 무 〔止부 4획, 총 8획 ぶ〕
　• 창을 들고 용감하게 나아가는 것을 나타낸 회의 글자.

　예. 武術(무술) : 무도의 기술
　　　武勇(무용) : 날래고 용감함
　　　武運(무운) : 무인으로서의 운수

歲 • 해 세, 세월 세, 신년 세 〔止부 9획, 총 13획 year・さい〕
　• 1년이라는 뜻을 갖게 된 형성 글자.

　예. 歲暮(세모) : 세밑
　　　歲時(세시) : 1년의 사시
　　　歲出(세출) : 1년간의 지출

歷 • 지낼 력, 순서대로 력 〔止부 12획, 총 16획 pass・れき〕
　• 차례차례 걸어서 지나가는 것을 나타낸 형성 글자.

　예. 歷年(역년) : 여러 해를 지냄
　　　歷代(역대) : 여러 대를 이음
　　　歷然(역연) : 뚜렷한 모양

歸 • 돌아갈 귀, 따를 귀 〔止부 14획, 총 18획 go back・き〕
　• 본래의 상태로 돌아가는 것을 나타낸 형성 글자.

　예. 歸家(귀가) : 집으로 돌아감
　　　歸結(귀결) : 일을 끝맺음
　　　歸國(귀국) : 본국으로 돌아옴

없는 것보다 있는 게 낫다

• 漢字 部首 　　　　　　[无부 0획, 총 4획]
없을 무, 발어사 무　 无 　む

없을 무(无) 부는 흔히 말하기를 '이미기방'이라 합니다. 없는 것보다는 있는 것이 낫다는 말이 있습니다.
　이 부수에 딸린 한자는 기(旣) 자가 대표적입니다.

旣　• 이미 기, 녹미 희 [无부 7획, 총 11획 already・き]
　　• 이미 배가 가득 찼다는 뜻의 형성 글자.

　　旣刊(기간) : 이미 출간함
　　旣決(기결) : 이미 결정함
　　旣決囚(기결수) : 이미 유죄 판결이 확정된 죄수

여덟 모 창에 대하여

- 漢字 部首
  창 수, 나무 지팡이 수

殳 [殳부 0획, 총 4획]
しゅ

'둥글 월 문(殳)' 부는 길이가 1장 2척인 여덟 모 창을 의미합니다. 이 부의 1단계는 죽임 또는 덜다(殺)가 해당됩니다.

殺 • 죽일 살, 덜 쇄 〔殳부 7획, 총 11획 kill · さつ〕
• 이삭을 베어 껍질을 얇게 저민 것을 나타내는 형성 글자.

例. 殺菌(살균) : 병균을 죽임
殺氣(살기) : 소름이 끼치도록 무시무시한 기운
殺生(살생) : 죽임과 살림

2단계에서는 구분을 지음(段)·비방하고 헐뜯음(毁) 등이 해당됩니다.

段 • 구분 단, 조각 단 〔殳부 5획, 총 9획 grade · だん〕
• 위에서 아래로 내려오는 돌층계를 뜻하는 회의 · 형성 글자.

例. 段落(단락) : 긴 단락을 몇 개로 나눈 부분
段氏(단씨) : 대장장이
段數(단수) : 술수를 쓰는 재간의 정도
段階(단계) : 일이 되어 나가는 정도

毁 • 헐 훼, 비방할 훼 〔殳부 9획, 총 13획 ruin · き〕
• 두드려 깨뜨린다는 뜻의 회의·형성 글자.

[用]. 毁慕(훼모) : 죽은 사람을 너무 괴로워한 나머지 몸이 몹시 상함
　　　毁損(훼손) : 헐어서 못씀
　　　毁節(훼절) : 절개나 지조를 꺾음

무엇을 견주랴

• 會意 · 形聲　　比　[比부 0획, 총 4획]
견줄 비, 이웃 비　　　compare · ひ

비부(比部)는 1단계로 견주다(比)라는 단어뿐입니다.

比　• 견줄 비, 이웃비　[比부 0획, 총 4획 compare · ひ]
　　• 두 사람이 나란히 서 있는 모습을 본뜬 회의 · 형성 글자.

　　比肩(비견) : 어깨를 나란히 함
　　比較(비교) : 서로 견주어 봄
　　比倫(비륜) : 같은 무리

나무 조각에 무엇을 새길까

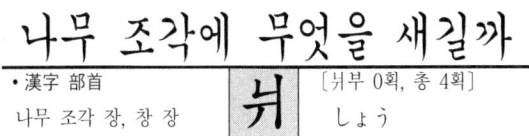

• 漢字 部首　　　　　　　[爿부 0획, 총 4획]
나무 조각 장, 창 장　　　しょう

한자 부수의 하나인 장(爿)은 나무 조각을 나타냅니다. 변은 장(將)과 같으므로 '장수장변'이라고 합니다. 1단계에 해당되는 단어는 없습니다.

2단계에 해당되는 단어는 담이나 경계(牆)입니다.

牆　• 담 장, 경계 장 [爿부 13획, 총 17획　wall · しょう]
　　• 헛간이나 담의 가늘고 긴 담을 나타낸 회의 · 형성 글자.

2. 牆內(장내) : 담 안
　 牆外漢(장외한) : 담 밖의 사나이. 국외자
　 牆壁(장벽) : 장과 벽

맞물린 두 개의 물건

• 象形
어금니 아, 깨물 아

牙 [牙부 0획, 총 4획]
fang · が

아주 오래 전에는 치아 숫자로 왕을 뽑는 일이 있었습니다. 특히 맞물리는 어금니는 아주 중요한 의미로 받아들여집니다. 아(牙) 부에 1단계는 해당되는 단어가 없습니다.

2단계에는 어금니를 나타내는 아(牙)뿐입니다.

牙
- 어금니 아, 송곳니 아 〔牙부 0획, 총 4획 fang · が〕
- 두 개의 맞물린 모양을 나타낸 상형 글자.

예. 牙器(아기) : 상아로 만든 그릇
牙錢(아전) : 수수료
牙婆(아파) : 방물장수

한 조각 슬픈 마음으로

• 指事
조각 편, 한쪽 편   片   [片부 0획, 총 4획]   はん

조각을 나타내는 편(片)은 가늘고 긴 침대의 판자, 또는 나무를 반으로 가른 모양을 본뜬 글잡니다. 1단계는 편(片)뿐입니다.

片
• 조각 편, 한쪽 편 〔片부 0획, 총 4획 · へん〕
• 나무를 반으로 가른 조각을 본뜬 지사 글자.

片道(편도) : 가고 오는 길
片面(편면) : 한쪽 면
片肉(편육) : 얇게 저민 수육
一片丹心(일편단심) : 한 조각 변하지 않은 붉은 마음

2단계는 널이나 판목(版)을 나타냅니다.

版
• 널 판, 판목 판 〔片부 4획, 총 8획 · はん〕
• 표면을 평평하게 한 나무토막을 본뜬 형성 글자.

版局(판국) : 벌어진 일의 형편이나 판세
版權(판권) : 저작물에 대한 복제와 판매에 대한 권리
版木(판목) : 목판으로 박은 책
出版社(출판사) : 책을 찍어 영업 이익을 올리는 곳

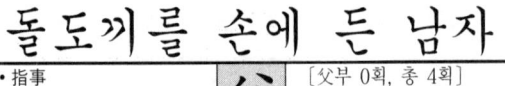

• 指事　　　　　　　　〔父부 0획, 총 4획〕
아비 부, 남자 미칭 보　　ふ

아비 부(父)는 부모·친족 또는 남자의 미칭으로 통합니다. 즉, 남자 어른을 뜻하죠. 모든 단계가 아비(父)를 뜻합니다.

• 아비 부, 남자의 미칭 보　〔父부 0획, 총 4획 · ふ〕
• 돌도끼를 손에 든 남자어른을 나타낸 지사 글자.

단어. 父道(부도) : 아버지로서 지켜야할 도리
　　　父命(부명) : 아버지의 명령
　　　父子(부자) : 아버지와 아들

메뚜기 모양의 손톱

• 漢字 部首
손톱 조, 메뚜기 조

[爪부 0획, 총 4획]
fingernail · そう

손톱을 나타내는 조(爪, 爫)는 깍지를 의미하기도 합니다. 즉, 손가락 끝에 끼어 손톱을 대신하는 기구죠. 어디 그뿐인가요. 뜻밖에도 메뚜기(爪)를 의미하기도 합니다. 이유는 잘 긁는 것이 메뚜기라는 관념 때문입니다. 1단계인 다툼(爭)과 하거나 만드는 것(爲)을 살펴보겠습니다.

爭
• 다툴 쟁, 간할 쟁 [爪부 4획, 총 8획 quarrel · そう]
• 물건을 서로 잡아당기는 것을 나타낸 회의 글자.

[用]. 爭論(쟁론) : 말로 다툼
　　　爭議(쟁의) : 다른 의견을 주장하여 다툼
　　　爭奪(쟁탈) : 서로 빼앗으려고 다툼

2단계는 잔이나 작위(爵)를 의미합니다.

爵
• 잔 작, 작위 작 [爪부 14획, 총 18획 wine cup · しゃく]
• 상으로 준 참새 모양의 잔을 뜻하는 상형 글자.

[用]. 爵祿(작록) : 작위와 봉록
　　　爵號(작호) : 작위의 칭호

털을 뽑아 신을 삼으라

• 象形
터럭 모, 작을 모

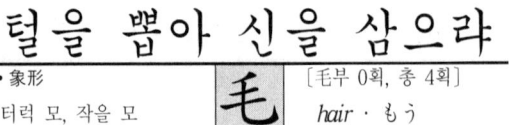

[毛부 0획, 총 4획]
hair · もう

털은 동물의 성장도를 나타낼 때가 많습니다. 이를테면 '털도 안 난 것이 날기부터 하려든다'거나 '털도 없이 부얼부얼 한다'는 것 등이 그렇습니다. 그런가 하면 '털을 뽑아 신을 삼는다'는 것은 그만큼 열과 성의를 다한다는 의미입니다.

모 부의 1단계는 털(毛) 뿐입니다.

2단계는 가는 털(毫)을 나타냅니다. 이를테면 동물들이 가을에 털갈이를 할 때에 쓰는 말은 추호(秋毫)라고 합니다.

毫 • 가는털 호, 조금 호 [毛부 7획, 총 11획 down · ごう]
• 가는 털을 나타내는 회의 · 형성 글자.

    毫端(호단) : 붓의 끝
    毫髮(호발) : 가는 털과 모발. 아주 작은 것
    毫末(호말) : 털끝

숟가락을 든 각시님

- 象形
씨 씨, 나라이름 씨

[氏부 0획, 총 4획]
clan · し

씨(氏)는 끝이 뾰족한 숟가락이나 바느질용 바늘을 가리킵니다. 원래는 '차례차례로 전하다' 또는 '꿰매다'라는 뜻으로 전수되는 혈통을 의미합니다. 숟가락을 든 각시님은 무얼 생각하고 있을까요? 1단계로 씨(氏)와 백성(民)뿐입니다.

- 백성 민 〔氏부 1획, 총 5획 people · みん〕
- 검은자위를 못쓰게 된 눈과 바늘을 합친 지사 글자.

　1. 民權(민권) : 인민의 권리
　民本(민본) : 백성의 생활 근본
　民怨(민원) : 백성의 원한

대기 중에 떠도는 기운

•漢字 部首
기운 기, 빌 걸

[气부 0획, 총 4획]
rapor · き

빌다 또는 기운을 나타내는 기(气) 부의 단계는 기운 또는 호흡(氣)을 나타냅니다.

- 기운 기, 호흡 기, 절기 기 [气부 6획, 총 10획 rapor · き]
- 쌀을 찔 때에 나오는 증기를 뜻하는 형성 글자.

  氣骨(기골) : 기혈과 골격
  氣力(기력) : 일을 견뎌내는 힘
  氣運(기운) : 시세가 돌아가는 형편

도토리는 속이 하얗다

• 象形
흰 백, 밝을 백, 밝힐 백

[白부 0획, 총 5획]
white · はく

　이 세상에 하얀 것이 한두 가지겠습니까만 도토리처럼 겉은 그렇지 않으나 그 속은 하얀 것을 높이 평가한 것 같습니다. 그런 의미로 '희다'라는 것을 백(白)으로 나타냅니다.
　1단계에 해당하는 단어들로 일백(百)·과녁(的)·모두(皆)·임금(皇) 등입니다.

百
- 일백 백, 백번할 백 〔白부 1획, 총 6획 · ひゃく〕
- 一과 白을 합쳐 100을 나타낸 형성 글자.

　1. 百家(백가) : 많은 집
　　百方(백방) : 여러 방면
　　百歲(백세) : 백살

的
- 과녁 적, 배반할 반 〔白부 7획, 총 9획 against · はん〕
- 일부분을 내세워 결백을 주장한다는 뜻의 형성 글자.

　1. 的中(적중) : 맞아떨어짐
　　的實(적실) : 틀림없음
　　的證(적증) : 명확한 증거

皆
- 다 개, 나란할 개 〔白부 4획, 총 9획 all · かい〕
- 사람이 늘어서 있는 모습을 나타낸 회의 글자.

[예]. 皆勤(개근) : 일정한 기간 동안 하루도 빠지지 않고 출석함

皆兵(개병) : 모든 국민이 병역의 의무가 있음

皆旣蝕(개기식) : 개기 일식과 월식의 총칭

皇 • 임금 황, 클 황 〔白부 4획, 총 9획 king · こう〕
• 처음의 왕을 나타내는 형성 글자.

[예]. 皇考(황고) : 돌아간 아버지의 존칭

皇恩(황은) : 황제의 은혜

皇室(황실) : 황제의 집안

가죽을 손가락으로 당겨라

• 會意　　　　　皮　〔皮부 0획, 총 5획〕
가죽 피, 거죽 피　　　　skin · ひ

모든 단계가 '가죽'을 의미하는 피(皮) 자 뿐입니다. 피는 가죽이나 갖옷 또는 거죽을 의미합니다.

- 가죽 피, 거죽 피, 갖옷 피 〔皮부 0획, 총 5획 skin · ひ〕
- 가죽을 손으로 당겨 뒤집어 쓰는 것을 나타낸 회의 글자.

　皮帶(피대) : 가죽띠
　皮相(피상) : 겉. 표면
　皮革(피혁) : 가죽의 총칭

- 象形
- 창 모

[矛부 0획, 총 5획]
ぼう

우리나라의 속담에 '한의 조자룡이 창을 들고 선듯하다'는 말이 있습니다. 이것은 어느 누가 감히 가까이 갈 수 없도록 무섭고 보호 받는 편이 그러하다는 의미입니다. 또 어떤 것이 매우 날카롭다는 의미는 '여포 창날 같다'고 합니다.

1단계로 '창 모(矛)뿐입니다.

- 창 모, 자루긴 창 모 [矛부 0획, 총 5획 · ぼう]
- 창과 같은 모양의 무기를 본뜬 상형 글자.

단어 矛戟(모극) : 창
矛盾(모순) : 창과 방패. 말의 앞과 뒤가 맞지를 않음

문자는 짐승의 발자국에서

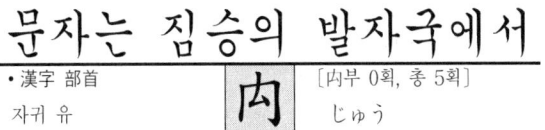

• 漢字 部首　　　　　　　　[内부 0획, 총 5획]
　자귀 유　　　　　　　　　じゅう

한자 부수의 하나인 자귀(内)는 짐승의 발자국을 나타냅니다. 문자가 짐승의 발자국에서 유래됐다는 얘기도 있습니다.
　2단계는 날짐승(禽)입니다.

禽　• 날짐승 금, 짐승 금　[内부 8획, 총 13획 · きん]
　　• 동물을 도망가지 못하도록 막는다는 뜻의 회의 · 형성 글자.

 禽獸(금수) : 날짐승과 길짐승의 총칭
　　禽獲(금획) : 사로잡음

늑대에게 양을 맡기랴

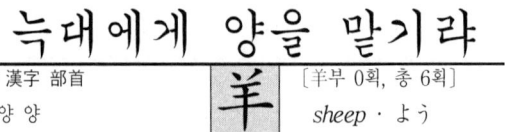

• 漢字 部首
양 양
[羊부 0획, 총 6획]
sheep · よう

양(羊)은 양의 머리를 본뜬 글자입니다.
제1단계는 아름다움(美)·옳음(義) 등입니다.

美
• 아름다울 미, 맛날 미 [羊부 3획, 총 9획 beautiful · び]
• 모습이 아름다운 멋진 양을 뜻하는 회의 글자.

1. 美觀(미관) : 훌륭한 정치
   美德(미덕) : 아름다운 덕
   美貌(미모) : 예쁘게 생긴 얼굴

義
• 옳을 의, 의 의, 뜻 의 [羊부 7획, 총 13획 reghteous · ぎ]
• 잘 정리되어 똑바르고 모양이 좋은 것을 뜻하는 회의 글자.

1. 義擧(의거) : 정의를 위해 일으키는 일. 의로운 거사
   義理(의리) : 사람으로서 지켜야할 도리
   義憤(의분) : 정의를 위한 분노

제2단계는 무리(群)에 관한 것입니다.

群
• 무리 군, 모을 군 [羊부 7획, 총 13획 crowd · ぐん]
• 양이 둥글게 모여 무리를 짓는 것을 나타낸 형성 글자.

40. 群居(군거) : 무리를 지어 삶
　　群像(군상) : 많은 사람
　　群賢(군현) : 많은 현인
　　群島(군도) : 작은 섬이 군데군데 있음

아래를 향하는 신하의 눈

• 象形
신하 신, 백성 신

臣 [臣부 0획, 총 6획]
minister・しん

　신하 신(臣)은 아래를 향하고 있다는 의밉니다. 제1단계는 신하(臣)・누움(臥) 등입니다.

臥　• 누울 와 [臣부 2획, 총 8획 lie down・が]
　　• 몸을 둥글게 구부려 엎드린 모습을 본뜬 회의 글자.

 臥龍(와룡) : 엎드려 있는 용
　　臥病(와병) : 병으로 누움
　　臥食(와식) : 일을 하지 아니하고 놀고 먹음
　　臥松(와송) : 누운 듯 옆으로 자란 소나무

제2단계는 임하다(臨) 입니다.

臨　• 임할 림, 본뜰 림 [臣부 11획, 총 17획・りん]
　　• 여러 가지 물건을 아래로 내려다보는 모습을 본뜬 형성 글자.

 臨檢(임검) : 현장에 나가 조사함
　　臨迫(임박) : 어떤 일의 시기가 가까워짐
　　臨死(임사) : 죽을 고비에 이름
　　臨戰(임전) : 싸움에 임함

노인은 두 번째 아이다

• 會意　　　　　　　　　　[老부 0획, 총 6획]
늙을 로, 익숙할 로　　　　old · ろう

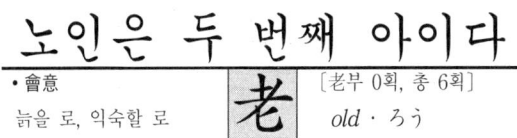

왜 노인을 두 번째 아이라고 하는가? 생각하는 것이 점점 어린 애처럼 단순하게 변해가기 때문입니다. 늙음을 나타내는 로(老)는 머리카락이 길고 허리가 굽은 노인이 지팡이를 짚고 있는 모습입니다. 로(耂)는 노(老) 부에서 머리에 쓰일 때의 모양입니다.
　제1단계입니다.

- 놈 자, 조자 자 [老부 5획, 총 9획 person · しゃ]
- 풍로위에 놓인 장작을 태우고 있는 모습의 상형 글자.

　　近者(근자) : 요사이
　　記者(기자) : 신문사에서 기사를 쓰는 사람
　　著者(저자) : 책이나 저작물을 쓰는 사람

2단계에서는 상고함(考)에 대해 다룹니다.

- 상고할 고, 조사할 고 [老부 2획, 총 6획 think · こう]
- 이리저리 생각하는 것을 나타낸 형성 글자.

　　考古(고고) : 이것을 상고함
　　考慮(고려) : 생각하여 헤아림

부드러운 턱수염

• 象形　　　　　　　而　[而부 0획, 총 6획]
말 이을 이, 너 이　　　　ㄴ

말 이을 이(而)는 부드러운 턱수염을 본뜬 글잡니다. 1단계는 말 이을 이(而)입니다.

而　• 말 이을 이, 너 이, 그러하다 이 [而부 0획, 총 6획 · ㄴ]
　　• 부드러운 턱수염을 본뜬 상형 글자.

　用. 而今以後(이금이후) : 앞으로 이후
　　而立(이립) : 30세
　　而已(이이) : 그것뿐
　　學而時習(학이시습) : 학문을 익힘

2단계는 견디거나 능하다(耐)는 단업니다.

耐　• 견딜 내, 능할 능 [老부 3획, 총 9획 endure · たい]
　　• 부드러운 수염이 끈질지게 늘어진 모양의 형성 글자.

　用. 耐久性(내구성) : 오래 동안 지속하거나 견디는 성질
　　耐熱(내열) : 열에 잘 견딤
　　耐火(내화) : 불에 잘 견딤
　　忍耐(인내) : 참고 견딤

자갈밭에 쟁기질하듯

• 漢字 部首　　　　　　　[耒부 0획, 총 4획]
쟁기 뢰, 쟁기자루 뢰　　spear · か

　쟁기 뢰(耒)부는 농기구의 한가지인 '쟁기'를 본뜬 모습입니다. 이 부의 1단계는 쟁기질을 뜻하는 갈다(耕)입니다.

|耕| • 갈 경, 농사 경　[耒부 4획, 총 10획 plow · こう]
　　• 논밭을 가래로 일구는 가로세로의 선을 나타낸 회의 글자.

　甲1. 耕耘(경운) : 농사짓는 일
　　　耕者(경자) : 농사짓는 사람
　　　耕地(경지) : 땅을 갊

곡식을 찧으며

- 漢字 部首
  찧을 구, 확 구

 [臼부 0획, 총 6획]
mortar · きゅう

    찧을 구(臼)는 절구 구부에 속합니다. 절구는 곡식을 찧는 기구를 나타냅니다. 이 부수엔 1단계의 단어가 참여함(與)·흥취(興)·오래됨(舊)을 의미합니다.

- 줄 여, 참여할 여 〔臼부 7획, 총 14획 · よ〕
- 맞물리거나 힘을 합친다는 의미의 회의 글자.

    與件(여건) : 주어진 조건
    與黨(여당) : 정부 편에 서는 정당
    與否(여부) : 그러함과 그러지 아니함

- 일 흥, 흥취 흥 〔臼부 9획, 총 16획 interrest · こう〕
- 일제히 들어올리는 것을 나타낸 회의 글자.

    興國(흥국) : 나라를 흥하게 함
    興亡(흥망) : 흥하고 망함

舊
- 옛 구, 오랠 구, 옛법 구 〔臼부 12획, 총 18획 old · きゅう〕
- 오래되다 라는 뜻을 나타낸 형성 글자.

    舊家(구가) : 지은 지 오래된 집
    舊都(구도) : 옛 도읍

꽁지 짧은 새

• 漢字 部首
새 추, 산 모양 최　　隹　[隹부 0획, 총 8획]
　　　　　　　　　　　　すい

추(隹)는 꽁지가 짧은 새의 모양을 본뜬 모습입니다. 1단계 단어들입니다.

雄
- 수컷 웅, 이길 웅 [隹부 4획, 총 12획 male · ゆう]
- 어깨의 힘이 강한 수컷 새를 가리킨 형성 글자.

　용례. 雄大(웅대) : 웅장하고 큼
　　　　雄圖(웅도) : 웅대한 계획
　　　　雄志(웅지) : 웅대한 뜻

集
- 모일 집, 편안할 집 [隹부 4획, 총 12획 assemble · しゅう]
- 나무 위에 새가 모이는 모양을 나타낸 형성 글자.

　용례. 集計(집계) : 계산함
　　　　集團(집단) : 모임

雖
- 비록 수, 만일 수 [隹부 9획, 총 17획 though · すい]
- 벌레의 모양과 새를 본뜬 형성 글자.

　용례. 雖然(수연) : 그러나

難
- 어려울 난, 근심 난 [隹부 11획, 총 19획 difficult · なん]
- 산불과 같은 재난을 나타낸 형성 글자.

　용례. 難攻不落(난공불락) : 도무지 공략할 수가 없음

難易(난이) : 어려움과 쉬움

2단계입니다.

雅
- 바를 아, 떼까마귀 아 [隹부 4획, 총 12획 straight · が]
- 떼까마귀를 나타낸 형성 글자.

  [예]. 雅淡(아담) : 우아하고 산뜻함
  雅量(아량) : 너그러운 도
  雅兄(아형) : 벗의 존칭

雌
- 암컷 자, 약할 자 [隹부 5획, 총 13획 female · よう]
- 새의 암컷은 날개를 엇갈려 꽁지를 감춘다는 뜻의 형성 글자.

  [예]. 雌伏(자복) : 복종하고 따름
  雌雄(자웅) : 암컷과 수컷

雙
- 쌍 쌍, 견줄 쌍 [隹부 10획, 총 13획 pair · そう]
- 두 마리의 새를 쥐고 있는 모습을 나타낸 회의 글자.

  [예]. 雙肩(쌍견) : 좌우 어깨
  雙方(쌍방) : 양쪽 편
  雙璧(쌍벽) : 양쪽의 구슬

雜
- 섞일 잡, 모을 잡 [隹부 10획, 총 18획 be mixed · ざつ]
- 여러 가지가 섞여 있다는 뜻의 형성 글자.

  [예]. 雜穀(잡곡) : 쌀 외의 곡식
  雜念(잡념) : 여러 가지 생각
  雜務(잡무) : 자질구레한 일

離
- 떠날 리, 붙을 리 [隹부 11획, 총 19획 leave · り]
- 새를 잡아먹으려고 달라붙었다 떨어졌다 하는 모습의 형성 글자.

  [예]. 離陸(이륙) : 육지를 떠남
  離別(이별) : 서로 헤어짐

뒤섞여 어지럽히다

· 漢字 部首  [舛부 0획, 총 6획]
어그러질 천   contrary to · しゅう

어그러질 천(舛) 부는 잘못되거나 뒤섞여 어지럽히는 것을 나타냅니다. 모든 단계가 1단계인 춤을 추다(舞)입니다.

- 춤출 무, 춤 무, 고무 무 〔舛부 8획, 총 14획 dance · せん〕
- 뒤섞이어 어지럽히는 것을 나타낸 형성 글자.

1. 舞曲(무곡) : 춤을 출 때 부르는 노래
   舞踊(무용) : 춤
   舞鶴(무학) : 춤추는 학

물이 가면 배가 온다

• 象形　　　　　　　　　[舟부 0획, 총 6획]
배 주　　　　　　　　　しゅう

1단계는 물을 가르며 다니는 배(船)입니다.

船
- 배 선 〔舟부 5획, 총 11획 ship · こう〕
- 구덩이를 따라 물이 흐르는 것을 나타낸 형성 글자.

　船價(선가) : 배 삯
　船客(선객) : 배의 승객
　船路(선로) : 뱃길

제2단계에는 배(舟)·되돌아옴(般)·건넘(航) 등입니다.

般
- 돌 반, 되돌아올 반 〔舟부 4획, 총 10획 · しゅう〕
- 작은 배를 본뜬 상형 형성 글자.

　舟師(주사) : 뱃사공. 수군
　片舟(편주) : 조각배

航
- 건널 항, 하늘을 항 〔舟부 4획, 총 10획 across · こう〕
- 배가 똑바로 지나가는 것을 나타낸 형성 글자.

　航空(항공) : 비행기나 비행선으로 공중을 비행함
　航海(항해) : 배로 바다를 건넘

인생의 목적은 행위이다

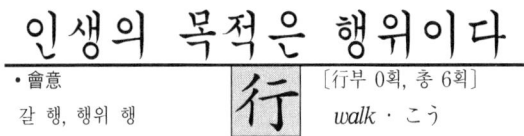

- 會意
갈 행, 행위 행
[行부 0획, 총 6획]
walk · こう

인생의 목적은 행위이지 사상은 아니라는 말이 있습니다.

갈 행(行)은 십자로를 본뜬 모습입니다. 행부(行部)의 1단계는 거리(街)입니다.

- 거리 가, 한길 가 [行부 6획, 총 12획 street · がい]
- 가로 세로로 구획지어 있는 길을 나타낸 형성 글자.

용례. 街路樹(가로수) : 길거리에 심은 나무
街路燈(가로등) : 길 가의 등
十字路(십자로) : 열십자로 된 교차로
街頭販賣(가두판매) : 길거리에서 판매함

2단계입니다.

- 꾀 술, 수단 술 [行부 5획, 총 11획 trick · しゅつ]
- 옛날부터 정해진 방법을 나타내는 형성 글자.

용례. 術家(술가) : 풍수사
術法(술법) : 수단 방법
術策(술책) : 일을 꾸미는 방법이나 계책

衝 • 찌를 충, 사북 충 〔行부 9획, 총 15획 pierce · しょう〕
• 관통할 기세로 맞부딪치는 것을 나타낸 형성 글자.

 1. 衝激(충격) : 서로 세차게 부딪침
衝擊(충격) : 마음에 심한 충격을 받음
衝突(충돌) : 서로 부딪침
相衝(상충) : 서로 부딪침

衛 • 지킬 위, 막을 위 〔行부 9획, 총 16획 watch · えい〕
• 바깥을 빙글빙글 돌고 있는 것을 나타낸 회의 글자.

1. 衛兵(위병) : 호위병
衛星(위성) : 행성의 둘레를 도는 별
衛戍令(위수령) : 군대가 일정한 장소에 주둔하여 경비하게 하는 명령을 내리는 일

64괘 중의 간 괘

• 漢字 部首
괘 이름 간

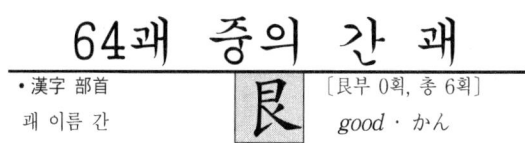

[艮부 0획, 총 6획]
good · かん

 괘 이름의 하나인 간(艮) 부의 1단계는 좋음(良) 뿐입니다. 점(占)이라는 것은 복(卜)자 아래에 입 구(口)를 받쳐 이루어진 글 잡니다. 입으로 중얼거리며 사람의 길흉을 알아보기 위하여 치는 점을 뜻합니다. 또한 땅(口)을 점령하기 위하여 말뚝(卜)을 박았다고도 합니다. 그런가 하면 복(卜)은 거북의 등에 난 금줄을 뜻합니다. 이것은 거북이의 등을 태울 때 나타난 가로 세로의 줄을 보고 길흉을 판단하는 방법입니다.

• 좋을 량, 진실로 량 〔良부 1획, 총 7획 good · りょう〕
• 더러움이 없이 깨끗하게 맑아진다는 뜻의 형성 글자.

用. 良家(양가) : 좋은 집안
　良弓(양궁) : 좋은 활
　良心(양심) : 사람의 본 마음

호랑이는 가죽을 남긴다

- 漢字 部首　　　　　　　[虍부 0획, 총 6획]
  범 무늬 호　　　**虍**　　こ

호랑이를 뜻하는 호(虍) 부는 1단계에 범(虎)·머무름(處)·비다(虛)·부름(號) 등입니다.

處
- 머무를 처, 곳 처　[虍부 5획, 총 11획 *stay* · しょ]
- 여기에 있다는 의미의 장소로 사용되는 회의 글자.

[用] 處決(처결) : 결정하여 처분함
　　 處事(처사) : 일을 처리함
　　 處身(처신) : 세상을 살아가는 데의 몸가짐

虛
- 빌 허　[虍부 6획, 총 12획 *empty* · きょ]
- 가운데가 움푹 들어가 아무 것도 없다는 뜻의 형성 글자.

[用] 虛空(허공) : 공중
　　 虛飢(허기) : 심한 시장기
　　 虛無(허무) : 사물의 덧없음

號
- 부를 호, 부르짖을 호　[虍부 7획, 총 13획 *call out* · ごう]
- 호랑이가 으르렁대는 것을 나타낸 형성 글자.

[用] 號角(호각) : 호루라기
　　 號哭(호곡) : 슬피 욺
　　 號數(호수) : 차례 따위를 나타내는 번호의 수

- 會意 [色부 0획, 총 6획]
빛 색, 종류 색   color · りょく

　색(色) 부는 두 사람이 바짝 다가선 모양을 나타냅니다. 얼굴이며 종류·얼굴빛을 나타냅니다.

- 빛 색, 종류 색 [色부 0획, 총 6획 color · りょく]
- 사람의 얼굴 모습을 나타낸 회의 글자.

　色界(색계) : 색의 세계. 화류계

　色魔(색마) : 색에 미쳐 비정상적인 생활이나 활동을 하는 사람. 색광도 같은 말

　色彩(색채) : 빛깔

고되고 외로운 일

• 象形　　　　　　辛　　[辛부 0획, 총 7획]
매울 신, 고생할 신　　　　しん

분별이 앞서면 사랑이 뒤에 선다는 말이 있습니다. 지나치게 분별하는 것은 인생을 지루하고 고식적으로 만든다는 점에 주의하여야 합니다. 1단계는 매운맛(辛)을 나타냅니다.

辛　• 매울 신, 고생할 신　[辛부 0획, 총 7획 · しん]
　　• 날붙이로 찌르는 듯한 통증을 나타낸 회의 글자.

　例. 辛苦(신고) : 맵고 씀
　　　辛味(신미) : 쓴맛
　　　辛辣(신랄) : 맛이 맵고 아림

제2단계는 분별함(辨)·말씀이나 헤어짐(辭)·말을 잘 하거나 분별함(辯) 등입니다.

辨　• 분별할 변, 따질 변　[辛부 9획, 총 14획 · べん]
　　• 두 사람의 언쟁을 딱 잘라 중지시키는 모습의 형성 글자.

　例. 辨理(변리) : 판별하여 변리함
　　　辨償(변상) : 물어줌
　　　辨明(변명) : 분명하게 밝힘

辭
- 말씀 사, 사양할 사 〔辛부 12획, 총 19획 words・じ〕
- 재판에서 언쟁하는 것을 나타낸 회의 글자.

 辭令(사령) : 응대하는 말. 관직에 임명하는 것

辭意(사의) : 사퇴할 의사
辭說(사설) : 잔소리를 길게 늘어놓음

辯
- 말 잘할 변, 분별할 변 〔辛부 14획, 총 21획・べん〕
- 두 사람의 언쟁을 말로 가림을 나타내는 형성 글자.

 辯明(변명) : 시비를 가림
辯舌(변설) : 말솜씨
能辯(능변) : 능숙한 말솜씨

소쿠리와 바구니

• 漢字 部首
덮을 아

| 西 | 〔襾부 0획, 총 6획〕 あ |

소쿠리와 바구니는 담기도 하고 덮기도 하는 그릇입니다.
아(襾) 부의 1단계는 서녘(西)·구함(要) 입니다.

|西| • 서녘 서, 서양 서 〔襾부 0획, 총 6획 west · せい〕
• 낮동안의 온기가 흘러없어져 버리는 서쪽을 뜻하는 상형 글자.

띄. 西藏(서장) : 티베트
　　西風(서풍) : 서쪽에서 부는 바람
　　西班牙(서반아) : 스페인

|要| • 구할 요, 사북 요 〔襾부 3획, 총 9획 seek · よう〕
• 죄어서 가늘게 하는 것을 뜻하는 상형 글자.

띄. 要件(요건) : 긴요한 용건
　　要求(요구) : 필요한 것을 청구함
　　要所(요소) : 긴요한 곳

뒤에 난 뿔이 우뚝하다

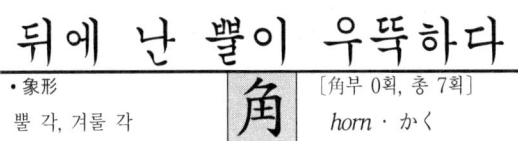

• 象形
뿔 각, 겨룰 각
[角부 0획, 총 7획]
horn · かく

제1단계는 뿔(角)43)과 풀리거나 깨달음(解) 등입니다.

- 풀 해, 흩어질 해 [角부 6획, 총 13획 untie · かい]
- 소의 뿔을 칼로 잘라놓은 모습을 나타낸 형성 글자.

　解毒(해독) : 독기를 풀어 없앰
　解凍(해동) : 언 것이 녹아서 풀림
　解明(해명) : 말하여 살핌
　解釋(해석) : 설명함

2단계는 닿음(觸)입니다.

- 닿을 촉 [角부 13획, 총 20획 touch · しょく]
- 뽕나무에 붙은 벌레를 만진다는 뜻의 형성 글자.

　觸角(촉각) : 곤충류의 더듬이
　觸覺(촉각) : 피부에 닿아 생기는 감각
　觸感(촉감) : 느낌

---

43) 각(角)은 뿔의 모습을 본뜬 글잡니다.

흐린 물을 좋아하는 돼지

• 漢字 部首
돼지 시

豕 [豕부 0획, 총 7획]
pig・し

한자 부수의 하나인 시(豕)는 돼지의 모습을 나타냅니다. 1단계에 해당하는 단어는 없으며 모두 2단계의 단어들입니다.

제2단계에 해당하는 단어입니다.

豚
• 돼지 돈, 돼지고기 돈 [豕부 4획, 총 11획 pig・とん]
• 땅딸막한 살찐 돼지를 나타낸 회의 글자.

豚肉(돈육) : 돼지고기
豚犬(돈견) : 돼지와 개. 일반적으로 어리석은 사람을 비유하여 쓰는 말. 또는 어리석은 자식

象
• 코끼리 상, 모양 상 [豕부 5획, 총 12획 elephant・しょう]
• 코끼리의 큰 모습을 본뜬 상형 글자.

象牙(상아) : 코끼리의 어금니
象牙塔(상아탑) : 현실 사회에서 도피하여 관념적인 학구 생활을 하는 것을 이르는 말

豪
• 호걸 호, 사치 호 [豕부 7획, 총 14획 hero・こう]
• 돼지의 갈기가 두드러지게 긴 모양을 나타낸 형성 글자.

豪民(호민) : 세력이 있는 백성
豪言(호언) : 의기양양하여 호기롭게 하는 말

豪華(호화) : 부귀한 집

豫
- 미리 예, 즐길 예 〔豕부 9획, 총 16획 *beforehand* · よ〕
- 느긋하게 여유를 두고 꾸물대는 것을 나타낸 회의 · 형성 글자.

1. 豫感(예감) : 미리 육감으로 헤아림
   豫見(예견) : 미리 앞일을 내다 봄
   豫示(예시) : 미리 보여줌

두 개의 구멍

• 會意　　　　　　〔谷부 0획, 총 7획〕
골 곡, 다할 곡　　　　　　valley · こく

구멍에서 물이 갈려 나오는 모양의 곡(谷) 부의 모든 단계는 골짜기(谷)뿐입니다.

- 골 곡, 다할 곡 〔谷부 0획, 총 7획 valley · こく〕
- 구멍에서 물이 갈라져 나오는 모양을 나타낸 회의 글자.

例. 深山幽谷(심산유곡) : 깊은 산과 그윽한 골짜기
　　谷泉(곡천) : 골짜기에서 흐르는 샘
　　谷風(곡풍) : 골짜기에서 부는 바람

콩깍지 속에 든 알갱이

• 形聲
콩 두, 제기 두   soybean · とう
[豆부 0획, 총 7획]

   콩 두(豆)는 음식을 담은 굽이 높은 술잔을 본뜬 모습입니다. '가만히 한 곳에 서다'라는 뜻을 지니며, 나중에 '콩'의 뜻으로 쓰이게 되었습니다. 1단계는 콩(豆)과 넉넉함(豐)입니다.

• 풍년 풍, 넉넉할 풍 [豆부 11획, 총 18획 · ほう]
• 술잔 위에 작물을 수북히 쌓아놓은 모습의 형성 글자.

   용례. 豐年(풍년) : 농사가 잘된 해
        豐滿(풍만) : 물자가 풍족함
        豐富(풍부) : 넉넉하고 많음

발이 없는 벌레

• 漢字 部首　　[豸부 0획, 총 4획]
발 없는 벌레 치, 해태 태　　　ち, たい

갖은 돼지 시(豸) 부는 지렁이와 같은 발이 없는 벌레를 나타냅니다만, 다른 의미로는 해태를 뜻하기도 합니다. 1단계의 단어는 없습니다.

2단계에 해당하는 단어는 얼굴(貌))을 나타냅니다.

貌　• 얼굴 모　[豸부 7획, 총 14획 face · ほう]
　　• 사람이나 동물의 모습을 대강 나타낸 회의 · 형성 글자.

[H]. 美貌(미모) : 아름다운 얼굴
　　外貌(외모) : 겉으로 보이는 모습
　　容貌(용모) : 자태

빨갛게 타오르는 불길

• 會意 [赤부 0획, 총 7획]
붉을 적, 빌 적   赤   red · せき

붉게 타오르는 불길을 나타내는 적(赤) 부는 1단계의 붉다(赤) 뿐입니다.

赤
- 붉을 적, 발가숭이 적 〔赤부 0획, 총 7획 red · せき〕
- 빨갛게 타오르는 불길을 나타낸 회의 글자.

1. 赤裸裸(적나나) : 있는 그대로 드러냄
   赤貧(적빈) : 몹시 가난함
   赤手(적수) : 빈손

스스로의 몸에 엄격하라

• 象形
몸 신

[身부 0획, 총 7획]
body · しん

신(身) 부에서는 1단계와 2단계가 몸(身)을 나타냅니다.

身
- 몸 신　[身부 0획, 총 7획 body · しん]
- 근육이 단단한 몸을 나타낸 상형 글자.

 身病(신병) : 몸의 병
　　 身上(신상) : 일신에 관한 일
　　 身世(신세) : 일평생

바람에 날리는 머리털

• 象形
길 장, 어른 장

長 〔長부 0획, 총 8획〕
long · ちょう

장(長)44)은 노인이 긴 머리털을 바람에 나부끼고 있는 모습을 본뜬 글잡니다.

- 길 장, 길이 장, 나을 장 〔長부 0획, 총 8획 long · ちょう〕
- 노인이 머리털을 나부끼고 있는 모습의 상형 글자.

　長江(장강) : 긴 강. 중국에서는 양자강을 이름
　長久(장구) : 길고 오램
　長年(장년) : 나이가 위임

---

44) 장부(長部)에서는 髟이라는 부수를 함께 씁니다.

우물의 맑은 물과 새싹

• 形聲
푸를 청, 푸른 흙 청

青 　[青부 0획, 총 8획]
　　 blue · せい

청(青)은 푸릇푸릇한 풀의 싹과 우물 속의 맑은 물을 본뜬 글잡니다. 이것이 '맑게 개어 있다' 또는 가만히 비쳐보는 것을 나타냅니다. 청부의 1단계는 푸름(青)과 고요함(靜) 입니다.

靜 • 고요할 정, 맑을 정, 쉴 정 [青부 8획, 총 16획 quiet · せい]
　• 모든 것이 끝나 꼼짝을 않는다는 뜻의 형성 글자.

. 靜觀(정관) : 조용히 사물을 관장함
　　靜謐(정밀) : 세상이 편안함
　　靜坐(정좌) : 조용히 앉음

좌우로 나뉜 새의 날개

• 指事
아닐 비, 비방할 비　　　[非부 0획, 총 8획]
　　　　　　　　　　　　be not · ひ

새의 날개가 나누어진 것을 나타내는 비(非) 부의 단어는 1단계 뿐입니다.

非
　• 아닐 비, 비방할 비 [非부 0획, 총 8획 be not · ひ]
　• 새의 날개가 나누어 진 것을 본뜬 지사 글자.
　田. 非經濟(비경제) : 경제적이 아님
　　　非公式(비공식) : 공식이 아님
　　　非理(비리) : 도리가 아님

얼굴을 에워싼 모습

• 象形
낯 면, 겉 면, 탈 면

[面부 0획, 총 9획]
face · めん

면부(面部)는 얼굴을 에워싼 모습으로 만들어진 글잡니다. 이를테면 틀에 에워싸인 모습이죠. 또는 어떤 방향으로 얼굴을 돌릴 것인가를 나타내기도 합니다. 도든 단계가 얼굴(面)뿐입니다.

- 얼굴 면, 낯 면, 겉 면 〔面부 0획, 총 9획 face · めん〕
- 얼굴을 에워싼 모습을 나타낸 상형 글자.

面鏡(면경) : 얼굴을 볼 수 있는 작은 거울
面刀(면도) : 얼굴의 잔털을 깎음
面目(면목) : 태도나 모양

가죽을 잡아 당겨라

• 會意　　　　　　　　　　　[革부 0획, 총 9획]
가죽 혁, 고칠 혁　　　　　　　hide · かく

혁(革)은 동물의 가죽을 벗겨서 머리와 꼬리가 달린 채로 편 모양을 나타냅니다. 모든 단계가 가죽(革)입니다.

革
• 가죽 혁, 엄할 극　[革부 0획, 총 9획　hide · かく]
• 느슨해진 동물 가죽을 잡아당겨 붙인 모습의 회의 글자.

　革帶(혁대) : 가죽으로 만든 대
　革命(혁명) : 천명이 바뀜
　革新(혁신) : 묵은 풍속 등을 새 것으로 바꿈

고등 껍질이 내민 발

• 象形
별 진, 때 신

 [辰부 0획, 총 7획]
star · しん

제1단계에서는 별 진(辰)45) · 농사 등입니다.

• 농사 농, 농부 농 [辰부 3획, 총 13획 agriculture · のう]
• 숲을 태우고 땅을 일구어 부드럽게 한다는 형성 글자.

  農耕(농경) : 논밭을 경작함
  農功(농공) : 농사 짓는 일
  農民(농민) : 농사 짓는 사람
  農事(농사) : 농업을 가리킴

제2단계에 해당하는 단어는 욕됨(辱)입니다.

• 욕될 욕, 수치 욕 [辰부 3획, 총 10획 disgrace · よく]
• 부드럽게 하는 것을 나타낸 회의 글자.

  辱說(욕설) : 상스러운 말
  侮辱(모욕) : 망신을 시킴
  恥辱(치욕) : 욕되고 부끄러움

---

45) 진(辰)은 고둥이 껍질에서 발을 내밀고 있는 것을 본뜬 상형 글잡니다. 이 글자를 빌어 '때' '용' 등으로 쓰입니다.

나누고 분별하다

• 漢字部首　采　[采부 0획, 총 7획]
분별할 변　　　へん

분별함(采)은 '나누다'라는 의미로 본래의 글자는 변(辨)입니다. 1단계에 해당하는 단어는 없습니다.

제2단계에서는 놓아주거나 풀어주는 것(釋)을 의미합니다.

釋　• 풀 석, 놓아줄 석 [采부 13획, 총 20획 *release* · しゃく]
　　• 얽힌 것을 술술 풀어 순서대로 잇는다는 뜻의 형성 글자.

. 釋門(석문) : 불문
　　釋放(석방) : 구속된 사람이 풀림
　　釋尊(석존) : 석가의 존칭

정리한 논밭이나 마을

• 會意
길 장, 어른 장

里 [里부 0획, 총78획]
village · リ

마을 리(里)는 田과 土의 합자입니다. 가로 세로로 줄을 긋고 깔끔하게 정리한 논밭이나 사람이 사는 곳을 나타냅니다. 1단계에 해당하는 단어들로 무거움(重)·들(野)·헤아림(量) 등입니다.

重
- 무거울 중, 거듭할 중 [里부 2획, 총 9획 *heavy* · じゅう]
- 사람이 쿵쾅거리며 무게를 재는 것을 나타낸 형성 글자.

 1. 重量(중량) : 무게
　　　 重複(중복) : 거듭함
　　　 重要(중요) : 소중하고 긴요함

野
- 들 야, 별자리 야 [里부 4획, 총 11획 *field* · や]
- 옆으로 길게 늘어진 논밭을 나타낸 형성 글자.

1. 野蠻(야만) : 문화가 미개함
　 野心(야심) : 분에 넘치는 욕망
　 野遊(야유) : 들놀이

量
- 헤아릴 량, 되 량 [里부 5획, 총 12획 *measure* · りょう]
- 노인이 머리털을 나부끼고 있는 모습의 상형 글자.

1. 物量(물량) : 물건의 량
　 質量(질량) : 질의 량

머리는 목덜미 위에 있다

- 漢字部首
머리 혈, 쪽 엽

 [頁부 0획, 총 9획]
head · けつ

사람의 머리는 울창한 숲과 같아서, 숲이 무성하면 산사태를 방지하고 땅이 기름지듯 사람의 머리를 기르면 그만큼 건강과 수명이 길어진다고 했습니다. 이것은 〈사상의학〉으로 유명한 이제마(李濟馬) 선생의 말씀입니다. 혈(頁) 부의 제1단계입니다.

頂
- 정수리 정, 머리 정 〔頁부 2획, 총 11획·てい〕
- 몸의 선에 직각이 되는 머리의 꼭대기를 나타낸 형성 글자.

 頂門一鍼(정문일침) : 정수리에 침을 놓는다는 뜻. 급소를 찔러 훈계함
　　　頂上(정상) : 꼭대기
　　　頂點(정점) : 꼭대기

須
- 모름지기 수, 수염 수 〔頁부 3획, 총 12획·しゅ〕
- 턱수염을 나타낸 회의 글자.

　　須臾(수유) : 잠깐
　　須髮(수발) : 수염과 머리카락
　　須知(수지) : 반드시 알아두어야할 사항

順
- 순할 순, 좇을 순 〔頁부 3획, 총 12획 docile·じゅん〕
- 강물이 흐르는 방향으로 자연스럽게 머리가 따라가는 형성 글자.

㉕. 順産(순산) : 별다른 어려움없이 순조롭게 아이를 낳음
　　順行(순행) : 순조롭게 나아감
　　順坦(순탄) : 평탄함
　　順吉(순길) : 순하고 길함

領
- 옷깃 령, 거느릴 령 〔頁부 5획, 총 14획 collar · りょ〕
- 고개를 끄덕이며 받아들인다는 뜻의 형성 글자.

㉕. 領內(영내) : 영토 안
　　領導(영도) : 거느려 이끄는 것
　　領袖(영수) : 많은 사람을 이끄는 우두머리

頭
- 머리 두, 옆 두 〔頁부 7획, 총 16획 head · とう〕
- 가만이 있는 머리를 나타낸 형성 글자.

㉕. 頭角(두각) : 머리끝. 뛰어난 재능
　　頭巾(두건) : 삼베로 만든 건(巾)
　　頭目(두목) : 우두머리

顔
- 얼굴 안, 채색 안 〔頁부 9획, 총 18획 face · がん〕
- 이목구비가 뚜렷한 잘 생긴 남자를 나타낸 형성 글자.

㉕. 顔面(안면) : 얼굴
　　顔色(안색) : 기색
　　童顔(동안) : 어린애 같은 얼굴

題
- 이마 제, 볼 제 〔頁부 9획, 총 18획 forehead · だい〕
- 곧은 이마를 나타내는 형성 글자.

㉕. 題目(제목) : 책의 표제
　　題言(제언) : 머리말
　　題號(제호) : 책 따위의 제목

願
- 원할 원, 부러워할 원 〔頁부 10획, 총 19획 desire · がん〕
- 융통성이 없는 고지식한 머리를 나타낸 형성 글자.

㉕. 發願(발원) : 원하는 것

願望(원망) : 바라고 원하는 것
願書(원서) : 원하는 것을 적은 서류

2단계에 해당되는 단어입니다.

頃 • 밭 넓이 경, 기울 경, 걸음 규 〔頁부 2획, 총 11획 · はん〕
• 匕와 頁의 합자. 고개를 갸웃하는 모습의 회의 글자.

例. 頃刻(경각) : 잠깐 동안
頃步(경보) : 반 걸음
頃田(경전) : 1경의 밭

項 • 목 항, 클 항 〔頁부 3획, 총 12획 nape · こう〕
• 머리와 몸통을 잇는 목덜미를 나타낸 형성 글자.

例. 項領(항령) : 큰 목
項目(항목) : 조항
項鎖(항쇄) : 목에 씌우는 칼

頌 • 기릴 송 〔頁부 4획, 총 13획 praise · しょう〕
• 머리를 흔들며 막힘없이 소리 내어 읽는다는 뜻의 형성 글자.

例. 頌德(송덕) : 덕을 기림
頌祝(송축) : 경사를 축하함
頌歌(송가) : 경사스러운 일을 축하하는 노래
頌禱(송도) : 경사스러움을 빎

頗 • 자못 파, 치우칠 파 〔頁부 5획, 총 14획 · は〕
• 머리가 한쪽으로 기운 모습을 뜻하는 회의 · 형성 글자.

例. 偏頗(편파) : 한쪽으로 치우침
頗多(파다) : 상당히 많음

頻 • 자주 빈, 물가 빈 〔頁부 7획, 총 16획 frequent · ひん〕
• 일이 간격을 두지 않고 연달아 일어나는 모습의 회의 글자.

例1. 頻度(빈도) : 여러 번. 잦은 도수
頻蹙(빈축) : 얼굴을 찡그림
頻煩(빈번) : 자주

額
- 이마 액, 머릿수 액 〔頁부 9획, 총 18획 forehead · がく〕
- 단단한 뼈가 있는 이마를 가리키는 형성 글자.

例1. 額面(액면) : 유가증권 등에 적힌 금액
額數(액수) : 금액
額子(액자) : 현판에 쓴 글씨를 나타냄

類
- 무리 류, 닮을 류 〔頁부 10획, 총 19획 · るい〕
- 여러 종류의 개가 서로 닮았다는 것을 나타낸 형성 글자.

例1. 類推(유추) : 서로 비슷한 것으로써 그 외의 일을 생각해내는 것
類似(유사) : 비슷함
類類相從(유유상종) : 서로 비슷한 것끼리 서로 왕래하여 사귀는 것

顧
- 돌아볼 고, 생각할 고 〔頁부 12획, 총 21획 look back · こ〕
- 멀리를 보지 않고 뒤돌아보는 것을 나타낸 형성 글자.

例1. 顧忌(고기) : 꺼림
顧慮(고려) : 생각함
顧問(고문) : 자문 직에 있는 사람

顯
- 나타날 현, 볼 현 〔頁부 14획, 총 23획 appear · けん〕
- 머리를 밝은 곳으로 나타낸 형성 글자.

例1. 顯考(현고) : 망부의 경칭
顯貴(현귀) : 지위가 높고 귀함
顯著(현저) : 뚜렷하게 드러남

꽃향기는 바람을 타고

• 會意
향기 향, 아름다울 향

香 [香부 0획, 총 9획]
fragrance · こう

아무리 꽃향기라지만 바람을 거스르면 향기는 나지 않습니다. 본래 '향'이라는 글자는 벼 화(禾)자 아래에 日(甘 : 맛 감의 변형)자를 받친 모습입니다. 이것은 곡식으로 밥을 지을 때에 그 냄새가 입맛을 돋운다는 의미입니다.

香
- 향기 향 〔香부 0획, 총 9획 *frageance* · こう〕
- 기장을 삶을 때 피어나는 냄새를 본뜬 회의 글자.

用. 香氣(향기) : 향기로운 냄새
　　香水(향수) : 진한 향내를 풍기는 화장품의 하나
　　香薰(향훈) : 좋은 냄새

뼈와 살에 대하여

• 會意
뼈 골, 강직할 골

 [骨부 0획, 총 10획]
bone・こつ

골부(骨部)에서는 모든 단계가 뼈(骨)와 몸(體) 등입니다.

• 뼈 골, 강직할 골 〔骨부 0획, 총 10획 bone・こつ〕
• 몸의 관절을 나타내는 회의 글자.

1. 骨格(골격) : 뼈의 조직
   骨相(골상) : 골격에 나타난 운명의 상(相)
   骨折(골절) : 뼈가 부러짐

• 몸 체, 근본 체 〔骨부 13획, 총 23획 body・てい〕
• 뼈의 모양을 잘 다듬은 모습을 뜻하는 형성 글자.

1. 體軀(체구) : 몸뚱이
   體罰(체벌) : 몸에 직접 고통을 줌
   體溫(체온) : 몸의 온도

머리털이 늘어지다

- 漢字部首
  머리털 늘어질 표
  髟 [髟부 0획, 총 15획]
  hair · はつ

모든 단계가 터럭을 나타내는 발(髮)뿐입니다.

髮
- 터럭 발, 초목 발 [髟부 5획, 총 15획 hair · はん]
- 치오르듯이 뿔뿔이 치솟은 모양의 형성 글자.

 假髮(가발) : 머리털이 부족하거나 없는 사람이 쓰는 가짜 머리로 만든 용기

　　　短髮(단발) : 짧은 머리
　　　削髮(삭발) : 머리를 자름

무기를 든 귀신

• 會意
귀신 귀, 멀 귀

鬼 [鬼부 0획, 총 10획]
ghost · き

무기를 들고 서 있는 귀신의 모습을 나타낸 귀(鬼) 부의 제1단계에 해당되는 단어가 없습니다.
제2단계에 해당하는 단어는 귀신(鬼)·넋(魂)입니다.

鬼
- 귀신 귀, 별이름 귀 [鬼부 0획, 총 10획 ghost · き]
- 무기를 들고 서 있는 귀신의 모습을 나타낸 회의 글자.

1. 鬼面(귀면) : 귀신의 얼굴을 상상하여 만든 탈
   鬼門(귀문) : 저승으로 들어가는 문
   鬼才(귀재) : 아주 드문 재주

魂
- 넋 혼, 마음 혼 [鬼부 4획, 총 14획 soul · こん]
- 자욱한 곳에 머무는 영혼을 나타낸 형성 글자.

1. 魂怯(혼겁) : 혼이 빠지게 겁을 냄
   魂膽(혼담) : 혼과 간담
   魂飛魄散(혼비백산) : 너무 놀라워 혼이 달아날 지경

녹비에 가로 왈자

・象形　　　　　　　　　〔鹿부 0획, 총 11획〕
사슴 록, 곳집 록　　　鹿　　deer・ろく

　사슴을 뜻하는 록(鹿) 부의 제1단계에 해당하는 단어는 없습니다. 특히 사슴 가죽에 쓴 가로 왈(曰)은 잡아당기는 쪽에서 보면 왈(曰)도 되고 일(日)도 됩니다. 일정한 주견이 없이 이랬다저랬다 하는 것을 말하는 것입니다.
　제2단계에 해당하는 단어는 사슴(鹿)을 비롯하여 고움과 꾀꼬리(麗)를 뜻합니다.

鹿　・사슴 록, 곳집 록 〔鹿부 0획, 총 11획 deer・ろく〕
　　・사슴의 모양을 본뜬 상형 글자.

　1. 鹿角(녹각) : 수사슴 뿔
　　 鹿皮(녹비) : 사슴 가죽
　　 鹿茸(녹용) : 사슴의 새로 돋은 연한 뿔

麗　・고울 려, 꾀꼬리 리 〔鹿부 8획, 총 19획・れい〕
　　・사슴뿔이 가지런히 놓인 모습을 본뜬 형성 글자.

　1. 麗句(여구) : 아름다운 글귀
　　 麗代(여대) : 고려 시대
　　 麗月(여월) : 음력 2월의 이칭

삼실로 옷을 만들고

• 會意
삼 마, 참깨 마
〔麻부 0획, 총 11획〕
hemp · ま

줄기로 옷을 만드는 삼 마(麻) 부에는 1단계에 해당하는 단어가 없습니다.

제2단계에 해당하는 단어는 삼(麻)을 뜻합니다.

麻
- 삼 마 〔麻부 0획, 총 11획 hemp · ま〕
- 삼의 줄기를 늘어놓고 껍질을 벗기는 것을 뜻하는 회의 글자.

麻藥(마약) : 마취약
麻絲(마사) : 삼실과 명주실
麻衣(마의) : 삼베옷

굴뚝 속의 검댕이

• 會意

[黑부 0획, 총 12획]

검을 흑

black · こく

굴뚝 속에 검댕이가 붙은 모습의 흑(黑) 부, 1단계는 검거나 검은 빛(黑)을 나타냅니다.

- 검을 흑, 검은빛 흑 [黑부 0획, 총 12획 black · こく]
- 굴뚝 속의 검댕이가 붙어 있는 모습을 본뜬 회의 글자.

  用. 黑幕(흑막) : 겉으로 드러나지 않은 내막
  黑字(흑자) : 이익. 또는 검은 글씨

제2단계에서는 잠잠함(默)·점(點)·무리(黨) 등입니다.

- 잠잠할 묵, 어두울 묵 [黑부 4획, 총 16획 be silent · もく]
- 개가 짖지않고 사람 뒤를 따라가는 모습의 형성 글자.

  用. 默契(묵계) : 말없는 가운데 승락함
  默默(묵묵) : 입을 다물고 있는 모습

點
- 점 점, 물방울 점 [黑부 5획, 총 7획 dot · てん]
- 어떤 장소를 차지하고 있는 검은 점을 나타낸 형성 글자.

  用. 點燈(점등) : 등불을 밝힘
  點呼(점호) : 일일이 호명하여 인원을 점검함

- 무리 당 〔黑부 8획, 총 20획 company · とう〕
- 속이 검은 사람들의 모임이라는 뜻의 형성 글자.

1. 黨論(당론) : 그 당파가 주장하는 의견
   黨規(당규) : 당의 규칙
   黨員(당원) : 당에 속하는 사람

스스로 코를 가리키다

- 形聲　　鼻　[鼻부 0획, 총 14획]
코 비, 시초 비　　　nose · び

　스스로 자신을 가리켜 코를 뜻하는 비(鼻) 부에서는 모든 단계가 1단계의 코(鼻) 뿐입니다.

- 코 비, 시초 비, 코 꿸 비 〔鼻부 0획, 총 14획 nose · び〕
- 스스로 자신을 가리켜 코를 나타낸 형성 글자.

　[1]. 鼻孔(비공) : 콧구멍
　　　鼻笑(비소) : 코웃음
　　　鼻祖(비조) : 처음으로 사업을 일으킨 사

용은 신령함을 상징한다

• 形聲
용 룡, 임금 룡

[龍부 0획, 총 16획]
dradon · りゅう

'장자'에 의하면, 용이라는 것은 음과 양이 호흡하는 것이다. 즉, 자연의 기운이 합하여 그 몸을 이루고 그 기운이 흩어져서 찬란한 문채를 이루고 구름을 타고 논다고 했습니다.

용부의 제1단계에 해당하는 단어는 없습니다. 특히 용(龍)은 용이 꿈틀거리는 모양입니다.

제2단계에 해당하는 단어가 용(龍)을 나타냅니다.

龍 • 용 룡, 임금 룡 [龍부 0획, 총 16획 drogon · りゅう]
• 용의 모양을 본뜬 형성 글자.

1. 龍尾(용미) : 용의 꼬리
   龍味鳳湯(용미봉탕) : 썩 괜찮은 음식을 나타냄
   龍床(용상) : 임금이 앉은 자리

덥수룩한 머리

• 象形　　　　　　　　　　　　[首부 0획, 총 9획]
머리 수, 칼자루 수　　首　　　head · しゅ

　　덥수룩한 머리 모양을 한 수(首) 부의 모든 단계는 1단계 수(首) 자뿐입니다.

| 首 | • 머리 수, 첫머리 수, 단위 수　[首부 0획, 총 9획 head · しゅ]
• 덥수룩한 머리카락이 자란 것을 본뜬 상형 글자.

 首功(수공) : 첫째 가는 공
　　首丘初心(수구초심) : 근본을 잊지 아니함
　　首肯(수긍) : 그렇다고 고개를 끄덕임

491

달리는 말에 채찍질

•象形
말 마, 산가지 마

馬 [馬부 0획, 총 10획]
horse · ば

마(馬)부의 1단계를 살펴보겠습니다.

馬 • 말 마, 클 마 [馬부 0획, 총 10획 horse · ば]
• 말의 모습을 본뜬 상형 글자.

応用. 馬脚(마각) : 말의 다리. 또는 거짓으로 숨긴 본성
馬上才(마상재) : 달리는 말에서 부리는 재주
馬耳東風(마이동풍) : 남의 말을 귀담아 듣지 아니함

 • 놀랄 경, 놀랠 경 [馬부 13획, 총 20획 surprise · けい]
• 말이 흠칫 놀라 벌벌 떠는 것을 나타낸 형성 글자.

応用. 驚愕(경악) : 크게 놀람
驚天動地(경천동지) : 세상이 크게 놀랄만한 일, 상황
驚風(경풍) : 어린아이가 경련을 일으키는 병의 하나

제2단계를 살펴보겠습니다.

 • 말탈 기, 기병 기 [馬부 8획, 총 18획 · き]
• 말에 올라탄 것을 나타낸 형성 글자.

応用. 騎馬(기마) : 말을 탐

騎虎之勢(기호지세) : 달리는 호랑이의 등에서 내릴 수가 없음을 나타냄

騎士(기사) : 말을 탄 무사

騷
- 떠들 소, 쓸 소 〔馬부 10획, 총 20획 *make noise* · そう〕
- 말이 초조하여 말굽으로 지면으로 차는 것을 뜻하는 형성 글자.

[용]. 騷客(소객) : 시인. 또는 글을 쓰는 사람
騷動(소동) : 법석을 떪
騷音(소음) : 시끄러운 소리

驅
- 몰 구 〔馬부 11획, 총 21획 *drive away* · く〕
- 말이 몸을 숙여 구부리고 달리는 것을 나타낸 형성 글자.

[용]. 驅迫(구박) : 못 견디게 학대함
驅步(구보) : 뛰어감
驅除(구제) : 몰아냄

驛
- 역참 역, 역마 역 〔馬부 13획, 총 23획 *posting station* · えき〕
- 차례 차례 탈 것으로 연결되는 역을 나타낸 형성 글자.

[용]. 驛馬(역마) : 역참에서 쓰는 말
驛夫(역부) : 역에서 일을 하는 인부
驛舍(역사) : 역참

驗
- 증험할 험, 시험 험 〔馬부 13획, 총 23획 *try* · けん〕
- 말의 이름을 나타낸 형성 글자.

[용]. 經驗(경험) : 직접 겪은 일
試驗(시험) : 어떤 문제에 응해봄
經驗談(경험담) : 경험했던 얘기

태산이 높다 하되

• 象形　　　　　高　　[高부 0획, 총 10획]
높을 고, 높이 고　　　　　high · こう

모든 단계가 높다(高)는 한자뿐입니다.

高
- 높을 고, 높이고 [高부 0획, 총 10획 high · こう]
- 높은 전망대를 본뜬 상형 글자.

　　1. 高潔(고결) : 고상하고 깨끗함
　　　 高貴(고귀) : 신분이 높고 귀함
　　　 高額(고액) : 많은 금액

무엇을 다투는가

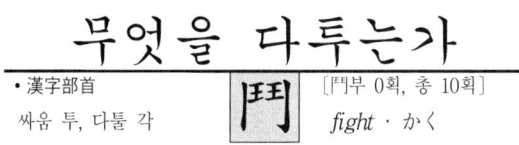

- 漢字部首
- 싸움 투, 다툴 각
- [鬥부 0획, 총 10획]
- fight · かく

싸움이나 다툼을 나타내는 鬥 부의 1단계에 해당하는 단어는 없습니다.

제2단계에 해당하는 단어는 싸움(鬪)입니다.

鬪
- 싸움 투, 겨룰 투 [鬥부 10획, 총 20획 fight · とう]
- 두 사람이 무기를 들고 싸우는 모양의 형성 글자.

예]. 鬪犬(투견) : 개싸움
　　 鬪牛(투우) : 소싸움
　　 鬪鷄(투계) : 닭싸움

세상은 염전처럼 살아야

• 漢字部首　　　　　　　[鹵부 0획, 총 11획]
소금 로, 어리석을 로　　　　　　salt · ろ

염전을 의미하는 소금 로(鹵) 부의 제1단계에 해당하는 단어는 없습니다.
　제2단계에 해당하는 단어는 소금 밭(鹽)을 의미합니다.

 • 소금 염, 절일 염　[鹵부 13획, 총 24획 salt · えん]
　　　• 소금 덩어리가 띄엄띄엄 나타난 모양의 형성 글자.

[甲]. 鹽分(염분) : 소금기
　　　鹽田(염전) : 소금밭
　　　鹽度(염도) : 소금의 농도

보리는 오는 것을 뜻하고

• 會意
보리 맥, 묻을 맥

〔麥부 0획, 총 11획〕
barley · ばく

보리알은 스스로 부정하고 죽음으로써 그 뒤에 많은 열매를 맺게 합니다.
맥 부의 모든 단계는 제1단계에 해당하는 보리(麥)뿐입니다.

- 보리 맥, 묻을 맥 〔麥부 0획, 총 11획 barley · ばく〕
- 서아시아에서 중국에 들어온 작물을 뜻하는 회의 글자.

麥麴(맥국) : 보리 기름
麥農(맥농) : 보리 농사
麥秋(맥추) : 보리를 거두어들이는 철기

기름은 노랗게 타고

• 形聲
누를 황, 어린아이 황
黃 [黃부 0획, 총 12획]
yellow · こう

기름이 타서 노랗게 되는 모양의 황(黃) 부의 1단계에 해당하는 단어가 누름(黃)입니다.

黃
- 누를 황, 금 황 [黃부 0획, 총 12획 yellow · こう]
- 기름이 타면 노랗게 되는 것을 본뜬 형성 글자.

 黃口(황구) : 참새 새끼의 입이 노란 것을 본떠 어린이를 나타냄
　　　　黃狗(황구) : 누렁이
　　　　黃燭(황촉) : 밀로 만든 초

울리는 북소리

• 會意
북 고, 부추길 고
鼓
[鼓부 0획, 총 13획]
drum · こ

고 부의 1단계에 해당하는 단어는 없습니다.

제2단계에 해당하는 단어가 북(鼓)입니다. 아주 오래 전 중국에서는 북을 울림으로써 간(諫)하는 방법을 사용했다고 합니다. 또한 우 임금은 오음으로 나라를 다스린 것으로 알려졌는데, 사용된 악기는 북이었습니다.

鼓
- 북 고, 북을 칠 고 〔鼓부 0획, 총 13획 drum · こ〕
- 막대기를 손에 쥐고 두들기는 모습의 회의 글자.

[甲]. 鼓角(고각) : 북을 치고 호각을 붐
　　鼓女(고녀) : 발기가 완전하지 못한 여자
　　鼓笛(고적) : 북과 피리

세 개의 마름모꼴 물건

• 象形
가지런할 제, 옷자락 자
齊
[齊부 0획, 총 14획]
せい

마름모꼴 세 개가 나란한 모양의 제(齊) 부에서는 1단계에 해당하는 단어가 없습니다.

제2단계에 해당하는 단어는 가지런함이나 옷자락을 나타내는 제(齊) 자입니다.

• 가지런할 제, 옷자락 제 〔齊부 0획, 총 14획 · せい〕
• 마름모꼴이 세 개나 나란한 모습의 상형 글자.

修身齊家(수신제가) : 자신을 몸을 바르게 하고 집안을 다스리는 것

齊唱(제창) : 여러 사람이 함께 노래함

齊東野人(제동야인) : 사리 분별이 분명하지 못한 시골뜨기를 가리킴

거북이 껍질로 점을 치고

• 象形
거북 귀, 틀 균

[龜부 0획, 총 16획]
tortoise · き

귀(龜) 부의 제1단계에 해당하는 단어는 없습니다.
제2단계에 해당하는 단어는 거북이 또는 나라이름 모양이 틀어짐(龜)을 나타냅니다.

- 거북 구, 나라이름 구, 틀 균 〔龜부 0획, 총 16획 tortoise · き〕
- 거북이의 모습을 본뜬 상형 글자.

龜鑑(귀감) : 사물의 본보기
龜甲(귀갑) : 거북이의 등껍데기

501

交替 漢字

2000년 11월 23일 교체된 한자 조정안

乙 • 빌 걸, 줄 기 〔乙부 2획, 총 3획 beg · きつ〕
• 구걸하는 모습을 본뜸.

用例. 乞士(걸사) : 중을 일컫는 말. 위로는 부처에게 법을 구하고 아래로는 시주에게 밥을 구한다는 데서 유래함

乞食(걸식) : 먹을 것을 구걸함

乞人(걸인) : 거지

隔 • 사이뜰 격, 거리 격 〔阜부 10획, 총 13획 separate · かく〕
• 어느 정도 거리를 나타냄.

用例. 隔世(격세) : 세상이 딴판으로 바뀜

隔阻(격조) : 오랫동안 소식이 막힘

隔地(격지) : 멀리 떨어진 지방

牽 • 끌 견, 이어질 견 〔牛부 7획, 총 11획 drag · けん〕
• 끌어당기는 모습을 본뜸.

用例. 牽强附會(견강부회) : 자기 자신에게 맞도록 억지로 꿰맞추는 것

牽引(견인) : 끌어당김

牽制(견제) : 붙든 채 자유를 속박함

繫 • 맬 계, 끈 계 [糸부 13획, 총 19획 tie・けい]
• 끈으로 동여맨 모습을 나타냄.

　田. 繫累(계루) : 마음이 이어짐
　　繫留(계류) : 붙들어 맴
　　繫匏(계포) : 선반에 걸려있는 바지

狂 • 미칠 광, 미치광이 광 [犬부 4획, 총 7획 mad・きょう]
• 왕이 개처럼 날뛰는 모습.

　田. 狂人(광인) : 미치광이
　　狂氣(광기) : 미친 증세
　　狂風(광풍) : 미친 듯이 부는 바람

軌 • 길 궤 [車부 2획, 총 9획 road・けん]
• 수레의 바퀴자국을 본뜸.

　田. 軌道(궤도) : 기차나 전동차의 길
　　軌範(궤범) : 본받음
　　軌跡(궤적) : 수레바퀴가 지나간 자국

糾 • 꼴 규, 모을 규 [糸부 2획, 총 8획 twist・きょう]
• 실을 모아서 합친 상태.

　田. 糾明(규명) : 일의 허와 실을 따져서 밝힘
　　糾率(규솔) : 합쳐서 인솔함
　　糾彈(규탄) : 죄를 조사하여 그것을 폭로함

塗 • 진흙 도, 칠할 도 [土부 10획, 총 13획 mud・と]
• 진흙이 진창이 되는 것을 나타냄.

　田. 塗抹(도말) : 칠하여 지워버림
　　塗褙(도배) : 벽이나 천장 등을 종이로 바름
　　塗炭(도탄) : 진흙과 숯불. 몹시 고생스러운 지경

屯 • 건질 둔, 어려울 준 [屮부 1획, 총 4획 camp・き]
• 주둔하고 있는 모습을 나타냄.

이

㉠ 屯兵(둔병) : 주둔한 병정
　　屯營(둔영) : 군대가 주둔을 하고 있는 군영
　　屯聚(둔취) : 많은 사람이 한곳에 모여 있음
　　屯田(둔전) : 적과의 경계가 되는 지점에 주둔한 병사들이 그곳의 토지에 농사를 지음.

騰
• 오를 등, 도약할 등 〔馬부 10획, 총 20획 rise · とう〕
• 말을 탄 것 등에 오르는 것을 나타냄.

㉠ 騰貴(등귀) : 물건 값이 오름
　　暴騰(폭등) : 갑자기 물건 값이 오름
　　騰落(등락) : 값의 오르고 내림

獵
• 사냥 렵, 잡을 렵 〔犬부 15획, 총 18획 hunting · りょう〕
• 사냥하는 것을 본뜸.

㉠ 獵犬(엽견) : 사냥개
　　獵官(엽관) : 벼슬길에 나가려고 경쟁하는 것
　　獵期(엽기) : 사냥을 하기 좋은 시기

隷
• 종 례, 죄인 례 〔隶부 8획, 총 16획 slave · れい〕
• 부리는 것을 나타냄.

㉠ 隷書(예서) : 한자 붓글씨 서체의 한가지. 전서의 자획을 간략하게 고친 것
　　隷屬(예속) : 붙여서 매임

僚
• 동료 료 〔人부 12획, 총 14획 companion · りょう〕
• 벼슬아치를 나타냄.

㉠ 僚官(요관) : 벼슬아치
　　同僚(동료) : 한 단체나 부서에서 함께 일을 하는 사람
　　僚船(요선) : 함대에 딸린 작은 배

侮
• 업신여길 모, 참고 견딜 모 〔人부 7획, 총 9획 despise · ぶ〕
• 사람을 몹시 업신여김을 나타낸 글자.

㉯. 侮辱(모욕) : 상대를 업신여기고 욕을 보임
　　侮蔑(모멸) : 상대를 깔봄
　　侮辱感(모욕감) : 상대에게 받은 업신여김을 받은 느낌

冒
- 무릅쓸 모, 묵돌 모 〔冂부 7획, 총 9획 risk・ぼう〕
- 쓰게 모자를 본뜬 글자.

㉯. 冒瀆(모독) : 상대를 욕되게 함
　　冒萬死(모만사) : 죽음도 무릅씀
　　冒險(모험) : 위험을 무릅씀

伴
- 짝 반, 따를 반 〔人부 5획, 총 7획 companion・はん〕
- 동반자를 나타낸 글자.

㉯. 伴侶(반려) : 짝이 되는 친구
　　伴送(반송) : 다른 물건에 붙여서 보냄
　　隨伴(수반) : 따라감

覆
- 뒤집을 복, 덮을 부 〔襾부 12획, 총 18획 cover・ふく〕
- 뒤집힌 것을 나타낸 모습.

㉯. 覆啓(복계) : 회답을 올림
　　覆面(복면) : 얼굴을 가림

誓
- 맹세할 서 〔言부 7획, 총 14획 swear・せい〕
- 말로 맹세하는 것을 나타냄.

㉯. 誓言(서언) : 맹세하는 말
　　誓約(서약) : 맹세하고 약속을 함
　　誓願(서원) : 맹세하고 바라는 것

逝
- 갈 서 〔辶부 7획, 총 11획 pass away・せい〕
- 앞으로 가는 것을 나타냄.

㉯. 逝去(서거) : 세상을 떠남
　　急逝(급서) : 갑자기 세상을 떠남
　　逝者(서자) : 죽은 사람

攝
- 당길 섭 〔手부 18획, 총 21획・せつ〕
- 손으로 당기는 것을 나타냄.

　例. 攝理(섭리) : 신이 세상을 다스림
　　　攝生(섭생) : 운동과 식사를 통하여 건강을 관리함
　　　攝政(섭정) : 임금을 대신하여 정사를 다스림

垂
- 드리울 수, 거의 수 〔土부 5획, 총 8획 hang down・すい〕
- 가장자리를 나타냄.

　例. 垂範(수범) : 남에게 모범을 보임
　　　垂楊(수양) : 수양버들
　　　垂訓(수훈) : 가르침을 줌

搜
- 찾을 수, 많을 수 〔手부 10획, 총 13획・そう〕
- 손으로 찾아 조사하는 모습을 나타냄.

　例. 搜査(수사) : 찾아서 조사함
　　　搜索(수색) : 찾아 구함
　　　搜探(수탐) : 수사하고 탐지함

押
- 누를 압, 수결 압 〔手부 5획, 총 8획 prass・おう〕
- 손으로 누르는 모습을 나타냄.

　例. 押捺(압날) : 도장 찍음
　　　押送(압송) : 죄인을 다른 곳으로 호송하는 것

躍
- 뛸 약 〔足부 14획, 총 21획 lead・やく〕
- 뛰어오르는 모습을 본뜸.

　例. 躍動(약동) : 생기 있게 움직임
　　　躍進(약진) : 힘차게 앞으로 뛰어나감
　　　跳躍(도약) : 뛰어나감

閱
- 검열할 열, 갖출 열 〔門부 7획, 총 15획 inspect・えつ〕
- 문안으로 받아들이는 모습을 나타냄.

　例. 閱覽(열람) : 살펴서 봄

閱歷(열력) : 경험을 했던 일
閱兵(열병) : 군대를 훈련하고 점검하는 일

擁
- 안을 옹, 잡을 옹 〔手부 13획, 총 16획 embrace・よう〕
- 손으로 안는 것을 나타냄.

[用]. 擁衛(옹위) : 부축하여 호위함
擁護(옹호) : 도와서 지킴
擁書(옹서) : 책을 안음

凝
- 엉길 응, 머무를 응 〔冫부 14획, 총 16획 congeal・ぎょう〕
- 엉긴 모습을 나타냄.

[用]. 凝結(응결) : 엉기고 뭉침
凝固(응고) : 뭉쳐 굳어짐
凝集(응집) : 엉기어 모임

宰
- 벼슬아치 재, 잡을 재 〔龜부 0획, 총 16획 tortoise・き〕
- 우두머리를 가리킴.

[用]. 宰府(재아) : 재상이 집무를 하는 관아
宰殺(재살) : 가축을 잡음
宰人(재인) : 도살인. 백정

殿
- 대궐 전, 존칭 전 〔殳부 9획, 총 13획 pallace・き〕
- 높고 웅장한 건물을 나타냄.

[用]. 殿閣(전각) : 임금이 사는 큰집
殿堂(전당) : 신불을 모셔놓은 집
殿上(전상) : 궁전이나 전각의 자리 위

竊
- 훔칠 절, 모래 절 〔穴부 17획, 총 22획 steal・せつ〕
- 몰래 훔치는 모습을 나타냄.

[用]. 竊念(절념) : 몰래 혼자서 생각함
竊盜(절도) : 남의 물건을 몰래 훔침
竊取(설치) : 몰래 훔침

奏
- 아뢸 주, 연주 주 〔大부 6획, 총 9획 inforn · そう〕
- 연주하는 것을 나타낸 모습.

  用. 奏達(주달) : 임금에게 아룀
  奏樂(주악) : 음악을 아룀
  奏效(주효) : 효과를 얻음

珠
- 구슬 주, 진주 주 〔玉부 6획, 총 10획 pearl · しゅ〕
- 구슬을 본뜬 글자.

  用. 珠簾(주렴) : 구슬로 꾸민 발
  珠算(주산) : 주판으로 하는 계산을 가리킴
  珠玉(주옥) : 구슬과 옥

鑄
- 쇠 부어 만들 주 〔金부 14획, 총 22획 cast · じゅう〕
- 쇠를 부어 만드는 것을 가리킴.

  用. 鑄造(주조) : 쇠를 녹여 기물을 만듦
  鑄貨(주화) : 주조된 화폐
  鑄幣(주폐) : 구리 화폐

震
- 벼락 진, 아이밸 신 〔雨부 7획, 총 15획 · しん〕
- 벼락의 모습을 나타냄.

  用. 震恐(진공) : 무서워함
  震懼(진구) : 무서워 떪
  震動(진동) : 흔들려 움직임

滯
- 막힐 체, 빠질 체 〔水부 11획, 총 14획 · たい〕
- 물로 막히어 있는 모습을 나타냄.

  用. 滯納(체납) : 세금 등을 기일 내에 내지를 못함
  滯留(체류) : 머물음
  滯在(체재) : 객지에 머물음

逮
- 미칠 체 〔辵부 8획, 총 12획 seize · たい〕
- 어떤 상태에 이르는 것을 나타냄.

㉑. 逮捕(체포) : 죄인을 잡음
不逮捕特權(불체포특권) : 국회의원 등은 회기 내에 현행범이 아니고서는 함부로 체포할 수 없음

遞
- 갈마들 체, 역말 체 〔辵부 10획, 총 14획 substitute · てい〕
- 갈마듦을 나타낸 글자.

㉑. 遞減(체감) : 점차로 줄어듦
遞增(체증) : 점차로 더함
遞送(체송) : 점차로 보냄

秒
- 까끄라기 묘, 시간 단위 초 〔禾부 4획, 총 9획 · びょう〕
- 아주 작은 단위를 나타냄.

㉑. 秒速(초속) : 1초 동안의 속도
秒針(초침) : 시계의 초를 가리키는 바늘
秒忽(묘홀) : 지극히 작은 것

卓
- 높을 탁, 탁자 탁 〔十부 6획, 총 8획 high · たく〕
- 높은 탁자를 나타냄.

㉑. 卓見(탁견) : 뛰어난 생각
卓立(탁립) : 우뚝하게 서 있음
卓說(탁설) : 탁월한 설

誕
- 태어날 탄, 거짓 탄 〔言부 7획, 총 14획 be born · たん〕
- 태어난 모습을 나타냄.

㉑. 誕生(탄생) : 생겨남을 뜻함
誕降(탄강) : 성인 등이 태어남을 나타냄
誕辰(단신) : 생일

把
- 잡을 파, 묶음 파 〔手부 4획, 총 7획 catch · は〕
- 손으로 잡는 것을 나타냄.

㉑. 把杯(파배) : 손잡이가 달린 잔
把守(파수) : 경계하여 지킴

把握(파악) : 움켜쥠

偏
- 치우칠 편, 궁벽한곳 편 〔人부 9획, 총 11획 incline · へん〕
- 한쪽으로 치우쳐 공정치 못함을 나타냄.

用例. 偏見(편견) : 한쪽에 치우쳐 공정치 못함
　　　偏母(편모) : 홀어머니
　　　偏僻(편벽) : 마음이 한쪽으로 기울음

嫌
- 싫어할 혐, 의심할 혐 〔言부 10획, 총 13획 dislike · けん〕
- 싫어하고 미워함을 나타냄.

用例. 嫌忌(혐기) : 미워하고 꺼림
　　　嫌惡(혐오) : 싫어하고 미워함
　　　嫌怨(혐원) : 미워하고 원망함

衡
- 저울대 형, 가로 횡 〔行부 10획, 총 16획 scale beam · たん〕
- 무게를 다는 거울을 나타냄.

用例. 衡平(형평) : 균형
　　　銓衡(전형) : 공평하게 시험을 봄
　　　度量衡(도량형) : 무게 등을 잼

除外 漢字

2000년 11월 23일 교체된 한자 조정안

憩 • 쉴 게 〔心부 2획, 총 16획 rest·けい〕
• 편안히 한숨을 돌이키는 모습.

用例. 休憩室(휴게실) : 일을 하는 도중에 잠시 피로를 식히기 위하여 쉬게 하는 장소

 • 창 과 〔戈부 0획, 총 4획 spear·か〕
• 창을 손으로 잡은 모습.

用例. 戈盾(과순) : 창과 방패
戈戟(과극) : 갈고리처럼 생긴 창
戈劍(과검) : 창과 칼

 • 오이 과 〔瓜부 0획, 총 5획 cucumber·か〕
• 오이의 모습을 나타냄.

用例. 瓜時(과시) : 관직을 바꿀 시기. 임기가 다 되었음을 나타냄. 춘추시대 제나라의 양공이 연칭과 관지부에게 했던 약속을 지키지 않아 살해당한 고사를 가리킴

 • 갈매기 구 〔鳥부 11획, 총 22획 sea·く〕
• 갈매기를 본뜬 모습.

㉕. 鷗鷺(구로) : 갈매기와 해오라기

|閨| • 도장방 규　[門부 6획, 총 14획 · けい]
• 삼각으로 된 뾰족한 입구.

㉕. 閨房(규방) : 침실
閨中(규중) : 여자가 거처하는 방
閨秀(규수) : 재주와 학문이 뛰어난 여자

|濃| • 짙을 농　[水부 13획, 총 16획 deep · のう]
• 물기가 있어 끈적거리는 모습.

㉕. 濃度(농도) : 기체나 액체에 들어있는 각 성분의 정도
濃霧(농무) : 짙은 안개
濃縮(농축) : 과일 등의 진액만을 짠 것

|潭| • 깊을 담　[水부 12획, 총 15획 · たん]
• 깊은 물 웅덩이를 뜻함.

㉕. 潭水(담수) : 깊은 연못의 물
潭淵(담연) : 깊은 못

|桐| • 오동나무 동　[木부 6획, 총 10획 · どう]
• 오동나무를 가리킴.

㉕. 桐梓(동재) : 오동나무와 가래나무
桐油(동유) : 오동나무 기름

|洛| • 낙수 락　[水부 6획, 총 9획 · らく]
• 강이름.

㉕. 洛書(낙서) : 낙수에서 나온 거북이 등에 씌어진 아홉 개의 무늬.
洛陽貴紙價(낙양귀지가) : 낙양의 종이 값이 폭등하였다는 삼도부에 관한 고사

|爛| • 문드러질 란　[火부 17획, 총 21획 be sore · らん]
• 불기운이 밖으로 나온 모습.

㉯. 絢爛(현란) : 불빛이 휘황한 모양
　　爛開(난개) : 꽃이 난만하게 핌
　　爛熟(난숙) : 과일 등이 무르익음

|藍| • 쪽 람 〔艸부 14획, 총 18획 indigo · らん〕
　　• 염료에 쓰이는 쪽.

㉯. 藍衣(남의) : 누더기
　　藍實(남실) : 쪽 열매
　　藍靑(남청) : 짙푸른 색깔

|朗| • 밝을 랑 〔月부 7획, 총 11획 bright · ろう〕
　　• 달이 밝고 깨끗한 모습.

㉯. 明朗(명랑) : 밝고 즐거움
　　朗讀(낭독) : 소리를 높여 읽음
　　朗誦(낭송) : 소리높여 욈

|蠻| • 오랑캐 만 〔虫부 19획, 총 25획 barbarous tribe · きつ〕
　　• 이상한 모습을 한 인간을 나타냄.

㉯. 蠻族(만족) : 오랑캐
　　蠻行(만행) : 야만적인 행동
　　蠻勇(만용) : 야만적인 용기

|矛| • 창 모 〔矛부 0획, 총 5획 · ぼう〕
　　• 창을 본뜸.

㉯. 干戈(간과) : 방패와 창
　　矛盾(모순) : 앞뒤가 맞지 않음. 창과 방패. '모순(矛楯)'이라고도 씀
　　矛戟(모극) : 창

|沐| • 머리감을 목 〔水부 4획, 총 7획 wash one's hair · もく〕
　　• 머리에 물이 있는 모습.

㉯. 沐浴(목욕) : 몸을 씻고 머리를 감음

休沐(휴목) : 나무에 물을 줌
沐浴齋戒(목욕재계) : 신에게 제사를 지낼 때에 목욕을 하고 심신을 깨끗이 함

栢
- 측백나무 백 〔木부 6획, 총 11획 cypress · はく〕
- 측백나무를 나타냄.

예. 栢葉樹(백엽수) : 측백나무
栢葉酒(백엽주) : 측백나무로 만든 술

汎
- 뜰 범 〔水부 3획, 총 6획 float · はん〕
- 넓은 수면을 나타냄.

예. 汎濫(범람) : 멋대로 지껄이는 말
汎論(범론) : 사물의 전반적인 면을 논하는 말
汎愛(범애) : 차별을 두지 않고 널리 사랑함

弗
- 아니 불, 빠른 모양 불 〔弓부 2획, 총 5획 · ぶつ〕
- 강하게 부정하는 모습.

예. 弗豫(불예) : 전연 즐겁지 않음
弗治(불치) : 명령에 따르지 않음
弗貨(불화) : 달러화

膚
- 살갗 부 〔肉부 11획, 총 15획 skin · ふ〕
- 내장을 싸고 있는 피부.

예. 膚受(부수) : 피부에 와닿을 정도로 부딪침
膚食(부식) : 생각이 얕음
膚學(부학) : 천박한 학문

酸
- 초 산 〔酉부 7획, 총 14획 acid · さん〕
- 시큼한 액체를 나타냄.

예. 酸性(산성) : 산이 지니는 성질
酸度(산도) : 신맛의 농도
酸化(산화) : 산소와 화합하는 일

森
- 나무빽빽할 삼 〔木부 8획, 총 12획 forest・しんつ〕
- 나무가 뒤엉킨 모습.

例. 森羅萬象(삼라만상) : 세상의 온갖 것
　　森林(삼림) : 숲속
　　森嚴(삼엄) : 조용하고 엄숙한 모양

盾
- 방패 순 〔目부 4획, 총 9획・じゅん〕
- 눈을 가리는 방패.

例. 矛盾(모순) : 창과 방패
　　盾戈(순과) : 방패와 쌍날창

升
- 되 승 〔十부 2획, 총 4획 measure・しょう〕
- 곡물 등을 재는 되.

例. 升鑑(승감) : 편지 겉봉
　　升斗(승두) : 용량의 단위
　　升平(승평) : 나라가 태평함

阿
- 언덕 아 〔阜부 5획, 총 8획 hill・あ〕
- 언덕의 모습을 나타냄.

例. 阿膠(아교) : 갖풀
　　阿丘(아구) : 한쪽만 높은 구릉
　　阿那(아나) : 아름답고 요염함

硯
- 벼루 연 〔石부 7획, 총 12획・けん〕
- 벼루의 모습을 나타냄.

例. 靑磁硯滴(청자연적) : 청자로 된 연적. 연적은 벼룻물을 담는 그릇을 가리킨다.
　　硯池(연지) : 벼룻물이 담긴 우묵한 곳

梧
- 벽오동나무 오 〔木부 7획, 총 11획・ご〕
- 벽오동나무를 나타냄.

例. 梧桐(오동) : 일반적으로 청오동을 가리킴

梧月(오월) : 음력 7월

貳
- 두 이 〔貝부 5획, 총 12획 two · に〕
- 막대기 두 개가 나란한 모습.

[용례] 貳心(이심) : 두 마음. 불충한 마음을 품음
貳十(이십) : 이십
貳車(이거) : 여벌로 따르는 수레

刃
- 칼날 인 〔刀부 1획, 총 3획 blade · じん〕
- 칼날을 벼린 모습.

[용례] 刀刃(도인) : 칼날
堅刃(견인) : 견고한 칼날
霜刀(상도) : 서릿발같은 칼날

壹
- 한 일 〔士부 9획, 총 12획 one · いつ〕
- 하나를 뜻함.

[용례] 壹是(일시) : 일체. 모두
均壹(균일) : 똑같음
壹意(일의) : 한 가지 일에 마음을 집중시킴

雌
- 암컷 자 〔隹부 5획, 총 13획 female · し〕
- 암컷을 나타냄.

[용례] 雌雄(자웅) : 암컷과 수컷
雌伏(자복) : 은거함

蠶
- 누에 잠 〔虫부 18획, 총 24획 silk worm · さん〕
- 누에를 가리킴.

[용례] 蠶食(잠식) : 누에가 뽕나무 잎을 조금씩 갉아먹는 것을 나타냄. 점차 치고 들어감
蠶桑(잠상) : 뽕나무를 재배하고 누에를 침

笛
- 피리 적, 취악기 적 〔竹부 5획, 총 11획 flute · てき〕
- 피리를 나타냄.

㉣. 夜笛(야적) : 밤 피리
警笛(경적) : 사람들이 피할 수 있도록 경적을 울림
牧笛(목적) : 양을 치는 목동의 피리 소리

蹟
• 자취 적 〔足부 11획, 총 18획 trace · せき〕
• 자취를 나타냄.

㉣. 古蹟(고적) : 옛 자취
奇蹟(기적) : 사람의 힘으로 할 수 없는 일이 일어남
筆蹟(필적) : 글씨에 대한 자취

滄
• 찰 창 〔水부 10획, 총 13획 · そう〕
• 청록색 색깔을 나타냄.

㉣. 滄浪(창랑) : 새파란 물결
滄熱(창열) : 추움과 더움
滄波(창파) : 바다의 푸른 물결

悽
• 슬퍼할 처 〔心부 8획, 총 11획 sad · せい〕
• 슬퍼함을 나타낸 모습.

㉣. 悽絶(처절) : 매우 슬픔
悽然(처연) : 슬퍼하는 모양
悽慘(처참) : 매우 참혹함

稚
• 어릴 치 〔禾부 8획, 총 13획 young · ち〕
• 작은 것을 나타냄.

㉣. 稚氣(치기) : 어린이 같은 기분이나 심정
稚魚(치어) : 어린 물고기
稚子(치자) : 어린 자식

琢
• 쫄 탁 〔玉부 8획, 총 12획 · たく〕
• 옥을 다듬는 것을 나타냄.

㉣. 切磋琢磨(절차탁마) : 옥석을 세공하는 일. 학문이나 덕행을 갈고 닦는 것을 나타냄

兎 • 토끼 토 〔儿부 5획, 총 7획 rabbit · と〕
• 토끼의 모습을 본뜬 글자.

例. 兎死狗烹(토사구팽) : 토끼가 죽으니 사냥개가 잡혀 죽는다는 말

兎脣(토순) : 언청이

楓 • 단풍나무 풍 〔木부 9획, 총 13획 maple tree · ふう〕
• 열매가 얇아 바람에 날리는 모습.

例. 楓林(풍림) : 단풍나무 숲

丹楓(단풍) : 나뭇잎이 붉게 물이 듦

楓葉(풍엽) : 단풍나무 잎

弦 • 활시위 현 〔弓부 5획, 총 8획 · げん〕
• 활에 맨 가는 활줄.

例. 弦管(현관) : 거문고와 피리

弦矢(현시) : 활시위와 화살

弦影(현영) : 반달 모양

灰 • 재 회 〔火부 2획, 총 6획 ash · かい〕
• 손으로 타버린 재를 헤집는 모습.

例. 灰色(회색) : 잿빛

灰壁(회벽) : 석회를 바른 벽

石灰石(석회석) : 돌 속에 석회가 함유되어 있음

喉 • 목구멍 후 〔口부 9획, 총 12획 throal · こう〕
• 구멍을 뜻함.

例. 喉頭(후두) : 목의 윗 끝부분

喉舌(후설) : 목의 윗부분

噫 • 탄식할 희 〔口부 13획, 총 16획 · い〕
• 가슴이 맺히어 나오는 탄성.

例. 噫噫(희희) : 감탄하는 소리

噫嗚(희오) : 탄식하며 괴로워 하는 모양

熙
- 빛날 희 〔火부 9획, 총 13획 · き〕
- 불빛이 따뜻하게 아이를 감싸는 모습

[명]. 熙笑(희소) : 기뻐 웃음
　　熙朝(희조) : 잘 다스려진 시대